구약 민중신학자
김찬국의 신학과 사상

구약 민중신학자 김찬국의 신학과 사상

2019년 12월 23일 초판 1쇄 인쇄
2019년 12월 30일 초판 1쇄 발행

지은이 | 천사무엘 외 11인
펴낸이 | 김영호
편 집 | 김구 박연숙 전영수 김율 디자인 | 황경실
펴낸곳 | 도서출판 동연
등 록 | 제1-1383호(1992. 6. 12)
주 소 | 서울시 마포구 월드컵로 163-3
전 화 | (02)335-2630
전 송 | (02)335-2640
이메일 | yh4321@gmail.com
블로그 | https://blog.naver.com/dong-yeon-press

ISBN 978-89-6447-545-4 93230

이 도서의 국립중앙도서관 출판예정도서목록(CIP)은 서지정보유통지원시스템 홈페이지(http://seoji.nl.go.kr)와 국가자료종합목록 구축시스템(http://kolis-net.nl.go.kr)에서 이용하실 수 있습니다. (CIP제어번호 : CIP2019052719)

이 책의 출간을 위해 김찬국기념사업회(위원장: 최민화)에서 후원하였습니다.

구약 민중신학자

김찬국의 신학과 사상

박신배 박해령 박호용 서명수 오택현 유윤종 이명권
이영미 장석정 천사무엘 최형묵 한동구 **함께 씀**

동연

소원 김찬국(1927~2009)

소원(笑園) 김찬국(金燦國) 연보

1927. 4. 23.	경북 영주 배고개 마을에서 김완식(부)과 장현이(모)의 장남으로 출생
1934. 3.	영주서부보통학교 입학
1940. 2.	예천보통학교 졸업
1940. 3.	대구계성중학교 입학
1945. 3.	서울중앙중학교(5년제) 졸업
1945. 4. 8.~8. 15.	영주서부보통학교 촉탁교사
1945. 11. 21.	연희전문학교 전문부 신과 입학
1946. 8.	연희대학교 신학과 진학
1950. 5. 10.	연희대학교 신학과 졸업(신학사, 제1회)
1950. 6. 1.	연희대학교 대학원 신학과 입학
1950. 12.~1952.	육군에서 군복무
1952. 4. 26.	부산에서 성윤순과 결혼
1952. 4.~1953	부산 피난 시절 배재중학교 교사
1952. 9.	연희대학교 대학원 복학
1953~1954	연희대학교 신과대학 전임조교
1954. 3.	연희대학교 대학원 신학과 수료(신학석사, 제1회)
1954~1956	연희대학교 전임강사
1954~1955	미국 뉴욕 유니온신학대학원 수료(S.T.M./신학석사)
1956. 3.~1962. 2.	연세대학교 조교수, 신학과장
1956~1975	연희대학교 신과대학 신학과 교수
1957~1963	경기도 과천 하리감리교회 전도사(한남지방)
1959	감리교 목사 안수를 위한 준회원 가입
1961. 3. 11.	감리교 중부연회에서 목사 안수
1961~1968	대한YMCA연맹 대학생부 위원 및 위원장(1964~1966)

1961～1965	연세대 신과대학 동창회 부회장
1965～1967	연세대 신과대학 동창회 회장
1961, 62, 65, 67	이화여자대학교 기독교학과 강사
1962～1964	대한기독교서회 편집위원
1962. 5.～1964. 3.	연세대학교 학생처장
1962～1975	연세대학교 부교수, 교수
1963～1965	영등포감리교회 임시 설교 목사
1964～1966	대한YMCA연맹 실행위원
1964～1966	감리교신학대학 강사
1964～1967	「기독교사상」 편집위원
1965～1967	연세대학교 한국어학당 학감
1968. 9.～1970. 8.	연세대학교 대학원 박사과정 수료
1970. 9.～1971. 6.	영국 세인트앤드류대학교 연구교수
1971	이스라엘 예루살렘 히브리유니온대학 여름학기 성서고고학 과정 이수
1972. 9.～12.	한국신학대학 강사
1973～1975	연세대학교 신과대학 학장
1974. 5. 7.	긴급조치법 1, 4호 위반 혐의로 구속
～1975. 2. 17.	군사재판에서 징역 5년, 자격정지 5년 형을 선고 받은 뒤 복역 중 형집행정지로 석방됨
1975. 3.	연세대학교 교수직 복직
1975. 4. 8.	정부 강요로 교수직 박탈(1차 해직)
1976～1990	한국구약학회 회장(제5대: 1976～1978, 제6대: 1978～1985, 제7대: 1985～1990)
1976～1981	한국기독교교회협의회(NCCK) 에큐메니칼 위원
1976～1992	한국기독교사회문제연구원 이사
1977. 3.～1984. 8.	해직 기간 동안 성미가엘신학교(현 성공회대학교), 감리교서울신학교(현 협성대학교), 동부신학교, 기독교장로회 선교교육원 강사

1977～1978	평화시장대책위원회 위원장
1978～1980. 2.	노량진감리교회(현 목양교회) 임시 설교 목사
1978～1979	인천 동일방직긴급대책위원회 부위원장
1978～1980	한국기독교교회협의회(NCCK) 신학연구위원
1978～1992. 4.	한국기독교교회협의회(NCCK) 인권위원 및 부위원장 (1989, 1992)
1979	양심수월동대책위원회 위원장
1980. 2.	연세대학교 대학원 신학박사 취득
1980. 2. 29.	국방부로부터 사면장과 복권장 받음
1980～1981	한국기독학생회총연맹 이사
1980. 3. 7.	연세대학교 교수직 복직
1980. 7. 29.	정부 강요로 사표 제출, 다시 해직(2차 해직)
1982. .1.～1983. 5.	미국장로교회 총회본부 초청 선교사로 도미, 미국 교회 방문, 유니온신학교 연구원 등으로 활동
1982. 12.	뉴욕에서 열린 미국 성서학회 참석
1983. 9.～1985	대치동 목양감리교회 설교 목사
1984. 9.～1992. 8.	연세대학교 신과대학 교수직 복직
1987. 6.	제3회 성지 세미나 참석(이스라엘)
1987. 9.～1988. 9.	연세대학교 연합신학대학원 원장
1988. 8.～1992	연세대학교 교학부총장
1988. 11.～1991. 11.	KBS 이사
1988～1989	권인숙노동인권회관 이사장
1989～1993	해직교사 서울위원회 공동대표
1990～1992. 2.	한국기독자교수협의회 회장
1990～1993	한국신학연구소 이사
1991. 2.	제7회 세계교회협의회(WCC) 대회 참석(호주 캔버라)
1992. 4.～1993. 8.	한국기독교교회협의회(NCCK) 인권위원장
1992. 7.	제16회 세계감리교회대회 신학교육분과 참석(싱가폴)
1992. 8.	연세대학교 정년퇴임, 명예교수

1992. 9. 19.	MBC 정상화와 공정방송 실현을 위한 범국민대책회의 상임위원장
1992. 11. 5.	주한미군병사의 윤금이씨 살해사건 공동대책위원회 공동대표
1993. 8.	민주유공자장학재단 이사장
1993. 8. 30.～1997. 2.	상지대학교 제2대 총장
1997. 3.～1998. 8.	상지대학교 제3대 총장
1997. 4. 1.	제주4·3 제50주년기념사업추진범국민위원회 공동대표
1997. 5.	미국 로아노케(Roanoke)대학 명예박사(상지대학교 자매대학)
1997	감리교 목사 은퇴
1998. 5. 28.	전국교직원노동조합 주관 제7회 참교육상 수상
2005. 5.	'2000년의 자랑스러운 동문상' 수상(미국 유니온신학대학교)
2009. 8. 19.	지병으로 10년 동안 투병생활하다 82세로 별세

추천의 글

재야 민주화운동의 지주가 되어 고달픈 싸움을 멈추지 않으셨던 미소의 김찬국 목사님

한승헌
(전 감사원장)

소원(笑園) 김찬국 목사님께서는 하느님의 의(義)와 이 땅의 민주화를 위하여 많은 고난을 당하셨다. 1972년 10월, 박정희 정권은 이른바 '유신체제'를 선포하였다. 그것은 남한 전역에 계엄령 선포, 헌법의 효력 정지, 국회 해산, 정당 활동 금지, 모든 대학의 휴교, 언론의 사전 검열을 강행하는 내용이었다. 그리고 소위 국민투표(11월 21일)라는 요식행위로 유신헌법을 공표하여 대통령에게 권력이 집중되고, 1인 독재 영구 집권의 기반이 공고히 되는 시절이었다.

이러한 박 정권의 유신헌법에 대해서 재야의 여러 사회단체, 지식인, 학생, 노동자, 농민들이 격렬하게 저항하였다. 1973년 12월 24일 '헌법개정청원운동본부'를 설치하고 100만인서명운동에 돌입했다. 이 개헌서명운동은 국민 각계의 열화와 같은 호응 속에서 전국적 규모로 확대되었으니, 박 정권은 위협을 느끼고 긴급조치 1호를 선포하고, 헌법 개정 또는 폐지를 주장하는 유언비어를 유포하면 비상군법회의에서 최고 15년 징역에 처할 수 있도록 했다. 하지만 반체제 민주화운동은 물러설 줄을 몰랐고, 각 대학의 학생과 기독 청년들은 '전국민주청년학생총연맹'(민청학련)의 이름으로 유신독재체제의 철폐를 요구했다. 그러자 박 대통령은 황급히 긴급조치 4호를 선포하고, 집회불허, 영장 없이 체포할 수 있도록 했다.

민청학련에 관련되어 김찬국 교수님은 10년, 김동길 교수님은 15년을 받았다. 당시 긴급조치 사건 재판에서는 변호인의 변론 효과가 없었다. 김찬국 목사님의 변호를 맡은 모 변호사는 "피고인은 미국 영국 등에서 서구식 민주주의를 공부하여, 한국적 민주주의를 잘못 인식하고 있었기 때문에 관대한 처분을 해달라"는 변론을 했다. 김 목사님의 소신과는 전혀 상반되는 변론이었다. 김 목사님은 자신의 변호사의 변론에 반대하고, 10년 판결보다도 변호인의 변론에 불복하여 항소를 했는데, 이것은 아마도 '세계 최초(?)의 일이 아니었을까?'라는 생각을 한다.

필자는 항소심(비상고등군법회의) 재판에서 변호를 맡았다. 필자는 김 목사님은 성직자로서, 교수, 학자로서 정의와 민주주의를 위한 신념에 따라 행동하셨고, 그리스도인의 신앙과 양심에 충실한 행동이 결코 범죄가 될 수 없다고 변론했다. 김 목사님은 최후진술에서 예수님의 부활사건에 관하여 말씀하셨다. 빌라도 총독이 예수님의 무덤 돌문에 인봉이라는 긴급조치를 취하고 군인들을 동원하여 지키게 했으나, 마침내 돌문은 열리고 예수님은 부활하셨듯이 진리는 긴급조치로 입을 틀어막아도 기어코 부활할 것이라고 당당한 목소리로 말씀하셨다. 그리고 끝으로, "나는 감옥에 남아도 좋으니 젊은 청년 학생들만은 꼭 석방시켜주기 바란다"는 호소로 말씀을 마치셨다. 5년 형을 받고 1975년 2월 석방되셨지만, 그후 연세대학교에서 쫓겨난 해직 교수의 처지로 재야 민주화운동의 지주가 되시어 고달픈 싸움을 멈추지 않으셨다.

여간해서 심각하거나 화난 표정을 보이지 않으시는 목사님, 만인에게 용기와 위로와 화평을 주시는 성직자로서 환한 미소에 담긴 따뜻한 자애와 깊은 신앙으로 우리 마음속 깊은 곳을 오래 비춰주시는 분으로 기억이 남는다. 이번 10주기를 맞아 김 목사님의 사상과 신앙의 뿌리가 어디서 출발하는지를 후학 제자들이 구약세계의 신학과 사상에서 다양하게 재조명하신 것에 기쁘고, 학문과 실천의 전통이 사회와 역사로 계속 이어지길 기대합니다. 감사합니다.

추 천 의 글

제자들 가슴에 새겨진 선생님의 삶과 신학

최민화
(김찬국기념사업회 위원장)

김찬국 선생님이 우리 곁을 떠나신지 10주년을 기리기 위해서 제자들이 모여 2019년 6월 25일 기념사업회를 설립하고, 10주기 기념일인 8월 19일에는 세계적인 오르가니스트가 된 제자(홍려희)가 스승에게 바치는 추모 음악회를 개최했다. 그리고 9월 18일 연세대 신과대학에서 제자(천사무엘)가 쓴 평전『민중인권실천신학자 김찬국』출판기념회와 10주기 추모 예배를 드리고, 11월 27일에는 제자들이 김찬국 장학기금을 모아서 재학생 2명을 선발하여 장학금을 수여했다.

이와 더불어 제자들의 본격적인 학술 연구논문『구약 민중신학자 김찬국의 신학과 사상』을 이제 세상에 내놓기에 이르렀다.

나는 제자들이 쓴 평전과 본 학술 연구논문을 통해서 김찬국의 저서와 논문, 설교 노트와 강의 노트뿐만 아니라 유니온신학교에서 공부하면서 메모하고 기록한 구약신학 노트까지 새삼 들여다볼 수 있었다. 더욱이 제자들의 가슴에 아로새겨진 선생님의 삶과 신학을 호흡하나, 근육의 미세한 떨림 하나까지 놓치지 않으려고 일거수일

투족을 살피듯 마치 살아 움직이듯 정교하게 연구한 논문을 읽을 수 있었다.

연구 자료로 인용된 크리에이티브 마이너리티(creative minority)가 되라는 말씀과 "4·19 정신의 부활"에 대한 역사적인 설교는 내가 현장에서 직접 보고 듣고 느꼈던 이야기들이다. 민청학련 사건으로 함께 구속되어 같은 공간에서 조사를 받고, 고문을 당하고, 재판을 받고, 징역형을 살았던 나로서는 세월을 훌쩍 뛰어넘어 김찬국 교수로부터 강의실에서 연구실에서, 이를테면 칠판에 메모하는 모습이랄지 칠판을 등지고 수강생을 향하여 얌전하니 서서 조용조용하지만 논리정연하게, 때로는 분명하고 단호하게 메시지를 전달하는 생전의 모습과 그때, 거기에서만 느낄 수 있는 선생님의 표정과 호흡과 체취 등 분위기를 실감할 수 있었다.

선생님께서 구약학을 전공하게 된 중요한 동기로 연세대학교에 구약학 전임 교수가 없었기 때문이라 말하고 있거니와 이제 제자들이 선생님의 뜻을 이어받아 전국 곳곳에서 구약학을 가르치고 구약학계를 이끌도록 성장하고, 이처럼 선생님의 신학사상을 탁월한 학술 연구논문으로 펴내는 모습을 하늘나라에서 보시면 자못 흐뭇하지 않을 수 없으시겠다.

전과자(?)의 신분으로 정치·경제·사회적 핍박을 받아가며 광야를 떠돌면서도 언제나 어느 곳에서나, 가고 머무는 곳마다 늘 사랑과 웃음이 넘치시던 선생님… 참으로 선하고 인자하고 거룩하신 선생님, 인간이 하나님일 수 있다면 세상에서 꼭 꼽을 수 있는 하나님 같으신 선생님…. 오늘따라 선생님이 사뭇 그립다.

추 천 의 글

김찬국 총장님 추모행사 기념사*

정대화

(상지대학교 총장)

상지대학교 정대화입니다. 오늘 이 뜻깊은 자리에 참석하게 되어 감사하다는 말씀을 드립니다. 먼저 그림 하나를 소개해 드리겠습니다. 이만열 선생님께서 저희 상지학원 이사장으로 오신 후에 상지대학교 역사관을 만들면 좋겠다고 하셔서 역사관을 만들었는데 거기에 보관하고 있는 김찬국 총장님의 캐리커처를 기념품으로 가지고 왔습니다. 김찬국 총장님이 우리 대학의 초대 총장이시기 때문에 특별히 보관하고 있는데 이 작품의 작가는 우리 상지학원에 소속된 상지영서대학교 김진열 총장이신데 오늘 이 자리에 참석해 계십니다. 이 작품을 보면 삼족오로 마무리가 되어 있는데요, 상당히 역사적인 의미를 갖는 것이 아닌가 생각됩니다. 작품에 대해서는 직접 작가의 이야기를 들어보는 것이 좋겠습니다.

김찬국 총장님을 삼족오와 연결시키면 더 오래 총장님을 기억하게 되지 않을까 생각합니다. 개인적으로 저는 김찬국 선생님과 세 번

---

* 이 글은 지난 2019년 9월 18일 김찬국기념사업회가 주관한 김찬국 평전 『민중인권 실천신학자 김찬국』 출판기념회 때의 기념사이다.

정도 인연이 있었던 것으로 기억됩니다. 첫 인연은 대학 다닐 때입니다. 제가 군대도 갔다 오고 해서 조금 늦게까지 대학을 다녔는데 80년대에는 서울에서 연합집회라는 것이 자주 있었습니다. 공부 안 하고 열심히 돌 던진 분들은 아실 테지만, 당시 전두환 정권에서 학생들의 대학 간 연합집회를 금지시켰는데 유일하게 연세대에서는 연합집회가 가능했고, 그 이유가 김찬국 선생님이 연세대 부총장으로 계셨기 때문이라고 들었습니다.

연세대로 데모를 가면서 "서울대나 고려대는 연합집회가 안 되는데 연세대는 어떻게 되지?" 이렇게 질문하니까 집회를 주관한 총학에서 "여기 김찬국 선생님이 계시거든요." 이렇게 이야기를 했습니다. 그래서 그런 사정을 알게 되었는데 다시 1987년 6월항쟁 시점에서 그 기억을 되살리게 되었습니다. 한여름에 치러진 이한열 학생 장례식에 참석했는데 그 근처에 있다가 인사를 드린 기억을 가지고 있습니다. 그러다가 상지대 교수가 되겠다고 원서를 넣고 면접을 보면서 다시 만나 뵙게 되었고 그 인연으로 김찬국 선생님을 총장으로 모시고 대학 민주화에 대한 긴 이야기를 나눌 수 있게 되었습니다. 저로서는 제 인생에서 더없이 귀하고 소중한 인연이 아닐 수 없다는 말씀을 드립니다.

김찬국 선생님의 상지대와 관련된 이야기는 많이 있습니다. 오늘 발간된 책에도 잘 서술되어 있습니다. 아시는 것처럼 6년 동안 저희 대학에서 총장을 역임하셨습니다. 상지대가 변화의 큰 격동기에 접어들었을 때 혼란기의 상지대가 민주대학으로 거듭나고 안정될 수 있도록 중심을 잡아주신 분입니다. 그런데 지금 생각해도 특이한 점이 있습니다.

김찬국 총장님이 특별히 무슨 지시를 하시거나 '이렇게 해라', '저렇게 합시다' 이런 적이 거의 없습니다. 아무 말씀도 안 하셨습니다. 아무 말씀도 없으셨는데 따지고 보면 지시를 하신 셈이고 배후가 되시기도 했습니다. 이것을 무언(無言)의 리더십이라고 할까요? 아니면 정치학에서 말하는 '비결정의 결정'이라고 할까요? "데모를 해야겠습니다" 이렇게 말씀드리면, "뭐, 그렇게 하시지요" 이렇게 대답하십니다. 그리고는 아무 말씀 없으십니다. 다른 일에서도 그렇습니다. 그렇다고 안 되는 일도 없습니다. 매우 특이한 상황이었고 특별한 경험이었습니다. 구체적으로 어떤 지시를 하지 않았지만 늘 교수와 학생과 직원들의 의사결정의 중심에 계셨고, 중심이 되어주셨고, 마지막 언덕이 되어주신 분입니다.

사실, 그 시절 상지대는 지방의 알려지지 않은 비리사학을 막 벗어난 상황이었습니다. 작은 대학이었는데, 그 작은 대학이 사학 민주화의 중심에 설 수 있었던 것은 김찬국 총장님이 계시고, 김찬국 총장님이 계심으로써 많은 분들이 학교와 인연을 맺게 되고, 이런 분들이 학교 상황을 알게 되시면서 방문하고 지원하는 등의 활동이 이어지면서 나타난 결과입니다. 마치 동네의 큰 느티나무가 많은 사람들에게 쉼터를 제공하는 것처럼 총장님은 상지대의 말없는 중심이셨고 대학 민주화의 조용하지만 강력한 중심으로 계셨습니다.

그렇게 6년 정도 계시다가 상지대를 그만두시게 되었는데요, 지금 생각하면 무척 죄송한 마음을 금할 수 없습니다. 생각보다 굉장히 힘든 6년을 보내셨기 때문입니다. 상지대 구성원들로서는 당연한 상황이었는지 모르겠지만 바깥에서 보면 상지대는 혼란과 격동의 상황이었고 김찬국 총장님은 그 한가운데 계셨습니다. 지금은 많이 알려진 사실입니다만, 사학비리를 저지르는 사람들은 분규 과정에서 기득권을 지킬 목적으로 고소 고발을 남발하는 경향이 있습니다. 그 당시에 김찬국 총장님께서 적어도 스무 번 정도는 검찰에 불려가지 않았나 기억이 됩니다. 다행히 유죄 처분을 받은 것은 없습니다만 비리재단은 늘 그런 식으로 사람들을 괴롭힙니다.

검찰이나 경찰에 가면 대여섯 시간 정도는 조사를 받게 되는데, 이것도 한두 번이 아니어서 무척 힘든 일입니다. 물론, 저희가 검찰 등에 요청해서 누군가가 같이 가서 대신 설명을 해드리는 등 지원을 합니다만 그렇다고 부담이 가시는 것은 아닙니다. 더구나 이런 과정을 한두 해도 아니고 6년이나 겪으시도록 했으니 저희로서는 죄송하기 이를 데 없습니다. 더구나 몸이 편치 못한 상태에서 학교를 떠나셨고 그 이후에 많이 불편하시다는 말씀을 듣고 우리가 선생님을 모셔다가 너무 힘들게 해드린 것은 아닌가 하는 자괴감이 있었습니다.

그러나 지금도 분명하게 말씀드립니다만 김찬국 총장님이 상지대에서 베풀어주신 것은 아주 오랫동안 기억에 남습니다. 그중에서도 가장 기억에 남는 것은 학생들을 참 좋아하신다는 것입니다. 어느 날 저희가 교무위원회를 하고 교직원 20여 명이 총장님을 모시고 바깥으로 점심을 먹으러 가는데 본관 앞에서 학생들이 총장님에게 인사를 했어요. 학생들이 '선생님', '총장님' 하면서 다가오니까 김찬국 총장님이 저희를 버리고 학생들과 함께 학생식당으로 가버리는 것입니다. 바깥 식당에 예약까지 해놓았는데 일이 틀어진 것입니다. 별수 없이 예약 취소하고 우리들도 총장님 따라 학생식당으로 가서 점심 먹었지요.

그런데, 6년 동안 늘 그랬습니다. 저희와 회의하거나 외부에서 손님이 오셔서 행사하는데 학생들이 '총장님' 하고 부르면 김찬국 총장님은 그냥 그쪽으로 가버리십니다. 처음에는 참 특이한 분이라고 생각했는데, 나중에 총장님을 좀 더 알게 되고, 연세대에서 교수님으로 또 부총장으로 계실 때 어떻게 하셨는지 이야기를 듣고서는 사정을 이해하게 되었습니다. 총장님이 일부러 하신 것이 아니고 그냥 자연스럽게 하신 것이라는 것을 알게 되었습니다. 젊은 사람들을 대하고 핍박받는 사람들을 대하는 자세가 총장님의 삶 속에서 자연스럽게 형성되어 있었던 것입니다.

그런 총장님의 행동이나 자세는 상지대학교에서 교수들이 학생들을 어떻게 대해야 하는지, 또는 대학이 교육기관으로서 어떻게 운영되어야 하는지에 대해서 소리 없는 귀감이 되고 말없는 교훈이 되었다고 생각합니다. 과거형이 아니라 지금도 진행 중인 교훈으로 남아 있습니다. 감히 제가 상지대 총장 이전의 김찬국 선생님에 대해서는 드릴 말씀은 없습니다만, 김찬국 선생님 삶에서 공식적으로 마지막 역할이었던 상지대 총장 6년의 과정을 돌아보면서 선생님께서 상지대에 베풀어주신 그 귀한 은혜와 그것이 또 우리 교육계에 미친 영향은 당시나 지금이나 한없이 크다 는 말씀을 드리고 싶습니다. 상지대학교에서는 지금도 자주 김찬국 총장님 이야기를 합니다. 오늘이 자리에도 김찬국 총장님의 이야기를 들어서 알고 있는 상지대학교 총학생회장이 함께 와있습니다.

선생님 가신지 10주년 되는 날을 기려서 오늘 이렇게 10년만에 다시 김찬국 선생님을 추모하고 지난 세월을 되돌아보는 기회를 가질 수 있어서 정말 감사하게 생각합니다. 게다가 선생님 돌아가신 그 해부터 상지대가 10년간 또 커다란 진통을 겪었는데 최근 학교가 안정을 되찾고 이만열 선생님께서 이사장으로 오셔서 새로운 기회를 가지게 되었는데다, 외람되게 제가 김찬국 총장님의 뒤를 이어서 학교 일을 보게 되었으니 더없이 감사한 일입니다.

저로서는 김찬국 선생님이 총장으로 계시던 6년을 생각하면서 교수와 학생들을 대하는 일에 늘 삼가며 최선을 다하려고 마음먹고 있습니다. 김찬국 총장님을 사표로 삼아 학교를 운영하면서 상지대학교가 선생님의 뜻에 따라 민주대학으로 거듭날 뿐만 아니라 우리나라 교육 민주화에서도 제 역할을 다할 수 있도록 노력하겠다는 말씀을 드립니다. 그리고 오래오래 김찬국 총장님을 기억하겠다가 말씀으로 마무리하면서 오늘 이 자리에 참석해주신 모든 분들께도 감사의 말씀을 드립니다.

추 천 의 글

“더 로오~드 이즈 마이 쉐퍼드, 아이 샬 낫 원트…”

권수영

(연세대학교 신과대학장)

아마도 김찬국 교수님 강의를 한 번이라도 들은 후학이면 시편 23편을 암송하던 추억의 클래스를 잊지 못할 듯싶다. 당시에는 그저 대학 시절 영어 시 한 편 암송시키려는 선생님의 독특한 교육관이 반영된 숙제 정도로만 이해했었다. 시편 23편이야말로 그분의 삶과 신학을 있는 그대로 반영하는 내용으로 가득 차 있음을 꽤 긴 시간이 흐른 후에야 알게 되었다. 그래도 나처럼 생각 짧은 제자가 교수님 서거 10주년이 지난 지금이라도 여기에 기록할 수 있음이 다행인지 모르겠다.

1990년대 중반 유학 시절 미국 연합감리교회에서 안수를 받고 미국 북동부 메인(Maine)주 한 백인 교회로 파송을 받아 단독 목회를 막 시작할 때였다. 온 마을의 모든 장례를 책임지고 있던 장의사가 내가 섬기던 교회의 교인이어서 나는 일주일에 한 번 이상 마을의 거의 모든 장례식을 도맡아 집례했다. 장의사는 고인의 유가족이 기독교인이 아닌 경우에는 반드시 시편 23편을 장례식에서 읽어줄 것을 요청했다.

나는 미국 대부분의 국민이 시편 23편 정도는 익히 알고 있어서 그러려니 하고 대수롭지 않게 여겼다. 그때 난 김찬국 교수님께 마음속 깊이 얼마나 감사했는지 모른다. 선생님 덕택에 나는 당시 집례하는 장례식마다 굳이 성경을 보지 않고도 목청껏 시편 23편을 암송할 수 있었다. 실은 내가 유일하게 영어로 암송할 수 있는 성경구절이었는데, 그렇게 요긴하게 사용될 줄 미처 몰랐었다. 내 일천한 영어 실력에 의구심을 가졌던 교인들도 그 순간만큼은 나를 놀란 토끼 눈을 뜨고 바라보곤 했다.

나는 가끔 장례식을 마치고 나면, 전혀 알지 못하는 유가족들로부터 감사 편지를 받곤 했다. 묘하게도 공통점이 있었다. 장례식장으로 교회 건물을 사용하도록 했을 때 감사 편지를 받기도 하고, 내 장례 진행 방식에 대한 감사도 간혹 있었지만, 빠지지 않고 하는 감사의 내용은 바로 시편 23편에 대한 내용이었다. 대부분의 유가족들은 시편 23편의 내용을 통해 고인의 삶의 여정을 복기(復碁)해 보거나, 그 가운데 함께 하고 지켜주셨던 보이지 않는 손길에 대한 감사를 표현하곤 했다.

시편 23편은 김찬국 교수님의 용기 있는 예언자적인 삶과 실천이 어떻게 가능했는지를 은밀하게 우리에게 보여주는 신앙고백이었다. 미국에서 상담학을 전공하여 심층면담을 자주 행해 온 내가 학위를 마치고 귀국한 뒤 바로 교수님을 만나 면담할 수 있었다면, 나는 분명히 교수님께 시편 23편이 주는 의미를 상세히 여쭤보았을 것이다. 김 교수님이 생전 출석하셨던 창천교회에 나도 귀국 직후 소속목사로 출석하기 시작했다. 하지만, 이미 병상에 드신 교수님을 만나 뵐 기회를 가지지 못했다.

나는 이후 세계 각국의 사람들이 소개하는 시편 23편 관련 이야기들을 수집하게 되었다. 상담학 관련 문헌을 읽다 보면 시편 23편을 임상적으로 활용하는 치료법이 적지 않다. 생식으로 유명한 황성주 박사는 시편 23편을 통해 생애가 바뀐 사람이라고 자신을 소개하면서, 시편 23편이야말로 전인치유의 복음이라고 평하기도 했다. 나는 김찬국 교수님 생각이 제일 많이 나게 만드는 시편 23편 이야기 하나를 여기에 소개해 보련다.

한 독일의 라틴어 전공 대학교수의 이야기다. 그는 대학 시절 유대인 룸메이트와 함께 암송했던 시편 23편 이야기를 전했다. 룸메이트는 학기 중 심신이 지치고 어려움을 겪을 때마다 히브리어로 시편 23편을 큰소리로 암송하곤 했고, 어느 날 교수는 룸메이트에게 때마다 특별히 시편 23편을 히브리어로 암송하는 이유를 물었다고 한다.

유대인 룸메이트는 그 시를 외우고 있으면 하나님이 자신과 함께 하심이 느껴지고 알 수 없는 힘이 자신에게 가득 차게 된다고 말했다. 당시 이 독일인 교수는 자신도 배우고 싶다고 졸라, 그 룸메이트와 함께 시편 23편을 히브리어로 암송하기 시작했다. 두 친구는 시험 때가 되고 밀린 공부를 시작할 때면 늘 함께 큰 소리로 시편 23편을 암송하곤 했다. 마치 영국식 발음으로 구약 수업을 시작할 때마다 김찬국 교수님과 제자들이 시편 23편을 암송했던 것처럼….

나치정권의 유대인 핍박이 시작되어 학교를 그만두고 은신처에 숨어 있어야 했던 룸메이트에게서 어느 날 급하게 연락이 왔다. 곧 나치 비밀경찰에게 잡혀 가스실로 끌려가게 될 것 같다고. 교수는 급히 자전거를 타고 친구의 은신처로 달렸고, 이미 친구를 태운 경찰

수송 차량이 마을을 출발하고 있었다. 트럭 옆으로 자전거를 몰고 간 교수는 유대인 친구의 이름을 큰소리로 외쳤다.

그때 무리 중에 누군가가 자전거를 향해 손을 흔들었다. 바로 그 유대인 룸메이트 친구였다. 그의 얼굴은 놀랍게도 평온으로 가득 차 있었고, 입에서는 익숙하게 듣던 시가 흘러나왔다. "여호와는 나의 목자시니 내가 부족함이 없으리로다. 그가 나를 푸른 초장에 누이시며 쉴만한 물가로 인도하시는도다…." 죽음의 길을 가는 도중에도 룸메이트가 시편 23편으로 하나님의 인도하심을 당당하게 노래하고 있는 모습을 목도한 교수는 자신도 함께 시편 23편을 큰소리로 암송하기 시작했다. "내가 사망의 음침한 골짜기로 다닐지라도 해를 두려워하지 않을 것은 주께서 나와 함께 하심이라…." 룸메이트를 태운 차량은 모퉁이를 돌아서 사라지고 말았다. 그것이 친구의 마지막 모습이었다.

나치가 벌인 전쟁은 세계대전으로 지속되었다. 결국 독일인 교수 역시 전쟁에 참전해야 했고, 러시아와의 전투에서 나치가 패전하면서 포로로 잡혀 총살을 당하는 상황에 놓이게 되었다. 마지막 사형집행관이 마지막 할 말이 있으면 하라고 하는 순간, 그는 죽음의 골짜기를 당당하게 걸어갔던 룸메이트의 마지막 모습이 떠올라, 자신도 그 친구처럼 하나님 앞에 그 시편 23편을 고백하고 싶어졌다. 친구와 함께 암송했던 것처럼 히브리어로. 대학 기숙사에서 친구가 고백했던 시편 23편이 주는 용기와 평안함이 순간 온몸에 퍼져 감을 느낄 수 있었다.

그때 형장을 지키고 있던 연합군 장교는 자리를 박차고 일어나 목소리를 높여 함께 시편 23편을 히브리어로 외우기 시작했다. 그

장교는 유대인이었고, 장교는 바로 교수를 풀어주라고 사형중지 서류에 서명했다. 그는 "하나님의 백성은 그가 비록 사탄의 제복을 입었다고 할지라도 하나님의 백성이다"라고 외쳤다. 교수는 당시 자신이 살아난 이유를 이렇게 고백했다. 자신이 살아난 이유는 히브리어로 시편 23편을 암송할 수 있었음이 아니요, 죽음의 골짜기에 있더라도 하나님의 백성으로 죽고 싶다는 당당한 용기가 생겨났기 때문이었다고.

나는 가끔 시편 23편을 영어로 암송한다. 김찬국 교수님이 알려주신 영국식 억양으로. "더 로드 이즈 마이 쉐퍼드, 아이 샬 낫 원트…." 단순히 내가 영어로 암송할 수 있는 유일한 성경이어서가 아니다. 죽음의 공포가 눈앞에 있어도 하나님의 백성으로 당당하고 평온하게 오늘의 주어진 삶을 살기 위해서다. 사망의 골짜기를 용기 있게 걸어가는 비법을 알려주신 우리들의 영원한 선생님, 김찬국 교수님의 후학으로 그분의 삶을 조금이라도 따라 살기 위해서 오늘도 우리 모두 자신만의 시편 23편 이야기의 주인공이 되기를 소망한다.

김찬국 교수님, 영원히 사랑합니다. 교수님을 우리에게 보내주신 하나님 참 감사합니다.

2019년 김찬국 교수님 10주기를 앞둔 어느 여름날

머 리 말

올해 2019년은 소원(笑園) 김찬국(金燦國/Gim Chan Kook, 1927-2009) 교수님의 10주기가 되는 해입니다. 연세대학교 신과대학 교수로 구약학을 가르쳤던 소원은 생전에 매우 다양한 삶을 사셨습니다. 강의실에서는 엄격한 교육자, 연구실에서는 성서 연구 학자요, 방문하는 학생들의 멘토, 민주화운동의 현장에서는 불의와 독재에 항거하는 예언자, 목회현장에서는 교회와 교인들을 사랑하는 목회자, 산업 선교 현장에서는 노동자들의 신음소리에 귀를 기울이는 인권보호자, 재소자들에게 성서를 보급하는 전도자, 사학을 바로 세우기 위한 상지대학교의 총장 등 다 언급하기가 어렵습니다. 감리교 목사이기도 하셨던 소원은 하나님의 말씀을 맡은 예언자의 삶을 사시다가 옥고를 치르시고 교수직을 박탈당하셨으며 오랜 세월 동안 해직교수로 고난의 길을 걸으셨습니다. 그럼에도 불구하고 소원은 해학과 여유를 잃지 않으시고 해맑은 미소로 사람들을 반기셨으며 희망의 미래를 보여주셨습니다.

1970년대에 민중신학이 태동하기 이전부터 소원은 인권과 민중에 깊은 관심을 가지셨고, 해직교수 시절에는 민중신학자들과 함께 학문 활동과 민주화운동을 지속하면서 사회적 약자인 민중의 인권 향상을 위해 실천하는 소중한 삶을 사셨습니다. 그렇지만 학문과 실천의 두 기둥 위에 놓인 소원의 유산에 대한 연구는 그가 하나님의 부르심을 받으신 지 10년이 지났지만 매우 미미했습니다. 10주기를 맞이하면서 스승에 대한 그리움과 미안한 마음을 가지고 그의 학문적 유산을 평가하는 논문을 쓰자고 제안했을 때 12명의 제자들이 기쁘게 참여하여 글을 썼는데, 이 중 11편은 올해 이미 여러 학술지에 발표되었습니다. 우리는 다양한 관점에서 소원의 삶과 학문에 관한 글을 썼지만, 그의 신학을 민중신학의 한 자락으로 자리매김하는 데에는 이의가 없습니다. 1970년대와 1980년대 한국 신학의 큰 흐름 중 하나가 민중신학이었고, 소원의 다양한 활동도 민중신학자들과 맥을 함께 했기 때문에 당연한 결과라고 여겨집니다.

한국의 민중신학자들의 학문적 특색은 각자의 교단 및 신학교의 배경 그리고 자신의 경험에 따라 미묘한 차이를 보이고 있다고 여겨집니다. 그 차이를 여기에서 비교하기는 어렵지만, 소원의 경우에는 연세신학의 배경 하에서 민중신학을 전개했다고 지적할 수 있습니다. 당시 연세신학은 신정통주의 신학과 에큐메니칼 신학 그리고 종합대학의 폭넓은 학문적 배경을 가지고 있었는데, 그의 민중신학도 이러한 배경에서 형성되었기에 전개 방법과 내용, 강조점에 있어서 서남동, 안병무, 김용복 등의 민중신학과 차이가 있습니다. 그는 구약성서 해석을 통하여 민중신학을 전개했지만 연세신학의 유산을 계승, 발전시켜야 한다는 사명도 잊지 않았던 것입니다. 그가 자신을 "민중신학자"로 직접 언급하지 않았던 이유도 바로 여기에서 찾아야 하지 않았을까 생각합니다.

이 책은 크게 세 부분으로 나뉘어져 있습니다. 1부에서는 소원의 삶과 사상의 관계를 다루었고, 2부에서는 소원의 구약성서 해석과 신학을 소개했으며, 3부에서는 주요 주제에 따라 그의 사상을 정리했습니다. 이 논문들은 앞으로 소원의 신학과 한국의 민중신학, 한국교회사, 한국신학사 등을 연구하는데 디딤돌 역할을 할 것이라 여겨집니다. 또한, 우리 저자들은 본 논문집의 내용에 대해 학문적 이의를 제기하는 글들을 환영하고 그를 통해서 소원의 신학사상에 대한 토론이 더 전개될 것을 기대합니다.

마지막으로, 이 책의 편집과 출판을 위해 수고하신 도서출판 동연의 김영호 사장님께 깊이 감사드립니다. 소원의 제자인 그는 도서출판을 통해 스승의 사상과 가르침을 실천해가고 있습니다. 아무쪼록 이 책이 한국신학의 발전에 조금이라도 기여하기를 바라는 마음 간절합니다.

2019년 12월

저자들을 대신하여

천사무엘 씀

차 례

1부

소원(笑園)의 삶과 생각

김찬국의 삶과 신학
— 그의 예언자 이해를 중심으로

박해령*

I. 들어가는 말

한국 구약학의 거목, 소원 김찬국 교수(笑園 金燦國, 1927. 4. 23.~2009. 8. 19.)가 우리 곁을 떠난 지 벌써 10년이 지났다. 그는 신실하고 강직한 성품을 지닌 올곧은 스승이었지만, 그가 가는 곳이면 항상 웃음꽃이 만발한 동산(笑園)으로 바꾸어 놓는 인간 김찬국, 그를 기억하는 이들에 의해 지난 6월 25일 "김찬국 기념사업회" 창립총회가 그의 서거 10주기를 앞두고 열렸다. 한국 민주화운동의 선구자, 한국 신학계에서는 언행일치의 구약학자로 김찬국이 기억되고 있는데, 그는 수많은 사람의 마음 한가운데 정의와 사랑의 삶을 몸소 실

* 협성대학교, 구약학

천한 예언자적 인물로 자리하고 있다. 필자에게 그는 우리 민족의 노래인 '선구자'와 시인 윤동주의 '서시'[1]를 노래하며, 구약의 시편 23편을 암송하는 강하고도 눈물 많은 외유내강의 다정다감한 참스승으로 기억된다.

우리는 구약 시대의 특징적 종교현상으로 예언 현상을 들며, 그 시대를 야웨 하나님 신앙으로 이끈 대표적인 지도자로 예언자들을 꼽는다. 그들은 당시 사회 속에서 결코 정치적으로 주도세력에 속했다기보다는 주변인(marginal man)[2]의 위치에서 사회구성원들을 신앙 공동체의 구성원으로 인도해나간 신앙적 지도자들이었다. 구약의 예언서를 전공한 김찬국, 그가 바로 우리 시대의 정의, 자유, 평화, 사랑의 예언자 아모스(Amos), 호세아(Hosea), 이사야(Isaiah), 하박국(Habakkuk), 예레미야(Jeremiah)와 같은 예언자적 삶을 산 예언자요, 그 암울했던 1970, 80년대 민주화운동의 선구자로 우뚝 섰던 한국 신학계의 거목이라 할 수 있을 것이다. 그의 서거 10주기를 맞이하여 본 논문에서는 그의 삶과 가르침을 기리기 위해 그의 예언자적 삶과 그의 저작들에 나타난 예언자 이해를 중심으로 그의 신학을 고찰하고자 한다.

---

1 김찬국은 윤동주의 <서시>를 부산사범학교 교수 재직시절의 작곡가 윤이상에게 작곡을 배운 작곡가이자 신일고 음악 교사인 한태근에게 곡을 붙이도록 하였고, 그 완성된 서시(곡명: "하늘을 우러러," 1989. 11. 02.)를 곧잘 불렀다. 한태근, "시원하고 따뜻하신 분 김찬국 목사님," 김찬국 편, 『나의 삶, 나의 이야기 2』(서울: 도서출판 연이, 1997), 420.

2 1926년 미국의 사회학자 파크(Robert E. Park)에 의해 처음 만들어진 용어로서 두 다른 민족적, 인종적 그룹에 영향을 받은 한 개인이 어떻게 자신의 정체성 수립을 위해 노력하는가를 설명하기 위해 사용된다. Robert Ezra Park, "Human Migration and the Marginal Man," *American Journal of Sociology* 33 (1928), 881-893.

II. 김찬국의 삶[3]

김찬국과 연희대학 시절부터 함께 한 김동길 교수는 시대의 양심으로 구약 예언자를 이해하면서 그를 예언자에 견주어 다음과 같이 그의 삶을 평가하고 있다.

> 김찬국은 성격에 모진 데는 없지만 정의감만은 매우 강한 사람이다. 구약이 전공이고 특히 호세아, 아모스, 이사야, 예레미야 같은 각기 그 시대의 양심이던 예언자들을 깊이 연구한 때문인지는 모르지만 하여간 불의한 것을 보고 가만있지는 않는 성미이다. 그는 70이 넘은 오늘도 여전히 홍안인 그 얼굴에 미소를 지어가면서 저 할 말은 다 하고야마는 묘한 기질의 소유자이다. 나는 그가 누구와 맞붙어 싸웠다는 말을 들어본 적이 없다. 그는 남과 싸우지 않고 다투지도 않는 조용한 사람이지만 자신의 주장만은 언제나 뚜렷하고 굽히는 일이 없다. 이런 사람이 사실은 무서운 사람이다.[4]

1. 출생과 소명

김찬국은 1927년 4월 23일 경상북도 영주군 영주읍 배고개에서 부친 김완식 장로와 모친 장현이의 장남으로 태어났으며, 4살이라는 어린 나이에 어머니를 여의고 새어머니 이호규 슬하에서 자라게 된다. 새어머니는 기독교 학교인 정신여중을 다닌 분으로 신앙심이 깊

---

3 김찬국의 연보는 신학논단 편집부, "김찬국 교수 약력, 저술," 「신학논단」 제17집 (1987. 6.), 415-423, 김찬국 편, 『나의 삶, 나의 이야기 1』(서울: 도서출판 연이, 1997)의 부록에 실려 있다.

4 김동길, "김찬국을 말한다," 김찬국, 『인간을 찾아서』(서울: 한길사, 1980), 258.

어서 자녀들을 신앙적으로 양육하였다.

아버지 김완식 장로가 영주 서부보통학교를 졸업하고 안동에 선교사가 세운 협성중학교에 입학하여 선교사의 감화로 가정에서 처음으로 예수를 믿게 되었고, 원래 전통적인 완고한 유교적 신념으로 가득 차 반기독교적 입장을 지녔던 조부 중봉 김호영 장로(中峰 金浩榮, 1876-1955)는 먼저 기독교 신앙을 지닌 이 아들의 기도와 전도로 믿음의 씨앗이 뿌려진 결과로 기도 중에 예수를 극적으로 만난 신앙체험을 한 후에 그 누구보다 철저하게 예수를 본받으려 여생을 전도에 열성을 쏟게 된다. 그가 아들의 전도로 예수를 믿고 신앙생활을 시작하게 된 데에는 젊은 시절의 인생 낭비와 경제적 파탄으로 인한 자살 직전의 고통과 고민이 있었는데, 그는 "천하에 나 같은 죄인이 없다"고 손자인 김찬국에게 가끔 고백하며, "예수 믿고 우리 집안이 새 집이 되었다"고 늘 감격의 말씀을 하였다고 한다. 그는 가정예배를 인도하고, 중앙교회의 장로로 정성껏 교회를 섬기며 노후에는 영주읍에서 떨어진 문수면 학가산 아래에 교회를 개척하였고, 후에는 영주읍 부근의 창진리에도 교회를 개척하여 직접 설교와 성경 공부를 지도하였다.[5]

김찬국이 신학을 하게 된 것도 조부 김호영 장로의 영향이 절대적이었다고 스스로 고백하고 있다. 조부 기도의 제목은 "찬국이를 신학 공부시켜 목사를 만들어 주십시오" 하는 것이었다.[6] 고향인 경북 영

5 김찬국, 『고통의 멍에 벗고』(서울: 정음문화사, 1986), 285-286. 그는 여러 권의 수상록을 출판하였는데, 이 책에는 "나의 생애와 신학"(284-321)이 수록되어 있고, 그의 『사람의 길, 사랑의 길』(서울: 제3기획, 1992)에는 자신이 신학의 길을 선택한 삶의 이력을 간단하게 기술한 "나의 길, 하느님의 길"(161-173)이 실려 있으며, 그의 『나의 삶, 나의 이야기 1』(서울: 도서출판 연이, 1997)에는 자전적인 이야기인 "사랑의 빛과 새로운 역사를 위하여"(205-220)가 있다.

주읍의 중앙교회에 다녔던 조부는 김찬국이 네 살 되던 1930년에 그를 무릎에 올려놓고 부모를 불러 "예수 믿고 우리 집안은 모두가 새 사람으로 태어났으니 감사한 마음으로 27세손인 찬국이를 목사시키자. 믿음의 첫 열매를 하나님께 드리는 것이 어떻겠느냐"고 물었고, 이에 따라 함께 서원기도를 하고 그 후 모든 친척까지도 매일 정오 12시에 일손을 멈추고 그를 위해 기도하게 하였다.[7] 김 장로는 기도의 사람으로서 손자를 목사로 세우기로 결정한 54세 이후에 태백산에 들어가 기도하였고, 금강산 표훈사 부근의 은적굴에서 겨울을 나면서 혼자 180일 기도도 하였다. 김찬국은 1946년 조부와 부모의 소원대로 연희대학교 신과에 입학하였고, 손자를 믿음으로 훈육하였던 조부는 1955년 손자인 그가 미국 유니온신학교를 졸업하던 날 생명과 자녀와 육신과 재산을 모두 하나님의 뜻대로 하라는 유훈을 남기고 79세를 일기로 소천하게 된다.[8] 김찬국은 자신의 생애와 신학은 바로 이 조부의 기도 작품이라고 생각하였다.

2. 신학 여정

김찬국의 어린 시절은 일본이 우리 민족을 식민지로 삼아 온갖 수탈로 괴롭히던 정치 · 경제적으로 수난의 시기였다. 그는 고향인

6 Ibid, 285.

7 김찬국 편, 『나의 삶, 나의 이야기』 1, 210-211.

8 그는 제자들에게 자신의 신앙 이력을 소개하면서 다음의 '중봉 유훈 4계'를 늘 외웠다: 1. 생명도 나의 소유가 아니다. 하나님의 뜻대로 존경하자. 2. 육신도 나의 소유가 아니다. 하나님의 뜻대로 보호하자. 3. 자녀도 나의 소유가 아니다. 하나님의 뜻대로 교육하자. 4. 재산도 나의 소유가 아니다. 하나님의 뜻대로 취급하자.

영주읍 서부보통학교에 입학하여 2학년 때 예천초등학교로 전학하여 1940년에 졸업하고, 대구 계성중학교에 입학하여 1년 반을 다니다가 부친을 따라 서울의 중앙중학교로 전학하게 된다. 이 학교는 3·1운동의 발상지로서 훌륭한 선생님들이 고귀한 민족교육을 실시하였다. 거기서 그는 스승들로부터 인격적 감화를 받고, 민족교육을 받는다.[9]

그러나 그가 신학교육을 받고 목회자가 되려는 소망은 일제 말기라 신학교들이 폐쇄되어 포기할 수밖에 없는 상황이었다. 그러나 신학에 대한 그의 관심은 서울에 올라온 후에 부친과 출석한 서울복음교회의 최태용, 지동식 목사의 격려로 꺼지지 않고 있었다. 그는 1945년 중앙중학교 졸업 후 고향 영주에 가서 8·15 해방을 맞이하게 된다. 해방을 맞이한 당시의 감격은 19세 청년인 그에게 새로운 희망을 안겨다 주었고, 그는 다시 서울로 올라와 조부와 부모의 바람대로 연희전문학교 신학과에 입학하였다.

김찬국의 삶의 방향을 결정하는 데 중요한 계기가 된 것은 대학에서의 교육이었는데, "해방된 1945년 8월 말에 조부님과 아버님께서 교단 신학교보다는 연희전문학교 신학과에 가라고 권해 주셨던 것이 나의 삶의 폭과 방향을 정하는 데에 중요한 계기가 되었다"고 말년에 자신의 삶을 회고하며 고백하고 있다.[10] 당시의 교육환경은 해방 직후의 불안정과 좌·우익 학생들 사이의 사상적 대립과 충돌이 남북분단으로 심화되면서 지극히 혼란스러운 환경이었으나 당시에는 일제 말 대학에서 강제로 쫓겨난 교수들이 해방된 조국의 재건과 교육사업에 헌신하려고 대학으로 돌아와서 가르쳤다.

---

9 김찬국, 『고통의 멍에 벗고』, 289-290.

10 김찬국, "정년 은퇴까지 하게 된 축복을 누리며," 「기독교사상」 36 (1992.10.), 197.

이듬해인 1946년에 연희전문학교가 연희대학교가 되면서 전문부 학생들이 다시 대학으로 진학할 때 신학과 50명 학생 중에 3명만 그 전공으로 대학에 진학하고 나머지는 전과를 하였다. 그래서 당시 연희대학교 신학과는 대학 1학년에 새로 들어온 학생들과 함께 12명이 되었다. 그 중 7명이 신학과 제1회 졸업생인데, 고영춘, 김주병, 문상희, 황진주 등이 한 반이었다. 당시의 그는 선배 목사들도 없었던 외로움 속에서 종합대학교의 이점을 살려 보다 더 넓고, 길고, 깊게 미래를 전망하는 자세를 키워나가는 교육을 받게 되었다. 이때의 연희대학교 강단과 교단에는 민족수난의 절망적 상황 속에서도 굴하지 않고, 민족혼과 신앙과 학문을 지켜온 훌륭한 스승들의 얼굴이 등장했다. 그는 이들로부터 받은 교육이 자신에게는 특혜요 은전이었고, 정신적 지주요 신학적 사고 형성의 폭을 넓히는 영양제와 활력소가 되었다고 고백하고 있다.[11]

이 시기는 연세신학의 개척기라 할 수 있는데, 이때 김찬국은 해방 후에 대학에 입학한 첫 세대로 용재 백낙준 박사의 폭넓은 에큐메니칼 신학사상과 기독교적 교양과 삶의 자세를 기초로 신학과의 여러 교파 출신의 교수들에게 교육을 받게 된다. 특히 영문과의 강의를 통해 영시와 영문학 작품으로부터 문학적 영감을 얻어 구약성서 연구의 기초를 쌓게 된다. 김찬국은 신학분야 가운데 구약학을 전공하게 되는 동기를 자신은 다음과 같이 말하고 있다.

> 내가 구약학에 관심을 기울이게 된 동기에는 세 가지가 있었다. 구약 전임 교수가 없었기 때문이었고, 히브리어 문법 공부를 끝내 해냈기 때문이다.

---

11 김찬국, 『고통의 멍에 벗고』, 291.

이보다 더 중요한 동기는 연세신학 1회로 졸업한 동기생들이 한국의 장래 교회와 신학에서 각기 한 가지씩 전공 분야를 정하여 연구하고 계속 관심을 기울여 보자는 제안에 따라 모두들 나에게는 구약을 전공하라고 권한 데에서 비롯되었다. … 이런 요청이 한국에서 해방 후 대학교에서 공부하는 우리들에게는 필연적인 요청이며, 하나님께서 주신 명령같이 생각되었다.[12]

그는 대학 졸업논문을 "구약의 메시아사상"이라는 제목으로 썼고, 후에 "모르는 것이 약이란 말이 있듯이 구약 전공 분야를 전연 몰랐었기에 시작해 보려 했다"[13]고 밝히고 있다. 당시에 그의 모교에는 구약학 전임교수가 없어서 처음으로 그는 '구약개론' 과목은 강사로 출강한 김재준 목사[14]에게 배웠으며, 실제로 그로 하여 성서학에 눈을 뜨게 해주신 분은 지동식 교수였다. 지 교수는 복음교회 목사였는데, 김찬국은 중학 시절부터 대학 졸업 때까지 아버지를 따라 복음교회를 다녔고, 그로부터 많은 사랑을 받았다.

이렇게 그가 1950년 5월에 졸업하고 대학원에 입학하자 6 · 25 전쟁이 일어났고, 24세의 나이에 포병으로 군 입대를 하게 된다. 그는 제대 후에 부산에서 배재중 · 고교 교사생활을 하다가 피난 때 연희대학교 대학원에서 그해 9월부터 학업을 재개하여 조교로 신학과

---

12 Ibid., 293.

13 김찬국, "정년 은퇴까지 하게 된 축복을 누리며," 「기독교사상」, 198.

14 김재준 목사(金在俊, 1901-1987)는 한국기독교장로회와 조선신학교(현재 한신대학교) 설립에 공헌한 장로교 목사로서 일본 도쿄 아오야마(青山)학원 신학부와 미국 프린스턴신학교, 웨스턴신학교(현재 피츠버그신학대학원)에서 공부하였고, 웨스턴신학교에서 구약성서학 석사학위(STM)를 받았다.

1학년의 구약개론 과목을 가르치기 시작하여, 1953년 봄 학기부터 전임조교로 강의도 하고 대학원 공부도 하였다. 이때 그는 미국 프린스턴신학교에서 신약학을 공부하고 귀국한 전경연 박사와 한영교, 지동식 교수로부터 가르침을 받고, 석사학위 논문을 썼다. 그와 더불어 석사학위 논문을 제출한 문상희, 이상호는 1954년 봄에 한국에서는 최초이고 연희대학에서도 최초로 신학석사 학위를 받았다. 그의 논문 제목은 "구약에 나타난 계약의 하나님의 구속적 의를 논함"이었는데, 주심은 한영교 교수, 부심은 지동식 교수와 변홍규 박사(당시 남산감리교회 목사)이었다. 해방 후 1954년까지도 한국신학계에는 구약학을 전공으로 가르치는 교수가 없는 실정이었는데, 당시 연희대학교 대학원 제1회 졸업생 12명은 백낙준 총장과 김윤경 대학원장의 정책적 배려인 교수양성 계획에 따라 모두가 전임강사로 각 학과에서 가르치게 된다.

그는 이어서 도미 유학의 꿈을 품고 뉴욕 유니온신학교(Union Theological Seminary, UTS)에 지원하여 1954년 8월 31일, 3년 학업 계획으로 출국하게 된다. 마일렌버그(James Muilenburg), 테리엔(Samuel Terrien) 교수 등으로부터 구약학 과목들을 수강하였고, 이외에도 라인홀드 니버(Reinhold Niebuhr), 존 시 베네트(John C. Bennett) 교수의 기독교윤리, 사회윤리 강의와 폴 틸리히(Paul Tillich) 교수의 철학적 신학 강의도 수강하였다. 이때의 유니온신학교에서의 공부가 그의 신학, 신학교육, 에큐메니칼운동 차원에서 본 세계교회 문제 등에 관한 전망을 넓힐 수 있게 하였다. 그는 구약학 교수인 마일렌버그의 지도하에 석사 논문, "이사야 40-55에 나타난 의(義)의 유래"를 쓰고, 1955년 5월 24일 신학석사(STM) 학위를 받고 귀국하였다.[15]

3. 예언자적 삶의 여정

1) 진리와 자유의 삶: 교육목회자(신학교수, 목사)

김찬국은 구약학자로서 구약의 예언자들에 관심을 가지고 주로 연구하였으며, 자신도 예언자를 뒤따라 그런 삶을 살려고 부단히 노력하였다. 그의 주전공은 구약 예언서이다. 그의 연구의 주제가 된 예언자는 구약성서 시대 이스라엘 예언의 역사에서 문서예언의 시대를 연 서기전 8세기의 예언자 아모스(Amos), 호세아(Hosea), 이사야(Isaiah), 서기전 7세기의 하박국(Habakkuk), 예레미야(Jeremiah), 뒤이은 포로기의 제2이사야(Second Isaiah) 등이다.[16] 이런 그의 학문적 연구는 자신의 삶의 원리로 작용해, 그의 삶을 예언자적 삶으로 이끌었다.

그는 미국 유학에서 귀국한 후 모교에서 구약학의 개척자로서 선

---

15 김찬국, 『고통의 멍에 벗고』, 299-300.

16 그의 예언자에 대한 주요 연구는 다음과 같다: "시인 예언자, 제2이사야," 「기독교사상」 4 (1960), 90-96; "예언자의 종교적 전망," 「신학논단」 7 (1962), 183-196; "제2이사야의 문학양식에 대한 최근 연구," 「현대와 신학」 3 (1969), 63-88; "오늘의 예언자 신앙"(언더우드 학술강좌 발표, 1973. 11. 27. 전문: 김찬국, 『고통의 멍에벗고』, 254-272); "제2이사야에 나타난 천지의 주재란 제의적 칭호와 창조전승," 「신학사상」 12 (1976), 35-53; "하박국의 고발," 『인간을 찾아서』 (1980), 21-34; "예언자의 신앙관," 『인간을 찾아서』 (1980), 54-62; "제2이사야의 창조전승 연구 (1)," 「신학논단」 14 (1980), 45-91; "제2이사야의 창조전승 연구 (2)," 「신학논단」 15 (1982), 39-62; "제2이사야의 창조전승 연구 (3)," 「신학논단」 16 (1983), 47-80; "구약 예언자의 역사이해: 이사야를 중심으로," 『연세대학교 연신원 목회자 하기 신학세미나 강의집』 제5권 (서울: 연세대연합신학대학원, 1985), 238-242; "예언자적 설교," 『연세대학교 연신원 목회자 하기 신학세미나 강의집』 제11권 (서울: 연세대연합신학대학원, 1991), 181-190.

배 교수들과 더불어 연세신학의 수립을 위한 봉사와 헌신을 시작하였다. 그는 당시의 연세신학 교육의 전통과 특징을 다음과 같이 말하고 있다.

> 연세신학은 기독교대학의 교육이념의 실현을 위하고 한국 전체의 교회연합 정신을 기르는 신학적 사명과 한국적 전통과 문화 속에서 한국기독교를 토착화시키는 신학적 관심과 연구에서 볼 때에 그 사명이 막중함을 느끼지 않을 수 없었다. 그래서 연세 종합대학이라는 콘텍스트에서 늘 신학을 하는 사고 개발과 신학교육에 관심을 가지게 될 수밖에 없었다.[17]

이런 맥락에서 신학과 교수로서 그는 신학생들에게 "여러분 학생들은 신학생이기 전에 대학생이 되라", "훈련받은 사람에게 소명이 온다"고 하면서 대학생으로서 사고의 영역과 폭을 넓힐 것을 강조하였고, "한글을 철자법에 따라 쓸 줄 모르거나 우리말의 표준어를 말할 줄 모르는 사람은 민족반역자이다"는 한글학자 김윤경 교수의 국문법 강의시간의 인상적인 말씀을 기억하며 신학교육에 우리말 사랑을 역설하였다. 연세신학의 전통 수립에 있어서 당시의 그의 역할은 다음과 같이 평가되고 있다.

> 우리 연세대학교 신과대학의 골격을 갖추어 준 분들, 그 정신을 구형(構形)한 분들이 몇 분 계시다. 백낙준 박사님, 지동식 교수님, 한영교 교수님, 문상희 교수님, 한태동 교수님이 그 분들이다. 그러나 김찬국 교수님은 여러 면에서 우리 연세 신학교육의 본래 정신을 백낙준 박사님에게서 이어

---

17 김찬국, 『고통의 멍에 벗고』, 301.

> 받아 구현(俱現)한 연세신학의 전통 확립자 중의 한 분이시다. 선생님은 삶과 행동에서 자신의 모습을 연세신학의 살아있는 이미지로 굳혀 오셨으며, 다만 그 발전과 정통 계승의 활력을 불어넣으시는 데 그 인생의 왼 힘과 넋을 기울여 오신 것이다.[18]

또한, 그는 신학과 학과장 재직 중에는 지금까지도 계속 이어져 내려오고 있는 〈연세신학 공개강좌〉를 1962년 가을부터 3일간 정동교회, 새문안교회 등에서 개최하여 신학교가 교회와 사회를 위해서 신학 세계의 소개와 대화를 도모하였고, 1960년 4 · 19혁명 때에는 학생과 교수들의 가두행진, "우리 오늘 희생된 학생들을 위해서 가두모금을 하면서 신촌까지 가자"는 그의 제의와 문상희 교수의 가두 열변으로 '연세대학 교수단'의 희생자들을 위한 가두모금운동(모금액 121,540환을 한국일보에 전달)이 전개되었다.[19]

1961년 5 · 16혁명 후에 한국 신학교육에는 정부의 시행착오로 신학대학들이 인가 취소를 당하고, 잡종학교로 격하되었던 적이 있었는데, 이는 신학교육은 대학졸업자들만 받아서 교육해야 한다는 당시 최고회의 시절의 문교부의 정책에 따라 고등학교 졸업자를 받은 대학들의 인가를 취소하고 대학원 교육을 하라고 했었다. 이로 인해 당시 각 신학대학은 잠시 인가 취소를 당하고 연합적으로 정부에 건의하여 대학 인가를 요구하는 탄원을 했는데, 그는 이 위기를 잘 넘기고 그 이후 신과대학과 연합신학대학원이 함께 신학교육의 질적 향상과 학문적 성장에 이바지할 수 있게 기틀을 마련하였다.[20]

---

18 민경배, "김찬국 교수 은퇴기념 논문집 헌정예식: 헌사,"(1992. 8. 28.).

19 김찬국, 『고통의 멍에 벗고 』, 304-305.

이어서 1962년 5월부터 2년 동안 그가 학생처장직을 맡게 되는데, 1962년 학사고시제도 폐지 데모, 1964년 봄 "한일 굴욕외교 반대 데모" 등에 학생들과 함께 현장에 동참하여 학생들의 구속을 슬기롭게 피하면서 학생들을 인도하였고, 그날 처장직 사표를 제출하고 그 자리를 떠났다. 그는 신학을 가르치는 목사로서 학생들과 함께 생각하며 뜻을 같이 나누고, 함께 뛰면서 그들을 위험에서 보호하는 일을 하였고, 목회자의 자세로 2년간 학원목회를 하는 목자의 입장에서 혼란한 시기에 학생처장으로서 어려웠던 학생지도를 하는 데 심혈을 기울였다.

그 후 그는 1970년 9월에 영국 스코틀랜드의 세인트앤드루스대학교(St. Andrews University)에서 1년간 연구교수로 방문하여 박사학위 논문 주제로 제2이사야의 창조전승 문제를 연구하였고,[21] 1971년 이스라엘 히브리 유니온대학(Hebrew Union College)의 하기성서고고학 과정을 이수한 후 그해 8월에 귀국하였다.

아울러 그는 바쁜 교수 생활 중에도 조부 김호영 장로로부터 시작된 개척교회를 섬기는 전통이 그에게 이어져 목회자로서의 소명을 잊지 않고 있었는데, 현직 교수로서 1957년부터 6년 동안 경기도 과천 안골에 하리감리교회(후에 샘말로 옮겨서 강남감리교회가 됨)를 개척하여 목회를 병행하게 된다.[22] 이처럼 교수생활을 하면서도 목회를

20 Ibid., 305-306.

21 그의 박사학위 논문은 1975년 6월에 연세대학교 대학원에 제출되어 예심을 거치고 본심에 들어가기 전에 심사보류가 되었는데, 그 이유는 그가 1974년 5월 7일 민청학련사건으로 구속되었다가 1975년 2월 17일에 형집행정지로 석방된 후 대학에서 해임되었기 때문이었다. 그 후 1980년에 이 논문, "제2이사야의 창조전승연구"(「신학논단」, 제14~16집에 게재)가 통과되어 그는 신학박사 학위를 취득했다.

22 김찬국, 『고통의 멍에 벗고』, 288.

병행하여 1961년 35세에 기독교대한감리회의 목사 안수를 받아 4세 때부터 그를 위해 드려온 조부와 가족들의 서원기도가 이루어지게 된다. 그 후에도 교수 생활을 하면서 영등포중앙감리교회에서 1963년부터 1965년까지 18개월 동안 임시 담임목회를 하였고, 이외에 과천의 강남교회, 서울의 창천교회, 노량진중앙교회/목양교회에서 소속목사, 설교목사로 은퇴하는 1997년까지 목회자로서 헌신하였다.

2) 정의와 사랑의 삶: 실천목회자(민주화의 선구자, 인권운동가)

김찬국이 해외에서 연구교수를 마치고 귀국한 1971년 9월 2학기에는 교련 반대, 부정부패 규탄 데모로 위수령이 발동되어 대학은 휴교령이 내려졌다가 11월 8일에 다시 개교하는 진통기를 맞이하였다. 그리고 1972년 10월 17일, 소위 유신헌법 공포와 이에 따른 개헌청원 서명운동(1973년 12월 24일)의 전개로 인한 1974년 1월 8일의 긴급조치 1호, 그해 4월의 긴급조치 4호의 발동 등으로 대학이 연속으로 수난을 당하는 고통의 시기였다. 이런 소용돌이의 시기에 그는 1973년 3월 신과대학 학장직을 맡아 어려운 시기를 맞이하였고, 1974년 5월 7일에 정부 당국에 의해 구속의 몸이 되는데, 그는 이때의 일을 회고하며 학교와 학생들에게 상처를 준 것 같아 미안한 생각을 금할 수 없었다고 하였다.[23]

이처럼 교수로서 그의 삶은 4·19 이후의 혼란한 시대적 상황이 그로 하여금 수난의 길을 걷게 하였고, 특히 1970년대 이후의 민주화운동의 물결은 그를 두 차례에 걸쳐 학교를 떠나 해직교수로 살아

23 Ibid., 313-314.

가게 하였다. 김찬국은 1971년 전국에 위수령이 선포되고 대학교에 군인이 주둔하자 이에 항의하였고, 휴업령이 해제되고 첫 전교생 대강당 채플에서 '임마누엘 세대'라는 제목의 설교에서 이를 비판하였다. 그리고 그는 1972년 10월에 유신헌법이 공포되어 나라 전체가 정치적으로 혼란한 상황에서, 그 해 4·19 제13주년 부활절 채플의 설교에서 그는 유신헌법의 잘못된 점을 지적하였고, 같은 해 12월 23일 유신헌법 100만인 개헌 청원 서명운동의 발기인으로 참여했다. 또한 그는 1974년 5월 7일 전국민주청년학생총연맹(민청학련) 학생들을 수차례 만나 "유신헌법은 계엄령을 선포해 국민의 기본권을 박탈한다"는 등의 발언을 해서 박형규 목사, 지학순 주교, 김동길 교수 등과 함께 긴급조치 위반혐의로 구속되어 1975년 2월 17일 형집행정지로 출소하기 전까지 286일 동안 수감 생활을 하게 된다.[24]

그는 해직교수로 석방 후에도 정부의 압력으로 복직하지 못하다가 6년 후 1980년 3월 소위 '서울의 봄' 때 복직하였다가 135인 지식인 서명으로 인해 강의도 제대로 못하고 곧바로 다시 해직되었고, 1984년 9월에 다시 복직되어 연세대 강단에 다시 설 수 있었는데 이로써 10년간의 해직교수 생활을 마무리하였다. 이 해직된 시기에 김찬국은 교도소 성서보급회, NCC인권위원으로 동일방직긴급대책위원회, 평화시장대책위원회, 해직교수협의회, 양심수월동대책위원회, 도시산업선교회, 한국기독자교수협의회 등에서 활동하였고, 성공회대학교의 전신인 성미가엘신학교, 협성대학교의 전신인 감리교의 서울신학교, 동부신학교, 총회신학교 등에서 시간강사로 제자들을 가르쳤다. 그는 이 시기에 늘 검은 가방을 어깨에 메고 지인들에

---

24 Ibid., 314-315.

게 금서를 판매하고, 민주화 소식을 담은 유인물을 배포하였다.[25]

이같은 김찬국의 민주화운동에 대해 그의 사후 가족들이 그의 명예회복을 위해 2011년 법원에 재심을 청구했고, 서울고법은 2013년 김찬국에 대해 무죄를 확정했다. 그리고 최종적으로 2014년 9월 22일에 서울중앙지법 민사합의 19부(부장 오재성)는 긴급조치 1, 4호 위반 등의 혐의로 기소돼 징역 5년을 선고받았던 고인의 가족이 국가를 상대로 낸 손해배상 청구 소송에서 원고 승소 판결을 했는데, 재판부는 판결문에서 "김 교수와 같은 소수의 용기 있는 시민들의 민주화에 대한 열망과 노력이 국가의 민주화에 큰 밑거름이 됐다"면서 "그럼에도 김 교수를 수감하고 그 가족을 지속적으로 감시해 일상생활을 어렵게 한 국가는 불법행위에 대해 배상할 의무가 있다"고 판단했다.[26]

그는 1984년 모교에 복직한 후에는 부총장을 역임하고, NCCK 인권위원장, 양심수와 전교조 해직교사 서울후원회, MBC노조대책위, KBS이사, 노동자인권위원회, 미군범죄대책위원회, 민주유공자 장학재단 등에 참여하여 폭넓게 활동하였고, 1992년 8월 모교의 교수 퇴임 후 1993년 8월부터 1999년까지 당시 재단 문제로 위기에 처해 있던 강원도 원주의 상지대학교 총장을 맡아 학원정상화에 큰 역할을 하였다.

---

25 Ibid., 317-320.

26 한재희, "故 김찬국 교수 억울한 옥살이… 국가가 5억 배상," 「서울신문」 2014. 09. 23.

III. 김찬국의 신학사상

1. 신학적 기초: 출애굽 신학, 하나님의 압제에서의 해방과 구원행위

김찬국의 신학의 중심을 이루고 있는 그의 하나님 이해는 철저히 역사 무대 위에서 행동하는 하나님으로서 역사 속의 하나님이다.[27] 이런 하나님의 모습을 그는 구약성서의 예언전승에서 발견하여, 예언자들의 하나님 이해를 계승하고 있다. 그는 구약시대 이스라엘의 역사에서 중요한 전승으로 폰 라트(Gerhard von Rad)[28]의 주장에 동조하여 출애굽전승(Exodus Tradition)[29]으로 보고, 다음과 같이 설명하고 있다.

---

27 이에 관한 그의 입장을 가장 잘 대변해주는 저서로『성서와 역사의식』(서울: 평민서당, 1986)을 들 수 있다.

28 구약학자 폰 라트는 구약성경을 전승사적 관점에서 연구하는 전승사학파의 대표적인 학자로서 구약성서전승의 핵심적인 전승으로 출애굽전승과 그 신앙고백을 드는데, 그의 이런 신학적 입장을 대변하는 대표적인 저서로『구약성서신학, I-II』(왜관: 분도출판사, 1976, 1985)가 있다.

29 폰 라트의 제자인 버나드 앤더슨(B. W. Anderson)은 출애굽을 인간 세계를 완전하게 초월하는 거룩한 하나님의 능력을 드러내는 결정적인 사건(crucial event)으로 설명하면서, 이를 '하나님의 역사적인 현존과 인간 삶에 대한 하나님의 개입'을 증거하는 사건으로 규정하였고, 에밀 파켄하임(Emil L. Fackenheim)은 시내산 사건과 더불어 출애굽을 유대교의 '뿌리체험'(root experience)으로 결정적인 과거의 사건으로 공적이며 역사적인 성격을 지니며, 신앙공동체 안에서 현존하는 실재(present reality)로 재연된다고 설명하였다. B. W. Anderson, *Understanding the Old Testament* (New Jersey: Prentice-Hall, 1986), 26; Emil L. Fackenheim, *God's Presence in History: Jewish Affirmations and Philosophical Reflections* (New York: Harper & Row, 1970).

출애굽기 3:7-8에 나와 있는 여호와문서 기자가 보여준 약속의 성취로서 애굽의 노예생활에서 해방되어 가나안 땅으로 보낸다는 이 선언 안에 여호와 하나님과 이스라엘 민족의 동적인 관계의 시작이 표명되어 있다. 출애굽의 사건은 적극적인 말로 신명기 26장 5-9에도 하나의 역사적 신앙 고백으로 선포되어 있다. 하나님의 말씀이 구원의 행동에 필수적으로 나타난다. 이스라엘 민족의 구 원을 보장하고 약속하는 하나님의 말씀이 역사 무대에 개입되었다.[30]

이와 같이 그는 역사 속에서 구원자 하나님의 구원행위로서 출애굽 사건을 구약성서에서 신앙적 언어로 하나님이 역사에 개입한 사건으로 보고, 구약의 기초적인 추진력을 원초적으로 행동하시는 하나님의 이야기가 구원사와 관련을 맺고 있다는 사실, 즉 역사 무대에서 하나님의 구원행위에서 찾고 있다.[31]

출애굽 이야기는 히브리 민족에게 기적적인 사건으로 다루어져 있지만, 실제로 출애굽이 하나님의 역사개입과 구원 사건임이 믿음으로 고백되어 있는 것이다. 이스라엘 민족사의 기점을 출애굽으로 잡고, 야웨 하나님의 특별한 선택으로 이스라엘이 야웨의 백성이 되고, 시내산에서 모세를 통하여 계약을 체결함으로써 계약민족, 선택받은 백성이 되었다는 점을 이

30 김찬국, 『성서와 역사의식』 (서울: 평민서당, 1986), 74.

31 Ibid., 75. 최형묵은 “김찬국은 하느님의 구원 사건의 원형을 출애굽사건으로 보고, 그 사건의 경험이 이스라엘 민족의 신앙 안에서 끊임없이 환기되고 있다고 본다. ‘역사적 해방’(historical deliverance)으로서 하느님의 구원 사건을 기억하고 전승하는 것이 성서가 증언하는 하느님의 구원사의 맥락이라는 것이다”고 말하고 있다. 최형묵, “김찬국의 민중신학에 대한 서설적 접근,” 「신학연구」 제74집 (2019), 160.

해하는 일이 구약 역사이해를 위하여 필수적인 요인이 되는 것이다.[32]

이와 같이 그는 성서가 보여주는 역사관은 결국 하나님께서 역사의 시작과 종말에서 주권자가 되며, 약속과 성취 사이의 긴장 관계에서 인간의 보다 나은 자유와 행복과 오랜 평화를 인간에게 약속하시고, 이의 실현을 위하여 중개자인 지도자나 예언자나 혹은 하나님의 종을 시켜서 미래의 지평을 향하여 역동적인 행진을 하도록 하며, 마침내 오실 자 하나님의 출현과 이루어야 할 구원의 세계를 기다리도록 하는 데 있다고 이해하였다. 또한, 오실 자 하나님은 위에 계시기보다는 앞에서 인도하는 하나님이고, 역사를 뒤에서 돌보아 주고, 보호하는 분이라기보다는 역사 앞에서 역사의 발전을 이끌고 개척하여 세속사회와 세계에 평화를 세운다는 것이다.[33]

그는 이처럼 하나님의 역사 속의 활동의 중개자로 예언자는 고대의 출애굽전승을 이어받아 서기전 587년의 이스라엘의 정치적 멸망 이후에도 제2의 출애굽운동으로 발전시켜 나갔고, 새로 등장한 강대국가에 포로로 잡혀간 포로민 이스라엘 민족에게 이 전승을 신학적으로 재해석하여 새로운 비전과 열정으로 민족해방과 구원의 전망을 보여주려고 힘쓴 예언자가 바빌론 포로민에게 등장한 무명의 예언자인 제2이사야(Second Isaiah)라고 이해하였고, 이에 관한 연구를 자신의 학문적 중심 주제로 삼았다.[34]

---

32 김찬국, "히브리인의 역사이해,"「기독교사상」208 (1975. 10.), 24.

33 김찬국,『성서와 역사의식』, 76.

34 김찬국, "제2이사야의 창조전승연구," (연세대학교 대학원 박사학위 논문, 1980).

2. 예언자적 삶의 신학: 정의, 자유, 평화, 사랑의 실천

구약 히브리종교의 가장 큰 특징은 예언자적 종교(prophetic religion)라는 점인데, 김찬국은 예언자들을 이스라엘 역사를 해석하고, 율법을 역사적 맥락에서 새롭게 해석하여 이스라엘 백성들로 하여 새로운 하나님 인식으로 이끌어나간 인도자로 보았다.[35] 월터 브루그만(Walter Brueggemann)도 구약성서에서 예언자는 자신을 둘러싸고 있는 지배문화적 의식과 인식에 맞설 수 있는 대안적 의식과 인식, 즉 예언자적 상상력(prophetic imagination)을 끌어내고 발전시키는 사람이며, 그의 역할은 현존하는 질서의 불법성을 비판하는 것뿐 아니라, 새로운 하나님의 질서를 약속하고 선포함으로써 공동체에 활력을 불어넣는 일이라고 주장하였다. 그 대표적인 인물로 모세(Moses)를 시작으로 예레미야(Jeremiah), 제2이사야(Second Isaiah)의 역할을 설명하고, 이들의 예언자적 상상력은 예수 그리스도를 통해 가장 철저하게, 궁극적으로 실현되었고, 그의 예언자적 사역은 이런 낡은 체제에 대한 비판일 뿐만 아니라, 새로운 사회 현실로 나아가게 하는 활성화를 의미하는 것이고, 그의 부활이야말로 새로운 미래로 향하게 하는 하나님의 자유를 표현하는 궁극적 구원행위라고 말하였다.[36]

이와 같은 예언자 이해의 신학적 입장에 서 있는 김찬국의 예언자관은 그가 1973년 11월 27일의 언더우드 학술강좌에서 발표한 "오

35 김찬국, "예언자의 종교적 전망," 「신학논단」 제7집 (1962), 185.

36 Walter Brueggemann, *The Prophetic Imagination*, 2nd Ed. (Philadelphia: Fortress Press, 2001)/ 김기철 역, 『예언자적 상상력』 (서울: 복있는 사람, 2009).

늘의 예언자 신앙"에서 전반적으로 파악할 수 있다. 그는 구약 예언자들은 1) 현실을 무시하거나 도피하지 않고 현실의 실재적 문제를 기초로 필요한 하나님의 말씀을 전달하였고, 2) 대내외적 모든 정치 현실에 예민한 통찰력을 가지고 시대적 메시지를 전달한 시대의 사람, 역사 현장의 사람, 동시에 역사를 초월한 인물로서 당시에 필요한 말씀을 전달하였고, 3) 역사의 과거, 현재, 미래를 연결하여 인식하며 역사의 방향감각을 그 누구보다 올바르게 판단하고 동시대의 사람들에게 역사의 방향을 알려주었고, 4) 하나님을 만난 체험을 통해 강력한 신의식을 지닌 하나님의 사람이었고, 5) 살아계신 인격적인 하나님을 인식하고, 새 역사의 창조를 위해 몸소 현실 참여자가 된 인권운동과 인간의 자유화에 앞장섰으며,[37] 6) 이들의 신학적 강조점은 정의, 공의, 공평이었고, 특히 사회정의를 강조하였고, 7) 신앙을 종교적 핵심으로 본 사회개혁가로서 자신들의 책임을 다하였고, 8) 이 사회개혁을 위해서 저항한 인물들이었다고 주장하였다.[38]

결론적으로 그는 예언자를 역사의식이 투철한 하나님의 대언자로서 살아계신 하나님의 새 역사 창조에 앞장서서 정의, 공의, 공평을 선포하고 실천하는 사회개혁가로 인식하였다.

1) 고대 전승을 계승, 해석하는 역사가로서 예언자

김찬국은 예언자들은 전통과 역사의 상속자요 해석자라고 하면

---

37 이명권, "김찬국의 평화사상,"「신학사상」 제185집 (2019년 여름호), 347-372을 참고하라.

38 김찬국,『고통의 멍에 벗고』, 267-270.

서, 이들을 모세의 야웨신앙에 근거한 계약, 선택 사상의 상속자들로서 정치 · 경치적, 종교적 위기상황을 의식하고 새로운 길을 보여주었던 사람들로 이해하였다.[39] 그는 『예언과 정치』에서 '구약성서의 주인공인 이스라엘 민족이 미래에의 도전을 하는 결단과 숙명적이고도 절망적인 역사적 상황 속에서도 자신들의 삶과 구원을 위한 희망의 탈출구를 찾는 용기가 어디에서 비롯되었는가'라는 질문을 하면서 그것은 그들의 역사의식의 형성과정에서 그 해답을 얻을 수 있다고 하였다. 이러한 그들이 찾아낸 해답은 바로 다름 아닌 자신들이 당면한 역사적 현실 속에서 하나님으로부터 받은 계시와 현실문제에 대한 통찰과 교훈의 기록인 예언서에서 찾을 수 있다고 그는 주장한다.[40] 그는 서기전 8세기에 활동한 아모스(Amos), 호세아(Hosea), 이사야(Isaiah)를 위시해서 포로기 직전 예언자인 예레미야(Jeremiah), 포로기의 에스겔(Ezekiel), 제2이사야(Second Isaiah) 등은 철저한 야웨신앙에 근거해서 자기 나라의 과거와 현재, 미래를 연결하여 역사를 해석할 줄 알았고, 특히 시작과 종말을 연결한 종말론적 전망을 당대 사람들에게 보여주려고 노력한 역사 해석자들로 이해하였다.[41]

> 구약종교에서 율법이 그 중심적 골격을 형성하고 외면적, 형식적인 종교의식을 지속시키는 데에 기초가 되어 있지만, 이런 율법의 내용과 율법에 의한 종교의식에 대한 근본적인 비평과 시대적 환경에 적응하면서 율법을 적용하고 해석한 점은 예언자들의 사상적 활동과 뒷받침의 결과라고 할

---

39 김찬국, "구약 예언자의 역사이해," 『연세대학교 연신원 목회자 하기 신학세미나 강의집』 제5권(1985), 242.

40 김찬국, 『예언과 정치』 (서울: 정우사, 1978), 8-9.

41 Ibid., 9-11.

수 있다.[42]

이처럼 그는 예언자들이 히브리 종교사상의 발전에 큰 영향을 주었다고 주장하면서, 그들을 옛 전승을 당시의 역사적 상황에서 재해석하여 삶에 적용한 개혁자로 이해하였고, 그 대표적 예로 예레미야의 "새 계약의 전승"(렘 31:31-34)을 들면서, 이를 바로 옛 율법 전승의 재연(reactualization)으로 설명했다.[43] 그는 역사의 주인이신 야웨 하나님의 대변자로서 그들은 자기 민족이 당면한 위기를 극복하고 올바른 방향으로 자신들의 공동체를 정의의 공동체로 이끌어 가기 위해서 고대의 전승을 계승하였고, 이의 역사적 재해석을 통해서 신앙 공동체로서 이스라엘의 정체성 확립을 도모한 것으로 이해하였다. 또한, 그는 그들이 고대로부터 물려받은 대표적인 전승들로 출애굽 전승, 다윗전승, 시온전승 등을 언급하면서, 이 세 가지 선택 개념의 전승을 국가 존망의 위기에 처했을 때 그들이 백성들에게 회상시켜 과거에 이스라엘을 선택, 구원한 야웨 하나님이 미래에도 구원한다는 소망을 주면서 죄를 회개하고, 하나님께로 복귀인 회개를 전제로 한 구원을 강력하게 요청하였다고 보았다.[44] 이처럼 그는 예언자들은 이스라엘 민족이 처한 위기의 상황에서 출애굽 사건을 중심으로 한 고대의 전승들을 자신들이 처한 역사적 현실에 맞춰 새롭게 재해석하여, 과거의 구원 사건을 회상하면서 이스라엘 백성들에게 야웨 하나님께로 돌아가기를 호소하였고, 다윗왕국과 예루살렘 성전 재

---

42 김찬국, "예언자의 종교적 전망," 「신학논단」, 185.

43 Ibid., 190-191.

44 Ibid., 191.

건을 염원하는 희망의 말씀을 선포하였다고 주장했다.[45]

결론적으로 김찬국은 예언자를 고대로부터 전해져 내려오는 전승들을 물려받은 계승자로서 철저하게 야웨신앙의 관점에서 자신들의 시대에 맞춰 새롭게 재해석하여 심판, 회개, 구원, 희망의 말씀을 선포한 역사의식이 투철한 역사가로 이해하였다.

2) 당시의 역사적 현실에 충실했던 사회개혁가로서 예언자

김찬국에 따르면 구약 예언자들은 지난 과거와 다가올 미래에 대한 관심보다는 자신들이 활동하던 당시의 역사적 현실에 주로 관심을 가지고 활동했던 종교적 지도자로 이해한다. 그는 고대 근동세계의 긴장된 국제관계 속에서 후발 약소국인 이스라엘은 국가의 존립을 위해서 당시의 국제 정치적 현실에 민감하게 반응할 수밖에 없었던 것으로 전제하고,[46] 자신들의 왕권수호에 주로 전력을 경주했던 정치세력에 대항하여 신앙 공동체로서 이스라엘 공동체의 정체성을 확립하기 위해 투쟁적인 삶을 살았던 인물들로 예언자를 이해한다.

여기에 속하는 초기의 인물로 사무엘(Samuel), 나단(Nathan), 아히야(Ahijah), 엘리야(Elijah), 미가야(Micaiah), 엘리사(Elisha) 등의 문서 이전 예언자들(pre-classical prophet)을 당시의 부당한 정치적, 종교적 현실에 개혁을 주창한 인물로 그는 설명하고 있다.[47] 그는 이어서 등장하는 이스라엘 예언운동의 전성기의 문서 예언자들(classical

---

45 김찬국, 『예언과 정치』, 19-20.

46 Ibid., 24-29.

47 Ibid., 32-60.

prophets)을 당시의 급변하는 국제정세에 영향을 받은 정치적 소용돌이 속에서 개인적인 신적 체험을 자기 안에 가두지 않고, 사회와 역사를 향하여, 거대하고 호전적인 제국들에 대해서도 날선 비판을 가하며, 세속권력과 종교 권력의 문제점들에 대해서도 기탄없이 비판한 인물들로 이해했다.[48] 그는 문서 예언자 아모스는 당시 사회의 부정을 고발하고, 돈 많은 상인이나 지도자들의 사회악과 종교인들의 부패, 타락상을 폭로하고 정의를 강물같이 흐르게 하라고 외치며, 사회정의의 회복을 강력히 주장한 사회개혁가로서 사회문제와 역사창조에 직접 참여한 행동하는 자로 이해하였고,[49] 호세아는 사회적 죄악과 국가적 범죄에 대해서 통렬한 비난과 심판을 선포하지만, 한편으로 사랑으로 용서하고 자비로서 이를 극복할 것을 선언한 사랑의 개혁자로 이해하였다.[50] 또한, 그는 이들과 동시대에 활동한 이사야의 "임마누엘 예언"(사 7:10-25)을 통해 하나님은 인간의 역사적 현실 속에 직접 개입하여 활동하신다는 이스라엘의 하나님 신앙의 특성을 강조하면서, 예언자의 선포와 행동에서 하나님의 행동이 현실화한다고 주장했다.[51] 이처럼 아모스, 이사야는 왕과 관료들의 부패로 인한 폭정과 억압에 대해 강한 비판을 하였고, 미가(Micah)는 남북왕국의 부패한 권력의 탐욕스런 기만과 약탈을 거친 어조로 공격하였고, 호세아도 왕과 주변 세력에 대해서 하나님의 준엄한 심판으

---

48 예언자들의 신권권력에 대한 비판은 다음을 참고하라. 김은규, 『종교권력으로 보는 구약신학』 (서울: 동연, 2019), 507-531.

49 김찬국, 『예언과 정치』, 71.

50 Ibid., 78-79.

51 Ibid., 90-91; 김찬국, "구약 예언자의 역사이해," 『연세대학교 연신원 목회자 하기 신학세미나 강의집』, 241-242.

로 경고하고 있다.[52] 당시 종교지도자들에 대해서 아모스, 호세아, 이사야는 타락한 제사장과 성전 제의에 대해 비판하고, 뒤이어 활동한 예레미야는 제사장세력의 부패와 타락을 미가의 예언을 인용하여 성전과 그 제도에 대한 심판(temple sermon)을 선포했다.[53] 김찬국은 이들이 당시 이스라엘 공동체 사회의 개혁을 통하여 추구했던 공동체는 백성들이 원하는 정의롭고, 평등하고, 평화로운 공동체였고, 이를 위해 몸 바친 하나님의 사람들이 바로 예언자라고 생각하였고, 그는 구약 예언자들은 왕과 관료, 사회지도층 인사, 심지어 종교지도자들까지도 비판의 대상으로 삼아 그들의 불의와 폭력행위에 대해 정의와 평화운동을 전개한 사회개혁가로 이해하였다.[54]

IV. 나가는 말

구약성서에서 예언자(nāḇî')는 야웨 하나님께 부름받은 자로서 당시 백성들에게 하나님의 말씀을 전달하는 선포자(messenger), 중재자(intercessor)의 역할을 중심으로 여러 기능을 수행하였다. 그들은 역사의 현장 속에서 열린 역사관을 지니고 야웨 하나님의 말씀을 전달한 대언자로서 당시의 역사적 상황에 대한 정확한 역사 인식을

---

52 암 2:6-8; 6:4-7; 8:4-6; 사 1:9-10; 5:21-23; 9:14-16; 미 2:1-2;, 3:1-3, 9-12; 7:2-3; 호 3:10; 7:3-7; 8:14.

53 암 5:21-24; 호 4:7-9; 8:11-13; 10:1-2; 사 1:11-13, 15; 28:7-8; 렘 6:13-15; 7:4-7; 26:4-7.

54 김찬국, 『예언과 정치』, 62-96; 김찬국, 『성서와 역사의식』(서울: 평민서당, 1986), 19-51.

기초로 예언 활동을 전개하였으며, 야웨 하나님의 사랑과 심판을 하나님의 기본 특성의 동일한 표현양상으로 이해하고 선포하였다. 김찬국, 그의 신학적 입장과 삶은 바로 이 예언자들과 다르지 않았다.

> 학교 밖의 사회문제에 관한 신학적 관심은 누구나 가지고 있다. 신학 자체가 개입의 신학(theology of involvement)이고, 행동의 신학(doing theology)을 요구하기 때문이다. 한국 사회의 역사가 교회로 하여금 신학하는 이에게 조용하게 가만히 있도록 두지를 않았던 것이다. 독재 정권들의 폭력적 강권으로 수많은 사람들, 특히 약자들의 희생을 강요했고, 육체적·정신적인 억압과 희생을 치르도록 하였다. … 이러한 것이 현실참여를 하도록 만들었기에 어쩔 수 없이 거리로 세상으로도 나갈 수밖에 없었다.[55]

바로 이런 맥락에서 그는 스스로 신학 교수의 삶은 그리스도의 증거의 해석인 학문을 항상 자신들이 처해 있는 구체적인 역사적 현실 속에서 실천하는 삶을 살아야 하는 것이 지상명령임을 천명하면서, 그래서 신학 교수는 어느 학문 분야의 교수들보다 더 무거운 중압감과 강제적 명령과 소명의식에 몰리어 고민하게 된다고 말하고 있다.[56] 또한, 그는 "나의 성서신학 사전에는 해방신학, 인권, 선교, 역사의식이란 단어가 줄거리가 되었으며, 구약 강연에서도 예언자들의 사회구원 운동과 역사의식을 소개하려고 애를 썼다"[57]고 말한

55 김찬국, "정년 은퇴까지 하게 된 축복을 누리며," 「기독교사상」, 199.

56 김찬국, 『고통의 멍에 벗고』, 284.

57 Ibid., 318. 이런 그의 생각이 표현된 그의 글들을 엮은 책으로는 『성서와 역사의식』(평민서당, 1986), 『예언과 정치』(정우사, 1978)가 있다.

다. 예언서가 전공인 그에게 예언자들이 선포한 말씀의 내용인 하나님의 정의와 사랑의 회복이 그의 신학적 관심이었다.

> 구약 예언자들의 신학적 관심도 철저하게 하나님의 정의와 사랑의 회복이었다. 그리고 예수님의 전도의 관심도 인간 회복에 있었다. 이러한 부정불의에 대한 항의와 인간의 죄에 대한 철저한 회개를 촉구하는 신구약성서의 가르침은 내게 하나의 양심으로 작용했었다. 심판, 회개, 용서, 구원으로의 도식이 개인과 사회에도 적용되기 때문에 결국은 인간 해방, 인간 회복, 인권존중, 개인과 사회구원이 성서적 명령이고 신학적 관심일 수밖에 없었다.[58]

김찬국은 20세기 한국 사회가 겪어온 혼란과 수난의 삶을 살아왔다. 그는 회고의 글 "나의 길, 하느님의 길"에서 자신이 수난의 연속이었던 20대에 한 후회하지 않는 자신이 한 결정 중에서 첫째로 신학을 선택해서 목사가 된 일을 꼽았는데,[59] 이는 한평생 그가 교육목회자, 민주화의 선구자, 인권운동가라는 실천목회자로서 자신의 삶에 대해 후회 없는 보람된 삶이었다는 고백일 것이다.

이같이 올곧은 신학의 길을 걸어온 김찬국의 신학은 자신의 일생의 삶이 보여주듯이 구약 예언자의 가르침을 연구하여 이를 자신의 행동으로 계승하는 역사의식이 투철한 행동하는 "예언자적 삶의 신학"[60]인데, 이 신학은 신앙적 삶의 원리인 정의, 자유, 평화, 사랑이

---

58 김찬국, "정년 은퇴까지 하게 된 축복을 누리며," 「기독교사상」,199.

59 김찬국, 『사랑의 길, 사람의 길』, 172.

60 박신배는 김찬국을 그의 인권존중의 행동하는 실천적 신학자의 삶을 근거로 구약 민중신학자로 규정하고, "어둔 시대에 창조신학자로서 한국의 상황에서 신학한다

그 내용인데, 이 예언전승의 근원이 오경의 가장 핵심적 전승인 '하나님의 압제에서의 해방과 구원행위'를 그 내용으로 하는 출애굽전승이다. 김찬국은 한국에서 바로 이 "출애굽신학"의 주창자라 할 수 있다. 그의 성서 이해와 해석은 철저히 역사적 현실에의 적용을 전제로 하고 있었고, 우리의 삶의 역사와 삶의 현실을 도외시하고 성서를 이해한다는 것은 무의미하다고 평가하면서, 나아가 한국적 상황 분석과 함께 구약성서의 진리를 이해하고 해석하는 신학적 연구를 신학적 성숙으로 이해하였다.[61] 그에게 있어 예언자는 고대로부터 전해져 내려오는 전승들을 물려받은 계승자로서 철저하게 야웨신앙의 관점에서 이를 자신들의 시대에 맞춰 새롭게 재해석하여 심판, 회개, 구원, 희망의 말씀을 선포한 역사의식이 투철한 역사가로 이해되었다. 이들의 선포 속에는 정의, 자유, 평화, 사랑이 들어있었으며, 자신의 연구를 통해 이를 재발견한 김찬국은 이 가르침을 삶 속에서 구현하고, 역사적 현장에서 정의와 평화의 추구와 인간 사랑의 인권운동을 통하여 한국 사회를 정의, 자유, 평화, 사랑의 공동체로 만들고자 노력한 우리 시대의 예언자였다.[62]

는 의미가 무엇인지 보여주며 민중신학의 자리에서 올곧게 성서에 나타난 고난받는 예언자가 되어 야웨의 수난받는 종으로서 이사야 신학과 한국의 민중신학을 동시에 연구하고 실천하는 산 신학의 소유자가 되었다"고 말한다. 박신배, "구약민중신학의 재발견- 김찬국신학을 중심으로," 「신학사상」 제154집 (2011년 가을호). 51.

61 김찬국, "김정준의 생애와 신학," 「신학사상」 제35집(1981년 겨울호), 688.

62 이명권은 "성서의 예언자적 사상은 김찬국에게서 사회의 정의와 평화를 이루는 실천적 지침이 되고 있고, 자신의 40여 년간의 대학 생활과 신학적 숙고가 민주와 정의 그리고 사회적 평등에 기초한 해방운동으로 전개되었다"고 말하고 있다. 이명권, "김찬국의 평화사상," 「신학사상」, 367-368.

참고문헌

김동길. "김찬국을 말한다." 김찬국. 『인간을 찾아서』. 서울: 한길사, 1980.

김은규. 『종교권력으로 보는 구약신학』. 서울: 동연, 2019.

김찬국. "시인 예언자, 제2이사야." 「기독교사상」 4 (1960): 90-96.

______. "예언자의 종교적 전망." 「신학논단」 7 (1962): 183-196.

______. "제2이사야의 문학양식에 대한 최근 연구." 「현대와 신학」 3 (1969): 63-88.

______. "히브리인의 역사이해." 「기독교사상」 208 (1975.10.): 20-29.

______. "오늘의 예언자 신앙." 언더우드 학술강좌 발표, 1973. 11. 27. 전문: 김찬국, 『고통의 멍에 벗고』. 서울: 정음문화사, 1986.

______. "제2이사야에 나타난 천지의 주재란 제의적 칭호와 창조전승." 「신학사상」 제12집 (1976): 35-53.

______. 『예언과 정치』. 서울: 정우사, 1978.

______. 『인간을 찾아서』. 서울: 한길사, 1980.

______. "하박국의 고발." 『인간을 찾아서』. 서울: 한길사, 1980.

______. "예언자의 신앙관." 『인간을 찾아서』. 서울: 한길사, 1980.

______. "제2이사야의 창조전승연구." 연세대학교 대학원 박사학위논문, 1980.

______. "제2이사야의 창조전승 연구 (1)." 「신학논단」 14 (1980): 45-91.

______. "제2이사야의 창조전승 연구 (2)." 「신학논단」 15 (1982): 39-62.

______. "제2이사야의 창조전승 연구 (3)." 「신학논단」 16 (1983): 47-80.

______. "김정준의 생애와 신학." 「신학사상」 제35집 (1981년 겨울호): 677-689.

______. "구약 예언자의 역사이해: 이사야를 중심으로." 『연세대학교 연신원 목회자 하기신학 세미나 강의집』 제5권. 서울: 연세대연합신학대학원, 1985.

______. 『성서와 역사의식』. 서울: 평민서당, 1986.

______. 『고통의 멍에 벗고』. 서울: 정음문화사, 1986.

______. "나의 생애와 신학." 『고통의 멍에 벗고』. 서울: 정음문화사, 1986.

______. "예언자적 설교." 『연세대학교 연신원 목회자 하기 신학세미나 강의집』 제11권. 서울: 연세대연합신학대학원, 1991.

______. "정년 은퇴까지 하게 된 축복을 누리며." 「기독교사상」 36 (1992.10.): 196-200.

______. 『사람의 길, 사랑의 길』. 서울: 제3기획, 1992.
______. "나의 길, 하느님의 길." 『사람의 길, 사랑의 길』. 서울: 제3기획, 1992.
김찬국 외. 『나의 삶, 나의 이야기 1』. 서울: 도서출판 연이, 1997.
______. 『나의 삶, 나의 이야기 2』. 서울: 도서출판 연이, 1997.
______. "사랑의 빛과 새로운 역사를 위하여." 『나의 삶, 나의 이야기 1』. 서울: 도서출판 연이, 1997.
민경배. "김찬국 교수 은퇴기념 논문집 헌정예식: 헌사." 1992년 8월 28일.
박신배. "구약민중신학의 재발견 — 김찬국신학을 중심으로." 「신학사상」 제154집 (2011 가을호): 37-65.
신학논단 편집부. "김찬국 교수 약력, 저술." 「신학논단」 제17집(1987.6.): 415-423.
이명권. "김찬국의 평화사상." 「신학사상」 제185집 (2019 여름호): 347-372
최형묵. "김찬국의 민중신학에 대한 서설적 접근." 「신학연구」 제74집 (2019): 145-172.
한태근. "시원하고 따뜻하신 분 김찬국 목사님." 김찬국 편. 『나의 삶, 나의 이야기 2』. 서울: 도서출판 연이, 1997.
Anderson, B. W.. *Understanding the Old Testament.* New Jersey: Prentice-Hall, 1986.
Brueggemann, Walter. *The Prophetic Imagination*, 2nd Ed. Philadelphia: Fortress Press, 2001. 김기철 역. 『예언자적 상상력』. 서울: 복있는 사람, 2009.
Fackenheim, Emil L. *God's Presence in History: Jewish Affirmations and Philosophical Reflections.* New York: Harper & Row, 1970.
Park, Robert Ezra, "Human Migration and the Marginal Man." *American Journal of Sociology* 33 (1928): 881-893.
von Rad, Gerhard. *Old Testament Theology*, 2 Vols. New York: Harper & Row, 1965. 허혁 역. 『구약성서신학, I-II』. 왜관: 분도출판사, 1976/1985.

김찬국의 구약신학 방법과 그 변화

천사무엘*

I. 들어가는 말

수용미학은 1960년대 말 독일 대학생들의 저항운동이라는 사회적 환경 속에서 시작되었다.[1] 이 학생운동은 전통적 권위와 가치에 반발하면서 학자는 정치적 제약과 전통적 관습에서 벗어나 자기의식을 가지고 학문을 탐구하고 가르쳐야 한다는 의식을 낳게 했다. 즉 학문 활동은 전통을 답습하거나 통치 집단의 통제 안에서 행해지는 것이 아니라 시대와 사회의 변화에 대한 학자의 통찰력과 해석학적 사고를 반영하면서 행해져야 한다는 것이다. 수용미학은 독일 콘스탄츠대학교의 교수였던 야우스(Hans Robert Jauss)와 이저(Wolfgang

* 한남대학교, 구약학

1 수용미학의 형성배경에 대해서는 박찬기, "문학의 독자와 수용미학," 『수용미학』, 박찬기 외 (서울: 고려원, 1992), 16-17; 천사무엘, "성서 해석과 수용미학," 『성서문학의 세계』, 이달/천사무엘 (대전: 한남대학교출판부, 2005), 155-161을 보라.

Iser)에 의해서 주도되었다. 이들은 문학작품이 문학 텍스트와 독자의 상호작용을 통해서 완성된다는 점에서 일치했다.[2] 즉 문학작품의 해석은 작가의 의도와 텍스트의 내용에 대한 고려뿐만 아니라 이를 해석하는 독자의 경험과 상상력 등의 영향을 받는다는 것이다.

수용미학은 일반 문학의 독서 과정을 연구하는 이론이지만, 성서 해석에도 적용될 수 있다.[3] 즉 소위 객관적인 성서 해석은 존재할 수 없고, 해석자의 전 이해와 경험, 상상력, 사회적 환경 등이 작용하여 해석자에 따라 그 해석이 달라질 수 있다는 것이다. 수용미학은 신학에도 적용될 수 있다. 즉 제1세계 신학은 역사 비평적 성서 해석을 바탕으로 소위 객관적 신학이 가능하다고 보지만, 모든 성서 해석과 이에 근거한 신학은 성서 해석자나 신학자의 전 이해와 경험 등에 바탕을 둔 "아래로부터의 신학," 상황을 반영한 신학일 수밖에 없다는 것이다. 그렇다고 해서 해석자의 경험과 전(前) 이해를 근거로 텍스트의 구조를 무시한 임의적 성서 해석이 허용될 수 있다는 것은 아니다. 성서 해석은 학문적으로 검증된 해석 방법에 의해서 이루어져야 하고, 그 과정에서 텍스트의 문학적 구조와 내용을 무시하거나 왜곡해서는 안 되기 때문이다.

텍스트 해석이 해석자의 경험과 전이해 등을 반영한다는 수용미학은 성서 해석과 해석자의 삶이 매우 밀접하다는 것을 보여준다. 즉 성서 해석은 해석자의 구체적인 삶을 반영하면서 전개된다는 것이다. 그것은 성서학자가 시대 상황의 변화에 반응하는 통찰력이자 자

---

2 이들의 차이점에 대해서는 차봉희 편, 『독자반응비평』 (서울: 고려원, 1993), 51-52; 천사무엘, "성서 해석과 수용미학," 162-167을 보라.

3 이에 대해서는 천사무엘, "성서 해석과 수용미학," 168-175를 보라.

기의식의 표현이다. 본 논문은 성서 텍스트의 해석이 해석자의 시대적 경험을 반영한다는 수용미학의 관점에서 구약 학자였던 소원(笑園) 김찬국(金燦國, 1927-2009)의 삶과 그의 구약신학 방법을 살펴보고자 한다. 즉 그의 구약 해석과 구약신학의 방법이 그의 삶의 과정을 통해서 가지는 통찰력과 자기의식을 반영하여 어떻게 변화되고 전개되었는지를 시대적 상황과 그의 경험을 고려하면서 탐구해보고자 한다. 이를 위해서 본 논문은 그의 삶을 세 가지 시기로 나누어 살펴보고자 한다. 즉 신학 공부 이전과 대학에서 신학을 공부하고 교수가 되어 가르치던 시기 그리고 1974년 그가 구속된 이후이다.

II. 신학 공부 이전 신앙 형성에 영향을 준 요소들

김찬국은 구약 학자였지만, 목회자, 전도자, 민주화운동가, 인권운동가, 대학 총장 등으로도 활동했다. 그는 연세대 구약학 교수로 구약학을 연구하고 가르쳤지만, 개척 교회의 목회자, 노동자들의 선교사, 독재 정권에 항거한 민주화운동가, 교도소 재소자들의 전도자, 소외되고 박해받는 자들의 인권운동가, 대학 총장으로서의 교육 행정가 등 다양한 삶을 살았다. 이러한 그의 삶은 우연이라기보다는 성장 과정에서 형성된 그의 신앙관, 가치관, 성격 등이 반영된 것이라 볼 수 있다.[4] 즉 그의 어린 시절 경험과 교육뿐만 아니라 주변 인물들

4 신앙의 발달 과정에 대해서는 사미자, 『인간발달과 기독교교육』(한국장로교출판사, 2012), 219-231; 성격의 형성 요인에 대해서는 사미자, 『종교심리학』(서울: 장로회신학대학교출판부, 2001), 197-204를 보라.

과 집안, 교회 등의 영향이 그의 기독교 신앙과 사고형성에서 중요한 역할을 했고, 그의 삶에 반영되었다는 것이다. 본 논문에서는 먼저, 신학을 공부하기 이전 어린 시절, 그의 기독교 신앙 형성에 영향을 준 요소 중 그의 구약 해석 및 구약신학과 연관될 수 있는 요소들을 찾아보고자 한다.

첫째로, 김찬국은 진보적인 신앙의 영향을 받으면서 성장했다.[5] 그는 유교에서 기독교로 개종한 독실한 크리스천 가정에서 일본제국주의 시대인 1927년에 태어났다. 그의 부친 김완식(金完植)은 안동의 신식 교육 기관에서 중학교 과정을 공부할 때 기독교로 개종했고, 이후 그의 조부 김호영(金浩榮)도 1919년 기독교인이 되었다. 김찬국의 친모인 장현이(張賢伊) 역시 영주 지역 기독교 선교 초기에 예수를 믿었던 인동 장씨 집안 출신으로 기독교 신자였다. 그가 4살 때 친모가 세상을 떠나자 그의 부친은 이호규(李鎬圭)를 새 아내로 맞이했다. 이호규는 독실한 기독교 신자로 당시 정신여학교 4학년에 재학 중이었는데, 서양식 교육을 받은 소위 '신여성'이었다. 이호규의 부친 이중무(李中斌)는 당시 영주 성곡교회 영수(領袖)였는데,[6] 퇴계 이황의 후손으로 보수적인 유림에 속해 있었지만, 기독교로 개종한 뒤 문중의 극심한 반대에도 불구하고 친구들과 함께 자신의 집에서 교회를 시작할 정도로 기독교 신앙에 독실했다.[7] 이처럼 김찬

5 김찬국, "사랑의 빛과 새로운 역사를 위하여," 『나의 삶 나의 이야기 1』, 김찬국 외 111인 (서울: 연이, 1997), 208-220.

6 영수는 미조직 교회의 일을 총괄하는 평신도 목회자였고 예배와 성경 공부를 인도했다.

7 1921년 이중무의 집에서 시작된 섬촌교회는 1922년 도산서원이 보이는 곳에 예배당을 건축했고, 이에 반발한 유림이 예배당 기물을 파손하는 일이 벌어지기도 했다.

국의 친가와 외가는 전통적인 유교를 신봉한 양반 가문이었고, 한학을 공부한 엘리트 계층에 속해 있었지만 기독교로 개종했다. 또한, 두 집안 모두 자녀들을 신식 교육 기관에 보내 공부하게 할 만큼 신문화를 수용하는 데 있어서 개방적인 사고를 가지고 있었다. 그들의 유교적 사고가 척사 유림보다는 개혁 유림 쪽이었기에 신문화에 개방적이고 기독교로 개종할 수 있었다.

김찬국의 집안은 유교에서 기독교로 개종했지만, 그들의 신앙은 당시 선교사들의 보수적인 형태를 그대로 답습한 것은 아니었다. 이는 그의 부친 김완식이 영주제일교회(당시 영주읍교회)와 영주중앙교회가 분립되는 과정에서 후자의 설립에 참여했다는 데서 찾아볼 수 있다. 당시 영주제일교회는 윤치병이 담임목사로 시무하고 있었고, 교인의 이혼과 재혼의 허용 문제로 갈등이 있었다.[8] 윤치병은 유교에서 기독교로 개종한 뒤 일본 고베신학교에서 신학을 공부한 엘리트 지식인으로 당시 한국 사회의 유교 문화를 고려하면서 이를 허용할 수 있다고 보았다. 그러나 보수적인 선교사들의 영향을 받았던 노회는 장로교회의 규칙을 엄격히 적용하면서 윤치병의 결정을 반대하고 그에게 목사직 정직 처분을 내렸다. 이에 반발한 교인들은 윤치병을 지지하면서 영주중앙교회를 설립했고, 영주제일교회 집사였던 김완식도 여기에 참여했다.[9]

---

8 윤치병(1890-1979)의 생애에 대해서는 백도기/서재경, 『성빈의 목자 비당 윤치병 목사』(수원: 한민미디어, 1998)를 보라. 윤치병의 영주제일교회 청빙 과정에 대해서는 김명구, 『영주제일교회 100년사』(영주: 영주제일교회, 2013), 166-167을 보라. 김명구는 윤치병이 주기철의 소개로 부임했다고 주장한다.

9 김명구는 영주제일교회 분열의 원인을 윤치병의 소신과 고집에서 찾는다. 앞의 책, 172-173. "… 그러나 윤치병 목사는 이를 거부하고 자신의 소신을 고집했다. 결국 교회는 분열되고 말았다(172)… 한 사람의 목회자가 결국 교회의 반 이상의 교인들

김찬국의 집안은 윤치병과 특별한 관계에 있었다. 그의 고모 김달자(金達子)와 윤치병의 장남이 결혼했다는 것은 두 집안의 관계가 매우 밀접했다는 것을 보여준다. 두 사람의 결혼생활이 아내의 죽음으로 3년 만에 끝났지만, 두 집안의 관계는 지속했다. 그리하여 김찬국의 부친인 김완식이 서울로 이사했을 때 윤치병이 속해 있던 교단인 서울복음교회에 다녔다.[10] 물론 김완식은 자신을 배화여중 서무주임으로 채용했던 이 학교의 교장이자 서울복음교회 장로였던 이덕봉을 따라 이 교회에 나갔지만, 윤치병과 연락을 지속하던 상황에서 이덕봉을 만났고 복음교회 교인이 되었다는 것을 부인하기 어렵다.

김완식이 서울복음교회에 참여할 때 김찬국을 포함한 가족들도 함께 다녔다. 김찬국은 이 교회에서 최태용 담임목사와 지동식 전도사의 신앙 지도를 받았다. 최태용은 일본에서 신학을 공부하여 신학적으로 진보적이었고, 서구 선교사들의 영향이 강한 제도화된 교회에 대해서 반감을 가지고 있었으며, 조선인이 중심이 된 독립적이고 민족적인 교회를 지향하고 있었다.[11] 최태용의 제자인 지동식도 일본 동경신학대학을 졸업한 엘리트 신학도로 칼 바르트 등의 신정통주의 신학을 공부했었다.[12] 김찬국은 이들의 영향으로 교파 신학교가 아니라 종합대학인 연세대학교에서 신학 공부를 시작했다.

이상과 같이 김찬국은 신앙적으로 비교적 진보적인 성향의 집안

을 떠나게 하였고 교회를 분열시켰던 것이다(173).” 그러나 이는 그를 지지했던 교인들의 탈선교사적이고 진보적인 신앙적 태도를 간과한 것이다.

10 장로교회의 노회 및 선교사들과 갈등을 빚던 윤치병은 1935년 최태용, 백남용 등과 기독교조선복음교회의 설립에 참여했고, 전북 익산의 금마복음교회에서 목회했다.

11 전병호, “최태용: 민족교회의 설립자,” 연세대학교 신과대학 동문회 편저, 『인물로 보는 연세신학 100년』 (서울: 동연, 2015), 304-324.

12 전병호, “지동식, 연세신학의 아버지,” 『인물로 보는 연세신학 100년』, 380-401.

에서 성장했고, 중 · 고등학교 시절에는 일본에 유학한 진보적인 엘리트 목회자들의 신앙 지도를 받았다. 그러나 이것은 그의 신앙이 한국교회 전반에 깔려 있었던 근본주의적 경향에서 벗어나 있었다는 것은 아니다. 당시 한국교회의 전반적인 신앙 형태를 고려해 볼 때, 그의 신앙은 비교적 진보적이고 탈(脫) 선교사적이며 개방적인 성향을 가지고 있었다는 것이다.

둘째로, 김찬국은 실천적 신앙을 강조하는 분위기에서 성장했다.[13] 기독교로 개종한 그의 조부 김호영은 유교적 가부장제 사회에서 가장으로서 절대적인 권위를 가지고 있었고, 김찬국뿐만 아니라 그의 가족들의 신앙과 삶에 지대한 영향을 끼쳤다. 김호영의 신앙은 체험적이고 신비적이며 실천적인 면이 강했다. 그는 기독교로 개종한 뒤 대구 달성공원 북악에서 새벽마다 40일간 기도했고, 50세가 되던 해에는 태백산에서 120일간 그리고 금강산에서 280일간 기도할 정도로 신비적인 영성 추구에 열정적이었다. 그는 기도하면서 떠오른 생각들을 계시의 말씀이라 여기면서 글로 써서 남기기도 했다. 김찬국이 네 살 되던 해에 그는 집안의 가장으로서 아들 부부에게 장손인 찬국을 신학 공부시켜 목사로 하나님께 바치자고 제안하고 서원 기도를 하였다. 이것은 맏아들을 하나님께 바치라(출 22:29)는 구약의 말씀에 순종하는 것이었다. 그는 이를 위해 매일 낮 12시에 기도했고, 그의 가족과 친척들에게도 그렇게 하라고 명령했다. 그는 문중의 친척들에게 예수를 믿을 것을 권하였고 매일 가족들과 함께 가정예배를 드리면서 신앙 교육뿐만 아니라 겨레 사랑과 독립 정신도 강조했다.[14]

13 김찬국, 『고통의 멍에 벗고』 (서울: 정음문화사, 1986), 285-288.

김찬국의 조부 김호영은 신앙을 실천하기 위해 복음을 전하는 사역에 열정적이었다. 그는 1930년 영주읍에서 30여 리 정도 떨어진 두메산골, 문수면 멱실 마을에 교회와 학교를 세우고 영수(領袖)로서 사역했다. 그는 후임을 구하지 못하자 장남인 김완식을 보내, 복음 전파와 농촌계몽운동 및 신학문 교육을 계속하게 했다. 김완식은 당시 안정적인 직장을 그만두고 가족들과 함께 문명이 차단된 산골 마을로 이사하여 헌신했다. 어린 자녀를 둔 젊은 가장으로서는 쉽지 않은 결정이었다. 이때 어린 김찬국도 그곳에 살면서 부모가 전도자와 교육자로 헌신하는 모습을 보았다. 김완식이 자녀 교육 때문에 이곳을 떠나자 김호영은 차남인 정식이 사역을 지속하게 했다. 또한, 그는 1948년에 영주읍 창진동에 기도처를 마련하여 전도했고 이를 토대로 창진교회가 설립되었다. 김찬국의 외조부인 이중무 역시 영수로서 성곡교회 등 농촌교회에서 평생을 복음 사역을 위해 헌신했다.

이상과 같이 김찬국의 집안은 교회를 세워 복음을 전했고 학교를 세워 계몽 운동과 신학문 교육에 헌신했다. 그의 조부와 부친, 외조부 등은 성경과 기독교의 가르침을 직접 실천하면서 헌신적인 삶을 살려고 노력했다. 이런 영향으로 김찬국은 연세대학교 교수 시절 농촌의 개척교회를 돌보거나 노동자, 재소자 등 소외된 사람들을 돌보는 데 관심을 기울였다.[15]

셋째로, 김찬국은 불의에 항거하는 저항정신에 대해 다양한 영향을 받았다. 김찬국이 태어난 영주 배고개 마을은 조선시대 단종 때

---

14 김찬국, "가정예배에 대한 나의 제언," 「새가정」 12 (1973), 51-55.

15 "내가 이렇게 조그마한 과천하리 감리교회를 학교에 있으면서 6년간 출입했을 때 한시라도 할아버지와 아버지의 멱실교회 개척의 노고를 잊은 적이 없었다." 김찬국, 『고통의 멍에 벗고』, 288.

계유정난(1453년)으로 가문이 몰락한 황지헌의 유배지였다. 계유정난은 수양대군이 어린 단종의 왕위를 찬탈하기 위해서 황보인, 김종서 등 100여 명이 넘는 충신들을 살해하거나 귀양을 보낸 비극적인 사건인데, 황의헌과 그의 아들 황석동도 반대파인 안평대군의 일파로 몰려 살해되었고, 그의 동생 황지헌은 이곳에서 귀양살이를 했다. 황지헌은 10여 년의 귀양에서 풀려난 뒤에도 한양으로 가지 않고 이곳에 살면서 자신이 태어난 서울 동대문 근처 이현동(梨峴洞/배고개)을 그리워하면서 마을 이름을 배고개, 즉 이현동(梨峴洞)이라 불렀다. 김찬국은 어려서부터 배고개 마을에서 전해져 내려오는 충신들의 저항정신을 잘 알고 있었다.

김찬국의 가문이 영주에 정착한 유래도 조선 시대 유배와 연관이 있다. 그의 15대 조상 김난상은 명종 때 사간원 정언이었는데, 문정왕후의 수렴청정 아래서 권세를 누리던 윤원형의 뜻에 반대하다 파직되어 영주에 은거하였고, 양재역벽서 사건으로 남해에 18년간 유배되었으며, 이후 단양으로 이배(移配) 되었다. 이후 김난상의 손자인 김효선은 배고개 마을의 산 너머에 있는 한절마에 정착했고, 그의 후손 일부가 배고개 마을로 이주했다. 김찬국은 가문의 비극적인 이야기를 어려서부터 듣고 알았으며, 불의에 항거한 조상의 "고매한 인품과 결백한 선비정신"을 자랑스러워했다.[16]

김찬국의 모친인 이호규는 1919년 3월 17일 안동 예안면 장날에 일어난 삼일만세운동을 주동하여 1년간 옥고를 치른 이중무의 딸이었다. 이중무는 퇴계 이황의 후손으로 유림에 속해 있었지만, 만촌교회 교인들과 함께 만세 운동에 적극적으로 가담했다. 이 만세운동은

16 김찬국, "사랑의 빛과 새로운 역사를 위하여," 205-208.

1,500여 명이 참여한 대규모 시위였고 50여 명이 구속되어 실형을 선고받았는데, 이중무도 고향 마을의 이원형, 이운호, 이맹호 등과 함께 구속되었다. 나라의 독립을 위해 일제에 항거하다가 옥살이를 한 것이다.[17] 김찬국은 외조부인 이중무의 이러한 독립운동을 어려서부터 듣고 자랐으며, 영주 성곡교회에서 복음 사역을 하던 그를 자주 찾아가 인사드렸다.[18]

김찬국은 서울중앙중학교에 다닐 때도 일제에 대한 저항정신을 배웠다. 이 학교는 1908년 기호흥학회가 세운 기호학교와 같은 해 흥사단이 세운 융희학교가 1910년에 합병하여 시작한 사립중앙학교의 역사를 잇는 민족사학으로, 3·1운동과 6·10만세운동 등 독립운동에 적극적으로 참여한 전통을 가지고 있었다. 그는 중앙중학교 시절을 이렇게 회상했다.

> 3·1운동의 발상지인 중앙학교가 소위 사상학교로서 일제의 감시를 받는 가운데서도 우리는 훌륭한 선생님들이 품고 있는 고귀한 민족혼을 이어받을 수 있었다. 당시 교장으로 현상윤(해방 후 고려대 초대총장) 선생님을 비롯하여… 여러 선생님으로부터 인격적 감화를 받을 수 있었던 것을 영광으로 생각한다.[19]

---

17 1990년 대한민국 정부는 이중무의 독립운동 공적을 인정하여 건국훈장 애족장을 추서하였다.

18 김찬국은 3·1운동을 기념하는 일과 독립선언문을 한글로 번역하는 일에 깊은 관심을 가지고 있었는데, 이에 대해서는 김찬국,『성서와 현실』(서울: 대한기독교서회, 1992), 45-96을 보라.

19 김찬국,『고통의 멍에를 벗고』, 289-290.

이상과 같이 김찬국은 어린 시절 집안과 학교를 통해서 저항정신을 접하고 배웠다. 이러한 경험과 교육은 그의 삶에 영향을 주어, 훗날 구약학자로서 불의에 항거하면서 희망을 선포한 예언자들에 관심을 갖게 했고, 독재 정권에 항거하게 했으며 권력이나 불의로 인해 고통당하는 노동자 등 민중의 인권을 옹호하는 데 앞장서게 했다.

요약하면, 김찬국은 성장 과정에서 진보적이고 실천적인 신앙과 불의에 항거하는 저항정신을 중요시하는 집안의 분위기에서 자랐다. 또한, 초등학교는 일본식 교육을 하는 공립보통학교에 다녔지만, 중·고등학교 과정은 선교사가 세운 대구 계성중학교와 민족주의자들이 세운 서울중앙중학교에서 공부하면서 민족애와 독립 정신 등을 배웠다. 이러한 신앙적, 정신적 토대를 바탕으로 그는 연세대학교에 진학하여 당시에 소위 '신신학'이라고 불리는 진보적인 신학, 즉 신정통주의 신학을 큰 어려움 없이 수용할 수 있었다.[20]

III. 신정통주의적 구약신학

김찬국은 해방 직후인 1945년 11월 연희전문학교(현재 연세대학교) 전문부 신과에 입학하여 신학 공부를 시작했는데, 1946년 8월 연희대학교로 개편되자 신학과 1학년생이 되었다. 당시 신학과 교수진은 신정통주의 사상을 가진 학자들이 주류를 이루면서 초교파적

---

20 김찬국이 연세대학교 신학과를 다닐 때 교파신학에 젖은 학생들은 신학교육에 불만을 품고 학교를 떠났다. "종합대학교 안 신학교육의 이상과 목적이 해방 후 교파신학에 젖은 사람들의 눈에는 이해가 덜 되었고, 학생들도 신학교다운 분위기가 아니라서 불만을 품고 나간 사람도 잇따라 생겨났고…." Ibid., 291.

으로 구성되어 있었다. 고등학교 시절 서울복음교회 전도사로 그에게 영향을 주었던 지동식 교수는 바르트 신학에 근거한 신약성서 주석, 미국 예일 대학교에서 교회사로 신학박사 학위를 받은 백낙준 총장은 에큐메니칼 신학과 기독교 철학, 벤더빌트대학교를 졸업한 이환신 교수는 목회 실천적이고 기독교 윤리적인 신학, 프린스턴신학교를 졸업하고 미국 북침례교신학교에서 신학박사 학위를 받은 한영교 교수는 조직신학, 미국 컬럼비아대학교와 유니언신학교를 졸업한 장석영 교수는 기독교 윤리, 고병려 교수는 히브리어와 헬라어 등을 가르쳤다.[21] 그러나 불행하게도 당시 신학과에는 구약학 교수가 없어, 조선신학교의 김재준 교수가 강사로 와서 구약개론, 구약신학 등을 가르쳤다. 근본주의 신앙을 극복하고자 했던 김재준은 신정통주의 신학 사상을 가지고 있었는데, 역사 비평적 성서 해석과 신정통주의적 구약신학을 가르쳤다.[22]

김찬국은 학부를 졸업할 때 졸업논문으로 "구약의 메시아사상"을 다루었다. 구약학을 가르치는 교수도 없고, 구약학에 관한 전문서적도 빈약한 상황에서 이 주제에 관해 심도 있는 논문을 쓴다는 것은 거의 불가능했다. 그렇지만 그는 대학원에서 구약학을 공부하겠다는 의지를 가지고 이 제목으로 졸업논문을 썼다.

김찬국은 학부를 졸업하고 구약학을 전공하기 위해 연세대학교 대학원에 진학했지만, 구약학을 지도해 줄 주임교수도 없고, 도서관에 이에 관한 자료도 거의 없어 제대로 공부할 수 없었다. 더군다나 당시는 6.25전쟁으로 학교가 부산으로 피난한 상황이어서 공부를

---

21 Ibid., 292.

22 천사무엘, 『김재준』 (서울: 살림, 2003), 207-214.

제대로 할 수 있는 환경이 아니었다. 그는 대학원에서 신약학자인 전경연 박사, 한영교 교수, 지동식 교수 등이 개설한 수업을 들었다.

김찬국이 쓴 석사학위 논문의 제목은 "구약에 나타난 계약의 하나님의 구속적 의를 논함"이었다. 미국 유학을 마치고 귀국한 전경연 박사가 지도교수였다. 그는 이 논문에서 종교개혁자 루터를 통해서 재발견된 하나님의 의(義) 개념을 구약성서에서 살펴보고자 했다. 즉 종교개혁자들과 개신교 조직신학에서 중요하게 다루는 하나님의 의에 대한 이해를 구약성서에서 찾고자 했던 것이었다. 그는 이 논문에서 하나님의 의의 개념과 본질 그리고 하나님의 의와 계약, 심판, 속죄, 구원과의 관계 등을 다루었는데, 결론에서 다음과 같이 요약했다.

> 관계개념으로서 출발한 하나님의 의, 하나님의 의지 요구로서의 의, 진실한 계약관계에 놓은 사회공동체의 질서로서의 의, 심판하면서 속죄하고 구원하는 의, 이러한 의의 개념이 구약을 일관하고 구약의 종교와 윤리를 형성하고 있는 근본요소가 되어왔었다.

그는 구약의 중심을 계약이라고 주장한 아이히로트(W. Eichrodt)를 인용하면서 하나님의 계약이 있기에 죄를 범한 인간에게 하나님의 의가 가능하다고 주장했다.

> 그래서 계약신 야훼가 계약백성 이스라엘을 보호해서 선민으로 택정하였기 때문에 야훼의 의가 이스라엘 역사에서 현실화할 수 있었으며 그 계약적인 의가 심판적이면서도 속죄적인 의로 발전할 수 있었던 것이며 따라서 이스라엘은 비록 범죄하였지만 구원의 희망을 가질 수 있었다. 그러

므로 그러한 역리적인 하나님의 의가 실현될 수 있었던 것은 오직 계약관계에 의한 하나님 은총의 결과라 할 수 있다.

그는 구약에 나타난 하나님의 의가 그리스도의 구속을 믿는 기독교 신앙에서도 그대로 나타나 있다고 제시하면서 구약 계약의 성취가 신약 그리스도에게서 완성되었다고 주장했다.

이런 의미에 있어서 구약이 보여준 계약적 구속적 하나님의 의도 비로소 그 영역과 그 의의가 정당한 위치에 놓이며 앞에 오실 그리스도를 준비하는데 위대한 정신적 유산이 되었다고 할 수 있다.

김찬국의 석사학위 논문의 참고문헌 목록은 총 18개이다. 이 중 13개는 구미 학자들의 책이나 사전 등인데, 조직신학자인 브루너(E. Brunner)와 바르트(K. Barth), 구약학자인 부데(K. Budde), 데이비슨(A. B. Davidson), 아이히로트(W. Eichrodt) 등의 저서, 헤이스팅스(J. Hastings)나 키텔(G. Kittel)이 편찬한 사전이다. 나머지 5개는 일본어 문헌인데, 아사노 준이치(淺野順一)와 세키네 마사오(寬根正雄)의 구약 분야 책들 그리고 동경신학대학에서 1950년에 펴낸「신학」잡지 2호이다. 참고문헌이 18개라는 것과 여기에 연구의 주제와 직접 연관된 구약 주석서나 논문, 저서 등이 없다는 것은 오늘날의 시각에서 이해하기 어렵지만, 전쟁의 와중에서 제대로 된 도서관 시설이 없었다는 상황을 감안하면 이해가 가능하다.

김찬국은 구약학 논문을 썼지만, 연구 주제에 대해 성서 본문의 주석과 해석을 중심으로 접근하지 않고 조직신학적인 틀의 방식으로 서술하면서 교리적인 사고를 반영하여 결론을 내렸다. 그의 논문에는 하나님의 은총으로 인한 인간의 구원, 계약 백성인 이스라엘 민족의 선민사상, 구약 계약의 성취로서 신약의 그리스도 등을 언급했는데, 이는 당시 신정통주의적 구약신학을 반영했다.

김찬국의 석사학위 논문이 신정통주의적 구약신학을 추구했다는 것은 논문 부록에 첨부한 "현대성서 해석의 방향과 구약신학의 임무"를 통해서도 찾아볼 수 있다. 그는 그랜트(R. M. Grant)의 책『교회의 성서』(*The Bible in the Church*)를 참고하여, 신정통주의에서 제시하는 하나님의 말씀으로서의 성서에 대한 이해가 필요하며, 이를 위해서 성서의 역사 비평적인 해석을 넘어서 신학적인 이해가 필요하다고 주장했다. 또한, 그는 아이히로트(W. Eichrodt)의 책『구약신학』을 참고하여, 구약신학의 두 가지 임무는 구약종교와 이방 종교의 관계성 그리고 구약과 신약의 연관성이라고 주장했다. 아이히로트는 스위스 바젤대학교의 교수로 신정통주의 신학의 성서적 근거를 제시했고 칼 바르트의 성서 해석에 지대한 영향을 주었었다.[23]

김찬국은 1954년 미국 뉴욕 유니언신학교(Union Theological Seminary)에 1년간 유학했다. 이 학교는 초교파 신학교로 당시 진보적 신학이었던 신정통주의 신학을 표방했다. 석사 과정에서 구약학을 전공한 그는 마일렌버그(James Muilenburg, 1896-1974)와 테리언(Samuel Terrien, 1911-2002) 등이 개설한 구약신학, 12소예언서, 팔레스틴 고고학, 예레미야 주석, 외경 위경 문학사, 사해 사본 연구, 제2이사야 주석, 히브리어 강독 등을 수강하면서 구약신학과 구약 주석

23 E. A. Martens, "Eichrodt, Walter (1890-1978)," in *Historical Handbook of Major Biblical Interpreters*, ed. D. K. McKim (Downers Grove: IVP, 1998), 486.

에 대한 학문적 사고의 폭을 넓힐 수 있었다. 그는 마일렌버그 교수를 통해 예레미야, 제2이사야 등의 주석 방법과 팔레스틴 고고학 및 사해 사본의 연구 결과들을 배웠다. 또한, 그는 테리언 교수를 통해서 계약 개념이 구약신학에서 과도하게 강조되었고 그 대안은 하나님의 현현(presence) 개념이며, 구약과 신약을 통합하는 성서신학(biblical theology)을 추구해야 한다는 것을 배웠다.

김찬국은 미국에 유학하면서 다양한 주석 방법과 고고학적 성서해석, 계약신학의 문제점 등을 공부했지만, 성서 본문의 신학적 의미를 추구하는 신정통주의적인 구약신학을 포기하지 않았다. 그가 연세대학교 신학과 구약학 교수로 있던 1961년에 발표한 글에 의하면, 그는 여전히 신정통주의적 구약신학을 추구했다.[24] 그렇다고 그가 역사비평이나 종교 사학, 성서고고학의 연구 결과 등을 무시한 것은 아니다.[25] 그는 역사비평과 그 한계를 잘 알고 있었다. 그는 역사비평에 대해 "과학적 객관성을 확인하는 지식에는 큰 공헌을 하였지만 종교 문헌의 내적 의미의 이해를 깊이 하지 못했"고, "성서 문헌의 역사성만을 너무 주장하게 되니까 계시적인 요소가 말살되고 마는 오류에 빠지게 되었다"고 비판했다.[26] 그는 궁켈(H. Gunkel), 키텔(R.

24 김찬국, "구약학의 동향: 구약신학을 중심으로," 「신학논단」 6 (1961), 121-134.

25 김찬국은 박대선, 김정준과 함께 『구약성서개론』(서울: 대한기독교서회, 1960)을 출판했는데, 이 책의 '제1편 모세오경'과 '제2편 전기 예언서' 부분을 집필했다. 여기에서 그는 오경의 문서설이나 전기예언서의 신명기 사가 저작설 등 역사비평 방법의 연구 결과들을 소개했다. 또한, 김찬국은 성서고고학에도 관심이 깊었는데, 성서학계 역사상 최고의 고고학 발굴인 사해사본을 연구하여 논문을 발표했다. 김찬국, "사해사본에 나타난 쿰란신학," 「신학논단」 3 (1957), 53-67; "사해사본과 구약," 「신학논단」 5 (1959), 19-33. 그는 성서고고학 답사를 위해 1971년 예루살렘의 히브리 유니온칼리지의 하기강좌에 참여하여 보고서를 작성하기도 했다. 김찬국, "성서고고학의 현지답사 보고," 「신학논단」 11 (1972), 117-133.

Kittel), 그레스만(H. Gressmann) 등 종교사학파의 주장과 그 한계에 대해서도 인지하고 있었다. 그는 고고학과 고대 근동학을 활용하는 종교사학파의 구약 연구에 대해 "이스라엘 종교의 발전 과정을 더듬는 데에는… 공헌이 크다"는 것을 인정했지만, "외부적인 증거의 중요성을 너무 과장하고 이스라엘 종교사가 그 독자성을 가지고 있음을 과소평가하는 오류에" 빠졌다고 비판했다.[27] 그는 칼 바르트의 로마서 주석의 영향으로 인한 신정통주의적 구약신학이 이러한 문제들을 극복할 수 있다고 보았다.

> 비평적 역사적 방법을 채용하면서 구약의 특수한 종교적 가치를 역사적 형태보다도 조직적 형태로 설명하려는 연구 태도가 나타났다. 즉 구약의 기본개념인 하나님, 인간, 구원 등을 역사적인 기원조사보다는 신학적 의의를 해석하자는 요구라 하겠다… 이러한 새로운 구약성서 신학의 요구는 낡은 비평주의를 거부하고 낡은 보수적 정통주의로 돌아가는 것이 아니라 구약을 영감받은 계시서로 믿고 신구약과의 필연적이고 본질적 관계를 인정하면서도 비평적 방법의 보조를 받아 신학적 의미를 살려내자는데 있다.[28]

김찬국에 의하면, 구약신학의 임무는 기독론 중심의 신학을 펼친 바르트처럼 그리스도 중심적 역사철학의 견지에서 구약성서를 해석하는 것이다.[29] 그는 "그리스도 중심의 역사철학"이 무엇인지를 언

26 김찬국, "구약학의 동향: 구약신학을 중심으로," 123-124.
27 Ibid., 125.
28 Ibid., 126-127.
29 Ibid., 127.

급하지 않았지만, 그 해석은 성서에 포함된 계시의 원래 의미를 재생시켜 서술하고 신학적인 해석을 가하여 현대인에게 알맞은 메시지를 제시하는 것이어야 한다고 보았다. 그리하여 현대인에게 신앙의 힘을 주고 동력을 주어 움직이게 해야 한다는 것이다. 즉 옛 계시의 의미를 오늘에 재생시켜 현대인이 본받을 수 있게 해야 한다는 것이다.[30]

이상과 같이 김찬국은 연세대학교에서 신학 공부를 시작할 때부터 신정통주의 신학을 수용했다. 그가 대학원에서 구약학을 전공할 때에도 신정통주의 신학을 주로 공부했고 구약신학도 아이히로트 등 신정통주의 구약학자들의 견해를 따랐으며, 교수가 된 뒤에도 이 입장을 견지했다. 그리하여 구약성서를 해석할 때에 역사비평, 양식비평, 성서고고학 등을 수용하면서도 종국에는 계시의 말씀으로서의 본문의 신학적 의미를 찾아 오늘의 상황에 처한 현대인들의 신앙과 삶에 힘과 에너지가 되도록 적용하고자 하였다. 구약신학은 이론이나 논리 정연한 사변에만 머물러서는 안 되고 신앙적 실천을 하게 하는 학문이어야 한다는 것이다. 이는 그의 성장 과정에서 실천적 신앙을 강조했던 집안의 분위기를 감안할 때, 자연스러운 것이라 여겨진다.

IV. 민중신학적 구약신학

연세대학교 구약학 교수로 신정통주의적 구약신학을 추구하던

30 Ibid., 132.

김찬국의 삶과 사고에 변화를 준 큰 사건이 일어났다. 신과대학 학장으로 있던 1974년 5월 7일 기관원에 의해 연행되어 중앙정보부 조사실에서 취조를 받고 서대문 구치소에 수감된 것이다. 당시 대학생들과 지식인들은 박정희 유신 독재 정권이 민주주의를 짓밟은 것에 대해 저항했고, 그도 이 항거의 대열에 참여하였기에 요주의 인물로 지목되어 구속된 것이다.

그가 정부 당국의 주목을 받게 된 것은 1973년 부활절을 맞이하여 채플에서 "4·19정신의 부활"이라는 제목의 설교를 한 직후부터였다.[31] 그는 이 설교에서 예수의 고난과 4·19혁명의 희생을 연관시키면서, 예수의 수난과 희생이 기득권을 가진 기성 종교인들의 모함과 로마 총독의 독재 및 무책임한 재판에 항거한 데서 비롯된 것처럼, 4·19혁명의 수난과 희생은 이승만 독재와 부정부패, 부정선거 및 관제 민주주의에 대한 항거에서 비롯되었다고 역설했다. 그의 설교는 4·19정신을 짓밟는 박정희 정권의 독재 비판으로 이어졌다.

> 대학은 지금도 수난과 진통을 겪고 있습니다… 대학과 언론이 다 진통기 중에서 묵비권을 행사하면서 무언의 발언을 하고 있습니다. 빌라도 법정에서 예수가 묵비권을 행사하면 무언의 항변을 한 것과 마찬가지로 오늘의 대학들도 무언으로 발언하고 있는 것과 같습니다. 4·19 당시 학생들이 항의했던 1인 애국 독점 의식과 관료적·관제적 민주주의와 부정부패가 13년이 지난 오늘에 와서는 더 심한 상태에 놓여 있는 것입니다.[32]

---

31 김찬국, 『희생자와 상속자』, 51-56; 『성서와 현실』, 148-153.

32 Ibid., 151.

그는 고난받아 죽은 예수가 부활한 것처럼 4·19정신의 부활을 통해서 대한민국의 민주주의도 소생하고 부활할 것을 소망했다. 이를 위해 교수들에게 부활의 진리를 가르쳐야 한다고 역설했고, 학생들에게는 사회에 나가서도 이 정신을 잃지 말 것을 당부했다.

> 예수의 부활을 기념하는 오늘의 우리는 부활의 진리를 가르쳐야 합니다. 진리이신 예수가 십자가에서 희생되어 죽은 것으로 생각되었지만, 예수의 부활로 진리가 부활한 것을 보게 된 것입니다. 이런 신앙에서 4·19 정신도 가르쳐야 하고 지켜나가야 합니다. 4·19 정신이 부활할 것을 믿고 가르쳐야 하고 배워야 합니다. 진정한 민주주의의 소생과 부활을 위해서 실력과 능력과 정력을 길러야 합니다… 학생 여러분, 여러분은 예수 부활의 진리를 깨닫고서 이 학원을 마치고 나간 다음에는 어느 곳에 가서 활동하든지 이 부활의 진리를 확신하고 4·19정신을 부활시켜 우리의 역사의 앞날에 민주주의를 실현할 때까지 계승시켜 나가기를 간곡히 바라는 바입니다.[33]

정권연장을 비판한 김찬국의 예언자적 설교는 학생들의 박수를 받았다. 그러나 설교 후 그를 체포하려는 경찰들과 정보원들을 피해 학교 안의 알렌관으로 급히 몸을 숨겨야 했다. 다행히 학교 당국이 정부와 타협하여 체포는 면했지만, 기관원의 감시 대상이 되었다.[34] 이후 재야인사들은 유신 정권에 반대하면서 그해 12월 '개헌청원 100만인서명운동'을 했고, 김찬국도 연세대의 김동길, 문상희 교수

---

33 Ibid., 153.

34 김찬국, "부활절 설교사건의 기억,"「말」(1993-1998), 99.

와 함께 서명했다. 이듬해인 1974년 3월 개학이 되자 대학가의 유신 반대 투쟁은 더욱 거세어졌고, 여기에 적극적으로 참여하는 대학생들은 전국적으로 '전국민주청년학생총연맹' 즉 소위 '민청학련'을 결성하여 반유신 학생운동을 펼쳐나갔다.

김찬국을 연행한 기관원들은 그를 민청학련의 배후조종 교수라고 주장하면서 군사 재판에 넘겼고, 고등군법회의는 이를 받아들여 "징역 5년 및 자격정지 5년"을 선고했다. 이로 인해 그는 9개월 10일 동안 구속되었고, 독재 정권의 관여로 교수직을 박탈당했다. 해직 기간 동안 그는 민주화운동, 산업 선교 현장의 노동자 인권과 권익, 교도소 재소자 성경 보급과 전도, 민주화운동으로 인한 구속자의 석방운동 등을 했다. 그는 교수직을 잃었지만, 서대문에 있는 기장의 선교교육원, 성공회신학교 등에서 구약학을 가르쳤다. 당시 선교교육원은 민주화운동을 하다 제적당한 학생들을 안병무, 서남동, 문익환, 문동환, 한완상, 이문영, 강만길 교수 등 해직 교수들이 가르쳤는데 민중신학의 중심지 역할을 했다.

민주화운동으로 인한 구속과 해직은 김찬국으로 하여금 자신의 구약성서 신학 방법을 재고하게 했다. 제1세계 신학인 신정통주의적 구약신학에서 제3세계 신학이자 한국의 상황을 반영하는 민중신학적 구약신학으로 눈을 돌린 것이다. 그는 1986년 기독교학회에서 발표한 "제3세계와 성서 해석"이란 강연에서 자신의 구속과 해직의 경험이 학문에 어떻게 영향을 주었는지를 다음과 같이 피력했다.

> 우리나라의 소위 해방신학이라든가 민중신학이라는 것은 성서와 신학을 공부하는 교수들이나 혹은 기독교인 교수들이 어려움을 당하고 억압을 받

아본 경험에서 새로운 성서 해석과 신학적 성찰을 하게 된 데에서 비롯된 것이라는 점을 이 시간에 다시 한 번 생각해 보게 되는 것입니다.[35]

그는 제1세계 성서신학계의 성서 해석 방법인 역사적-문학적 비평과 양식사적 비평 연구가 본문의 배경과 뜻 그리고 신학적 의미를 찾으려는 시도로 과거 지향적인 맥락을 찾는 접근 방법이며, 불완전하다고 비판했다.[36] 이에 대한 대안으로 그는 미래 지향적인 맥락을 가지고 성서를 해석해야 한다고 제안했다. 즉, 오늘 우리의 현실과 미래의 전망을 고려할 뿐만 아니라 본문에 어떤 뜻이 더 필요한가를 생각하면서 성서를 해석해야 한다는 것이다.[37] 해방신학이나 민중신학의 성서 해석처럼, 현실과 미래에 대한 신학적 성찰과 이를 반영하는 본문 해석이 필요하다는 것이다. 이것은 자신이 그동안 추구해왔던 신정통주의적 구약신학 방법 즉 역사비평을 통한 본문의 신학적 의미 찾기에서 제3세계 신학의 성서 해석 방법으로 바꾼다는 것을 의미한다. 이제부터는 제3세계 신학이 직면하고 있는 신학적 과제인 빈곤과 억압으로부터의 해방에 관심을 기울이면서 성서 해석을 시도하겠다는 것이다. 그는 제3세계 신학의 관점에서 성서를 해석하기 위해서 본문의 사회학적 연구가 발전되어야 한다고 보았다.[38]

김찬국은 자신을 '민중신학자'로 규정하지 않았지만, 그가 민중신학자들과 함께 고난을 받고 교류하면서 신학적, 성서 해석학적으로 그들과 궤를 같이 했기 때문에 그의 구약신학이 넓은 의미에서 민중

---

35 김찬국, 『성서와 현실』, 308.

36 Ibid., 317.

37 Ibid.,

38 Ibid., 323.

신학의 범주 안에 들어있고 적어도 "민중신학적"이라는 것을 부인하기 어렵다.[39] 민중신학이 1970년대 한국의 빈곤과 억압의 상황을 반영하여 생겨났다면, 그도 역시 다른 표현 방식으로 당시 고난 받는 민중의 해방을 반영한 구약신학을 펼쳤다. 그가 1970년대 후반 해직교수로 있으면서 쓴 글들은 이러한 경향을 보여주는데 그 실례를 들면 다음과 같다.

먼저, "하박국의 고발"이라는 글에서 그는 하박국서의 주석을 통해 독재자들과 침략자들의 횡포와 탄압에 의해 정의가 짓밟히고 민중이 억압받는 현실에서 하나님이 왜 침묵하는가를 묻는 하박국의 절규를 다루었다.[40] 그는 하박국서의 말씀대로 하나님의 침묵 가운데서도 의인은 자신의 신실함을 지켜야 하고 하나님의 정의를 기다려야 한다고 제시했다. 그는 이 글 마지막에서 1970년대 암울한 한국의 현실과 독재에 항거하다 고난당하는 사람들, 특히 젊은 대학생들을 염두에 두면서 다음과 같이 짧게 고백했다.

> 오늘의 현실에서도 하박국처럼 탄원을 하면서 기도하는 의로운 소수자들이 많다. 하나님께서는 특히 젊은 소수자들에게 내일의 사회적 구원을 위해서 오늘에 하나님이 주시는 말씀의 계시를 받아쓰고 기록하는 저력을 키워나가라고 지금도 명령하고 계시다고 믿는다.[41]

둘째로, 그는 "악의 기원에 대하여"란 글에서 구약성서에 나오는

---

39 박신배는 김찬국을 구약 민중신학자로 분류한다. 박신배, "구약 민중신학의 재발견: 김찬국 신학을 중심으로," 「신학사상」 154 (2011), 37-65.

40 김찬국, 『인간을 찾아서』 (서울: 한길사, 1980), 21-34.

41 Ibid., 34.

악이 "폭력으로, 부패행위로, 우상 숭배로 인한 권력자들의 변절, 악령의 장난으로 인한 시기 질투와 미움 등"에서 기인했다고 제시했다.[42] 그는 인류 역사가 죄악을 제거하려는 투쟁의 역사인 것처럼 구약성서도 악을 제거하여 하나님의 자유와 정의와 평화의 세계를 만들려는 하나님의 심판과 구원의 역사를 보여준다고 주장했다.[43] 구속과 해직으로 독재 정권의 폭력과 악행을 경험하면서 구약성서는 악을 어떻게 이해하고 극복하려 하는지를 제시한 것이다.

셋째로, 그는 노동자들의 인권과 권익, 지위 향상을 위해 1979년 "산업선교의 성서적 근거"라는 글을 썼다.[44] 이 글에서 그는 구약에 나오는 창조 질서와 약자 보호법 등을 언급하면서 도시산업 선교가 "산업사회가 가지고 있는 일어나는 무질서, 미개척, 빈 공허, 어두운 세계 등 혼돈의 세계를 찾아서 빛이라고 하는 질서를 가지고 노사간의 관계를 정상화하고… 경영주들에게도 하나님의 말씀인 빛의 질서를 가지고 대화하며, 노동자들에게도 빛과 사랑의 질서를 가지고 그들의 권익 보호와 옹호를 위해 노력"해야 한다고 역설했다.[45] 그는 해직 교수로서 YH사건 등으로 인해 해고된 노동자들의 고난에 깊이 동참하면서 이 글을 썼다.[46]

이상과 같이 김찬국은 1970년대 직접 경험한 암울한 독재의 현실과 민중의 억압 및 고난을 반영하면서 성서 본문을 해석하고 이를 통해 미래의 희망을 찾고자 했다. 그는 불의한 현실에 분노하고 저항

---

42 Ibid., 35-42.

43 Ibid., 41-42.

44 김찬국, "산업선교의 성서적 근거," 「기독교사상」 29 (1979), 71-78.

45 Ibid., 196.

46 김찬국, "해고노동자 124명," 「기독교사상」 22 (1978), 128-131.

했지만, 그 과정에서 불의의 본질을 파악하고 이를 극복할 방안을 찾고자 성서를 읽고 해석했다. 그것은 불의한 현실에 항거하며 하나님의 심판을 외치면서도 구원의 희망을 선포했던 구약 예언자들의 모습을 닮은 것이었다. 이후의 삶에서도 김찬국은 이와 같은 구약신학적 입장을 견지하면서 사회적 약자와 고난받는 자들의 편에 서기를 주저하지 않았다.

V. 맺는 말

수용미학에 의하면 텍스트 해석은 텍스트의 수용사와 해석자의 전 이해 및 경험의 상호작용이다. 따라서 성서 텍스트 해석도 해석자의 경험과 사회적 상황에 따라 달라질 수 있다. 이것은 성서 해석에 있어서 더 나은 해석이나 더 우월한 해석을 추구하지 말고 해석자의 상황을 반영하는 다양한 해석을 허용해야 한다는 것을 의미한다. 수용미학적 성서 해석의 관점을 구약학자인 김찬국에게 적용해 볼 때 그의 구약신학 방법은 그의 경험과 당시 사회적 상황을 반영했다는 것을 알 수 있다. 그의 구약 해석과 구약신학은 그의 삶의 변화에 따라 달라졌으며, 해석자의 자기의식과 통찰력을 반영한 다양한 해석 중 하나로 여겨야 한다는 것이다.

구약신학 방법의 관점에서 볼 때 김찬국의 삶은 셋으로 구분될 수 있다. 첫 번째 시기는 신학 공부 이전으로, 가정과 학교와 교회에서 영향을 받아 진보적이고 실천적인 신앙과 불의에 항거하는 저항정신의 사고를 형성했다. 그렇지만 그는 아직 신학적 사고 형성을 위한 공부를 하지 않았기 때문에 한국교회 전반에 걸쳐있는 성서문자주의적인 사고나 근본주의적인 신앙에 젖어있었다.

두 번째 시기는 대학에 진학하여 신학을 공부할 때부터 민주화운동으로 구속되기 전까지인데, 신정통주의적 구약신학 방법을 추구했다. 즉 역사비평과 종교 사학의 성서 본문 분석을 받아들이면서 하나님의 계시의 말씀으로서 성서 텍스트의 신학적 의미를 찾고자 했다.

세 번째 시기는 1974년 민주화운동으로 구속과 해직을 경험한 이후인데, 제3세계의 시각에서 성서를 해석하고자 했던 민중신학적 구약신학 방법을 추구했다. 독재 정권에 항거하다 경험했던 억압과 고난을 반영하면서 구약성서를 읽고 해석했던 것이다. 그는 비록 자신을 민중신학자로 지칭하거나 분류하지 않았지만, 그의 구약 해석은 민중의 고난과 아픔, 가난과 억압을 반영한다는 점에서 민중신학자들과 궤를 같이 했고, 학문과 민주화운동 등에서 그들과 연대했기 때문에 그가 '민중신학적' 구약신학을 추구했다고 결론할 수 있다.

참고문헌

김명구. 『영주제일교회 100년사』. 영주: 영주제일교회, 2013.

김찬국. "부활절 설교사건의 기억." 「말」 (1993/8): 98-102.

______. 『성서와 현실』. 서울: 대한기독교서회, 1992.

______. 『인간을 찾아서』. 서울: 한길사, 1980.

______. "산업선교의 성서적 근거." 「기독교사상」 29 (1979): 71-78.

______. "해고노동자 124명." 「기독교사상」 22 (1978): 128-131.

______. "가정예배에 대한 나의 제언." 「새가정」 12 (1973): 51-55.

______. "성서고고학의 현지답사 보고." 「신학논단」 11 (1972): 117-133.

______. "구약학의 동향: 구약신학을 중심으로." 「신학논단」 6 (1961): 121-134.

______. "사해사본과 구약." 「신학논단」 5 (1959): 19-33.

______. "사해사본에 나타난 쿰란신학." 「신학논단」 3 (1957): 53-67.

김찬국 외 111인. 『나의 삶 나의 이야기 1-2권』. 서울: 연이, 1997.

김찬국 · 김정준 · 박대선. 『구약성서개론』. 서울: 대한기독교서회, 1960.

박신배. "구약 민중신학의 재발견: 김찬국 신학을 중심으로." 「신학사상」 154 (2011): 37-65.

박찬기. "문학의 독자와 수용미학." 박찬기 외. 『수용미학』. 서울: 고려원, 1992.

백도기 · 서재경. 『성빈의 목자 비당 윤치병 목사』. 수원: 한민미디어, 1998.

사미자. 『인간발달과 기독교교육』. 한국장로교출판사, 2012.

______. 『종교심리학』. 서울: 장로회신학대학교출판부, 2001.

전병호. "최태용, 민족교회의 설립자." 연세대학교 신과대학 동문회 편저. 『인물로 보는 연세신학 100년』. 서울: 동연, 2015.

______. "지동식, 연세신학의 아버지." 연세대학교 신과대학 동문회 편저. 『인물로 보는 연세신학 100년』. 서울: 동연, 2015.

차봉희 편. 『독자반응비평』. 서울: 고려원, 1993.

천사무엘. 『김재준』. 서울: 살림, 2003.

천사무엘 · 이달, 『성서문학의 세계』. 대전: 한남대학교출판부, 2005.

Martens, E. A., "Eichrodt, Walter (1890-1978)." in *Historical Handbook of Major Biblical Interpreters*. Edited by D. K. McKim. Downers Grove: IVP, 1998.

김찬국의 '삶의 현장신학'의 구성과 성서적 배경
—3·1운동과 출애굽전승, 예언전승을 중심으로

서명수*

I. 시작하는 말

구약학자 김찬국은 한국 구약학계의 1세대에 속하는 성서학자이나 그를 기억하는 많은 사람은 그를 1970-80년대의 엄혹한 군사정권 시대에 인권과 민주화운동에 헌신한 '행동하는 지식인', '해직교수 김찬국'으로 기억하곤 한다. 그러나 처음부터 그가 사회 현실에 예민하게 반응한 것은 아니었다. 그도 처음에는 대다수 한국 성서학자들이 그랬듯이 해방 후 우리말로 신학을 배우고 가르친 제1세대 구약학자로서 구약성서 본문과 본문의 콘텍스트(context)에 초점을 맞추

* 협성대학교, 구약학

어 연구하고 가르치며 한국 구약학계의 초석을 다지는 일에 매진하였다. 그러나 유신헌법의 제정으로 인해 사회 전반에 걸쳐 비민주적 통제가 가중되고, 국민의 기본권이 유린되는 상황이 전개되자 그는 히브리 예언 정신의 체득자로서 비판과 저항운동에 동참하여 적극적인 사회활동을 전개하였다.

금년은 김찬국 서거 10주년이 되는 해로 그를 기억하는 지인들과 후학들 그리고 제자들을 중심으로 그의 삶과 학문을 기념하고 정리하는 작업을 진행하고 있기에 같은 취지와 맥락에서 그의 '삶의 현장 신학'을 정리하고 평가해 보고자 한다. 그러나 이러한 시도와 목적이 단순히 개인적 차원이나 소그룹 차원의 연고(緣故)에 의한 것으로 국한되어 이해되는 것은 본 소고의 의도와 목적에서 크게 벗어나는 것이 될 것이다. 본 소고의 목적은 그의 서거 10주년이라는 기념의 동기를 넘어 구약학자 김찬국의 신학 세계의 특징과 구성요소를 파악하고 재조명하여 한국적 구약학 형성에 기여하는 데 있다.

내용 전개와 방법에 있어서 불가피하게 전기적 고찰을 기본으로 하되, 고대 이스라엘 역사 전승, 특별히 출애굽전승과 3·1운동, 히브리 예언전승과 한국 사회에서의 저항운동을 평행주의의 관점에서 고찰해보고, 전승의 한국적 계승과 적용이 갖는 현재의 시사점에 대해서도 살펴보고자 한다.

II. 1970-80년대 군사정권 시절에 형성된 예언자적 저항의식

1927년도에 태어난 김찬국은 해방 후인 1946년 연희대학교(현 연세대학교) 신학과에 제1회 신입생으로 입학하여 1950년에 "구약의 메시아사상"이라는 제목의 졸업논문을 쓰고 학부를 졸업하였다. 이어 1952년에 동 대학 대학원에 진학하여 석사 과정 중에 전임조교로 활동하면서 1954년 봄에 "구약에 나타난 계약의 하나님의 구속적 의를 논함"이라는 제목의 논문으로 석사학위를 받았다. 그가 받은 석사학위는 연희대학뿐만 아니라 한국에서 최초로 받은 신학석사학위였다. 당시에는 교단 신학교에 정식 석사 과정이 개설되어 있지 않았고, 구약학 전문 교수가 없던 시절이다. 석사학위를 취득한 후 그는 3년 계획으로 1954년 8월에 뉴욕 유니온신학교에서 공부하기 위해 유학길에 올랐으나 미국 NCC로부터 1년만 지원해준다는 통보를 받고는 혼신의 힘을 다해 학업에 전념해야 했다. 그는 양식비평에서 수사비평으로 관심 영역을 확대하여 수사비평의 개척자가 된 마일렌버그(J. Muilenburg)[1]의 지도하에 "제2이사야에 나타난 쩨덱크(義)의 유래"라는 제목의 논문을 작성하여 1955년 5월에 신학석사(S.T.M.) 학위를 받고 귀국하여 연희대학교 신학과 교수로 본격 활동하기 시작했다.[2] 그리고 교수 해직 기간에 "제2이사야의 창조전승

---

1 마일렌버그의 학문적 관심의 이동은 "Form Criticism and Beyond," *JBL* (1968), 1-18에 잘 나타나 있다. 그의 생애와 성서 해석에 관한 종합적인 내용을 위해서는 Phyllis Trible, "Muilenburg, James," John H. Hayes(ed.), *Dictionary of Biblical Interpretation K-Z* (Nashville: Abingdon Press, 1999), 168-169를 보라.

2 김찬국, 『고통의 멍에 벗고』 (서울: 정음문화사, 1986), 292-300; 천사무엘, "김찬국

연구"라는 제목의 논문을 완성하여 1980년에 신학박사 학위를 취득하였다.[3] 이렇듯 김찬국은 한국의 제1세대 구약학자로서 스스로 구약학의 길을 개척해나가야만 했던 선구자적인 인물이다.

그뿐 아니라 그는 고대 히브리인들의 역사의식과 예언정신 및 예언전승을 연구한 구약학자로서 상아탑의 평온에 안주하지 않고 시대의 아픔과 고민을 몸소 겪어내는 길을 걸었다. 1971년 박정희 정권에 의해 위수령이 발동되고, 대학에 군인이 주둔하게 되자 김찬국은 이에 대해 항의하였고, 대학의 휴업령이 해제된 후 첫 강당 채플에서 "임마누엘 세대"라는 제목의 설교를 통해 군 주둔에 대한 잘못을 비판하였다.[4] 그리고 1972년 10월 유신헌법의 제정으로 인해 대학사회뿐 아니라 한국 사회 전체에 강압적인 분위기가 팽배해지자 1973년 연세대 신과대 학장 보직을 맡아 수행하면서 1973년 4·19 13주년 및 부활절 예배 때 "4·19 정신의 부활"이라는 제목의 설교를 통해 시대 상황을 간접적으로 비판하고, 한국 사회가 나아가야 할 방향을 제시했다.[5] 그리고 유신헌법개헌청원 100만인 서명운동의 발기인으로 참여하였다. 이런 일련의 활동으로 인해 그는 정부 요시찰 인물이 되었고 1974년 5월 7일 마침내 박형규 목사, 지학순 주교, 김동길 교수 등과 같이 긴급조치 1, 4호 위반혐의(민청학련 사건 배후 조종 혐의)로 구속되어 군사재판에서 징역 5년 자격정지 5년 형을 선

의 구약신학방법과 그 변화," 「신학논단」 제96집(2019), 53-54.

3 이에 관한 최근의 연구로는 오택현, "김찬국의 제2이사야," 「신학논단」제96집(2019), 13-41을 보라.

4 설교문 "임마누엘 세대"는 그의 수상록 『지금 자유는 누구 앞에 있는가』(서울: 오상, 1984), 111-117에 수록되어 있다.

5 이 설교문은 김찬국, 『성서와 현실』(서울: 대한기독교서회, 1992), 148-153에 수록되어 있다.

고 받고 복역하다(1974.5.7.~1975.2.17.) 형집행정지로 석방됐다. 그러나 정부의 강요에 의해 학교에서 곧 해직되고 말았다(1975.4.8.).

해직기간 동안 그는 삶의 현장에서 민주화와 인권, 사회적 약자와 노동자의 권리 신장을 위해 여러 뜻있는 인사들과 연대하면서 사유와 활동의 지평을 삶의 현장으로 확대하여 '삶의 현장신학'[6]의 길을 걸었다. 그러다 유신정권이 무너지자 1980년 2월 29일 국방부로부터 사면장과 복권장을 받고 3월 7일 연세대학교에 복직하게 되었으나 민주화를 위한 135인 지식인 서명 건으로 인해 다시 7월 29일 강요에 의해 사직서를 제출하고 다시 해직되었다가 1984년 9월에 복직하였다. 이처럼 두 번에 걸친 해직으로 인해 해직교수로서는 최장기간인 10년을 학교 밖에서 활동해야 했는데, 그는 이 기간 동안 올곧게 '삶의 현장신학'을 실천해나갔다.

그의 이런 사회활동 경력은 그의 다양한 활동 경력이 잘 말해 준다. 그는 한국기독교교회협의회 에큐메니칼 위원(1976-1981)과 신학연구위원(1978-1980), 평화시장대책위원회 위원장(1977-1978), 양심수월동대책위원회 위원장(1979), 인천동일방직대책위원회 부위원장(1978-1979), 한국기독학생총연맹 이사(1980-1981)로 활동했으며, 복직한 후에는 권인숙노동인권회관 이사장(1988), 해직교사서울위원회 공동대표(1989)로도 활동했다. 그리고 1978년부터 1993년 8월까지 한국기독교교회협의회 인권위원회 위원, 부위원장(1989, 1992), 위원장(1992.4.-1993.8.)으로 활동하며 한국 사회의 인권신장과 해직 노동자

---

6 김찬국이 자신의 신학을 이론적으로 체계화하거나 개념화하는 작업을 시도하지는 않았고, 해직 기간을 전후로 하여 당시의 민중들의 삶의 현장에 깊이 관여하며 신학적 사유를 실천을 통해 구체화하는 길을 걸었다는 점에서 개념화된 의미의 신학이 아니라 '삶과 밀착된' 의미의 신학이라는 뜻에서 '삶의 현장신학'이라 명명해 본다.

및 약자의 권리와 인권을 위해 지속적인 관심과 노력을 기울였다.[7]

김찬국의 이와 같은 비판과 저항, 자유 민주사상과 인권, 노동자의 권리 신장을 위한 사회활동의 밑바탕에는 고대 히브리 예언자들에 대한 연구를 통해 체득한 신학적 성찰이 놓여있다. 해직 기간에 그가 출간한 두 권의 저서, 『성서와 역사의식』(평민사, 1978),[8] 『예언과 정치』(정우사, 1978)의 제목과 내용이 이를 말해준다. 『성서와 역사의식』에서는 10개의 주제를 다루었는데, 그중 "구약성서에 나타난 자유주의", "인권의 성서적 근거", "역사의식과 신앙", "현대징조와 성서의 역사관", "성서에 나타난 대중의 의미"에는 그의 역사의식과 자유, 인권 사상에 영향을 끼친 성서의 내용에 대한 설명과 당시 한국 사회에 대한 적용이 신학적 에세이 형식으로 진술되어 있다. 『예언과 정치』에선 "고대 이스라엘의 역사이해", "고대 중동세계의 국제정치", "초기 이스라엘의 정치와 예언", "기원전 8세기의 정치와 예언"을 간략한 신학적 에세이 형식으로 다뤘다.

III. '삶의 현장신학'의 구성과 성서적 배경

두 번에 걸친 해직 기간 동안 소위 방외신학자(方外神學者)[9]로서

---

7 김찬국과 111인, 『나의 삶 나의 이야기』(서울: 도서출판 연이, 1997)에 첨부된 <소원(笑園) 김찬국 선생의 연보> 참조.

8 1차 해직 기간에 나온『성서와 역사의식』은 2차 해직을 거쳐 복직된 후 같은 출판사의 <평민서당> 시리즈 제1권(평민서당 0001)으로 중간되었다(1986). 본 소고는 이 중간본을 참조하고 있다.

9 서남동은 "방외신학"이란 용어를 조어(造語)하고 다음과 같이 정의하였다. "'방외인(方外人)의 신학', '방외신학', 이런 신학이 있을까? 나는 1975년에 대학 캠퍼스를

김찬국이 삶을 통해 보여준 '삶의 현장신학'에 대해 당시 월간 「가정조선」 김동준 기자는 김찬국에 대한 인간르뽀 기사 "인간 김찬국, 그 의지의 흔적"에서 그의 신학을 '사회선교신학'이라고 명명한 적이 있다. 이 기사는 본래 월간 「여성 자신」에 게재되었던 것인데, 김찬국이 학교에 복직한 후 펴낸 『지금 자유는 누구 앞에 있는가』에 재수록되어 있다.[10] 기사의 일부를 인용해 보자.

> 요즈음 그의 신학적 관심은 그들 고통 받는 자들을 위한 사회선교신학에 있다.
> "도시 교회가 자꾸 커지는 것에는 여러 요인이 있겠지만 많은 사람에게, 특히 소외층에게 위안의 장소가 되어주기 때문이지. 말하자면 교회가 그들이 피난처인 셈이야. 따라서 이제는 교회가 사회에 대한 관심을 더 가져야 할 때야. 최소한 그들 소외층을 위한 대화의 광장이라도 돼주어야지."
> 그의 말처럼 사회선교신학은 하나님의 뜻을 사회에 펴고 실천한다는 것이다. 고통 받고 소외된 이웃, 사회계층으로 볼 때 가장 낮은 계층과 아픔을 함께 나누며 함께 극복하려는 것이다.[11]

김동준 기자는 사회에서 소외되어 고통 받고 있는 사람들에 대한

떠나서, 말하자면 거리에서 방황하고 있는 셈이다. 연구실, 연구비, 연구시간 그리고 연구발표지(誌)가 있는 네모가 반듯한 규격 있는 신학 ― 이런 신학을 할 수 없는 신세다. '신학의 에콜로지'를 말하는 신학자가 있지만, 나는 신학의 그 보금자리를 잃은 것이다. 연구생활이 지속될 턱이 없고, 연구업적이 나올 수가 없는 형편이다. 그래서 내 식대로 하는 신학을 방외신학(方外神學)이라 하겠다." 서남동, 『민중신학의 탐구』 (서울: 한길사, 1983), 3-4.

10 김찬국, 『지금 자유는 누구 앞에 있는가』, 13-21.

11 앞의 책, 17.

김찬국의 신앙적, 신학적 관심을 '사회선교신학'이라 명명했다. 적합한 포착이라 할 수 있다. 그러나 그는 기자인지라 김찬국의 사회선교신학의 구성과 근거 등에 대한 진전된 신학적 언급은 하지 않았다. 그런 까닭에 필자는 개념적 유사성에도 불구하고 그의 용어를 따르지 않고 '삶의 현장신학'으로 명명하고 논의를 전개해나가고 있다.

소외된 자들과 약자들을 위한 김찬국의 삶의 현장신학적 활동은 해직 이전에도 존속했으나 해직과 구속의 경험을 통해 보다 구체적으로 전개되었다. 하나의 예를 들자면, 그가 형집행정지로 교도소에서 풀려난 후 〈교도소성서보급회〉를 발족시켜(1976.3.25.) 지속하여 재소자들에게 성서를 보급하는 일에 앞장섰던 것을 들 수 있다.

> 그래서 나는 만일 석방이 되어 나가면 곧 교회에 호소하여 개체교회로 하여 신·구약전서를 구치소, 소년원, 교도소에 넣어주어 개인 소유가 되도록 하였으면 좋겠다는 숙제를 가졌다. 석방 후에 나는 곧 이 일을 시작하여 〈교도소성서보급회〉라는 조그마한 회를 여러 교단 목사님들의 참여를 얻어 만들었다. 이 일이 초교파적 선교운동으로는 가장 잘 먹혀들어가 받아들여지기 쉬운 선교사업인 것을 경험하게 되었다.[12]

석방되어 해직교수 신분으로, 서남동의 표현대로라면 캠퍼스 밖에서 '방외신학자로'로 하루하루 치열하게 살아가면서 김찬국은 고난을 받는 자와 함께 하기 위해 노력하였다. "약자를 위한 기도"라는 글에는 교회를 중심으로 펼쳐지는 다양한 기도의 종류와 행태들이 언급되어 있는데, 특별히 그가 관심을 기울인 기도의 행태는 '함께하

12 앞의 책, 140-141.

는 것으로서의 기도'이다. 구속자들을 위한 금요기도회에 부득이한 사정이 아니면 계속 참석하여 참여와 위로의 기도를 드렸는데, 그는 이런 참여를 "출석의 기도이며 행동 기도이며, 결단의 기도이며, 긴장하는 기도"[13]라고 했다. 법정에 나가서 방청하는 것, 방청석에 앉아있는 것 자체가 기도이며, 최후의 진술을 기도로 알고 경청했다고 고백하고 있다.

이렇듯 그는 사회정의를 부르짖다 투옥된 이들을 위한 기도회에 참석하여 같이 기도하며 마음의 위로와 격려를 보내고, 재판정에서 그들의 진술을 듣는 것을 기도 행위로 간주하고 부지런히 그들의 삶의 현장에 참여하려 애썼다. 그리고 어떤 사정으로 인해 교도소에 들어와 있는 재소자들이 성경을 자기 책으로 소장하고 읽을 수 있도록 〈교도소성서보급회〉를 조직하여 초교파적으로 성서보급운동을 전개하였는데,[14] 이것은 분명 기독교 휴머니즘에 기초한 삶의 현장신학적 활동으로 이해될 수 있다.

그뿐 아니라 그는 앞에서 언급했듯이 평화시장대책위원회, 양심수월동대책위원회, 인천동일방직대책위원회, 해직교사서울위원회 등에 참여하여 공권력과 사용자들의 부당한 노동자 탄압에 맞서 그들의 권리와 인권을 지켜주기 위해 꾸준히 노력했고, 1960~70년대 정권과 사회 기득권층의 눈에는 매우 위험한 선교단체로 인식되었던 도시산업선교회의 활동에 대해서도 적극적으로 옹호하는 입장을 취했다.[15] 그뿐 아니라 한국기독교교회협의회(NCCK) 인권위원회를

---

13 앞의 책, 50-53.

14 그의 교도소와 병원 선교에 관한 상세한 내용과 에피소드를 위해서는 이명권, "김찬국의 평화사상," 「신학사상」 185집(2019), 360-361.

15 그의 글 "산업 선교의 성서적 근거"는 도시산업 선교의 정당성과 필요성에 대해 쉽

중심으로 한국 사회의 인권신장을 위해 많은 노력을 기울였다.

김찬국의 이런 일련의 활동에는 '현장성'이 두드러지는데, 활동의 현장성이라는 면에서 볼 때 그의 관심과 활동은 포괄적인 의미의 민중신학적 관심이자 활동으로도 이해될 수 있다. 민중신학을 깊이 천착했던 김용복은 김찬국에 대해 다음과 같이 평가한 바 있다.

> 사람들은 특별히 선생님을 민중신학자라 부르지 않을지 모른다. 그러나 선생님은 민중신학을 학문적으로 뿐 아니라 삶으로 실천하신 분이다. 히브리 예언자들처럼 독재 정권과 투쟁하시고 쫓겨나시고 고난당하시면서 성격적 민중신학을 생각하시고 글 쓰시고 행동하시고 몸소 사셨다. 선생님께서 쓰신 글들을 상고하여 보면 선생님의 글들과 선생님의 역사적 행동은 일치한다는 사실을 쉽게 알 수 있다. 선생님께서는 히브리의 예언자적 정신과 역사 현실을 학문적으로 전수하셔서 역사에 참여하셨고 이를 한국교회와 민족에게 그리고 특별히 우리 후배들에게 증거하여 주셨다.[16]

이 글의 요점은 김찬국은 민중신학을 삶으로 실천한 신학자이며, 성격 자체가 약자에 대한 불의한 억압을 용인하지 못하는 성격적 민중신학자이며, 히브리 예언자 정신을 한국 사회에서 실현하고 가르쳤다는 것인데, 이는 그에 대한 적합한 평가라 하지 않을 수 없다.

고도 상세하게 풀어쓴 것인데, 당시 "기업에 도산(都産)이 들어가면 도산(倒産)한다"는 말이 퍼질 정도로 사회 일각에 부정적 시각이 퍼져 있던 시절에 도시산업 선교의 필요성과 중요성을 강조하고 있다. "도시산업 선교도 성령운동의 하나이다. 더욱이 인권신학적 해방신학적 입장에서 새로운 성령운동으로 등장한 선교 활동이다"고 정의하기도 하였다. 『지금 자유는 누구 앞에 있는가』, 331-341(339).

16 김용복, "스승님을 삼가 마음속에 모시며," 김찬국과 111인, 『나의 삶 나의 이야기』, 160.

가까이서 그를 지켜본 사람이라면 무엇보다도 "성격적 민중신학자"라는 말에 깊이 공감할 것이다.[17] 그는 10년에 걸친 최장기 해직교수로 학교 밖에서 생활해야 했기 때문에 '민중신학 이론가'로 학문적 작업을 수행하기보다는 삶의 현장 속에서 '민중적 신학자'로 활동했다.

이처럼 김찬국의 일련의 사회활동은 단순히 많은 사회운동가에서 발견되는 사회정치적 성격의 실천행위 차원에 머물지 않는다. 김찬국의 활발한 사회 참여는 보다 포괄적인 신학적 사유와 전승의 지평 위에서 이해되어야 하는데, 그것은 그의 본분이 목사이고, 신학자이며, 교육자이기 때문이다. 이제 그의 '삶의 현장신학'의 밑바탕에는 어떤 사상과 전승이 놓여 있으며, 그는 그것을 어떻게 한국 사회에 적용하였는지에 대해 살펴보자.

1. 성서적 역사의식: 출애굽 운동과 3·1운동의 지평융합

김찬국은 영국의 구약학자 앤더슨(G.W. Anderson)의 저서 『이스라엘의 역사와 종교』(기독교서회, 1970)를 번역 소개한 바 있는데, 구약학자로서 그는 고대 이스라엘의 역사 이해에 대해 다음과 같은 의견을 피력한 바 있다.

17 민중신학의 관점에서 김찬국의 신학을 다룬 연구를 위해서는 박신배. "김찬국의 민중신학과 구약," 「문화와 신학」 Vol. 8 통권 17집 (2011), 10-36; "구약 민중신학의 재발견," 「신학사상」 154집 (2011), 311-365; 최형묵, "김찬국의 민중신학에 대한 서설적 접근," 「신학연구」 제74집 (2019), 151-178을 보라. 최형묵은 "뿐만 아니라 김찬국은 민중들에게서 낙천적 해학을 발견하고, 그것을 더불어 즐겼을 뿐 아니라 그들과 친국하게 동화하는 면모를 지녔다"(160)고 평가한 바 있는데, 이는 그가 '성격적 민중신학자'였음을 보여주는 것이라 하겠다.

여기에서 말하는 역사란 사건의 나열로서의 역사가 아니라 역사를 어떻게 보고 어떻게 해석하였는가 하는 관점에서 역사가 있는 것이다. 이스라엘 민족의 강력한 생존권의 유지와 불굴의 새 역사 창조의 개척 정신은 저들의 역사가 하나님이 간섭하고 하나님의 계시를 통해서 자기들의 역사가 움직여진다는 신앙적 태도에서 유래된 것이다.[18]

김찬국은 역사는 사건 자체보다도 사건에 대한 해석적 이해가 더 중요하다는 것을 분명히 인식하고 있었으며, 계속되는 고난의 역사 속에서도 하나님의 간섭과 계시가 이스라엘 사람들에게는 고난을 이기고 앞으로 나아가는 새 역사 창조의 원동력으로 작용했다고 보았다. 이는 일견 지극히 상식적이고도 당연한 견해로 보일 수 있으나, 단번에 도달할 수 있는 견해가 아니라 성서와 고대 이스라엘의 역사에 대한 깊은 연구와 통찰에서 빚어진 간략하지만, 내공이 깃든 견해이다. 물론 경우에 따라서는 이런 성찰은 강의나 강연 또는 학습 자료를 통해 단기간에 터득될 수도 있다. 그러나 문제는 이런 속성으로 터득이 얼마나 현실적 적용의 힘을 발휘하며 현실에서 할 수 있느냐이다. 하나의 역사적, 신학적 지식으로 머리에 담아두는 일은 결코 어려운 일이 아니다. 중요한 것은 그런 지식과 정신적 터득을 바탕으로 자신이 속해 있는 현실 사회에서 신앙적, 신학적 상상력을 발휘하여 새 역사 창조의 원동력으로 발전시켜 나가는 것인데, 김찬국은 그것을 실행하였다.

올해는 〈3·1만세운동〉 100주년이 되는 해로 민관을 아우르는 기념행사가 범사회적 차원에서 범사회적인 차원에서 대대적으로 추

18 김찬국, 『성서와 역사의식』, 55-56.

진되었다. 주류 언론매체의 기획에 의해 한글 독립선언서가 각계각층의 사람들에 의해 연속적으로 암송, 낭독되기도 했다. 이는 100주년이 갖는 의미에 부합하는 지극히 당연한 되새김이고 기념이라 하겠다. 기독교계 역시 이러한 기념 분위기와 운동에 적극 동참하였다.

그러나 김찬국은 벌써 오래전에 〈3·1만세운동〉의 역사적 의미를 신학적으로 주목하고, 〈3·1만세운동〉을 출애굽전승과 연결하여 예배를 통해 현재의 사건으로 승화시키고자 하였다. 김찬국은 3·1운동 50주년인 1969년도에 3·1운동 기념 예배를 역사적 의미를 살려 보다 실재적으로 드릴 필요가 있다는 생각에 연세대학교 정문 앞에 있는 창천교회 박춘화 담임목사와 상의하여 예배 전체를 3·1운동에 초점을 맞추어 드리기로 협의하였다. 창천교회는 독립선언서 서명자 33인 중 한 명인 이필주 목사가 시무한 적이 있는 교회이기에 선도적으로 기념 예배를 드리기에 좋은 곳이었다. 애국가 제창, 독립선언문 낭독, 회고담, 3·1절 노래 부르기, 만세삼창 등을 예배순서에 넣어 진행하였다. 회고담은 당시 33인 중 유일한 생존자였던 이갑성 선생이 들려주었고, 마지막에 그의 선창으로 태극기를 들고 만세를 불렀다. 당시 김찬국의 발의에 의해 진행된 기념 예배는 매우 신선하고 뜻깊은 예배로 자리 잡았고, 창천교회는 15~16년에 걸친 예배 자료들을 모아 「3·1운동 기념 예배 사례집」(1984)을 발간하여 교회들에 배포하고, 운동에 직접 참여하거나 목격했던 분들의 육성 회고담을 녹음해두었다.[19]

김찬국은 3·1운동의 예배 재현을 시도한 근본 의도에 대해 다음과 같이 밝힌 바 있다.

---

19 김찬국, 『고통의 멍에 벗고』(서울: 정음문화사, 1986), 131-132.

그것이 시작되어서 해마다 창천교회에서 기념 예배를 드리는데, 그 취지는 3·1정신을 계승하고 통일에 대비하기 위해서 각 개체교회가 기념 예배를 드리도록 권장했습니다. 그리고 하나님 사랑과 나라 사랑의 뜻을 예배 의식을 통해서 펴기로 했습니다.[20]

이 진술에서 두드러진 내용은 3·1정신의 계승, 통일 대비, 하나님 사랑, 나라 사랑이다. 3·1정신의 계승은 누구나 할 수 있는 말이며, 이제는 상투적이고 의례적인 표현으로 들릴 정도로 익숙한 내용이다. 그러나 김찬국에게 있어서 3·1정신의 계승은 다른 차원을 포함하는 것이었다. 그는 구약학자답게 3·1운동을 고대 이스라엘의 출애굽 사건과 연결하여 같은 맥락에서 이해하고 계승하였다. 이집트의 억압 아래 노예 생활을 하던 이스라엘 백성들이 모세의 지도하에 탈출하여 해방공간으로 나아가 신앙적 민족공동체를 이룬 출애굽 사건과 일본 제국주의의 억압 아래서 천황의 신민이 되기를 거부하고 민족의 자주독립을 외치며 분연히 일어섰던 3·1독립운동을 나란히 놓고 같은 맥락으로 이해하였다. 역사의 지평 위에서 시도한 일종의 지평 융합이라 하겠다.[21]

---

20 앞의 책, 132.

21 '지평융합'(Horizontverschmelzung)이란 용어는 현상학자 훗설(E. Husserls)이 사용하였고, 이어 가다머(H.-G, Gadamar)가 사용하여 그 의미 영역이 보다 분명해졌는데, 그는 해석학적 일치의 길을 모색하면서 사실적 관계와 역사적 관계를 구분하고, 현존재의 이해로서 자기 자신과 매개되는 역사적 지평을 중요시하였다. 이 역사적 지평은 영향사적 의식과 관련되며, 이 영향사적 인식은 곧 '전승'(Überlieferung)과 맞닿아 있다. 그에 의하면, 현존재의 역사적 운동성은 '닫혀진 지평'을 거부하고 지평 안에서 끊임없이 함께 변화하고 안으로부터 움직이는 운동성, 과거의 전승과의 교류 작용이 활발히 일어나는 운동 지평 안에서 현재의 한계를 넘어서려는 자기의식을 갖게 된다. 이때 중요하게 요구되는 것이 바로 지평융

그런 탄압 속에서 한국 민중이 어떻게 자유의식을 고취하고, 하나의 단결된 독립 국민의지를 3·1운동에 담았고, 독립 만세운동을 벌였는가 하는 투지와 투쟁의 역사를 해마다 알려 주어야 한다. 출애굽을 한 이스라엘 민족이 해마다 유월절을 기념하면서 이집트에서 종살이 하면서 탄압받았던 쓰라린 과거를 기억하고, 자유와 독립의 의지를 새삼 다짐했었던 교훈처럼 3·1절 기념예배는 반드시 드려져야 한다.[22]

위 인용문에서 분명히 드러나듯 그는 출애굽 사건과 3·1운동을 같은 성격의 운동으로 파악했다. 위 인용문이 들어있는 글의 제목이 "3·1절과 출애굽운동"인데, 이는 출애굽(Exodus)을 하나의 사건(event)으로 보지 않고, 운동(movement)으로 보았다는 것을 말해준다. 운동이라 명명한 것에는 운동의 연속성이 강조되어 있다. 이렇듯 그는 출애굽을 기념하는 유월절과 3·1운동을 기념하는 3·1절 기념예배를 신학적 평행을 통해 일치시켰다.

3·1절 기념 예배를 통해 억압과 불의에 대한 저항의식의 고취를 종교적으로 그리고 공동체적으로 승화시키고자 했던 김찬국은 자연스럽고도 당연한 귀결로 4·19혁명도 같은 맥락에서 재조명하고 계승해나가야 한다고 보았다. 그의 이런 생각은 1973년 4·19혁명 13주년 되는 날 연세대 대강당에서 한 "4·19 정신의 부활"이라는 제목의 부활절 설교에 분명히 드러나 있다. 그는 이 설교를 통해 4·19 정신을 계승하여 독재 정권에 대항하는 투쟁의 필요성을 외쳤다.[23]

합이다. 이에 관한 상세한 논의를 위해서는 그의 저서 *Wahrheit und Method* (Tübingen: J.C.B. Mohr, 1975), 205를 보라.

22 김찬국, 『고통의 멍에 벗고』, 140.

23 당시 연세대 신과대 학생회장으로서 설교를 들었던 강희천 교수는 설교 내용을 다

그는 이날의 설교 이후에도 유신정권을 비판하는 목소리를 높여 요시찰 인물이 되었고, 마침내 1974년 5월 7일 오후 1시 반에 검은 지프에 실려 서빙고로 끌려가 10시간 동안 조사를 받아야 했다. 조사를 받고 나서 뜬눈으로 밤을 새우면서 그는 다음 날 철학과 김형석 교수와 함께 정법대학 학생회 주최로 "한국민의 자유 의식"이라는 제목의 강연을 하기로 되어 있었기에 강연을 못 하도록 연금해두는 것이 아닌가 하고 생각했다. 그러면서 그는 강연 내용을 구상했다.

> 밤을 뜬눈으로 세면서 나는 서빙고에서 강연 구상을 해보았다. 기독교의 자유 의식의 근거가 되는 〈구약〉의 출애굽운동과 예수의 자유 사상을 밑받침으로 하여 3·1운동과 4·19정신에 나타난 자유 의식의 문제를 생각하고 있었다.[24]

정말 암담한 상황에서도 그가 자신이 해야 할 강연 내용을 속으로 가다듬었다는 것은 자유사상의 맥을 출애굽운동 → 예수의 자유사상 → 3·1운동 → 4·19정신으로 견고히 연결했다는 것은 그의 역사적 안목과 신학적 성찰의 깊이와 유연함에 대해 말해준다.

그뿐 아니라 그는 이런 신학적 상상과 연결의 연원(淵源)을 바빌론 포로기 때 활동한 무명의 예언자인 제2이사야(40-55)의 메시지

음과 같이 회고한 바 있다. "4·19 정신은 지속해야 합니다… 민주주의가 상실된 오늘의 한국에서는, 민주주의의 꽃을 꺾고 있는 독재 정권이 지속하고 있는 오늘의 한국에서는, 4·19의 피가 다시 한 번 더 뿌려져야 합니다…"라고 외쳤다. 강희천, "'실천적 교육자' 김찬국 교수님과의 만남." 김찬국과 111인, 『나의 삶 나의 이야기』, 20.

24 김찬국, 『고통의 멍에 벗고』, 98.

(42:6-9; 43:18-20)에서 발견되는 '새 출애굽 모티프'(New Exodus Motif)와도 연결하여 성찰했다.[25] 그의 석 · 박사학위 논문이 모두 제2이사야에 관한 것이었음을 고려할 때 그가 예언자적 정신과 상상에 입각하여 3 · 1운동을 옛적에 이집트의 억압에서 벗어나 출애굽했듯이 바빌론의 멍에를 벗어던지고 자유로운 몸으로 고국으로 돌아가게 되는 것을 의미하는 제2이사야의 새 출애굽 모티프와 연결한 것은 당연한 귀결이라 하겠다. "이스라엘 민족과 한국민족의 해방"[26]이라는 글에서 그는 새 출애굽운동에 대해 언급했는데, 그가 3 · 1절 기념예배의 근본 취지에 대해 "통일에 대비하기 위해서"라고 언급했듯이 이 글에서는 이북의 공산 치하에서 억압받고 있는 북한 동포들을 자유와 해방의 세계로 이끌어 통일하는 것을 한국에서 새 출애굽운동이라고 정의하였다.[27]

이처럼 3 · 1운동을 출애굽 사건 및 새 출애굽 모티프와 연결했고, 유월절과 3 · 1운동 기념 예배를 같은 역사적 맥락에서 연결하면서 지평 융합을 시도했던 그는 한 걸음 더 나아가 새로운 차원으로의 발전을 추진했는데, 독립선언서의 한글판 작성이 그것이다. 놀랍게도 그때까지 순한글판 독립선언문이 작성되어 있지 않았다. 김찬국은 독립선언서가 국한문 혼용으로 작성되어 있어 한글 세대들은 정확히 뜻이 무엇인지 알기 어렵다는 점을 감안하여 1979년에 연희대

---

25 제2이사야의 새 출애굽 모티프에 관한 보다 상세한 내용을 위해서는 B.W. Anderson, "Exodus Typology in Second Isaiah," B.W. Anderson and W. Harrelson(eds.), *Israel's Prophetic Heritage. Essays in Honor of James Muilenburg*(London: SCM Press · New York: Harper and Row, 1962), 177-195를 보라.

26 김찬국, 『고통의 멍에 벗고』, 166-176.

27 앞의 책, 171.

학 시절부터 절친한 친구이자 해직 동료 교수기도 한 김동길 교수한테 개인적으로 의뢰해 원문에 충실한 현대어 한글판 독립선언문을 작성하게 했다. 김찬국은 새로 작성된 한글판 독립선언문을 민주 인권변호사인 한승헌 변호사에게 부탁하여 1979년 2월 26일 인쇄본을 만들어 여러 교회에 배부하고, 60주년 기념 예배 때 낭독하도록 하였다.[28]

김찬국의 이런 활동은 여기에 머물지 않는다. 하나님 사랑, 인간 사랑, 나라 사랑이라는 일종의 삼애(三愛)사상에 입각해 고대 이스라엘인들이 유월절을 지켰듯이 나라 사랑의 차원에서 3·1절 기념 예배를 드리도록 권장했던 그는 문학적, 예술적 상상력을 발휘하여 시인 윤동주의 〈서시〉(序詩) 부르기를 시도했다. 하나님에 대한 경외사상과 인간의 숭고한 양심, 인간을 포함한 모든 생명에 대한 사랑을 노래한 그의 대표작 〈서시〉를 연희대학교 후배이자 제자이기도 한 한태근(신일고등학교 전 음악교사)한테 작곡을 의뢰했고,[29] 곡이 완성된 후에는 수업시간에 학생들에게 나누어주고 직접 불러주기도 하고(필자도 직접 듣고 배운 적이 있다), 동문과 해외교포들에게도 나누어 주어 부를 수 있게 했다. 이 곡은 윤동주의 탄생지인 연변에도 전해졌다 한다. 작곡자 한태근은 소년 시절 10년을 만주 연변에서 지냈는데, 선친 한춘옥이 1920년 밀양경찰서에 폭탄 투척 사건에 연루되어 옥고를 치렀고, 사촌 형 한봉근이 의열단 단백까지 지내며 항일운동을 계속한 까닭에 일경의 감시와 탄압을 피해 만주에서 생활한 이

---

28 앞의 책, 140-141.

29 한태근 "시원하고 따뜻하신 분 김찬국 목사님," 김찬국과 111인, 『나의 삶 나의 이야기』, 420

력을 가진 애국지사의 후손이다.[30]

2. 예언자적 비판의식

고대 이스라엘 역사에서 예언자들의 활동은 왕정(王政)의 출현과 더불어 시작되었다. 마지막 사사이자 최초의 예언자인 사무엘의 등장은 사울 왕의 등장과 궤를 같이 한다. 그러나 기원전 8세기에 이르러 이전 시기의 예언자들과는 차별화하는 "나비"(nābî')로 불리는 문서예언자들(classical prophets)이 등장하게 된다. 대표적으로 북이스라엘의 아모스와 호세아, 남유다의 이사야와 미가를 들 수 있다. 이들은 매우 정치적이고, 사회 비판적인 안목을 지닌 예언자들인데, 이들이 등장하게 된 주된 요인은 아시리아 제국의 부상(浮上)과 미구(未久)에 닥쳐올 위협이었다.[31] 분열된 남유다와 북이스라엘은 먹구름처럼 서서히 다가오는 강대국의 위협 아래 놓였음에도 불구하고 당시의 권력자들과 사회지도층들은 이에 대해 무감각했으며, 오히려 국가와 사회는 안전하다고 여기며 이에 대해 비판적인 견해를 가진 사람들을 탄압하였다. 8세기 이후 예언자들은 대체로 유사한 환경 속에서 시내산 계약전승에 입각해 사회비판을 전개하였는데,[32]

---

30 앞의 글, 421.

31 김찬국, 『예언과 정치』(정우사, 1978), 25. 주변 강대국의 부상이 북이스라엘과 유다에 끼친 영향에 관한 상세한 논의를 위해서는 Davis Aberbach, *Imperialism and Biblical Prophecy 750-500 BCE* (London: Routledge, 1993)을 보라.

32 이에 관한 보다 상세한 논의를 위해서는 임상국, "아모스의 사회비판과 <계약법전>의 형성," 「신학과 세계」 39 (1999), 39-68; idem, "남유다의 지배체제와 미가의 사회비판," 「신학과 세계」 65 (2009), 5-27; 채홍식, "언약법전과 8세기 예언자의 사회비판," 「구약논단」 6 (1999), 91-123; Anthony Phillips, "Prophecy and Law,"

시온전승과 다윗계약전승을 담지했던 이사야도 예외는 아니었다. 무릇 예언자들은 기본적으로 야웨의 〈토라〉에 입각해 하나님의 공의와 사회정의 구현에 매진하였다.

김찬국은 예언자들의 이런 정신과 활동, 전승에 근거하여 사유하고 실천하며 가르쳤다. 예언자들의 활동과 예언 정신에 관한 그의 견해는 1973년 11월 27일 서울 새문안교회에서 행한 언더우드 학술강좌에서 행한 "오늘의 예언자 신앙"에 잘 나타나 있다.[33] 이 강연에서 그는 이스라엘 초기 예언운동을 개론으로 설명한 후, 사울 왕 시대의 사무엘, 다윗 왕 시대의 나단, 솔로몬 왕 시대의 아히야의 비판활동을 소개한다. 이어 기원전 8~7세기 문서예언자들 즉 아모스, 호세아, 이사야, 미가, 예레미야의 비판적 예언 활동을 소개한 후 예언자 사상의 특징을 여덟 개로 정리하였다.

그가 뽑은 여덟 가지 특징은 다음과 같다. ① 예언자들은 현실을 무시하거나 현실감각이 없는 환상의 소리를 늘어놓은 것이 아닌 현실의 실재 문제를 기초로 필요한 하나님의 말씀을 전달하였다. ② 예언자들은 국내, 국제 모든 정치 현실에 예민한 통찰력을 가지고 시대적 메시지를 전했다. 그들은 시대의 사람, 현장의 사람으로서 시대에 필요한 말씀을 전하는 하나님의 대변자였다. ③ 예언자들은 역사의 과거, 현재, 미래를 연결하여 볼 줄 알고, 역사의 방향에 관해 바르게 판단하려고 노력했던 사람들이다. ④ 예언자들은 하나님의 은사를 체험한 강력한 신 의식의 소유자들이다. ⑤ 예언자들은 살아계시며

Richard Coggins(ed.), *Israel's Prophetic Tradition* (Cambridge: Cambridge University Press, 1982), 217-232를 보라.

33 이 강연 원고는 그의 수상록『고통의 멍에 벗고』에 수록되어 있다. 254-272.

인격적인 하나님을 믿었기 때문에 사람을 비인격적으로 대하지 않았으며, 약자의 소리에 귀를 기울였다. 그리하여 그들은 인권운동, 인간의 자유화에 앞장설 수 있었다. ⑥ 예언자들의 지도이념은 정의, 공의, 공평인데, 그들은 특별히 사회정의를 부르짖었다. 그뿐 아니라 위로의 메시지도 전했다. ⑦ 예언자들은 혁명가가 아니라 사회개혁가로서 신앙을 종교의 핵심으로 여긴 개혁가들이다. ⑧ 예언자들은 사회개혁을 위해 항거(protest)할 줄 알았으며, 프로테스탄티즘의 뿌리는 예언자들이다.[34]

우리는 김찬국이 고대 이스라엘의 예언자들과 그들의 활동의 특징에 대해 여덟 개로 정리한 것을 통해 예언자들에 대한 교과서적인 지식을 얻게 된다. 그러나 그는 이런 정리에 머물지 않고 "오늘 우리의 상황과 예언자 신앙"이라는 항목에서 한국 사회의 예언자적 각성을 다음과 같이 촉구하였다.

> 우리나라의 모든 현실문제에서 부조리한 것, 잘못된 것, 여러 가지 지탄받는 모든 문제점을 우리가 파헤치고 분석을 하면서 문제점이 어디에 있는가 냉철하게 볼 줄 아는 그런 태도가 오늘의 예언자적 신앙의 첫째 태도입니다. 그리고 역사를 판단할 줄 아는 과거—현재—미래를 연결하여 역사의 관찰자가 되는 감시자가 되어서 역사의 방향이 잘못되어간다고 판단될 때에는 우리가 그 방향을 바로 찾도록 각성을 일으키는 그런 운동을 하는 예언자 상이 오늘날 필요할 줄로 압니다.[35]

34 김찬국, 『고통의 멍에 벗고』, 267-270.
35 앞의 책, 270.

김찬국의 이런 주장은 전기적 고찰에서 살펴보았듯이 그가 몸으로 직접 실천한 '삶의 현장신학'과 정확히 일치한다. 이 강연이 끝나고 나서 새문안교회 청년들이 유신반대 횃불시위를 했다고 한다.[36]

IV. 끝맺는 말

김찬국은 한국의 제1세대 구약학자로 척박한 학문적 현실 속에서도 구약학의 발전과 후학 양성을 위해 많은 노력을 기울인 학자이다. 또한, 박정희 정권과 이어 등장한 신군부세력이 한국 사회의 민주주의 이념과 질서를 훼손하는 통치행위를 자행할 때 이에 대해 항거하다 교수직에서 두 차례나 해직되어 10여 년을 학교 밖에서 활동한 양심적 지식인이기도 하다.

그는 학자로서 왕성하게 활동하고 학문적으로 결실을 맺어야 할 중요한 시기에 해직되어 소위 방외신학자로 활동할 수밖에 없었기 때문에, 게다가 힘없고 소외된 약자들을 외면하지 않고 삶의 현장에서 그들의 권리와 자유, 인권을 위해 동분서주하면서도 교회의 설교목사직을 맡아 수행하였기 때문에 체계적인 저술 활동을 할 수 없었다. 그래서 그가 남긴 많은 문헌은 학문적이기보다는 현장에서 일궈낸 신학적 수상록(에세이)이 대부분이다. 이 점은 그의 학문적 한계로 지적될 수 있으며, 그의 신학 세계를 체계적으로 분석하는데 어려움을 안겨주는 요인으로 작용한다.

그러나 그가 신학적 사유를 집중시켜 전개한 운동과 활동의 족적

---

36 앞의 책, 254.

그리고 그에 관한 에세이 자료 중에는 학술서적이나 논문 못지않게 중요한 것들이 있다. 이런 자료들을 중심으로 그의 신학 세계의 특징을 검토해본 결과 그의 신학을 '삶의 현장신학'이라고 명명할 수 있게 되었다. 그렇다면 그의 '삶의 현장신학'의 핵심 구성요소와 성서적 배경은 무엇인가?

첫째, 그는 한국 근·현대사에서 매우 중요한 분수령을 이루는 3·1 운동의 중요성을 인식하고, 그것을 현재화하고 영속화하기 위해 고대 이스라엘의 출애굽전승과 연결했고, 3·1절 기념 예배를 출애굽을 기념하는 이스라엘의 절기인 유월절과 같은 맥락에서 접목했다. 철학적인 관점에서 볼 때 그의 이런 평행주의적 병치(竝置)는 평행선이 소실점에서 한 점으로 수렴되듯 역사의 지평 위에서 하나로 통합될 수 있는 가능성을 보여준다.

둘째, 그는 억압 속에 있는 북한 사회 해방과 통일을 제2이사야(40-55)에서 발견되는 바빌론의 억압으로부터의 해방을 의미하는 '새 출애굽 모티프'와 연결하여 전승과 사유 지평을 넓혔다.

셋째, 한국 사회의 굴곡진 역사와 사회 현실 속에서 자유와 정의, 인권 그리고 약자의 권리를 지키기 위해 그는 고대 이스라엘 예언자들처럼 신학자이자 목사로서 토라(말씀)의 가르침에 근거해 사회의 문제점들을 지적하고 비판하였으며 실천을 통해 '삶의 현장신학'의 장을 열어갔다.

올해가 그의 서거 10주년이 되는 해이지만 그가 보여준 '삶의 현장신학'은 어떤 이론적이며 체계적인 신학적 저술 못지않게 중요한 함의와 가치를 내포하고 있다. 여전히 합리적으로 정리되지 않고 있는 한일관계, 남북분단 상황의 지속, 한국 사회의 사회적 양극화에 의해 발생하는 제반 문제들, 교회 내에 팽배한 물질주의와 기복적 신앙 그리고 교권주의 등을 생각할 때 김찬국이 남긴 정신적 유산은 여전히 유효하며 중요한 의미를 지니고 있다.

참고문헌

강희천. "'실천적 교육자' 김찬국 교수님과의 만남." 김찬국과 111인. 『나의 삶 나의 이야기』. 서울: 도서출판 연이, 1992.

김용복. "스승님을 삼가 마음속에 모시며." 김찬국과 111인. 『나의 삶 나의 이야기』. 서울: 도서출판 연이, 1992.

김찬국. 『예언과 정치』. 서울: 정우사, 1978.

______. 『지금 자유는 누구 앞에 있는가』. 서울: 오상, 1984.

______. 『고통의 멍에 벗고』. 서울; 정음문화사, 1986.

______. 『성서와 역사의식』. 서울: 평민사, 1986.

______. 『사랑의 길 사람의 길』. 서울: 제3기획, 1992.

______. 『성서와 현실』. 서울: 대한기독교서회, 1992.

김찬국과 111인. 『나의 삶 나의 이야기 1, 2』. 서울: 도서출판 이연, 1997.

박신배. "김찬국의 민중신학과 구약." 「문화와 신학」 Vol. 8 통권 17집(2011): 10-36.

______. "구약 민중신학의 재발견." 「신학사상」 154집(2011): 311-365.

서남동. 『민중신학의 탐구』. 서울: 한길사, 1983.

오택현. "김찬국의 제2이사야." 「신학논단」 제96집(2019): 13-41.

이명권. "김찬국의 평화사상." 「신학사상」 185집(2019): 347-370.

임상국. "아모스의 사회비판과 <계약법전>의 형성." 「신학과 세계」 39 (1999): 39-68.

______. "남유다의 지배체제와 미가의 사회비판." 「신학과 세계」 65 (2009): 5-27.

채홍식. "언약법전과 8세기 예언자의 사회비판." 「구약논단」 6 (1999): 91-123.

천사무엘. "김찬국의 구약신학방법과 그 변화." 「신학논단」 제96집 (2019): 43-70.

최형묵. "김찬국의 민중신학에 대한 서설적 접근." 「신학연구」 제74집 (2019): 151-178.

한태근. "시원하고 따뜻하신 분 김찬국 목사님." 김찬국과 111인. 『나의 삶 나의 이야기』. 서울: 도서출판 연이, 1992.

Aberbach, David. *Imperialism and Biblical Prophecy 750-500 BCE*. London: Routledge, 1993.

Anderson, B.W. "Exodus Typology in Second Isaiah." Edited by B.W. Anderson and W.

Harrelson. *Israel's Prophetic Heritage. Essays in Honor of James Muilenburg*. London: SCM Press · New York: Harper and Row, 1962.

Gadamar, G.-H. *Wahrheit und Method*. Tübingen: J.C.B. Mohr, 1975.

Muilenburg, J. "Form Criticism and Beyond." *JBL* (1968): 1-18.

Phillips, Anthony. "Prophecy and Law." Edited by Richard Coggins. *Israel's Prophetic Tradition*. Cambridge: Cambridge University Press, 1982.

Trible, Phyllis. "Muilenburg, James." Edited by John H. Hayes. *Dictionary of Biblical Interpretation K-Z*. Nashville: Abingdon Press, 1999.

2부

구약 해석과 민중신학

김찬국의 신학에 나타난 하나님의 의

유윤종*

I. 서론

김찬국 교수님(이하 '김찬국')은 1954년 연세대학교[1]에 구약학 교수로 부임하여 1992년 퇴임할 때까지 약 40년간 재직하면서 두 번에 걸쳐 해임되었고 약 10년간 해직교수로 지냈다. 퇴임 후에는 상지대 총장으로 약 6년간(1993-1999) 재직하였다. 그 기간 동안 수많은 저서와 논문 및 다양한 종류의 글들을 남겼지만,[2] 구약신학자로서 그의 삶과 학문적 성과는 제대로 정리 및 평가 작업이 이루어지지 않았다. 지금까지 김찬국의 삶과 학문에 대한 연구는 박신배에 의해

---

* 평택대학교, 구약학

1 1954년 당시의 교명은 연희 대학교였으며, 1957년 연세대학교로 개명 후 현재까지 이어져왔다.

2 1987년까지 김찬국의 저술활동의 목록은 「신학논단」 17 (1987), 416-423에 정리되어 있다.

시작되었으며[3] 최근에 김찬국의 신학사상을 조명하는 연구가 이어지고 있다.[4] 박신배는 김찬국을 서남동과 안병무와 같은 이론과 실천을 겸비한 민중신학자로 평가하며 그의 사상의 뿌리를 예언신학에서 찾는다.[5] 박신배는 김찬국이 민중신학자로 활동하게 된 것을 1974년 민청학련 사건에 우연찮게 연루되면서 시작되었다고 평가한다.[6] 필자는 김찬국을 행동하는 민중신학자로 평가한 박신배의 주장에 전적으로 동의하지만, 행동하는 민중신학자 혹은 그 시대의 참 예언자로 불린 그의 신학적 뿌리는 1974년보다 20년 전인 1954년 연희대학교 대학원 졸업 당시에 이미 형성되었다고 주장한다. 즉 김찬국의 신학을 지배한 개념은 '하나님의 의'였으며, 그 신학적 주제는 그의 석사학위 논문을 통해 드러나 있다는 것이다.

김찬국이 1954년 2월 연희대학교 대학원에 제출한 신학 석사학위 논문은 "舊約에 나타난 契約의 하나님의 救贖的 義를 論함. 附錄: 現代聖書解釋의 方向과 舊約神學의 任務"였으며,[7] 1955년 미

---

3 박신배, "김찬국의 민중신학과 구약," 「문화와 신학」 8(2011), 10-36; "구약 민중신학의 재발견 — 김찬국을 중심으로," 「신학사상」 154(2011), 37-65.

4 오택현, "김찬국의 제2이사야 연구," 「신학논단」 96(2019), 13-41; 천사무엘, "김찬국의 구약신학 방법과 그 변화," 「신학논단」 96(2019), 43-70; 이명권, "김찬국의 평화사상," 「신학사상」 185(2019), 347-372.

5 박신배, "김찬국의 민중신학과 구약," 17-19.

6 박신배, Ibid., 18.

7 김찬국, "舊約에 나타난 契約의 하나님의 救贖的 義를 論함. 附錄: 現代聖書解釋의 方向과 舊約神學의 任務," (연희대학교 석사학위 논문, 1954). 이 논문은 「신학논단」 2(1954), 67-89에 실려 있다. '의'로 번역된 히브리어는 '체데크 혹은 츠다카'로 우리말로는 '공의' 혹은 '정의'로 번역된다. 김찬국은 히브리어 '체데크 혹은 츠다카'를 석사학위 논문에서는 '의'라고 번역해 사용했다. 필자는 그의 번역이 정확하다고 생각한다. 그것은 하나님의 의지의 표현이며 왕을 비롯한 지도자들의 품성에서 비롯되어야 하며 구성원 사이에 통용되어야 하며, 개인적 차원에서 구현되어야 할 이

국 유니온신학대학원(Union Theological Seminary in New York)에 제출한 신학석사(STM) 학위 논문은 "이사야 40-55장에 나타난 세데크의 유래"였다.[8] 그의 두 편의 신학석사 학위논문 속에는 미래에 펼쳐질 그의 학문적 관심과 신앙과 삶의 방향이 이미 투영되어 있었다. 그는 종교개혁자 루터의 삶을 해석하면서 루터가 하나님의 의를 깨닫고 그것을 드러내고자 한 것이 루터의 신학적 공헌이자 종교개혁의 내면적 영적 원천이 되었다고 주장한다. 루터의 영적 경험은 '주의 의로 나를 건지소서'(시 31:1)라는 구약의 심판적인 하나님의 의를 '의인은 믿음을 말미암아 살리라'(롬 1:17)라는 신약의 구속적인 의를 이해함에서 시작되었다고 풀이한다. 하나님의 심판 성격이면서도 구속적인 의에 대한 확신으로 루터는 복음적인 신앙을 가지게 되었고, 형식적이었던 로마교회에 반기를 들 수 있었다고 설파하였다.[9] 아울러 그 글에서 그는 하나님의 의의 재발견과 그것을 이 땅에 충만하게 하는 것이 자신과 우리 민족에게 주어진 시대적 사명임을 다음

상적인 이데올로기이다. 개인적인 의지와 관련되어 있다는 차원에서 '의'라는 의미가 체데크에 대한 정확한 어감이다. 하지만 현재 영어권 및 개역개정을 비롯한 대부분의 한글번역에서도 '체데크, 츠다카'의 번역은 통일되어 있지 않다. 우리말『개역개정』은 '체데크, 츠다카'를 '공의'로, '미슈파트'를 '정의'로 번역한다. 필자는 '쯔데카'를 '정의'로, '미슈파트'를 '공의'로 번역하는 것이 더 옳다고 생각한다. 원 의미는 '쯔데카'(righteousness)는 개인적인 의, '미슈파트'(judgement)는 공적으로 확립된 의와 관련되어 있다. 하지만 둘 사이를 엄격하게 구분할 수 없다. 구약성서의 세계는 개인과 사회 사이의 명확한 정의와 구분보다는 상호 간에 교차되며 통합되는 공동체로서의 개념이 더 강하기 때문이다. 김찬국에게 있어서 하나님의 의는 김찬국이 가져야 할 품성이자 드러내고 선포해야 할 내용이며, 구현되어야 할 공동체의 이상으로 기능한다.

8 김찬국,『고통의 멍에 벗고』(서울: 정음문화사 1986), 299. 필자는 이 논문은 구할 수 없어 이 글에서 논의하지 않았다.

9 김찬국, "구약성서에 나타난 계약의 하나님의 구속적 의를 논함-부 현대 성서 해석의 방향과 구약신학의 임무-,"「신학논단」2 (1954), 68.

과 같이 선언한다.

> 하나님의 의의 재발견은 하필 루터때 뿐 만에(sic) 한한 것이 아니라 오늘날 세계적으로 인류가 고민하는 도의 재건을 부르짖는 이 순간에도 하나님의 의는 재발견되어야 하며 실제로 하나님의 의가 이 땅에 충만해야 할 것이다. 이런 요청은 오늘의 세계뿐만이 아니라 우리 한국사회에도 긴급히 요청되어야 할 것이다. 이것은 이 시대의 요청이고 하나님께서 우리 민족에게 뜻하는 요청이라 믿는다.[10]

필자는 이 글에서 김찬국의 신학과 삶을 특징짓는 뿌리는 '하나님의 의'라고 주장한다. 그는 자신의 석사학위 논문을 통해 그의 신학과 삶의 방향을 확고하게 천명하고 있다. 구원사 가운데 임한 하나님의 의에 대한 깊은 이해와 시대적 상황이 김찬국을 예언자 신학으로 끌어들였고, 예언자로 활동하게 하였다. 약자와 사회정의를 위해 김찬국이 당했던 수난과 역경 및 극복은 우연하게 이루어진 것이 아니라 27세의 청년 김찬국의 신학과 인격 속에 이미 깊이 뿌리내리고 있었다. 따라서 필자는 이 글에서 서론(1장)과 결론(5장) 외에 그의 석사학위 논문을 일차적으로 분석하고(2장), 하나님의 의라는 그의 신학적 뿌리가 이후에 전개되는 그의 신학 전반에 어떻게 투영되어 있는가를 그의 석사 논문에 나온 구원사의 패러다임으로 설명한 뒤(3장), 하나님의 의에 대한 현재까지의 연구사에 비추어 본 의미와 의의(4장)로 구분하여 살펴보고자 한다.

---

10 Ibid., 69.

II. 신학 석사학위 논문

김찬국의 연희대학교 대학원 신학 석사 논문은 서론과 결론을 제외하고 총 6장으로 구성된다.[11] 하나님의 의와 관련된 6가지 주제를 다룬다. 그것은 개념, 본질, 계약, 심판, 속죄, 구원이다. 이 글에서는 여섯 주제를 하나님의 의에 대한 개념과 본질, 계약과 심판, 속죄와 구원과의 관계로 3등분하여 설명하고자 한다. 왜냐하면 그의 논문은 '의'에 해당하는 히브리어 어근 차다크(צדק)가 무엇을 의미하는가, 즉 개념과 본질을 설명하며 하나님과 이스라엘과의 관계는 '의'로 연결되어 있다는 조건을 도출하고, 그것이 관련된 계약 속에 표현된 심판, 속죄를 통한 구원과의 관계를 설명하는 방식으로 구성되어 있기 때문이다.

첫째, '의'를 의미하는 히브리어 '체데크'에 대한 개념과 정의를 다룬다. 사전적 의미의 개념 및 정의를 다룬 후 아이히로트(Eichrodt)의 주장을 따라 체데크는 본질보다는 관계를 배경으로 한다는 점에 주목한다. "법정에서 재판관이 의라고 판정하는 자가 의인인 것 같이 하나님이 의라고 하는 자가 의인이 된다"는 확신에 근거해 하나님과 이스라엘의 관계는 인격적이며, 하나님은 이스라엘에게 의를 요구한다고 주장한다.[12] 하나님의 명령 및 의지는 곧 하나님의 의의 표현이다. 따라서 그 의는 아브라함에게 요구되었고 계약법 속에 표현되었고, 예언자들이 이스라엘에게 선택하라고 외쳤던 근거였다. 하나

---

11 이 외에도 부록 "현대성서 해석의 방향과 구약신학의 임무"가 나오지만, 본 논문의 주제와 다소 거리가 있어 소개를 생략한다.

12 김찬국, "구약성서에 나타난 계약의 하나님의 구속적 의를 논함," 72.

님이 이스라엘에 요구하였던 의는 '야웨 중심주의'와 '인도적 정신'이며, 그것은 신명기 6:5 및 레위기 19:18에 드러나 있다는 것이다. 그러므로 김찬국은 하나님의 요구에 대해 인간이 마땅히 응답해야 하며, 그 응답이 곧 선이며, 선을 행하면 하나님이 의를 베푼다고 주장한다. 그 의의 본질은 예언서, 시가서, 지혜서에 일관되게 나타나며, 예언자들은 야웨 하나님으로의 귀의가 곧 의라고 외쳤다고 주장한다.[13] 김찬국은 하나님의 의에 관한 정의에서부터 시작해, 하나님과 이스라엘 백성의 관계에서도 의가 필수적이며, 본질에 있어서 하나님의 의지가 곧 의이므로 하나님이 이스라엘에 요구하는 것의 핵심도 의라고 주장한다. 김찬국은 의의 기원이 야웨에게 있다는 점을 강조함으로써 의가 구약에서 가장 일관되게 나타나는 핵심 주제임을 잘 보여준다.

둘째, 하나님이 이스라엘에게 요구하는 의의 본질은 시내산에서의 계약을 통해 성립되었다는 주장이다. 따라서 구약의 종교가 자연적이라기보다는 계약적이고 윤리적이 되었다고 파악한다. 그 계약을 통해 야웨가 자신의 의를 표현했기 때문에 이스라엘은 그 계약에 내포된 의의 확실함을 믿을 수 있었다. 따라서 야웨와의 계약을 강화하고 실천하는 것이 의가 된다. 즉 하나님의 의는 계약에의 진실이다. 계약에의 진실이 곧 의라는 개념은 예언자들이 선포한 의에 잘 드러나 있다(호 12:6; 믹 6:8). 계약에의 진실로서의 하나님의 의는 이스라엘에서 사회공동체 관계를 통해 존속되어 왔다. 그러므로 아모스, 호세아, 아모스는 사회공동체의 질서로서의 의를 선포하였다. 김찬국은 이스라엘과 유다가 사회공동체로서의 의를 지키는 데 실

---

13 Ibid., 74-75.

패하여 멸망하였지만, 계약관계는 끊어지지 않고 진실한 내적 신앙을 토대로 개인 자아를 발견케 하는 내면적 계약관계로 변화하였다고 주장한다. 그것이 예레미야의 새 계약이다(렘 31:31).[14] 선민 이스라엘과 유다는 계약에 명시된 하나님의 의를 제대로 구현하지 못하였다. 따라서 공정한 심판자로서의 하나님은 불의한 그들을 심판하였다. 김찬국은 이 심판이라는 단어로 히브리어 '미슈파트'로 설명한다. 아울러 구약에서 이 단어가 '체데크'와 동의어로 사용되어 왔다는 점에서 하나님의 심판이 곧 하나님의 의의 회복임을 지적한다.[15] 심판자의 윤리적이고 양심적인 성격으로 인하여 야웨의 심판이 곧 야웨의 공의를 드러내는 것이 될 수 있다는 것이다. 심판자로서의 야웨는 구약에서 개인이나 국가의 흥망성쇠에 간섭해 심판하고 그의 의를 드러내었다. 예언자들은 하나님의 의를 이스라엘뿐만 아니라 전 세계로 확대시켰다. 이는 이스라엘이 구현해야 할 하나님의 의의 범위가 전 세계로 확대되었음을 의미한다.[16]

셋째, 하나님의 의를 구현하는 데 실패한 이스라엘이 받은 심판은 끝을 의미하는 것이 아니었다. 그것은 하나님의 '체데크'의 속성 가운데 포함된 구제 행위 및 구제도(救濟道) 때문이다. 그것은 이미 시내산 계약에 내포된 무조건적 사랑과 은혜의 속성에 기인한 것이다. 따라서 '체데크'와 '헤세드'는 밀접하게 연결되어 있음을 알 수 있다.[17] 따라서 하나님의 심판은 속죄를 위한 것이라고 주장한다. 속죄는 제사 외에도 예언자들이 선포했던 회개복종을 통해 가능하다. 회

14 Ibid., 77-78.

15 Ibid., 78-79.

16 Ibid., 80-81.

17 Ibid., 81.

개복종을 통해 하나님께 귀의할 수 있다. 김찬국은 심판을 통한 속죄와 속죄하면서도 심판하는 하나님을 '하나님의 역리적인 의'라고 부르며 그것이 이스라엘 역사에 일관되게 나타난다고 주장한다.[18] 심판 후 속죄라는 하나님의 의는 바빌론 포로기에 잘 드러나며, 선민이라도 고난과 희생의 대상이 되어야 하는 이유를 제2이사야의 '주의 종' 노래에서 찾는다. 따라서 이스라엘의 고난은 속죄를 위한 사명이라고 해석한다.[19] 속죄 후 하나님의 의는 구원으로 향한다. 김찬국은 그 구원을 계약의 조건으로 기능하는 출애굽 사건 속에서 찾는다. 출애굽 사건은 여호와의 의로운 행위의 근원이자 근거이다. 그러나 하나님의 의가 전체적 하나님의 구속 사업이라는 점은 제2이사야에 나타난다고 주장한다. 김찬국은 이것을 아히로호트의 주장을 빌려 '야웨의 구속적 의 관념'이라고 부른다.[20] 더 나아가 제2이사야에 나타난 하나님의 의에 대해 그것은 무조건적인 이스라엘의 승리가 아니라 심판받은 이스라엘이 하나님의 의로 구원받는 것이라고 정의한다.[21] '주의 종'의 노래 속에는 하나님의 의가 전 세계적으로 확대되어 세계사적 관념을 가지게 되어 미슈파트와 헤세드와 연결된다고 풀이한다. 그러므로 하나님의 구원 계획은 이스라엘을 넘어 이방 세계까지 확대되었다고 주장한다.[22]

김찬국의 석사학위 논문은 하나님의 의를 통해 구약신학 전체를 아우르려는 시도이다. 주된 내용은 아히로호트의 구약신학에 근거

---

18 Ibid., 83.

19 Ibid., 83.

20 Ibid., 84.

21 Ibid., 85.

22 Ibid., 86-87.

하였지만, 그것은 하나님의 의라는 관점에서 구약의 핵심 주제인 계약, 심판, 속죄, 구원과 신학적 대화를 통해 헝클어져 있던 실타래를 잘 풀어 그 상호관계를 명료하게 뜨개질해 놓은 작품으로서의 구약신학이다. 27세의 신학도가 학문적 여건이 부족했던 1954년에 구약성서 전체의 사상을 이 정도로 심도 있게 꿰뚫고 있다는 점이 놀라울 뿐이다.

위의 평가 외에도 이 석사학위 논문은 김찬국의 신학 및 삶과도 깊이 연결되어 있다는 점을 지적할 수 있다. 필자는 김찬국의 석사논문 분석을 통하여 김찬국의 신학과 삶이 드러나는 다음의 세 가지의 특징이 반영되어 있음을 주장한다. 첫째, 하나님의 의에 대한 신학적, 윤리적 진실에의 확신이다. 그 확신은 시내산 계약을 통해 표현되며, 예언자들을 통해 잘 드러난다. 필자는 하나님의 의에 대한 신학적 윤리적 진실에의 확신을 김찬국의 신학과 삶의 주춧돌이라고 평가한다. 둘째, 하나님의 의의 신학적 윤리적 속성은 사회공동체의 질서로서의 의로 구현되어야 한다는 주장이다. 김찬국은 그것에 대해 깊은 관심을 가지고 있으며, 예언자들이 선포한 말씀에 주목한다. 셋째, 김찬국의 신학과 삶에 대한 기본적인 패러다임이 잘 드러나 있다는 점이다. 그것은 '계약을 통한 인격적 교제-심판을 통한 속죄-체데크와 헤세드를 통한 구원'이다. 그 구원 계획은 이스라엘과 전 세계를 향한 것이다. 따라서 김찬국이 생각하는 하나님의 의는 예수님 속에 은총으로 드러나며 온 세계에 구현되어야 할 보편질서로 기능한다. 그것은 그의 신학과 삶에 오롯이 녹아 있다.

III. 신학

김찬국이 남긴 수많은 저서와 논문 및 글들을 살펴보면 구약성서 신학에 근거한 강한 역사의식을 가지고 우리 사회를 읽고 해석하여 그 부당함을 고발하고 개혁하려 했다고 평가할 수 있다. 그의 석사학위 논문에 나타난 신학적 패러다임은 '하나님의 의에 근거한 계약을 통한 인격적 교제-심판을 통한 속죄-체데크와 헤세드를 통한 구원'이다. 이 패러다임은 구약성서 가운데 예언서에 가장 잘 드러난다. 따라서 그의 연구는 예언서 및 예언자에 집중되었다.[23] 그 가운데서도 제2이사야에 가장 큰 관심을 보였다. 제2이사야에 관한 그의 관심은 이미 그의 두 편의 석사학위 논문에 잘 나타나 있으며, 박사학위 논문으로까지 이어졌다.[24] 아울러 우리 사회의 약한 자에 대한 관심으로 확대되었고, 여성신학, 민중신학, 해방신학 및 제3세계 신학

---

23 김찬국, "예언자의 종교적 전망," 「신학논단」 7 (1962), 183-196; 『성서와 역사의식』 (서울: 평민사, 1978); 『예언과 정치』 (서울: 정우사, 1978); 김찬국, "구약예언자의 역사의식," 『연세대학교 연신원 목회자 하기 신학세미나 강의집』 7(1987), 238-242; "예언운동의 역사와 예언서," 『연세대학교 연신원 목회자 하기 신학세미나 강의집』 7(1987), 149-154; "구약 예언자들의 사회정의 의식," 「현대와 신학」 11(1987), 7-22; "예레미야의 메시지," 『연세대학교 연신원 목회자 하기 신학세미나 강의집』 7(1987), 158-164; "여호야김 왕과 예레미야의 정치적 실현," 『연세대학교 연신원 목회자 하기 신학세미나 강의집』 10(1990), 7-18; "예언자적 설교," 『연세대학교 연신원 목회자 하기 신학세미나 강의집』 11(1991), 181-190.

24 제2이사야에 관한 연구는 다음을 보라. 김찬국, "제2이사야의 문학 양식에 대한 최근 연구 동향," 「현대와 신학」 5.1(1961), 63-88; "제2이사야에 나타난 '천지의 주재'란 제의적 칭호와 창조전승," 「신학사상」 12 (1976), 35-53; "제2이사야의 창조전승 연구" (연세대학교 대학원 박사학위 논문, 1980). 그의 박사학위 논문은 「신학논단」 14-16호(1981-83)에 실려 있다. 김찬국, "바빌론 포로시대와 이스라엘 공동체의 예언자적 목회: 이사야 40-55장을 중심으로," 『연세대학교 연신원 목회자 하기 신학세미나 강의집』 7(1988), 124-135.

에 관한 연구 성과를 이루어냈다.[25] 위에서 언급한 대로 김찬국의 신학은 하나님의 의에 대한 확신에서 시작하여 구약성서 전체를 관통하는 신학적 메시지를 형성한다. 이 단락에서는 석사 논문 이후에 그가 썼던 저서와 논문 속에 '하나님의 의(정의)'에 초점을 둔 그의 신학이 어떻게 투영되어 있는가를 예언서를 중심으로 살펴보고자 한다. 김찬국은 하나님은 역사 안에서 계약을 통해 자신의 의를 드러내었고 예언자는 그 계약에 근거해 심판과 회개와 구원의 메시지를 선포하는데, 그 모든 과정을 하나님의 의의 활동이라고 설명한다.[26] 따라서 이 글은 역사, 포로 이전 예언자들의 계약에 근거한 심판 선포, 포로기(제2이사야)의 회개 및 속죄 선포, 포로 후 종말론적 회복과 구원 선언이라는 패러다임으로 김찬국의 '하나님의 의' 신학을 드러내고자 한다. 아울러 하나님의 의에 대한 그의 신학적 패러다임이 확대된 영역(인권, 여성, 제3세계)까지 포함하고자 한다.

1. 역사(구원사)

김찬국은 역사를 대상화해 감상하려는 태도가 아니라 역사 안에서 실존해 사는 주체로서 과거와 대화하고 미래를 전망하는 것이 구약성서에 나타난 이스라엘인들의 역사관이라고 주장한다. 즉 사건

---

25 김찬국, "성서 해석과 여성신학," 「신학논단」 18(1989), 79-102; "제3세계와 성서해석," 「한국기독교신학논총」 제1집(1987), 8-28.

26 김찬국은 예언자를 뜻하는 '호제,' '로에,' '나비'라는 세 단어를 통해 공통적인 의미를 찾아 정의한다. '예언자란 정신 차려서 주의하면서 또는 찾아내면서 지각하고 알아내고 선포하는 자이다…. 알아볼 것을 깊이 찾아내면서 거품을 뿜으면서 외치는 것처럼 정열적으로 하나님 말씀을 선포하는 자이다.' 김찬국, "예언자적 설교," 『연세대학교 연신원 목회자 하기 신학세미나 강의집』 11(1991), 181.

의 나열로서의 역사가 아니라 '어떻게 해석하였는가'라는 관점에서의 역사라는 것이다. 이스라엘 민족의 역사는 하나님이 간섭하고 하나님의 계시를 통해 역사가 움직인다는 신앙적 태도에서 유래되었다고 설명한다.[27] 그는 구약에 나타난 이스라엘 민족의 역사 이해와 해석은 절망적인 역사의 궁지에서 희망의 돌파구를 찾으려는 목적에서 이루어졌다고 풀이한다. 그 관점에서 모세오경, 역사서, 예언서가 형성되었다는 것이다.[28] 하나님의 의가 역사 안에서 활동하고 성취된다는 믿음이 성서 형성의 주요 동기라는 주장이다.

김찬국은 예언자들을 전통과 역사의 상속자 및 해석자라는 관점으로 풀이한다. 예언자들의 사회정의 의식의 뿌리를 모세의 야웨신앙에 근거한 계약, 선민사상에서 찾았다.[29] 인권 옹호 사상은 신명기 사상을 이어받은 것으로 보았다. 예언자는 시내산 계약과 신명기 사상에 근거해 정의문제와 정의의 회복을 통해 야웨 중심의 민족의 주체성을 선포한 것으로 해석한다.[30] 예언자는 철저하게 하나님 중심의 신앙에 근거한다. 즉 하나님의 표준에서 해석되어야 한다는 것이다(사 7:9; 30:15). 예언서의 역사이해는 시작(창조)과 종말(구원)이 서로 연결되어 있다는 관점(사 44:6)에서, 즉 기억(과거)과 기대(미래)로 '오늘'이라는 현재를 읽고 있다고 본다.[31]

---

27 김찬국, 『성서와 역사의식』(서울: 평민서당, 1978), 54-56.

28 김찬국, 『예언과 정치』, 8-10. 김찬국은 모세오경의 경우 사실로서의 역사라기보다는 성서 기자들이 바라본 천지 우주관, 인간관, 역사전망, 죄관, 윤리관을 가지고 신앙 고백적으로 해석한 사건으로 설명한다.

29 김찬국은 계약에 나타난 법의식에 근거해 사회정의 의식을 키워나갔다고 보았다. 김찬국, "구약 예언자들의 사회정의 의식,"「현대와 신학」11(1987), 9-12.

30 김찬국, "구약 예언자의 역사이해-이사야를 중심으로,"『연세대학교 연신원 목회자 하기 신학세미나 강의집』7(1987), 242.

2. 계약과 심판(포로 이전)

김찬국은 예언자들이 야웨신앙의 유지를 위해 본격적으로 활동한 것은 사무엘 때부터라고 본다. 당시의 예언자들은 선견자로 집단적 열광주의를 띠었고, 이스라엘에서 예언 종교가 시작되었다고 보았다. 사무엘이 집단적인 예언운동을 펼친 것은 가나안의 종교에 영향 받기 쉬운 백성들에게 정치적 종교적 독립을 주기 위함이라고 풀이한다. 그 결과 그 예언운동에 동참하였던 사울을 왕으로 세웠지만, 하나님의 눈에서 벗어나 폐위되었다는 것이다.[32] 김찬국은 계속하여 다윗 왕과 나단, 솔로몬과 아히야, 바아사와 예후, 아합과 엘리야 및 미가야, 엘리사 등 이스라엘 초기 왕정 시대에 활동하였던 예언자들을 소개하며 이스라엘 사회의 기준은 야웨 중심 신앙이며, 그 기준점은 야웨의 능력을 입은 예언자들이었음을 지적한다.[33] 김찬국에 의하면 이스라엘이 왕정으로 전환한 이유는 블레셋의 침략 때문이었지만 강한 야웨신앙의 유지를 위해 예언자의 카리스마적 통치가 필요했기 때문으로 설명한다. 이것은 이스라엘 역사에서 야웨가 계약을 통해 이스라엘의 삶에 간섭한다는 신학에서 비롯된 독특한 정치형태임을 강조한 것이다.

김찬국은 8세기 문서 예언자인 아모스, 호세아, 이사야, 미가의 메시지에 매우 큰 관심을 보였다. 김찬국은 8세기 예언자들과 9세기 예언자들과의 차이점을 지적한다. 9세기 예언자는 왕실 예언자로 왕

---

31 김찬국, 『예언과 정치』, 11.

32 Ibid., 32-37.

33 Ibid., 38-60.

의 자문이나 왕을 세우는 일에 관여하였지만, 아모스 이후에는 왕정에 간섭하지 않았다는 것이다. 또한 아모스 이전의 예언자는 열광적 감정적 행동을 보인 반면 아모스 이후부터는 이성적, 사색적, 윤리적, 실존적이었다는 점을 강조하였다. 아모스 이후의 예언운동은 민중의 소리를 대변하기 위해 집권층에 항의하고 저항하는 프로테스탄트였다고 주장하였다.[34] 아모스 및 호세아 시대의 역사적 배경인 여로보암 2세 시대를 "부정부패가 만연하여 양심이 마비되고 사회정의가 완전히 매장되어버린 타락한 사회"로 규정한다.[35] 따라서 아모스는 하나님의 진노와 심판으로 인하여 이스라엘은 아시리아에 의해 멸망할 것을 선포하고 사회적 및 종교적 기득권층의 타락을 폭로하고 정의의 회복을 강력하게 주장하였다고 설명하였다(암 5:23-24). 김찬국은 아모스의 메시지에서 이스라엘이 하나님과의 계약을 어겼으므로, 심판받을 것이므로, 야웨를 찾고 사회정의를 회복하라는 메시지를 전하였다고 강조한다. 김찬국의 아모스 이해는 이스라엘 사회가 지켜내야 할 '사회공동체 관계' 속에서 이루어야 할 하나님의 의가 실패하였다는 진단이다.[36]

김찬국은 아모스와 호세아를 비교하면서 아모스가 이스라엘의 사회적 도덕적 모순과 부정을 폭로하고 고발한 예언자였다면 호세아는 이스라엘의 정치적 종교적인 결점을 지적하고 공격한 예언자라고 규정한다.[37] 김찬국은 호세아의 비판 및 심판선언이 당시 유달리 불안정했던 정치상황과 위기극복을 위해 지나치게 친 아시리아

34 Ibid., 67.

35 Ibid., 65.

36 김찬국, "구약성서에 나타난 계약의 하나님의 구속적 의를 논함," 76.

37 김찬국, 『예언과 정치』, 74.

혹은 친 이집트 정책에 대한 것임을 지적한다. 다만 호세아는 심판을 선언하면서도 궁극적으로 하나님의 용서와 사랑이 이루어질 것을 예언하였다는 점에서 아모스와 차이가 난다고 지적하며, 호세아를 법적인 판정으로만 문제를 해결한 것이 아니라 사랑으로써 용서하고 자비로써 법을 극복한 사랑의 승리를 선포한 예언자로 풀이한다. 따라서 아모스의 심판의식과 사회정의감은 호세아의 사랑 의식으로 보완이 되고 보충이 되었다고 평가한다.[38] 김찬국은 호세아로부터 심판 가운데서도 하나님의 의 가운데 사랑과 용서를 찾아내어 강조한다.

김찬국은 8세기 이사야가 활동하였던 남왕국 유다에도 사회적 불의와 형식적 종교주의가 있었고 그것에 대한 지적도 있지만, 다윗 왕조에 대한 특별한 보호의 신학이 지배하고 있어서 정치적으로 북왕국 이스라엘보다 안정을 누렸고 웃시야 왕 때에 정치적 및 군사적으로 절정에 달하였다고 보았다. 다만 아시리아의 제국주의 정책이 시작되어 유다가 위기를 맞이하게 되었을 때 이사야는 예언자로 부름 받게 된다. 김찬국은 이사야의 예민한 역사의식과 위기감을 지적하면서 이사야의 성전 체험(사 6장)을 매우 강조한다. 그는 이사야에 대해 성전 체험을 한 후 자신의 영적 체험을 간직하고 자신만의 신앙에 도취된 것이 아니라 불안한 정세 가운데서 조국의 황폐함을 내다보면서 자기 민족의 구원과 국민들의 각성과 정치인들의 독주의 저지를 위해 '나를 보내소서'라는 분명한 사명의식과 책임의식을 가지고 혼탁한 정치적 현실 속으로 자신을 투입한 자로 규정한다.[39] 김찬국은 이사야 당시에 존재했던 가장 큰 문제는 예루살렘에 대한 불안

---

38 Ibid., 75-79.

39 Ibid., 84-85.

보다는 신앙의 부족과 불신에서 오는 위기였다고 지적하며, 아하스 당시에 이사야가 선포하였던 믿음의 메시지(사 7:4, 9)와 임마누엘의 징조(사 7:11-13)에 주목하였다. 김찬국은 히스기야에 대해 어릴 때부터 이사야의 메시지를 듣고 자라 종교개혁을 단행했지만 이집트에 기대며 반 아시리아 정책을 편 것을 비판하며, 이사야가 원하는 지도자는 외국 세력보다도 역사를 지배하는 여호와 하나님을 깊이 신뢰하는 사람이었다고 지적한다.[40]

아모스, 호세아, 8세기 이사야의 메시지를 전하면서 김찬국은 그들이 가졌던 강한 정의감을 강조한다. 즉 그들은 정의와 공의가 사라지고 부익부 빈익빈 현상이 극에 달해 이스라엘 백성이 압제를 당하게 되었을 때 공동체적 사회의 회복을 외쳤던 심판의 예언자들이었다고 평가하였다. 아모스에게서는 강한 사회 정의감을, 호세아로부터는 종교적 비판과 용서와 사랑의 메시지를, 이사야로부터는 야웨에 대한 강한 신뢰의 문제를 도출해낸다. 김찬국은 8세기 예언자들의 메시지에 나타난 윤리적 유일신관을 지적한다. 윤리적 유일신관이란 모세로부터 이어받은 것으로 하나님이 한 하나님으로서 정당성을 가지기 위해서는 정의롭고 옳고 윤리적인 하나님이어야 한다는 것이다.[41]

3. 회개와 속죄(포로기)

예레미야와 에스겔은 유다 멸망 전후에 활동하였던 예언자였다.

---

40 *Ibid.*, 93-96.

41 김찬국, "예언자적 설교,"190.

예레미야는 유다 멸망 전 회개하지 않으면 유다가 멸망할 것이라고 선포하였으며, 에스겔은 1차 포로로 잡혀간 지 5년 후인 593년부터 활동한 예언자이다. 두 예언자는 유다 멸망 전후에 활동하면서 심판과 구원의 메시지를 동시에 전하고 있다. 김찬국은 예레미야를 가장 위대한 예언자라고 평가한다. 여러 가지 이유 가운데서 가장 중요한 것은 예레미야가 눈물, 탄원, 수난, 참회의 예언자이면서 하나님의 정의와 사랑에 근거하여 심판과 회개를 외치고 미래를 위한 희망을 보여주었기 때문이라고 설명한다.[42] 예레미야는 참회하면서도 고난을 의미화 시켰고 대적들을 위해 기도하는 성숙함을 보였다는 점을 지적한다.[43] 김찬국에 의하면 예레미야는 계약 위반에 의한 심판선언, 멸망, 회개, 새 계약에 의한 구원선포의 패러다임을 잘 보여주는 예언자이다. 아울러 예레미야가 심판선언 가운데서도 철저한 회개운동을 펼쳐 예언운동의 맥을 이어간다는 점을 강조한다.[44] 김찬국은 포로기 예언자 에스겔에 대하여 백과사전적인 예언자로 부르며 그의 다양한 역할을 강조하며 포로로 잡혀간 뒤 고향으로 돌아가는 회복의 예언으로 전환되었음에 주목하였다.[45] 그 메시지는 회개하는 새 마음과 새 정신(겔 18:30-31), 새 계약 사상(겔 36:24-28), 마른 뼈 환상을 통한 중생사상(겔 37:1-10), 남북통일의 환상(37:16-17, 18-22)을 포함한다고 지적한다.[46]

---

42 김찬국, "예레미야의 메시지," 『연세대학교 연신원 목회자 하기 신학세미나 강의집』 7(1987), 158.

43 Ibid., 161.

44 김찬국, "여호야김 왕과 예레미야의 정치적 실현," 『연세대학교 연신원 목회자 하기 신학세미나 강의집』 10(1990), 18.

45 김찬국, "바빌론 포로시대와 이스라엘 공동체의 예언자적 목회: 이사야 40-55장을 중심으로," 129.

8세기 예언자들과 예레미야가 심판을 선언한 대로 유다는 바빌론에 포로로 잡혀갔다. 그들이 처했던 상황에 대해 김찬국은 다음과 같이 서술한다.

> 패망한 민족의 포로민들은 대개 고위층 사람이거나, 혹은 군인들, 혹은 기술자들이었다. 그들은 민족의 주체성을 잃게 됨에 따라 민족적인 열등감에 빠지게 되었고, 또 민족의 생기를 잃은 채 야웨 하나님에 대한 신앙생활에 있어서도 약해졌다. 더욱이 그들은 강대국 아시리아의 종교의 유혹을 받기 쉽고, 그 문물제도에 동화되기 쉬운 처지에 놓일 수밖에 없었다.[47]

유다의 바빌론 포로생활은 민족적 신앙적 위기였지만, 김찬국은 그것 또한 기회였음을 지적한다. 그는 그 위기 가운데서도 이스라엘이 강한 야웨 중심의 유일신 신앙을 확립하였으며, 편협한 특수주의에서 벗어나 개방적인 보편주의로 전환되었고, 역사 편찬과 저술활동이 포로기간에 이루어졌음을 강조한다. 즉 강대국의 종교와 문화에 동화되어 버린 것이 아니라, 그 위기 상황에서도 하나님을 재발견하고, 자신들의 전통을 다시 풀이하여 오경과 과거의 역사를 재편찬하였다는 것이다.[48]

김찬국은 바빌론 포로 신앙공동체가 가졌던 창조 및 구원에 대해 가장 큰 관심을 가졌다. 그것은 그의 석사학위 논문에서 이미 드러난다. 그의 논문 6장 '하나님의 의와 구원'은 모두 제2이사야를 다루고

---

46 Ibid., 130.

47 Ibid., 125-126.

48 Ibid., 126-129.

있다. 이스라엘의 모든 역사가 구원사임으로 그의 의를 이스라엘 백성의 구원으로 현실화 시켰는데 그것이 하나님의 구원사업으로 중요시된 것은 제2이사야 때부터라고 설명한다.[49] 김찬국은 그의 박사학위 논문에서 제2이사야의 창조전승을 다룬다. 그는 창조전승을 출애굽전승에 종속되는 것으로 해석해 온 기존의 주장을 거부하고, 구원전승보다는 예배의 제의적 전승에서 창조전승의 독자성을 재발견하였다. 즉 제2이사야의 창조전승은 고대 근동의 '창조 대 혼돈'이라는 주제를 빌려와 태고 시 창조 때 보여준 야웨의 창조적 힘을 재확인하도록 하며 새 출애굽의 희망을 주고자 함이라고 주장한다. 그리하여 구원의 상징인 새 출애굽은 곧 새 창조가 되는 것으로 해석한다.[50] 따라서 김찬국은 '창조 사상, 창조신앙, 창조신학이 그들 민족의 혼돈과 무질서 불법을 몰아내는 만물을 늘 새롭게 하는 길잡이이며, 하나님의 정의와 평화를 이 땅에 실현시킬 수 있는 역사의식의 출발점'으로 설명한다.[51]

4. 회복과 구원(종말론)

하나님의 의에서 출발한 김찬국 신학의 패러다임은 그의 종말론 이해에서 완성된다. 김찬국은 구약성서의 종말론은 우주적인 종말론이라기보다는 역사와 세계 안에서의 종말론이라고 평가한다.[52]

---

49 김찬국, "구약성서에 나타난 계약의 하나님의 구속적 의를 논함," 84-87.

50 김찬국, "제2이사야의 창조전승연구(III)," 「신학논단」 16 (1981), 68-69.

51 김찬국, "창조설화에 나타난 히브리 사상구조-창조 사상을 중심으로," 「신학논단」 19(1991), 23.

52 김찬국, "구약성서의 종말론," 『연세대학교 연신원 목회자 하기 신학세미나 강의

김찬국은 다니엘의 묵시에 대해서도 페르시아의 이원론이나 지혜문학의 영향이 존재하지만 예언자 전승과의 연결성을 강조한다. 종말론에 관한 김찬국의 글의 상당부분은 비록 고완(Gowan)의 책에서 온 것이지만,[53] 그의 학문과 신학사상을 엿볼 수 있는 마지막 작품이다. 이 글 속에는 1954년에 형성된 김찬국의 구원사적 신학 패러다임인 '계약을 통한 인격적 교제-심판을 통한 속죄-체데크와 헤세드를 통한 구원'이 가장 잘 드러난다. 그러므로 김찬국의 구원사적 신학 이해는 1954년에 시작하여 1992년에 완성된다고 볼 수 있다. 김찬국은 구약성서에 나타난 종말론의 두 가지 축은 '회복'과 '변혁'이라고 보며, 그 성격은 묵시적이라고 지적한다.[54]

회복의 메시지의 핵심적인 주제는 시온, 땅, 의로운 왕이다. 구약성서에 핵심적으로 등장하는 시온은 기원전 586년 이후 심판의 대상이 아니라 회복되어야 할 거룩한 성, 영원한 하나님의 성으로 광범위하게 나온다. 심판을 받아 황폐하게 되었지만 하나님은 잊지 않고 시온을 회복시킬 것이라는 메시지가 예언서에 광범위하게 나온다. 땅에 대한 주제는 제2이사야에 의해 이루어졌으며 포로 당시의 회복과 구원이란 시온으로 돌아가는 것과 관련되어 있다. 의로운 왕의 도래 또한 회복의 주제에 등장한다. 그러나 종말론적 미래의 왕이라기보다는 의롭고 강한 이상적이지만 어디까지나 하나님의 구원의 도구로서 제한적인 역할을 담당하는 자로 나온다고 지적한다.[55]

집』 12(1992), 101-113.

53 D. E. Gowan, *Eschatology in the Old Testament* (Edinburgh: T & T Clark LTD, 1987).

54 김찬국, "구약성서의 종말론," 102.

55 Ibid., 102-107.

김찬국은 변혁 또한 종말론의 핵심 주제라는 점을 지적한다. 이것은 인간의 죄의 문제와 맞물려 있다. 인간이나 세상의 변혁은 하나님 앞에서 죄인일 수밖에 없는 인간의 죄 문제를 해결해야 한다. 김찬국은 죄와 하나님의 심판의 문제가 총체적으로 집합된 사건이 바빌론 포로라고 본다. 이 사건으로 인하여 이스라엘은 하나님의 심판, 인간의 죄, 하나님의 용서의 문제를 진지하게 신학적으로 반성할 기회를 가지게 되었다는 것이다. 그것은 하나님이 용서하시는 분이라는 것을 전제로 한다. 따라서 예언자들은 '슈브'를 외쳤다. 하나님은 심판만 하는 분이 아니라 용서할 의를 지닌 분이라는 것을 전제로 한다. 그 순서는 하나님의 용서가 먼저고, 이어서 인간의 회개와 고백이 이어진다. 하나님이 이스라엘에게 돌아가지만 이스라엘도 하나님께 회개하고 고백해야 한다는 것이다(겔 37:23). 이 종말의 때가 되면 이전의 계약처럼 죄, 심판, 회개, 용서가 되풀이되는 방식이 아니라 일회적인 것으로 변화된다. 하나님의 철저한 용서와 구원이 인간을 완전히 변화시키는 것으로 완성된다는 것이다(렘 31:33-34). 그 변화의 목적은 하나님과 인간의 온전한 계약 관계이다. 따라서 김찬국은 구약의 종말론은 인간의 변혁, 즉 용서받고 정하여진 다음에 하나님과 인간의 관계가 회복되는 것을 보여준다고 설명한다. 종말론적 회복으로 인하여 인간은 하나님을 알고 순종한다. 그 관계에서 인간은 즐거워하며 기뻐한다(렘 31:13). 또한 질병과 아픔이 없다(사 33:23; 65:20; 렘 33:6).[56]

---

56 Ibid., 107-108.

5. 인권, 여성, 제3세계(의의 보편화)

구원사 안에서 설명하였던 하나님의 의[57]에 근거한 김찬국의 관심은 보편적인 인류에게로 확대된다. 그 개념은 김찬국이 외쳤던 '인권, 여성, 제3세계'에 잘 드러나 있다. 인권에 대해 '인간이 인간다운 인간으로 권리'로 정의하며, 그 성서적 근거를 예언자들의 예언운동과 예수의 인간화 운동에서 찾는다. 즉 인간은 예언자들과 예수에 의하여 재발견되었고, 평등과 자유가 예언자들과 예수에 의하여 실천되었다고 주장한다.[58]

김찬국은 예언자의 민권 및 인권 옹호에 대한 첫 사건으로 다윗이 우리야를 죽이고 그의 아내 밧세바를 취하였을 때 예언자 나단이 왕으로 하여금 회개하도록 책임 추궁을 한 것을 예로 든다. 이어서 아합 왕이 나봇을 죽이고 포도원을 빼앗았을 때 엘리야가 아합과 이세벨을 고발하고 저주한 사건(왕상 21:17-21)을 다룬다.[59] 아모스, 호세아, 이사야, 예레미야의 약자들을 위한 인권 사상 외에도 김찬국은 호세아가 자신의 아내인 고멜의 인권 회복에 깊은 관심을 보인다.

> … 자기의 사랑하는 아내 고멜이 부정한 여자가 되어 여러 남자에게 팔려 넘어간 처지가 되고 말았다. 음행한 일로 버림받은 처지에 빠진 가련한 아

57 김찬국은 그의 석사학위 논문에서 하나님이 주동적으로 활동한 속죄적인 의가 이스라엘뿐만 아니라 전 세계의 구원을 가져오는 원천이 되었고, 오실 그리스도를 준비하는데 정신적 유산이 되었다고 주장한다. 김찬국, "구약성서에 나타난 계약의 하나님의 구속적 의를 논함," 88.

58 김찬국, 『성서와 역사의식』(서울: 평민서당, 1978), 46.

59 *Ibid.*, 47-48.

내를 고발하면서도 사랑으로 용서하며 다시 돈을 주고 고멜을 맞아들이는 예언자 호세아의 극진한 자비스런 용서의 사랑이 호세아의 인권옹호의 실천이었다.[60]

김찬국은 예수의 인간화 운동을 인권 옹호 운동이라고 보았다. "이웃을 네 몸과 같이 사랑하는 일이 더 큰 계명이라"(막 12:31)는 말씀을 제1 인권선언으로, "남에게 대접을 받고자 하는 대로 너희도 남을 대접하라"(마 7:12)란 말씀도 인권선언으로 이해했다. 어린이의 재발견(마 18:1-5), 병자 치료 및 죄인과의 대화, 과부의 원한을 들어주는 일(눅 18:1-8) 등은 인간화 운동이며 인권 운동이라고 주장하였다. 십자가에서의 죽음은 만민의 인권 회복과 정의와 자유와 평등에의 길로 열어준 사건으로 이해하였다.[61]

김찬국은 여성신학의 시작 동기에 대하여 여성해방 운동에서 찾으며 한국 사회 및 교회에서 차별받는 여성들을 대변한다. 동일방직 여공 124명의 강제해고 사건(1978년), 권인숙 양 성고문 사건(1986-87년)의 해결에 직접 참여한다. 아울러 한국교회 강단에서의 여성차별 및 교회 내에서의 여성 장로 및 목사 안수문제의 해결에도 적극 개입해 성과를 이루어내었다. 신학교육에서도 포괄적 언어 사용, 여성신학의 개발을 강조한다.[62] 김찬국은 미국을 중심으로 진행되어 온 여성신학의 경향을 소개하고, 한국 내에서의 여성신학도 비판적으로 평가한다. 다만 여성신학과 관련된 논란이 되는 면들을 언급하

60 Ibid., 49-50.

61 Ibid., 51.

62 김찬국, "성서 해석과 여성신학," 「신학논단」 18(1989), 79-84.

면서, 성서 해석의 다양성 내에서 여성신학의 역할을 강조한다. 즉 여성신학도 여성 해방과 인권 옹호를 위한, 즉 사회정의의 회복과 평화의 수립 및 하나님의 창조질서를 온전하게 하는 일에 기여해야 한다고 주장한다.63

김찬국은 제3세계 신학의 태동의 배경을 '빈곤과 억압'에서 찾는다. 따라서 해방자 하나님이라는 고백으로 역사 속에서 행동하는 구원의 하나님을 찾는다. 그리하여 이들은 가난한 자들이 겪는 투쟁과 종교적 경험을 해석하는 데 '실천하는 신학'(theo-praxis)을 추진하며 큰 성과를 내었다고 평가한다.64 김찬국은 남아프리카에서 백인 중심으로 진행되어온 국가 신학의 왜곡된 신학을 비판적으로 소개한다. '인종차별과 분리, 자본주의, 전제주의'를 국가 주도로 신학적으로 정당화 시켜 자신들의 정치적 목적을 이룬다는 것이다. 그 예로 로마서 13:1-7에 대한 왜곡을 든다. 이는 1972년 우리나라의 10월 유신체제에서도 인용된 적이 있다고 지적한다. 그 반대자들을 공산주의자로 몰아붙이는 경향은 남아프리카 및 우리나라에서도 동일하다고 지적한다.65 김찬국은 또 남아프리카에서 주장되어 온 교회 신학을 비판적으로 소개한다. 백인들 교회 및 그에 협력하는 흑인 교회가 중심이 되어 지배자들의 교회관에 협조하고, 지배자와 화해해야 한다며 교회의 어용화를 유도한다고 비판한다. 이들은 강자의 회개 없이 약자에게만 타협과 화해를 요구하며, 사회 구조악의 변화 없이 정치적 악의 개선 없이 일방적 화해만 요구하며 정교분리를 주장하

---

63 Ibid., 98.

64 김찬국, "제3세계와 신학," 『한국 기독교 신학논총』 제 1집(1987), 12-13.

65 Ibid., 14-16.

며 교회의 비판적 목소리를 탄압한다는 것이다. 동일한 현상이 우리나라에서도 반복되고 있음을 주장한다. 김찬국은 그들의 목소리에 담긴 왜곡과 허구를 걷어내고, 예언자의 행동 신학을 주장하며 갱신을 부르짖는다.[66] 김찬국은 성서는 인간 해방의 과정을 가지고 있다고 전제하며 그 근거를 출애굽 사건에서 찾는다. 해방신학에 담긴 성서 해석을 서구에서 전통적으로 진행되어 온 '뒤로 거슬러 올라가는 맥락'(context backward) 찾기에 그쳐서는 안 되며, '미래지향적인 맥락'(context forward)을 찾아 현재를 해석해야 한다고 주장한다. 그 예로 이사야 40-55장에 나오는 '새 출애굽' 운동에서 찾는다. 다만 새 출애굽 운동을 위해서는 '상황의 재현화'(recontextualization)가 필요하다고 주장한다. 그러므로 우리나라에서도 3·1운동 기념예배를 드려야 한다고 주장한다.[67] 그러므로 김찬국의 성서 해석은 사회학적이다.

> 그래서 정치, 경제적인 상황에서 일어나는 구조적인 모순에서 인간의 자유와 정의, 인권이 어떻게 손상, 박탈, 유린되어 가고 있는가 하는 것을 우리가 성서 안에서 찾아야 되고, 오늘날 우리의 상황에서 찾아가지고 성서의 말씀을 오늘날 우리에게 재해석해야 한다는 것입니다. 사회정의로서의 자유의 회복을 위한 운동이 해방운동이라고 보는 것입니다.[68]

---

66 *Ibid.*, 16-20.

67 *Ibid.*, 20-24. 3·1 기념예배에 대한 김찬국의 활동은 여러 문헌에서 찾을 수 있다. 다음을 보라. "김찬국 교수 약력, 저술,"「신학논단」17(1987), 423.

68 김찬국, "제3세계와 신학," 25.

IV. 의미와 의의

위에서 논의한 대로 김찬국의 신학은 하나님의 의에서 출발해 하나님의 의로 완성된다. 이 글에서는 김찬국이 말하는 '하나님의 의(체데크, 츠다카)'와 현재 논의되는 '체데크, 츠다카'와의 학문적인 논의를 통해 김찬국의 신학에서 말하는 '의'의 의미와 의의를 살펴보고자 한다.

김찬국의 신학에서 말하는 '의'의 의미는 무엇일까? '의'로 번역된 '체데크, 츠다카'의 어근인 ṣדק는 구약에서 523회 나온다. 동사로 41회, 남성명사(ṣדֶק)로 119회, 여성명사(ṣדāקâ)로 157회, 형용사(ṣאדק)로 206회이다.[69] 구약에서 이 단어의 정확한 의미는 여전히 불확실하며 '구원, 정직, 온전, 의, 정의, 공의, 구원' 등의 다양한 의미로 번역된다. 다만 바울과 종교개혁기 당시에 통용되어 온 칭의(justification by faith)의 개념은 구약성서 안에서는 발견하기 어렵다는 것이 보편적 의견이다.[70] 계약에의 신실함, 즉 관계 중심적으로 이해해왔던 전통주의적 견해와 함께, 20세기 역사비평의 흐름에 있었던 구약신학자들이 주장했던 '하나님의 의'라는 개념은 크게 두 가지 범주에서 논의되어 왔다. 먼저, 그것을 '세상이 돌아가는 질서'라는 개념이다. 슈미트(Schmid)는 율법, 지혜, 자연, 제의, 왕권, 전쟁의 영역에서 '의'가 다루어졌다고 주장하였다.[71] 반면, 그것은 하나님이 세상에 개입할 때 드러나는 활동이라는 것이다. 레벤틀로브(Reventlow) 및 크리제만(Crüsemann)은 다양한 역사적 상황에서 행

---

69 J. J. Scullion, "Righteousness," *ABD* Vol V(1992), 724.

70 Scullion, "Righteousness," 734.

71 H. H. Schmid, Gerechtigkeit als Weltordnung (Tübingen, 1968). Scullion, "Righteousness," 735에서 재인용.

한 하나님의 활동이라는 점을 강조하였다. 군사적 전쟁에서의 승리, 제의나 개인의 억울한 상황을 정상적인 상태로 되돌리는 일, 미래에 대한 하나님의 구원 등을 예로 들었다.[72]

'체데크, 츠다카'의 의미에 대한 문제는 21세기에도 여전히 진행형이다.[73] 유선명은 "잠언에 나타난 의"라는 글에서 '의'는 하나님의 구원적 은혜라는 개념과 그것을 수용한 사람들을 통해 성취되어야 할 질적인 개념이 동시에 존재하는데 잠언에서 주장하는 것은 후자라고 주장한다.[74] 한편 위트(Whitt)는 "의와 여호와의 성격"이라는 글을 통해 '의' 개념을 확립하는 데 있어서 지금까지 강조되어 온 '세상이 돌아가는 질서'라는 측면을 거부하고, '의'를 여호와의 능력, 거룩, 영의 개념과 비교하면서 '의'를 여호와의 속성이면서 동시에 활동이라는 점을 강조한다.[75] 구약성서를 벗어나 신약 및 조직신학에서도 이 주제는 매우 중요한 연구의 대상이다. 벨커(Welker)는 루터와 본회퍼의 삶의 조명을 통해 하나님의 의는 철저하게 약자 보호와 관련

---

72 H. G. Reventlow, Rechtfertigung im Horizont des Alten Testaments (BEv T 58; Munich, 1971); F. Crüsemann, "Jahwes Gerichtigkeit im Alten Testament," *EvT* 36(1976), 427-50. Scullion, "Righteousness," 735에서 재인용.

73 전통적 의미에서의 '계약에의 신실함'이라는 관점에서 연구도 여전히 활발하다. 다음을 보라. C. L. Irons, *The Righteousness of God: A Lexical Examination of the Covenantal-Faithfulness Interpretation* (Tübingen: Mohr Siebeck, 2015). 신약성서와 정의와의 관계는 한국에서도 활발하게 연구된다. 다음을 보라: 이국헌, "제닝스의 '무법적 정의'에 기초한 바울과 로마서 이해," 「신학사상」 185(2019), 117-47; 김판임, "예수의 비유를 통해서 본 하나님의 정의," 「신학사상」 162 (2013), 45-80.

74 Sun Myung Lyu, *Righteousness in the Book of Proverbs*, FAT 2:55 (Tübingen: Mohr Siebeck, 2012).

75 R. K. Whitt, "Righteousness and Characteristics of Yahweh," *Journal of Biblical and Pneumatological Research* 3 (2011), 71-84.

되어 있음을 주장하며 고난을 동반하지만, 그것을 이겨낼 수 있는 방법은 우리가 하나님의 의에 대한 확신을 통해 이루어낼 수 있다고 주장한다.[76]

20세기 및 오늘날의 연구사 속에서 김찬국이 주장하는 하나님의 의의 특징은 하나님의 구원 행위 가운데 활동한다는 역사 비평적 연구를 수용한 통전적 해석이라고 지적할 수 있다. 대부분의 학자들은 매우 단편적인 면에서 드러난 하나님의 의를 논의하는 데 그치고 있는 반면, 김찬국은 구원사라는 패러다임 속에 활동하는 하나님의 의를 강조하고 있다. 따라서 계약-범죄-심판-회개-구원이라는 구원사 속에서 하나님의 의를 설명하고 있다는 점은 통전적 관점을 보여준다. 즉 구원사적 관점은 시대와 공간을 넘어서 하나님이 활동하시는 불변의 패러다임이다. 그 패러다임을 예언서, 특히 제2이사야와의 연결시킨 점은 '하나님의 의' 이해의 백미에 해당하며, 종교개혁 시대와의 연결점을 강화시켜준다. 아울러 구체적 역사 가운데 임한 하나님의 구원적 의에 초점을 두었던 역사비평학자들이 주장했던 것[77]과는 달리 김찬국은 '의'를 하나님의 속성으로 파악하고, 예언자들은 그 속성에 대한 강한 확신을 가지고 하나님의 말씀을 대변하였다고 주장한다. 이것은 '의'를 하나님의 속성과 연결시켜 파악한 벨커의 주장과 일맥상통한다. 아울러 하나님의 의를 약한 자에 대한 보호로 규정했던 벨커의 주장은 김찬국에 이르러 인권, 여성, 제3세계에 대한 관심으로 확대 구현된다. 유선명이 주장했던 잠언에서 말하

76 Michal Welker, "God's Justice and Righteousness," *Touchstone 35* (2017), 6-19.

77 크뤼제만은 의가 하나님의 속성이라는 점은 역사가운데 활동하였던 하나님의 구원행위의 부산물로 파악한다. 위의 글 "*Jahwes Gerichtigkeit im Alten Testament* 을 참고하라.

는 높은 도덕성을 통해 구현되어야 할 개인적인 측면으로서의 하나님의 의는 온 이스라엘이 공통으로 응답해야 할 사회적 단위로서의 하나님의 의 개념 속에 포함되어 있다고 볼 수 있다.

V. 결론

이 글은 김찬국의 신학과 삶의 뿌리는 그의 석사학위 논문에 나타난 주제인 '하나님의 의와 계약, 심판, 속죄, 구원과의 관계'가 그의 구약신학과 삶에 어떻게 드러나 있는가를 살펴보았다. 그 결과 필자는 '김찬국의 신학에 나타난 의'에 대해 다음과 같은 결론을 내린다.

첫째, 김찬국의 신학과 삶의 근원에는 하나님의 속성으로서의 '하나님의 의'에 대한 확신이 있다. 김찬국 신학과 삶의 원천은 따뜻한 인간애에 바탕을 둔 예언자적 담대함이다. 그 근원에는 하나님의 의에 대한 확신이 있으며 석사학위 논문에 서술한 표현대로 '하나님의 의에 대한 신학적, 윤리적 확신'의 바탕 위에 그의 신학이 형성되었음을 의미한다.

둘째, 그의 신학과 삶이 추구한 바는 석사학위 논문에 나타난 대로 '사회적 공동체의 질서로서의 의'이다. 그의 신학과 삶은 철저하게 사회적 공동체 안에서 구현되어야 할 질서로서의 하나님의 의를 설파한다. 따라서 사회정의를 부르짖었던 8세기 예언서의 메시지에 큰 관심을 가졌다. 김찬국은 하나님의 의가 구현되는 사회정의를 이 땅의 민족과 함께 이루어내야 할 목표로 설정하였다. 그러므로 김찬국은 종교개혁자 루터의 사명을 자신의 사명으로 선포할 만큼 개혁적이었다. 그런 의미에서 불의에 대한 그의 항거, 그로 인해 당했던 투옥과 해직교수라는 수난은 이미 예고된 것이었다고 해석할 수 있다.

셋째, 그의 신학과 삶은 구약성서 가운데 예언서 연구를 통해 구현된다는 점이다. 그것은 예언서에 김찬국이 이해하는 하나님의 의가 작용하는 원리가 가장 잘 드러나 있기 때문이다. 8세기 예언서에는 계약에 근거한 심판선언이, 유다 멸망을 전후로 서술된 예레미야, 에스겔, 제2이사야에는 심판뿐만 아니라 회개와 속죄의 선언이, 예언서에 나타난 종말론에는 회복과 구원이 선포된다는 것이다. 이것은 그의 석사학위 논문에 서술된 순서인 계약과 심판-속죄-구원의 패러다임과 매우 유사하다.

하나님의 의에 대한 김찬국의 신학은 하나님의 의에 대한 오늘날의 연구사와 비교했을 때에 가장 큰 공헌은 구원사적 통전성에 있다. 하나님의 속성과 구원사 및 미래에 대한 구원의 근거로 하나님의 의를 들고 있다는 점에서 파편화된 채 연구되어 온 하나님의 의를 구원사라는 통전적 관점에서 바라볼 수 있게 도와준다. 그런 의미에서 하나님의 의에 대한 김찬국의 구약신학은 한국 신학계의 소중한 유산으로 계승 발전시켜야 할 자산임에 틀림없다.

참고문헌

김찬국. "舊約에 나타난 契約의 하나님의 救贖的 義를 論함. 附錄: 現代聖書解釋의 方向과 舊 約神學의 任務." 연희대학교 석사학위 논문, 1954.

______. "제2이사야의 문학 양식에 대한 최근 연구 동향." 「현대와 신학」 5-1(1961): 63-88.

______. "제2이사야에 나타난 '천지의 주재'란 제의적 칭호와 창조전승." 「신학사상」 12 (1976): 35-53.

______. 『성서와 역사의식』. 서울: 평민서당, 1978.

______. "제2이사야의 창조전승 연구." 연세대학교대학원 박사학위 논문, 1980.

______. "제2이사야의 창조전승연구(I)." 「신학논단」 14(1981): 45-91.

______. "제2이사야의 창조전승연구(II)." 「신학논단」 15(1981): 39-62.

______. "제2이사야의 창조전승연구(III)." 「신학논단」 16(1981): 39-69.

______. "구약예언자의 역사의식." 『연세대학교 연신원 목회자 하기 신학세미나 강의집』 7(1987): 238-242.

______. "예언운동의 역사와 예언서." 『연세대학교 연신원 목회자 하기 신학세미나 강의집』 7(1987): 149-154.

______. "구약 예언자들의 사회정의 의식." 「현대와 신학」 11(1987): 7-22.

______. "예레미야의 메시지." 『연세대학교 연신원 목회자 하기 신학세미나 강의집』 7(1987): 158-164.

______. "제3세계와 신학." 「한국기독교신학논총」 제1집(1987): 8-28.

______. "정의, 평화 그리고 창조의 완전." 『연세대학교 연신원 목회자 하기 신학세미나 강의집』 8(1988): 16-29.

______. "바빌론 포로시대와 이스라엘 공동체의 예언자적 목회: 이사야 40-55장을 중심으로." 『연세대학교 연신원 목회자 하기 신학세미나 강의집』 8(1988): 124-135.

______. "성서 해석과 여성신학." 「신학논단」 18(1989): 79-104.

______. "구약성서의 종말론." 『연세대학교 연신원 목회자 하기 신학세미나 강의집』 12(1992): 101-113.

김판임. "예수의 비유를 통해서 본 하나님의 정의." 「신학사상」 162(2013): 45-80.
박신배. "김찬국의 민중신학과 구약." 「문화와 신학」 8(2011): 10-36.
______. "구약 민중신학의 재발견 — 김찬국을 중심으로." 「신학사상」 154(2011): 37-65.
오택현. "김찬국의 제 2 이사야 연구." 「신학논단」 96(2019): 13-41.
이국헌. "제닝스의 '무법적 정의'에 기초한 바울과 로마서 이해." 「신학사상」 185 (2019): 117-147.
이명권. "김찬국의 평화사상." 「신학사상」 185(2019): 347-372.
천사무엘. "김찬국의 구약신학 방법과 그 변화."「신학논단」 96(2019): 43-70;
Crüsemann, F.. "Jahwes Gerichtigkeit im Alten Testament." *EvT* 36 (1976): 427-450.
Gowan, D. E.. *Escathology in the Old Testament*. Edinburgh: T & T Clark LTD, 1987.
Lyu, Sun Myung. *Righteousness in the Book of Proverbs*, FAT 2:55. Tübingen: Mohr Siebeck, 2012.
Reventlow, H. G.. *Rechtfertigung im Horizont des Alten Testaments*. BEv T 58; Munich, 1971.
Schmid, H. H.. *Gerechtigkeit als Weltordnung.* Tübingen: Mohr Siebeck, 1968.
Scullion, J. J.. "Righteousness." *ABD* Vol V(1992): 724-736.
Welker, M.. "God's Justice and Righteousness." *Touchstone* 35 (2017): 6-19.
Whitt, R. K.. "Righteousness and Characteristics of Yahweh." *Journal of Biblical and Pneumatological Research* 3 (2011): 71-84.

김찬국의 제2이사야 연구

오택현*

I. 들어가는 말

김찬국 교수는 1세대 신학자로서 한국 구약학계의 기초를 닦아 놓은 학자라 할 수 있다. 그의 연구의 거대한 족적은 구약신학 여러 분야에서 발견되고 있지만, 그중 가장 눈에 띄는 분야 중 하나는 포로기 예언서인 제2이사야(사 40-55)에 대한 연구라 할 수 있다. 김찬국이 연구를 시작할 당시 한국 신학계에서는 제2이사야라는 말을 자유롭게 말하기 힘들 정도로 극단적인 보수 성향의 신학이 주류를 형성하고 있었는데, 그의 지속적인 연구는 '제2이사야'라는 용어를 학계에서 어느 정도 보편화시킨 공헌이 있다. 또한 김찬국의 삶은 제2이사야를 연구하면서 더욱 제2이사야를 닮은 삶의 모습을 보여주고 있는데 포로기 상황이라는 척박한 환경 속에서도 희망을 버리지 않

* 영남신학대학교, 구약학

고 백성들에게 귀환의 희망을 외쳤던 무명의 예언자인 제2이사야와 같이 그도 역시 척박한 정치적, 사회적, 신학적 현실 속에서도 희망을 버리지 않고 정의를 실천하였고, 가시밭길을 마다하지 않고 후학들을 위해 길을 닦은 위대한 개척자와 같은 모습을 보여주고 있었다.

이 글에서는 이러한 공헌이 있는 김찬국의 제2이사야 연구를 그의 논문을 중심으로 살펴보아 그의 연구의 공헌을 고찰해보고자 한다. 이를 위해 먼저 그가 제2이사야 연구에 전념하게 된 동기를 살펴보면 아래와 같다.

II. 제2이사야 연구의 출발(1954-1959)

김찬국은 1952-1954년까지 연희대학교 대학원에서 신학 석사학위를 받으면서 학자의 길에 들어서게 되는데 당시 그의 석사학위 논문 제목은 "구약성서에 나타난 계약의 하나님의 구속적 의를 논함"[1]으로 제2이사야 연구는 아니었다. 김찬국은 석사학위를 취득한 후 미국 유니온신학대학으로 유학을 떠나 신학 석사학위(S.T.M.)를 취득하였는데 여기에서 그가 인생 최고의 스승으로 생각하고 있는 마일렌버그(J. Muilenburg) 교수를 만나게 되어 그의 연구 인생의 전환점을 마련하게 되었다. 우리가 잘 알고 있는 바와 같이 마일렌버그 교수는 당대 최고의 구약 교수로 양식비평(Form Criticism)의 문제점을 지적하고 수사학적 비평(Rhetorical Criticism) 방법을 그 대안으로

1 김찬국, "구약성서에 나타난 계약의 하나님의 구속적 의를 논함,"「신학논단」2 (1954), 67-89.

제시한 SBL 회장 취임 연설인 "양식비평과 그 너머"(Form Criticism and Beyond)[2]로 잘 알려진 학자이다. 또한 마일렌버그는 하야트(J. P. Hyatt, "예레미야"), 올브라이트(W. F. Albright, "구약성서의 세계"), 라이트(G. E. Wright, "신명기"), 브라이트(J. Bright, "여호수아"), 앤더슨(B. W. Anderson, "에스더") 등 기라성 같은 학자들이 참여했던 *Interpreter's Bible Commentary*에서 "제2이사야" 부분을 주석하기도 하였다.[3] 그의 주석은 수사학적 비평의 지평을 열어놓은 기념비적 주석이자 시의 형식으로 되어 있는 이사야 40-66장을 세밀하게 운율과 연으로 분석하고, 시인의 정서를 통해 선지자의 메시지를 이해하며 제2이사야의 희망의 메시지를 더욱 아름답게 보여주었던 역작이라 할 수 있다. 김찬국은 이러한 마일렌버그와의 만남을 그가 훗날 회고한 "내가 영향을 받은 신학자와 그 저서"[4]를 통해 다음과 같이 기술하고 있다.

> 나는 비록 짧은 1년간이었지만 미국의 구약학계의 태두인 마일렌버그 박사로부터 지도를 받게 되고 그의 강의에 많은 계몽을 받은 것을 영광으로 생각한다. 구약 예언자 중에서 제2이사야를 예언사상의 최고봉이며 그 절정이라고 한 그의 강의에 큰 감명과 깨우침을 받았다.[5]

유니온신학대학 유학 시절 마일렌버그로부터 받은 감동과 영감은 김찬국으로 하여금 제2이사야 연구에 몰두하게 만든 계기를 만들

---

2 J. Muilenburg, "Form Criticism and Beyond," *JBL* (1969), 1-18.

3 J. Muilenburg, "The Book of Isaiah Chapter 40-66," *Interpreters Bible Commentary,* Vol V (New York: Abingdon Press, 1956), 381-773.

4 김찬국, "내가 영향을 받은 신학자와 그 저서,"「기독교사상」(1964. 8), 30-31.

5 김찬국, "내가 영향을 받은 신학자와 그 저서," 31.

었고 귀국 후 제2이사야 연구에 매진하여 한국 구약학계에 제2이사야 연구의 토대를 마련하였다. 또한 그는 마일렌버그의 저서인 "제2이사야" 주석을 번역하여 스승의 학문을 소개하는 열정을 보여주기도 하였다. 김찬국은 은퇴하는 시점까지 포로기 예언서 강의를 통하여 제2이사야를 후학들에게 소개하였는데 그는 강의 중간중간 마일렌버그 교수(1896-1974)와의 일화를 종종 소개하면서 스승에 대한 그리움을 표시하기도 하였다.

III. 혼돈의 시대 속 제2이사야 연구(1960-1968)

1960년대를 열면서 한국 사회는 3 · 15 부정선거와 4 · 19혁명 등으로 매우 혼란한 시대를 지내고 있었는데 김찬국은 이러한 혼란의 시대를 예측이나 한 듯이 위로의 예언자인 제2이사야의 연구를 통해 상처받은 국민들을 위로하려 하였다. 그는 「기독교사상」에 5회에 걸친 제2이사야 신학에 대한 연구를 기고하였는데 이 연구는 제2이사야에 대한 단독 연구로서는 우리나라에서 처음 연구지에 게재된 논문이었다.[6]

1. "시인 예언자, 제2이사야," 「기독교사상」(1960. 4.)

그는 "시인 예언자 제2이사야"[7]라는 글을 통해 제2이사야에 대한

6 DBpia 데이터 검색 결과.

7 김찬국, "시인 예언자, 제2이사야," 「기독교사상」 (1960. 4), 90-96.

개론적 연재를 시작하면서 교회를 중심으로 8세기 예루살렘에서 말씀을 선포했던 이사야 말씀의 연장이라 생각했던 제2이사야(사 40-55장)의 시대를 포로기로 구분해야 한다고 주장하고 있다. 김찬국은 주후 1775년에 되덜라인(J. C. Döderlein)과[8] 주후 1783년 아이히호른(J. G. Eichhorn)[9]에 의해 더욱 체계적으로 1-39장과 40-66장의 차이가 증명된 사실을 정확하게 인용하면서 이사야 40-55장이 포로기의 저작물이라고 규정하였다. 또한 한 세기 이후의 학자인 둠(B. Duhm)의 연구를 인용하며 둠의 『이사야서 주석』(*Das Buch Jesaia*)에서 이사야 56-66장 부분을 40-55장보다 후대의 것으로 보아 40-55장의 시기를 기원전 6세기 중반, 56-66장의 시기를 기원전 5세기 후반으로 보는 주장을 설명하고 있다.[10] 또한 김찬국은 포로기 무명의 예언자의 기록인 이사야 40-55장을 한마디로 "숙달된 천재적인 문학 기교를 가지고 기록한 시집"이라고 규정하고 있고, 민족적 비극과 고난의 역경 속에서 이 훌륭한 문학작품이 나타났다고 하는 것은 결코 우연이 아니라고 말하고 있다. 즉, 포로 백성의 현실과 이방 지역에서의 고역, 바빌론 이방 종교의 영향 속에서 자기 민족의 혼을 바로잡고 민족의 얼을 되살려 보려는 강렬한 소망과 의식이 제2이사야의 시적 기교를 거쳐 그로 하여금 위대한 작품을 산출하게 만들었다고 보고 있다.[11] 그래서 김찬국은 제2이사야라는 인물을 한

---

8 M. Mulzer, "Döderlein und Deuterojesaja," *BN* 66 (1993), 15-22 참조.

9 J. G. Eichhorn, *Einleitung in das Alte Testament* (Reutlingen: J. Grözinger, 1790), 76-97 참조.

10 B. Duhm, *Das Buch Jesaja* (Göttingen: Vandenhoeck & Ruprecht, 4th edn, 1922), 311.

11 김찬국, "시인 예언자, 제2이사야," 93.

마디로 시인이자 예언자로 규정하며, 하나님의 명령을 그의 훌륭한 문학작품 속에 잘 담아낸 사람이라 말하고 있다.[12] 이렇게 제2이사야에 대한 개론적인 소개를 끝낸 후 그는 제2이사야의 탁월한 신학에 대해 구체적 접근을 하는 연재를 이어가고 있다.

2. "창조관의 확립," 「기독교사상」(1960. 5.)

김찬국은 제2이사야에 대한 두 번째 연구로 그의 창조신학을 연구하였다.[13] 구약의 창조신학은 김찬국이 그의 연구에서 지속적으로 큰 애착을 가지고 진행했던 분야 중 하나인데,[14] 그는 처음부터 제2이사야의 창조신학에 대해 큰 관심을 가지고 있었고, 이러한 관심은 20년 뒤 그의 박사학위 논문에서 "제2이사야의 창조전승"을 연구[15]함을 통해 꽃을 피우게 된다. 이 연구에서 김찬국은 창조주 하나님이 곧 구원자 하나님이라는 제2이사야의 기본적인 사상을 알기 쉽게 설명해 주고 있다. 즉, 창조주가 구원자라는 생각은 오늘 우리의 입장에서는 지극히 당연한 말이라고 생각할 수 있다. 그러나 고대 이스라엘에게 있어서 창조주 하나님의 개념과 구원자 하나님의 개념이 연결되는 데는 많은 세월이 지나야만 했다. 김찬국은 이러한 창조

---

12 김찬국, "시인 예언자, 제2이사야," 93.

13 김찬국, "창조관의 확립," 「기독교사상」(1960. 5), 88-94.

14 김찬국, "창세기 연구: 창조설화의 배경," 「기독교사상」(1962. 5); "하나님의 창조," 「기독교사상」(1962. 6); "제2이사야의 창조전승 연구 1, 2, 3," 「신학논단」(14, 15, 16); "구약성서의 창조 사상," 『새롭게 열리는 구약성서의 세계』(서울: 한국신학연구소, 1986).

15 김찬국, "제2이사야의 창조전승 연구," (미간행 박사학위 논문, 연세대학교 대학원, 1980).

주 하나님과 구원자 하나님의 개념을 완벽하게 연결시켜준 예언자가 바로 제2이사야라 말하고 있다. 제2이사야는 거침없이 세상을 창조하신 하나님이 오늘도 살아 계셔서 이스라엘을 구원하시는 구원자 하나님이라는 사실을 분명히 증언하고 있다. 포로기라는 위기의 시대를 살고 있었던 유다 백성들은 하나님이 과거 세상을 창조하신 위대한 하나님이라는 사실을 부인하지 않았었다. 하지만 그 하나님께서 현재 이스라엘을 구원하시지는 못하신다 생각하며 좌절하고 있었던 것이다. 그들이 이러한 생각을 하게 된 배경에는 하나님께서 바빌론 신 마르둑보다 능력이 없다 생각하는 부류의 사람들도 있었고, 하나님께서 백성들을 사랑하지 않아 바빌론에 포로로 방치해 두신다고 생각하는 사람들로 나누어져 있었다. 선지자는 이 두 부류 사람 모두에게 세상을 창조하신 하나님께서 오늘도 피곤함 없이 우리를 지켜주시는 분이며, 자신의 백성들을 누구보다 사랑하셔서 큰 구원의 역사를 오늘 이 순간에도 계속하시는 분이라고 강하게 선포하고 있다는 것이다. 김찬국은 이러한 제2이사야의 창조신학을 제2이사야의 '신신학'(新神學)이라 표현하면서 바빌론 포로생활이라는 민족적 위기와 비극 속에서도 자기 민족만의 편협한 테두리에서 벗어나서 과감히 선진 문화와 사상과의 접촉을 도모하며, 그러면서도 남의 사상과 철학에 굴복하지 않을뿐더러 남의 것을 받아들여 자기 고유의 것을 재검토하고 재해석하려 했던 예언자로 평가하고 있다. 그래서 결론적으로 김찬국은 모세 종교의 고유한 메시지를 새 시대에 적응할 수 있도록 재해석한 신신학(新神學)이 제2이사야의 창조신학이라 평가하고 있다.[16]

---

16 김찬국, "창조관의 확립," 94.

3. "역사해석의 확립," 「기독교사상」(1960. 6.)

김찬국의 제2이사야에 대한 세 번째 연구는 역사해석의 확립자로서 그를 바라본 연구였다.[17] 이 연구를 진행한 시기가 위에서 언급하였듯이 4 · 19혁명이 일어나고 이승만 대통령이 하야한 혼란기 상황이었기에 그는 우리 민족이 혼란을 극복하고 분명한 역사의식을 가지고 위기의 역사를 돌파하기 바라는 마음을 가지고 이 연구를 하였으리라 추정할 수 있다. 김찬국은 제2이사야의 역사 이해의 특징을 "이스라엘의 역사를 세계 역사 속에서 들여다보고 세계사적 관심 속에서 자기 민족의 과거를 재검토하여 미래를 위한 이스라엘의 새로운 목적과 역사적 사명을 의식한 사실에 있다"[18]고 규명하였다. 제2이사야 당시 국제 정세는 수수께끼 같은 왕이라는 바빌론의 마지막 왕인 나보니두스(556-539 B.C.)가 다스리던 때로[19] 그의 실정(失政)과 페르시아 고레스 왕의 침략 위협, 마르둑의 종임을 자처하는 고레스에 대한 바빌론 사람들의 지지[20] 등 한 치 앞도 내다보기 힘든 국제정

---

17 김찬국, "역사해석의 확립," 「기독교사상」 (1960. 6), 87-93.

18 김찬국, "역사해석의 확립," 87.

19 나보니두스에 대한 자세한 기록은 P. A. Beaulieu, *The Relign of Nabonidus: King of Babylon 556-539 B.C.* (New Haven: Yale University Press, 1989)를 참조하라.

20 고레스의 원통기록에 보면 당시의 상황이 잘 나타나 있다. J. Pritchard, *Ancient Near Eastern Texts: Relating to the Old Testament* (Princeton: Princeton University Press, 1969), 315-316. 참조 "… 위대한 주, 자기 백성의 보호자인 마르둑은 그의 선한 행실들과 그의 바른 마음을 기쁘게 보시고 그에게 그의 성 바빌론을 치라고 명하셨다.… 한 번의 전투도 없이 그(마르둑)는 그(고레스)로 하여금 그의 성 바빌론에 입성케 하고 바빌론를 아껴 그 어떤 재앙도 내리지 않았다. 그는 그를 섬기지 않은 왕 나보니두스를 그의 손에 붙였다. (후략)."

세의 소용돌이가 치던 시대였다. 김찬국은 제2이사야가 이러한 상황에 대응하기 위해 고레스를 "나의 기름부음 받은 자", "나의 목자"(사 44:28)로 부르는 하나님의 보편주의적(universalism) 역사관을 확립시켰다 보고 있다.[21] 다시 말해 김찬국은 제2이사야가 야웨 하나님께서 자기의 목적에 따라서 이스라엘 역사뿐 아니라 전 세계의 역사까지 주장하여 다른 이방 나라의 인물들을 자기의 종으로 삼아서 이스라엘을 해방하여 세계를 위한 역사적 사명을 달성하게 한다는 역사적 통찰력을 그의 예언을 통해 보여주고 있다고 보고 있다.[22] 또한 그는 '새 출애굽'에 대한 대망과 야웨 하나님께서 이루어 주실 '새 일'에 대한 갈망을 역사 해석에 삽입시켜 역사를 실존론적으로 해석하고,[23] 예언자적 종말의식을 통해 역사 통일의 중심 원리[24]로 삼았다고 보고 있다.

4. "구원관의 확정," 「기독교사상」(1960. 7.)

김찬국의 제2이사야에 대한 네 번째 연구는 "구원관의 확정"[25]이다. 김찬국은 제2이사야의 구원관을 연구하기 전 처음으로 4·19혁명에 대한 언급을 하면서 그의 연구가 현실과 동떨어지지 않았음을 확인시키고 있다. "한국의 이번 4·19 학생의거의 혁명이 3·1운동(1919)과 광주학생사건(1929)과 더불어 길이길이 한국민족 역사에

21 김찬국, "역사해석의 확립," 89.
22 김찬국, "역사해석의 확립," 89.
23 김찬국, "역사해석의 확립," 89-92. 참조.
24 김찬국, "역사해석의 확립," 92-93. 참조.
25 김찬국, "구원관의 확정," 「기독교사상」(1960. 7), 86-92.

회상되어서 한국 역사를 불의와 부정과 독재에서 해방되도록 함과 같이 이스라엘의 해방과 독립과 구원을 논의하는 데에도 아브라함의 선택과 출애굽의 선택 사실을 필수적으로 고려하지 않을 수 없는 것이다"[26]라고 말하며, 제2이사야가 깊은 의도를 가지고 족장 전승[27]과 출애굽전승[28]을 그의 구원 예언전승에 사용한 것과 같이 4 · 19정신 역시 한국 역사에 길이 남아 영향을 끼치기를 바라고 있다.

김찬국은 여기서 한 걸음 더 들어가 제2이사야가 창조주 하나님과 구원자 하나님의 연결을 가장 명쾌하게 개념 규정하였음을 말하고 있다.[29] 즉, 세상을 창조하신 하나님이 지금도 살아 계셔서 우리를 구원하시는 구원자 하나님이시라는 것이다. 이 말은 과거의 창조와 현실의 상황이 단절된 것이 아니라 연결되어 나타남을 의미하며 세상을 창조한 능력의 하나님이 우리를 사랑하시어 우리를 구원해 주시는 하나님이라는 강조인데 구약의 예언자 중 제2이사야에 의해 완성된 이 사상을 강조하며 김찬국은 "바빌론 포로는 이스라엘의 불복종에 대한 하나님의 심판의 종결인 동시에 저들의 구원을 성취시

26 김찬국, "구원관의 확정," 87.

27 훗날 족장전승과 제2이사야의 관계를 연구한 학자로 대표적인 사람은 콘라드(E.W. Conrad)이다. E. W. Conrad, "Patriarchal Traditions in Second Isaiah," (Dissertation of Princeton Theological Seminary, 1974).

28 출애굽전승과 제2이사야의 관계를 연구한 김찬국과 동시대 학자로는 다음과 같은 학자들이 있다. B. W. Anderson, "Exodus Typology in Second Isaiah," in *Israels Prophetic Heritage: Essays in Honor of James Muilenburg* (New York: Harper& Brothers,1962), 177-195; W. Zimmerli, "Der neue Exodus in der Verkündigung der beiden grossen Exilspropheten," in *Gottes Offenbarung: Gesammelte Aufsätze zum Alten Testament* (München: Kaiser Verlag, 1963), 192-204.

29 김찬국, "구원관의 확정," 91.

키기 위한 의로운 하나님의 구속사업의 출발이다"라고 지적하면서 이러한 일을 수행하실 수 있는 분은 오로지 하나님 한 분이신데 그는 "창조부터 우주 역사를 주관하시고 인간 영혼의 속죄자로 행동하시며 구원자로 등장하신다"[30]고 말하고 있다. 이는 한 마디로 제2이사야의 중심사상인 창조주 하나님이 곧 구원자 하나님이라는 사상의 강조로 제2이사야에 대한 수준 높은 연구를 독자들에게 보여주고 있다.

5. "종말론의 확립," 「기독교사상」(1960. 8.)

김찬국의 제2이사야 대한 다섯 번째 연구는 "종말론의 확립"이다.[31] 김찬국은 제2이사야가 다양한 전승을 사용하여 깊은 신학적 통찰력을 가지고 예언을 하였음을 주장하고 있는데 이러한 그의 신학의 최고봉을 '야웨 종의 노래'라 말하고 있다. 그는 '야웨 종의 노래'를 종말론적 대망의 관점에서 해석하고 있다. 우리가 잘 알고 있듯이 '야웨 종의 노래'라 함은 19세기의 독일 신학자인 둠(B. Duhm)[32]이 처음으로 이사야 40-55장 안에 들어있는 4개의 야웨의 종의 모습을 노래한 특별한 시를 가려내어(사 42:1-4; 49:1-6; 50:4-9; 52:13-53:12) '종의 노래'라고 부른 4개의 시를 지칭한다. 또한 이사야 40-55장에 나타난 '야웨의 종의 노래'에 대한 논쟁은 구약학사에 나타난 논쟁 중 가장 많은 논쟁을 불러 일으켰던 주제 중의 하나이다. 신약성서 사도

---

30 김찬국, "구원관의 확정," 105.

31 김찬국, "종말론의 확립," 「기독교사상」(1960. 8), 118-123.

32 B. Buhm, *Das Buch Jesaja: übersetzt und erklärt* (Göttingen: Vandenhoeck und Ruprecht, 1892).

행전에 나타난 에티오피아 여왕 칸다케의 내시가 그의 병거에서 이사야 53장 7절 이하의 말씀을 보며 "이 말한 것이 누구를 가리킴이뇨 자기를 가리킴이뇨 타인을 가리킴이뇨?"(행 8:34)라고 질문한 이래 '종이 누구인가'라는 질문에 대해서 2,000여 년 동안 학자들의 많은 논쟁이 있어 왔다.

이 논쟁은 다음의 세 가지 방향에서 진행되었다.[33] 첫째, 종을 개인으로 보고 있는 주장으로 종을 성서의 역사에 나타났던 개인으로 보는 견해[34]나 이사야 40-55장의 저자로 보는 견해 아니면 기독교인들에 의해 전통적으로 받아들여지고 있는 '종이 바로 예수 그리스도를 가리킨다'는 견해 등이 있다. 둘째, 종을 개인이 아닌 단체로 보려는 견해가 있다. 이 견해는 특별히 종을 이스라엘로 보고 있는데 그 이유는 종의 경력, 소명, 야웨 앞에서의 위치, 고난, 이방으로의 선교 등 종의 모습과 이스라엘 역사와의 유사성에 기인한 것으로 이스라엘을 종으로 인격화시킨 것이다. 이 견해는 기독교인들이 메시아적 해석을 제시하였을 때 대부분의 유대인 학자들이 내놓은 주장이기도 하다. 셋째, 종을 개인으로 혹은 단체로 보며 대립하고 있는 학자들에게 이러한 대립은 무의미하며, 종은 개인이 이스라엘 공동체 전체를 뜻할 수도 있고, 그와 반대로 공동체가 하나님과 직접 관계를 맺고 서 있는 개인으로 나타날 수도 있다는 의견으로 극단보다는 중용을 취하고 있는 의견이라고 할 수 있다. 김찬국은 이러한 종

33 '야웨의 종의 노래'에 대한 연구사로 가장 권위 있는 저서는 C. R. North, *The Suffering Servant in Deutero-Isaiah* (London: Oxford University Press, 1948).

34 여기에 해당되는 사람으로는 이사야, 웃시야, 히스기야, 요시야, 예레미야, 에스겔, 욥, 모세 등의 개인이 이사야 40-55장에 나타난 종의 노래에서 말하는 종이라고 다양한 학자들에 의해 주장되고 있다.

의 노래의 연구사를 설명하면서 종을 예수 그리스도로 보는 메시아적 해석을 지지하며 종말론적 대망으로 이 시를 해석하여 야웨의 종은 "제2이사야에게서부터 말씀이 화육(化肉)이 되어 그리스도의 사실로 향하였다"고 주장하고 있다.[35] 그래서 제2이사야의 사상은 신약을 향한 방향을 보여주었고, 바빌론으로부터의 구원은 또한 그리스도를 통한 새 구원의 방향을 제시해 주었다고 말하고 있다. 아마도 종말론적 지평에서 '야웨 종의 노래'를 해석한 그의 주장은 자유당 정권이 4 · 19혁명으로 붕괴되고 제2공화국이 들어선 역사적 상황과 크게 맞물려 있다 할 수 있다. 김찬국은 다음과 같이 말하며 연재를 마무리하고 있다. "낡은 시대가 종말을 고하고 새 시대를 맞이하는 제2공화국을 건설하는 마당에 종말론적 전망을 토대로 한 역사관을 수립하고 새 구원의 사실을 이 땅에 이룩해 나가야 하겠다."[36] 김찬국은 제2이사야 해석을 통해 4 · 19혁명이 미완의 혁명이 되지 않기를 누구보다 간절히 소망하고 있었다.

6. 마일렌버그(J. Muilenburg) 『이사야 주석』 번역(1966)

김찬국의 제2이사야에 대한 초기 연구에서 빼놓을 수 없는 공헌은 그의 스승인 마일렌버그의 저서를 번역한 것이다. 공교롭게도 이 시대 역시 한일협정(1965)이라는 역사적 격랑의 소용돌이 속에서 그의 연구가 진행되었다. 한일협정은 '청구권 · 경제 협력에 관한 협정', '재일교포의 법적 지위와 대우에 관한 협정', '어업에 관한 협정', '문

---

35 김찬국, "종말론의 확립," 123.

36 김찬국, "종말론의 확립," 124.

화재 · 문화 협력에 관한 협정'을 말하고 있는데, 1965년 6월 22일 일본 총리관저에서 기본 조약과 4개 협정이 정식으로 조인되었다. 그러나 한일협정은 일제 강점기의 죄악상에 대해 일본 측의 공식 사과가 한마디도 없는 굴욕적인 조약[37]으로 이후 대학가는 한일협정에 반대하는 대규모의 시위가 일어나게 되고, 국민들은 절망과 도탄 속에 빠져들게 되었다. 김찬국은 이때 제2이사야와 같이 절망한 동시대 국민을 제2이사야의 주석을 통해 다시 한 번 위로하려 하였다.

『구약성서의 이해』(*Understanding the Old Testament*)의 저자인 프린스턴신학교의 앤더슨은 마일렌버그를 가리켜 "그는 이스라엘 신앙에 대해 창조적이고 역동적인 해석을 하는 학자로서 과거 세대의 가장 위대한 구약 선생으로서 그리고 가장 위대한 구약학자들 중의 한 분으로 추앙을 받는 분"[38]이라 극찬을 하고 있다. 마일렌버그는 안식년을 독일에서 보내면서 할레(Halle)대학교에서 궁켈 교수를 만나 그의 학문 세계를 철저히 관찰하고 소화한 다음 궁켈의 양식비평을 넘어선 새로운 비평 방법을 개척하였는데 이를 수사학비평이라 부른다.[39] 그의 수사학비평은 문학 구성과 문학 기교에 관심을 기울이고 이를 통한 저자의 의도를 밝히려는 방법이라 할 수 있다. 마일렌버그는 그의 수사학 비평 방법을 제2이사야 주석에 적용하여 제2이사야의 아름다운 시를 철저한 수사학적 분석을 통해 주석하였는

37 "한일협정," 다음백과 홈페이지, (2019년 3월 20일에 최종 접속). http://100.daum.net/encyclopedia/view/v150ha920a10.

38 B. W. Anderson, "Introduction: The New Frontier of Rhetorical of Criticism," in *Rhetorical CriticismL Essays in Honor of J. Muilenburg* (Pittsburgh: The Pickwick Press, 1974). IX.

39 김이곤, "마일렌버그의 수사비평학," 「기독교사상」(1994. 4), 77.

데 김찬국은 이 책을 *Interpreter's Bible Commentary*를 번역하였던 류형기(편)『성서주해』 시리즈에 일부를 번역하여[40] 한국 독자들에게 당시 첨단 신학이라 할 수 있는 스승 마일렌버그의 수사학비평과 그의 비평 방법이 가장 잘 적용된 제2이사야 주석을 소개하는 공헌을 하였다. 마일렌버그의 책은 1960대 한국교회의 실정에 비추어 볼 때 지나칠 정도로 앞선 신학이었기 때문에 우려의 목소리도 많이 있었지만 당시 대부분의 목회자의 서고에 꽂혀있는 책이 류형기(편)『성서주해』 시리즈라는 점을 주목해 본다면 첨단 신학적 방법론을 한국교회에 전파하는 큰 공헌을 하였다 할 수 있고, 시대의 아픔을 선지자의 메시지로 위로하려는 그의 모습을 아울러 발견할 수 있다.

IV. 해직의 고난과 긴급조치 속 제2이사야 연구 (1969-1976)

한국 사회는 1969년에 들어서도 3선 개헌 파동이 일어나며 다시 혼란에 빠져들게 된다. 그리고 당시 정권이 1972년 10월 유신을 통해 영구 독재의 길로 들어서고 온갖 긴급조치로 국민들을 탄압하자 김찬국은 이에 반발하다 긴급조치 위반으로 구속되어(1974. 5. 7.) 옥고를 치르고, 대학 교수직에서 해직(1975. 4. 8.)되는 고난의 길을 걷게 된다. 이 시기의 김찬국은 격동의 시대의 풍파를 온몸으로 맞서면서 제2이사야를 통해 희망의 메시지를 전하려 한 모습을 찾아볼 수 있다.

---

40 류형기(편),『성서주해 II』(서울: 한국기독교문화원, 1966).

1. “제2이사야의 문학 양식에 대한 최근 연구,”「현대와 신학」 3 (1969)

이 시기 김찬국의 제2이사야 연구는 1969년 3선 개헌 파동에서 시작한다. 그는 정국이 혼란한 와중 연세대학교 연합신학대학원 학술지였던「현대와 신학」에 당시 외국 저널이나 책으로 출판되었던 제2이사야에 대한 최신 연구들을 소개하며 “제2이사야의 문학양식에 대한 최근 연구동향”이라는 논문을 발표하였다.[41] 이 연구는 그가 1960년「기독교사상」에 게재했던 5개의 논문 이후 발표되었던 서양 학자들의 연구를 소개하는 논문으로 발도(H. E. von Waldow)[42]의 논문을 중심으로 기본 틀을 잡고, 베스터만(C. Westermann),[43] 스마트(J. A. Smart),[44] 토리(C. C. Torrey)[45] 등의 저서와 논문을 자세히 연구하여 소개하고 있다. 먼저 김찬국은 제2이사야의 역사적 배경 문제에 대해 다루고 있는 발도의 연구를 소개하며, 제2이사야의 예언은 독립된 작은 단위 양식의 수집물이기 때문에 그 양식의 배열을 누가 했느냐에 관심을 가져야 한다고 보고 있다. 그래서 구전을 통해 이 양식이 메소포타미아에 전달되었다고 보며 그런 방식에서 그의 예

41 김찬국, “제2이사야의 문학 양식에 대한 최근 연구,”「현대와 신학」 3 (1969), 63-88.

42 H. E. von Waldow, “The Message of Deutero-Isaiah,” *Interpretation* XXII (1968), 259-287.

43 C. Westermann, *Das Buch Jesaja Kap. 40-66* (Göttingen: Vandenhoeck& Ruprecht, 1966); *Basic Forms of Prophetic Speech* (Philadelphia: The Westminster Press, 1967).

44 J. A. Smart, *History and Theology in second Isaiah* (Philadelphia: The Westminster Press, 1965).

45 C. C. Torrey, *The Second Isaiah* (Edinburgh: Charles's Scribner's Sons, 1968).

언을 이해해야 한다고 보고 있다.[46] 여기서 김찬국의 연구 중 아쉬운 점은 이러한 최신 연구를 비판 없이 소개하기 때문에 독자들의 입장에서는 혼돈을 줄 수도 있다는 점이다. 하지만 당시 시대적 한계 상황이 분명 있었기에 전혀 이해할 수 없다고는 볼 수 없다. 그는 발도를 다시 인용하며 제2이사야의 예언 선포 양식 중에서 '구원신탁', '예언자의 논쟁', '법정 연설', '찬양 노래' 양식으로 구분하여 각 양식의 특징을 설명하고 있다. 김찬국은 발도의 연구가 당시 최근의 연구 경향을 모두 포함하고 있다 보았고, 특히 폰 라트 이후 전승사학파의 연구 동향과 양식비평을 결합하여 제2이사야가 제의적 전승에 연결되어 있음을 밝혀낸 공헌이 있다고 보았다.[47] 그래서 결론적으로 김찬국은 제2이사야가 이전 시대 이스라엘의 종교사상적 전통과 제의적 전통을 계승해 자신의 구원 예언을 선포한 예언자로 보고 있다. 그리고 그에게는 하나님의 구속과 구원을 의미하는 출애굽전승과 시온전승, 다윗전승이 분명히 전승되었으며, 그 전승들이 구원신탁, 예언자 논쟁, 법정 연설 등의 문학적 양식과 형식을 통하여 반영되어 나타났고, 한 걸음 더 나아가서 포로민 동족들에게 하나님의 사죄의 복음과 구원의 복음을 선포한 예언자임을[48] 당시 최근의 연구를 종합하여 주장하고 있다. 그러나 아마도 그가 이 연구를 통해 외치고자 했던 진정한 메시지는 혼란한 나라의 상황을 바라보며 절망한 국민들에게 선지자의 사죄와 구원의 복음 선포였을 것이다.

46 김찬국, "제2이사야의 문학 양식에 대한 최근 연구," 72-73. 참조.
47 김찬국, "제2이사야의 문학 양식에 대한 최근 연구," 87.
48 김찬국, "제2이사야의 문학 양식에 대한 최근 연구," 87.

2. "제2이사야에 나타난 천지의 주재란 제의적 칭호와 창조전승,"「신학사상」12 (1976)

1969년에 발표한 위의 논문 발표 이후 김찬국은 1972년 10월 유신을 통한 영구 독재 시도에 맞서게 된다. 그는 재야의 한편에 서서 당시 긴급조치에서 금지하고 있던 유신헌법 개정 청원 서명에 앞장서다 이것이 정부 전복 음모로 둔갑하고 졸지에 학생들을 배후조종하고 내란을 획책한 소위 민청학련의 배후세력으로 지목되어 구속된다(1974. 5. 7.). 그는 1심에서 징역 10년 자격정지 10년을 선고받고, 2심에서는 징역 5년 자격정지 5년을 선고받아 복역 중 국제사회의 압력으로 1975년 2월 17일에 형집행정지로 석방된다. 그러나 독재 정권의 보복으로 개강한 지 한 달이 지난 즈음인 1975년 4월 8일 교수직에서 해임되어 이후 10여 년의 해직교수라는 고난의 길을 걷게 된다. 김찬국은 이 시대를 다음과 같이 회고하고 있다.

> 갑자기 보안사에 끌려갔다가 서대문 구치소로 옮겨져 10개월 동안 독방에 구속되어 있을 때 큰 좌절감을 느꼈다. 보통군법회의에서 10년형을 언도 받았을 땐 눈앞이 캄캄했다. 가족 면회 역시 한 번도 못해 보았다.[49]

이때 그는 고난의 상황에서 희망을 잃지 않으려는 듯 자신의 삶과 닮은 제2이사야에 대한 연구를 시작하여 서슬 퍼런 긴급조치 9호의 상황 속에서 "제2이사야에 나타난 천지의 주재란 제의적 칭호와 창조전승"이라는 논문[50]을 발표하게 된다. 그는 이 논문의 연구 목적이

---

49 김찬국, "나의 고백,"「사목」(1992. 8), 84.

"역사적 혼돈기와 암흑기 속에서 내일의 새 출애굽을 전망하는 이스라엘 백성이 창조의 하나님을 찾는 것이 필요했었다"고 보고, "천지를 지으신 야웨"라는 칭호의 사용이 제2이사야의 창조전승과 어떤 연관이 있는지를 밝히려 하였다. 물론 그 이유는 "오늘의(1976) 역사적 혼돈과 암흑 속에서 우리가 예배드릴 때 우선 하나님을 무엇이라 부르고 기도드릴까 하는 관심도 제2이사야에게 해답을 얻을 수 있다"[51] 보면서 암담한 현실의 문제에 대한 해답을 제2이사야의 예언을 통해 찾으려 하였다. 다시 말해 김찬국에 있어서 제2이사야의 연구는 자신이 직면한 현실 문제에 대한 해답을 얻기 위함이라는 것이다. 김찬국은 당시 외국 저널에 발표되었던 하벨(N. C. Habel),[52] 루드비히(T. C. Ludwig)[53] 등 학자들의 최신 연구경향을 소개하며 자신의 연구를 진행하였다. 김찬국은 제2이사야가 시편의 제의적 공식을 이어받아서 "천지를 만드신 자"가 야웨라는 호칭을 사용할 때 "하늘을 창조한 자"와 "땅의 기초를 세운 자"라는 칭호를 각각 분리하여 병행시켜 부르고 있다고 보았다. 또한 제2이사야는 무장 하나님(divine warrior)의 주제를 통해 "혼돈과의 투쟁"(chaoskampt) 개념을 강조하고 있음을 찾아냈다. 원래 무장 하나님에 대한 주제는 이스라엘의 창조, 출애굽, 정복전승에서 먼저 발견된다. 그리고 후대 묵시문학에 이르러서는 종말론적인 대망과 맞물려져서 악의 세력에 의해 희망

---

50 김찬국, "제2이사야에 나타난 천지의 주재란 제의적 칭호와 창조전승,"「신학사상」 12 (1976), 35-53.

51 김찬국, "제2이사야에 나타난 천지의 주재란 제의적 칭호와 창조전승," 35-36.

52 N. C. Habel, "Yahweh, Maker of Heaven and Earth," *JBL* 91 (1972), 321-337.

53 T. C. Ludwig, "The Tradition of the Establishing of the Earth in Deutero-Isaiah," *JBL* 92 (1973), 345-357.

이 사라진 세상에 대하여 마지막 대안으로써 무장 하나님의 주제가 나타나고 있다. 즉, 자신들의 힘에 의하여서는 악의 세력에 대항하여 이길 수 없기 때문에 하나님께서 직접 무장으로 역사에 개입하셔서 악의 세력을 물리치시고 신앙을 위해 박해받고 어려움을 당하고 있는 남은 자들을 구원해 주시어 마침내 새 하늘과 새 땅을 건설하시는 것으로, 묵시적 상황 속에서 매우 중요한 개념이 되었다.[54] 하지만 김찬국은 제2이사야는 야웨가 혼돈을 정복하여 질서를 세운 분으로 천지를 만든 창조자 하나님이라는 창조신앙을 바빌론이란 포로생활의 혼돈 상황 속에서 천명했던 것으로 본다. 이는 포로기라는 특수한 상황에서 혼돈 정복과 우주 질서화를 언급하는 창조전승을 강조하는 것으로 제2이사야 특유의 신학적 특징이라 할 수 있다.[55] 그래서 김찬국은 제2이사야는 바빌론 포로지에서 바빌론 신들과 대항해야 하는 혼돈의 상황에서 새로운 출애굽을 통해 시온으로의 복귀를 대망하면서 야웨께서 천지를 창조한 창조자임을 강조하며 포로민들에게 자신의 자리에서 일어나는 땅의 혼돈을 정복해야 한다는 의무를 부여함을 통해서 창조전승에 제의적 의미를 부여한 특징을 보이고 있다 주장한다.[56]

결론적으로 김찬국이 이 연구를 통해 주장하고자 했던 것은 긴급조치의 남발로 사람들이 절망과 낙담의 상황에 빠져 있고 마치 혼돈의 세력이 영원히 세상을 지배할 것 같은 숨 막히는 현실이 계속되고 있는 상황에 대해 제2이사야와 같이 희망을 노래하며, 세상을 창조

54 P. D. Miller, *Divine Warrior in Early Israel* (Cambridge: Harvard University Press, 1973).

55 김찬국, "제2이사야에 나타난 천지의 주재란 제의적 칭호와 창조전승," 52.

56 김찬국, "제2이사야에 나타난 천지의 주재란 제의적 칭호와 창조전승," 52.

하신 하나님께서 반드시 혼돈을 정복하실 것이고, 그가 만드신 세상에서 반드시 창조질서를 회복해 주실 것임을 고난당하고 있는 백성들에게 선포하기 위해 이 연구를 진행하였다 볼 수 있다.

V. 민족의 아픔 속에서 함께 외친 제2이사야 연구 (1977-1984)

이 시기는 국가적으로 더욱 혼돈의 상황이 계속되던 시대였다. 반복되는 긴급조치로 인한 투옥과 학생들의 저항, 부마사태, 10 · 26 사태, 신군부에 의한 12 · 12사태, 역시 신군부에 의한 5 · 17 계엄확대와 광주민주화운동 등 엄청난 비극적 사태가 꼬리를 물고 일어나며 민주화를 갈망하던 이 땅의 사람들을 더욱 절망하게 했던 시대였다. 김찬국은 이 시기에 그의 제2이사야 연구의 정점으로 "제2이사야의 창조전승 연구"(1980)라는 연구로 박사학위를 취득하게 된다. 그리고 1980년 3월 짧은 '서울의 봄' 시절 5년 만에 복직되었으나 한 학기가 지난 7월 다시 해직되어 끝이 안 보이는 고난의 터널을 계속 걸어가야 했다. 그는 이 시기에 자신의 박사학위 논문을 수정, 보완하여 세 차례에 걸쳐 연세대학교 신과대학 학술지인 「신학논단」에 연재하였다. 늘 그랬듯이 김찬국은 광주민주화운동이라는 민족적인 비극의 순간과 개인적으로 다시 해직당하는 고난의 상황 속에서 제2이사야 연구를 통해 지친 국민들을 위로하고 자신도 위로받으며 희망을 노래하고 있었다.

1. "제2이사야의 창조전승 연구(1),"「신학논단」14 (1980)

1980년 7월「신학논단」14집에 실린 이 연구[57]는 그해 2월에 취득한 김찬국의 박사학위 논문의 일부를 발표한 것이다. 그가 처음 이 글을 게재하려 할 때는 '서울의 봄'이 한창일 때로 제2이사야의 예언과 같이 모두를 향해 "그 노역의 때가 끝났고 그 죄악의 사함을 받았음"(사 40:2)을 선포하며 희망에 가득 차 있었을 때이다. 하지만 봄이 오기를 시샘하는 듯, 현실은 동토의 왕국이 지속되고 있었고 그는 또 다시 야인(野人)이 되어 교정 밖으로 내몰리게 된다. 하지만 누구도 하나님의 백성을 향한 그의 위로의 메시지를 막을 수 없었다.

김찬국은 이 논문을 통해 폰 라트(G. von Rad),[58] 궁켈(H. Gunkel),[59] 모빙켈(S. Mowinckel)[60] 등 기존 창조신앙에 대해 깊은 연구를 했던 위대한 학자들의 연구를 통해 연구를 시작하고 있다. 그는 폰 라트의 구원사적 입장에 바라본 창조전승 연구와 궁켈의 종교사적 입장에서 바라본 창조전승 연구 그리고 모빙켈의 제의적 전승에서의 창조전승을 연구를 정리하여 그의 입장을 피력하고 있다. 그는 창조전승을 구원전승에 종속시켜 케리그마적 의도를 지닌 구원사 속에서만 답을 찾으려 하는 폰 라트의 주장에 반대하고 있다.[61] 그는

---

57 김찬국, "제2이사야의 창조전승 연구(1),"「신학논단」14 (1980), 45-91.

58 G. von Rad, "The Theological Problem of the Old Testament Doctrine of Creation," *The Problem of Hexateuch and other Essays* (New York: Oliver & Boyd, 1966), 131-143.

59 H. Gunkel, *Schöpfung und Chaos in Urzeit und Endzeit* (Göttingen: Vandenhoeck und Ruprecht, 1895).

60 S. Mowinckel, *The Psalms in Israel's Worship I, II.* (Oxford: Blackwell, 1967).

61 김찬국, "제2이사야의 창조전승 연구(1)," 60.

제2이사야의 창조 신학을 형성하는 데 관련지을 수 있는 것으로, 첫째, 고대 근동 세계에 있었던 창조신화권에 살던 제2이사야가 이 신화권 속에서 자신의 창조신학을 신학화한 점에 주목해야 한다고 보고 있고, 둘째로 제2이사야는 비록 바빌론에 있었다 하더라도 예루살렘의 예배의식 전승 사이에 연관이 있다고 보는 관점과 셋째로 포로기 간에 포로기 이전 시편의 문학적 양식이나 내용이 제2이사야의 시에도 영향을 주어 시편이 가진 창조신앙과 구원신앙이 제2이사야에도 반영되었다고 보는 관점에 유의하고 있다. 그래서 이러한 점을 종합하여 제2이사야는 구원신앙에 예속되지 않은 제2이사야만의 독특한 창조 사상이 형성되었다는 점을 밝히는 것이 그의 논문의 목적이라고 말하고 있다.[62] 김찬국은 제2이사야의 창조전승이 구원전승에 예속되어 있지 않음을 증명하기 위해 가장 구원사적 경향이 잘 나타나고 있는 출애굽전승을 사용한 제2이사야의 말씀을 분석하였는데, 그의 연구의 결론은 제2이사야의 출애굽과 구원전승 구절에서는 거의 대부분 야웨 하나님의 위대한 창조를 언급한 이후에 구원의 말씀이 등장하고 있음을 바라보며 야웨 하나님의 우주 창조의 독립성을 먼저 인정하고서 최초의 창조가 하나님의 구원 역사의 첫 출발임을 밝힌 것이 제2이사야 창조전승의 특징이라 주장하고 있다.[63]

또한 김찬국은 제2이사야가 사용한 창조 동사를 분석하여 바라(ברא), 야차르(יצר), 아사(עשה) 등의 창조 동사를 분석하였다. 이 연구를 통해 그가 내린 결론은 전형적인 창조 동사인 바라(ברא), 야차르(יצר), 아사(עשה) 동사는 포로기 이전 구원전승에 예속되지 않고 우주

62 김찬국, "제2이사야의 창조전승 연구(1)," 62.

63 김찬국, "제2이사야의 창조전승 연구(1)," 79.

의 물질적 창조에 사용되었던 동사들인데 제2이사야에 의해 선택되어 그의 구원신학에서 하나님의 자연 지배의 힘을 찬양하는 의미로 사용되어 새 활력과 역동성을 주는 역할을 하고 있다고 보았다.[64] 그러며 그가 사용한 창조 동사들이 처음에는 구원과 선택을 목적으로 하고 있지 않고 최초의 우주 창조를 나타냄을 목적으로 하고 있음을 강조한다. 그리고 김찬국은 제2이사야가 바라(ברא) 동사의 주격으로는 반드시 하나님이 되어야 한다는 공식을 만든 신학적 공헌이 있음을 지적하고 있다. 다시 말해 하나님이 창조자이어야만 역사의 주가 되어 구원의 역사를 창조할 수 있다 보고 있다.[65]

2. "제2이사야의 창조전승 연구(2)," 「신학논단」 15 (1982)

「신학논단」 14집이 발간된 후 2년여 만에 「신학논단」 15집이 발간되었는데 김찬국의 제2이사야의 창조전승 두 번째 부분이 실리게 된다. 김찬국에게 이 기간 역시 해직된 상태에서 정치적, 경제적인 어려움이 많이 있던 시기였지만 구약학회장, 한국기독교학회장(1982-83)을 역임하고 미국성서학회(SBL) 참가(1982) 등 오히려 학문적으로 활발한 활동을 했던 시기였다.

김찬국의 "제2이사야 창조전승 연구"의 두 번째 부분[66]은 제2이사야가 사용했던 고대 근동 지역의 창조전승을 야웨신앙화한 모습을 연구하고 있다. 김찬국은 제2이사야 창조신앙의 독자성과 특수성

64 김찬국, "제2이사야의 창조전승 연구(1)," 90-91.
65 김찬국, "제2이사야의 창조전승 연구(1)," 91.
66 김찬국, "제2이사야의 창조전승 연구(2)," 「신학논단」 15 (1982), 39-62.

을 찾는데 무엇보다 창조전승의 발상지인 고대 근동 지역의 창조신학을 우선적으로 다뤄야한다고 생각하고 연구를 진행하였다.[67] 이 연구를 위해 김찬국은 *ANET*[68]에 나타난 고대 근동 관련 문헌, 바빌론 창조설화 관련 문헌,[69] 가나안 신화 관련 문헌[70] 등을 연구하여 제2이사야가 창조적으로 이들의 전승을 활용하였음을 밝히려 하였다. 먼저 바빌론의 창조전승은 티아마트이 마르둑에 의해 칼로 베임을 당했다는 바빌론적 신화 유형을 반영하여 혼돈의 괴물 라합을 찔러 죽였다는 표현을 통해 바빌론의 신화를 반영하고 있다 보고 있다(사 51:9).[71] 제2이사야는 바빌론의 옛 신화를 인용하면서 하나님께서 옛적에 혼돈과 악의 세력을 상징하는 라합을 물리쳐 주셨듯이 이스라엘을 괴롭혔던 현재의 악의 세력을 물리쳐 달라는 간절히 탄원이라 할 수 있다. 또한 제2이사야는 가나안 신화를 인용하면서 바알신이 혼돈의 바다를 쳐서 이겼다는 "혼돈과의 투쟁"(chaoskampf) 주제를 사용하였음을 알 수 있다.[72] 제2이사야는 이러한 고대 창조전승을 사용하지만 시편의 제의전승으로부터 받은 이스라엘의 기존 창조전승(J전승, P전승)을 기본으로 이러한 여러 창조전승들을 사용하여 자신의 독특한 창조전승을 완성한 것으로 보고 있다. 그래서 결론적으로 김찬국은 제2이사야에게 전승되었다고 보는 고대 바빌론

---

67 김찬국, "제2이사야의 창조전승 연구(2)," 39.

68 J. B. Pritchard, *The Ancient near Eastern Text: Relating to the Old Testament* (Princeton: Princeton University Press, 1969).

69 J. D. W. Watts, "Jahweh Malak Psalms," *Theologische Zeitschrift* 21 (1965), 345-347.

70 N. C. Habel, *Yahweh versus Baal* (New York: Bookman Associates, 1964).

71 김찬국, "제2이사야의 창조전승 연구(2)," 44.

72 김찬국, "제2이사야의 창조전승 연구(2)," 56.

의 창조설화나 가나안의 창조설화는 예루살렘의 제의적 전승을 통해서 제2이사야에게 전승되고 신화적 표현이 함축되어있는 창조 사상도 그런 경로로 전승되었다고 보고 있다.[73]

3. "제2이사야의 창조전승 연구(3),"「신학논단」16 (1983)

1983년은 연말이 되었을 때 학생들을 탄압하던 제5공화국 정권이 정치적으로 유화 제스처를 보냈던 시기라 할 수 있다. 김찬국이 "제2이사야의 창조전승 연구(3)"[74]를 발표한 지 한 달 뒤 5공화국 정권은 그들에 의해 구속되었던 131명의 학생들을 석방하고 학내 상주 경찰들이 철수시키고 제적생들의 복직을 약속했던 '학원 자율화 조치'(1983. 12.22.)를 발표한다. 이 시기는 김찬국으로 하여금 두 번에 걸쳐 강제 해직된 대학 강단에 다시 복직될 수도 있다는 희망을 품게 만들었던 시기이기도 하다. 이후 9개월 뒤인 1984년 9월 고국으로 귀환하기를 간절히 소망하였던 제2이사야와 같이 김찬국은 꿈에 그리던 교정으로 돌아오게 되었고 그의 제자들은 "금관의 예수"를 부르며 그의 복직을 진심으로 환영하였다. 김찬국은 이후 자신의 제2이사야 연구를 "포로기 예언서"라는 과목을 통해 후학들에게 열과 성을 다해 강의하며 그의 학문적 계보를 이어 나갔다.

"제2이사야의 창조전승 연구(3)"는 그가 이미「신학사상」12호(1976)에 발표하였던 "제2이사야에 나타난 천지의 주재란 제의적 칭호와 창조전승"을 수정, 보완한 것으로 제2이사야의 창조전승의 특

73 김찬국, "제2이사야의 창조전승 연구(2)," 62.

74 김찬국, "제2이사야의 창조전승 연구(3),"「신학논단」16 (1983), 47-80.

징을 그의 일관된 주장인 구원전승에 복속되지 않고 시편에 나타난 제의적 의미를 부여한 것이라 주장하고 있다.[75] 김찬국은 제2이사야는 자기 동포들에게 위로와 해방과 구원의 메시지를 선포한 예언자로 백성들에게 새 출애굽을 대망하게 하였고 출애굽의 구원을 기억하는 문맥 속에서 창조 당시 나타난 야웨의 위대한 힘을 보여주려고 창조신앙을 통해 포로민들을 일깨워 주었다고 본다.[76] 다시 말해 김찬국은 제2이사야는 포로민들의 예배 공동체의 일원으로서 시인이면서 동시에 예언자로서 탄식하는 동족들을 소생시키려는 위로의 예언자로서 제의적 전승을 회고하고, 그 줄기에서 사고를 하면서도 형식적 제의나 예배에서 벗어나서 창조전승의 원천에서 창조 주제를 찾아 창조신앙의 독자성을 재발견하였다고 본다. 그래서 구원사 관점에서만 창조를 찾으려 한 것이 아니고 시편 사용을 제의화한 전승에서 창조의 의미를 재발견하고 재해석한 공헌이 있다고 보았다.[77] 김찬국은 논문을 마무리하면서 새 구원을 창조할 야웨 하나님은 이제 바빌론의 신들보다 우월한 위치에서 유일무이한 분으로서 세계를 창조하고 세계 역사를 통치하는 능력을 과시하는 분임을 믿는 창조신앙의 독자성을 확립한 사람이 제2이사야임을 밝히며 논문을 마무리하고 있다.[78] 이러한 김찬국의 논문은 당시 구원전승에 복속되어 평가받고 있었던 창조신앙의 독자성을 주장한 독창적인 논문으로 제2이사야 연구에 있어서 큰 공헌을 한 논문이라 평가할 수 있다.

75 김찬국, "제2이사야의 창조전승 연구(3)," 63.
76 김찬국, "제2이사야의 창조전승 연구(3)," 63.
77 김찬국, "제2이사야의 창조전승 연구(3)," 73.
78 김찬국, "제2이사야의 창조전승 연구(3)," 73.

VI. 나오는 말

이상에서 살펴본 김찬국의 "제2이사야 연구"의 의미를 찾아보면 다음과 같다. 김찬국은 그의 학문의 인생을 시작하면서 뉴욕 유니온 신학교에서 만났던 마일렌버그의 가르침에 큰 깨달음을 얻어 제2이사야 연구의 첫발을 내딛게 된다. 그는 귀국 후 제2이사야 연구를 통해 1세대 대한민국의 구약신학을 선도하였고, 자신도 격동의 역사를 온몸으로 맞서며 살아가면서 좌절하고 절망한 백성들에게 희망의 메시지를 선포하기 위한 목적에서 제2이사야를 연구하였다. 그는 우리 민족의 아픔의 역사와 함께하며 역사의 격동기마다 제2이사야의 연구를 진행했다는 점에서 포로기 예언자 제2이사야를 매우 닮은 사람이었다고 볼 수 있다.

결론적으로 김찬국의 "제2이사야 연구"는 한국 구약신학의 기틀을 마련한 연구였으며, 고난당하고 있는 동시대 백성들에게 용기와 희망을 전해준 연구였다 볼 수 있다.

참고문헌

김찬국. "구약성서에 나타난 계약의 하나님의 구속적 의를 논함." 「신학논단」 2 (1954): 67-89.

_____. "시인 예언자, 제2이사야." 「기독교사상」 (1960. 4): 90-96.

_____. "창조관의 확립." 「기독교사상」 (1960. 5): 88-94.

_____. "역사해석의 확립." 「기독교사상」 (1960. 6): 87-93.

_____. "구원관의 확정." 「기독교사상」 (1960. 7): 86-92.

_____. "종말론의 확립." 「기독교사상」 (1960. 8): 118-123.

_____. "내가 영향을 받은 신학자와 그 저서." 「기독교사상」 (1964. 8): 30-31.

_____. "제2이사야의 문학 양식에 대한 최근 연구." 「현대와 신학」 3 (1969): 63-88.

_____. "제2이사야에 나타난 천지의 주재란 제의적 칭호와 창조전승." 「신학사상」 12 (1976): 35-53.

_____. "제2이사야의 창조전승 연구(1)." 「신학논단」 14 (1980): 45-91.

_____. "제2이사야의 창조전승 연구(2)." 「신학논단」 15 (1982): 39-62.

_____. "제2이사야의 창조전승 연구(3)." 「신학논단」 16 (1983): 47-80.

_____. "나의 고백." 「사목」 (1992. 8.): 83-86.

김이곤. "마일렌버그의 수사비평학." 「기독교사상」 (1994. 4): 72-86.

류형기(편). 『성서주해 II』. 서울: 한국기독교문화원, 1966.

Anderson, B. W. "Exodus Typology in Second Isaiah." in *Israels Prophetic Heritage: Essays in Honor of James Muilenburg*. New York: Harper & Brothers, 1962.

Beaulieu, P. A. *The Relign of Nabonidus: King of Babylon 556-539 B.C.* New Haven: Yale University Press, 1989.

Conrad, E. W. "Patriarchal Traditions in Second Isaiah." Dissertation of Princeton Theological Seminary, 1974.

Duhm, B. *Das Buch Jesaja*. Göttingen: Vandenhoeck & Ruprecht, 4th edn, 1922.

Eichhorn, J. G. *Einleitung in das Alte Testament*. Reutlingen: J. Grözinger, 1790.

Gunkel, H. *Schöpfung und Chaos in Urzeit und Endzeit*. Göttingen: Vandenhoeck und Ruprecht, 1895.

Habel, N. C. "Yahweh, Maker of Heaven and Earth." *JBL* 91 (1972): 321-337.

_______. *Yahweh versus Baal*. New York: Bookman Associates, 1964.

Ludwig, T. C. "The Tradition of the Establishing of the Earth in Deutero-Isaiah." *JBL* 92 (1973): 345-357.

Miller, P. D. *Divine Warrior in Early Israel*. Cambridge: Harvard University Press, 1973.

Mowinckel, S. *The Psalms in Israel's Worship I, II.* Oxford: Blackwell, 1967.

Muilenburg, J. "The Book of Isaiah Chapter 40-66." *Interpreters Bible Commentary* Vol V(1956): 381-773.

_______. "Form Criticism and Beyond." *JBL* (1969): 1-18.

Mulzer, M. "Döderlein und Deuterojesaja." *BN* 66 (1993): 15-22.

North, C. R. *The Suffering Servant in Deutero-Isaiah*. London: Oxford University Press, 1948.

Pritchard, J. *Ancient Near Eastern Texts: Relating to the Old Testament*. Princeton: Princeton University Press, 1969.

Rad, G. von. "The Theological Problem of the Old Testament Doctrine of Creation." *The Problem of Hexateuch and other Essays*. New York: Oliver& Boyd, 1966.

Smart, J. A. *History and Theology in Second Isaiah.* Philadelphia: The Westminster Press, 1965.

Torrey, C. C. *The Second Isaiah*. Edinburgh: Charles's Scribner's Sons, 1968.

Waldow, H. E. von. "The Message of Deutero-Isaiah." *Interpretation* XXII (1968): 259-287.

Watts, J. D. W. "Jahweh Malak Psalms." *TZ* 21 (1965): 345-347.

Westermann, C. *Basic Forms of Prophetic Speech*. Philadelphia: The Westminster Press, 1967.

_______. *Das Buch Jesaja Kap. 40-66*. Göttingen: Vandenhoeck & Ruprecht, 1966.

Zimmerli, W. "Der neue Exodus in der Verkündigung der beiden grossen Exilspropheten." in *Gottes Offenbarung: Gesammelte Aufsätze zum Alten Testament,* München: Kaiser Verlag, 1963.

김찬국의 출애굽 신학 이해

장석정*

I. 서론

한 명의 학자가 소천(召天)한다는 것은 한 생명이 흙으로 돌아간다는 것 이상의 의미가 있다. 그 학자가 평생을 두고 연구하고 가르쳤던 모든 화두가 함께 정지해 버린다는 것을 뜻한다. 후학들이 아무리 스승의 연구 주제를 이어가려고 애써도 그 발끝에도 미치지 못하는 것이 현실이다. 제자들이 안타까워했던 소원(笑園) 김찬국(金燦國) 교수(1927-2009)의 소천은 10년이 지난 지금까지도 그 슬픔과 아쉬움이 조금도 수그러들지 않고 그대로 남아 있는 것을 알 수 있다. 본 논문은 김찬국 교수가 생전에 연구했던 주제 중에서 '출애굽기'와 관련된 내용을 모아서 분석함으로써, 그분의 출애굽 신학의 내용을 정리하려는 목적에서 시작되었다.

---

* 가톨릭관동대학교, 구약학

본 논문은 김찬국의 '출애굽 사건'에 대한 해석을 그가 남긴 글들을 통해서 살펴보려는 것이다. 동시에 출애굽기 성서 본문의 '본래적 의미'에 기초하여, 혼돈의 시대인 1970-80년대를 온몸으로 살았던 김찬국 교수의 출애굽 사건에 대한 '현재적 의미'를 찾아보려는 시도라 하겠다.[1] 민주화운동의 현장에서 민중의 삶을 대변하길 원했던 김찬국 교수의 숭고한 삶의 족적을 되짚어보면서, 김찬국의 출애굽 신학에 대한 이해를 재조명하려고 한다.[2]

출애굽 신학의 주된 배경은 물론 구약성서의 출애굽기이다. 이스라엘 백성이 이집트 왕과 신하들로부터 억압을 받고, 고역에 시달렸다는 내용은 출애굽기 1장에 기록되어 있다. 이런 억압의 근본적인 이유는 이스라엘 백성의 인구가 엄청나게 증가했던 때문이었다. 이렇게 폭발적인 인구증가를 보이는 이스라엘 백성에 대해서 이집트 왕은 특별히 세 가지 조치를 내려서 이들의 인구를 억제하려고 했다: 1) 강제노역 조치 2) 산파들에 의한 남아 살해 조치 3) 강물에 던지는 남아 살해 조치.[3] 이렇게 이집트 왕의 세 가지 조치들로 인해서 이집트에서 살고 있던 이스라엘 백성이 억압과 고통을 받았다는 것

---

1 김찬국의 1970년대의 해직교수로서의 삶에 관해서는 다음의 연구들을 참고하라. 천사무엘, "김찬국의 구약신학방법과 그 변화,"「신학논단」96(2019), 59-65; 박신배, "구약 민중신학의 재발견 — 김찬국 신학을 중심으로,"「신학사상」154(2011), 40-41.

2 소위 "민중신학"에 대한 각성의 목소리가 등장한 것은 2000년대 이후의 일인데, 그 중에서 민중신학의 과제를 새롭게 정의한 연구는 다음을 참고하라. 한완상, "민중신학의 현대사적 의미와 과제 - 21세기 줄씨알의 신학을 바라며,"「신학사상」143 (2008/겨울), 7-34.

3 이집트 왕의 이런 세 가지 인구증가 억제 조치에 대한 연구는 다음의 논문을 참고하라. 장석정, "바로의 걱정과 조치에 대한 관계 연구,"「신학사상」168 (2015/봄), 41-69.

은 아무리 강조해도 지나치지 않을 것이다.[4] 이런 이스라엘의 핍박 받는 상황이 김찬국의 출애굽 신학의 출발점이 되었다.

II. 본론

1. 출애굽 사건 이해

김찬국은 출애굽 사건을 성서에 나타난 "자유 해방운동"이라고 보고 있으며, 동시에 출애굽 사건을 "출애굽운동"이라고 칭한다.[5] 이렇게 출애굽 사건을 "해방"이라는 개념으로 이해하려는 시도는 일찍부터 있었다. 1980년대 초반부터 소위 "해방신학"에 대한 관심은 뜨거웠고, 여러 학자의 해방신학에 대한 소개와 연구가 이어졌다. 역사적, 사회적으로 압제를 받아 고통 받는 남미의 민중들을 경제적으로

4 노예 상태에서 핍박받았던 이스라엘이 경험한 출애굽 사건의 의미에 대해서는 이미 많은 연구가 주석서와 논문들을 중심으로 이루어졌다. U. Cassuto, *A Commentary on the Book of Exodus*, Trans. by I. Abrahams, (Jerusalem: Magnes, 1967); Brevard Childs, The Book of Exodus: A Critical, Theological Commentary, OTL. (Philadelphia: Westminster Press, 1974); George Coats, *Exodus 1-18*, vol. IIA, FOTL. (Grand Rapid: Eerdmans, 1999); Thomas Dozeman, *Exodus,* Eerdmans Critical Commentary. (Grand Rapids: Eerdmans, 2009); J. Durham, *Exodus*, (Texas: Word Books, 1987); Terence Fretheim, *Exodus*, Interpretation. (Louisville: John Knox, 1991); Cornelis Houtman, *Exodus*, vol.1 & 2, (Kampen: Kok Publishing House, 1993, 1996); Martin Noth, *Exodus*, German orig. 1959, OTL, (Philadelphia: Westminster, 1962); William H. C. Propp, *Exodus 1-18*, AB. (New York: Doubleday, 1999); *Exodus 19-40,* AB. (New Haven: Yale University Press, 2006); Nahum M. Sarna, *Exploring Exodus: The Heritage of Biblical Israel* (New York: Schocken Books, 1986).

5 김찬국, 『성서와 현실』 (대한기독교서회, 1992), 100.

해방했고, 제국주의의 탄압으로부터도 해방해야 한다는 논제를 중심으로 불붙기 시작한 해방신학은 1970-80년대 한국의 암울한 시대 상황과 잘 맞아떨어졌다.[6] 그렇지만 1990년에 들어서면서 이 해방신학에 대한 비판적 목소리도 높아지기 시작했다. 해방신학에서 하나님을 "민중의 하나님"이라고 표현하면서 가난하고 억압받는 민중들만을 위한 하나님으로 부각했던 점을 집중적으로 비판했다.[7] 즉, 가난한 사람들만을 위해서 하나님이 구원 역사를 펼치시는 것이 아니라, 오히려 하나님은 "보편성"을 가지고, 이스라엘 백성을 통해서 모든 이들을 구원하시려는 계획을 가지신 분임을 주장했다. 이런 의미에서 해방신학은 하나님을 고통 받는 이스라엘 백성만을 위한 "편파성"을 보여주는 하나님으로 잘못 이해하고 있음을 지적했다.[8]

성서 본문을 읽을 때, 하나님의 말씀이 자유롭게 선포될 것이라는 생각을 가져야 하는데, 해방신학은 이미 예견되고 미리 정해놓은 해답만을 발견하게 된다는 것을 염두에 두어야 한다. 정홍열의 비판적인 목소리는 의미가 크다고 생각되어 인용하기로 했다.

> 말씀하시는 하나님이 아닌, 말하는 인간이 있을 뿐이다. 우리는 해방신학의 성서관에서 '자유와 주권 가운데 말씀하시는 하나님'을 만날 수 없다.[9]

---

6 손봉호, "해방신학,"「성경과 신학」1(1983), 248-249. 해방신학에 대한 비판적인 시각에 대해서는 다음을 참고하라. 장재덕, "해방신학 비판,"「윤리연구」18(1984), 641-648; 고재식,『해방신학의 재조명』(서울: 사계절, 1986)

7 정홍열, "해방신학의 성서 해석관 비판-소위 민중성서읽기를 중심으로-,"「신학과 선교」2(1998), 371-372.

8 Ibid., 373.

9 Ibid., 374.

성서 본문을 해석할 때, 해석자는 물론 자신이 처해 있는 상황 속에서 성서를 해석하게 되고, 그 상황의 영향을 받게 된다. 그렇지만 우리 나약한 인간이 예상하지도 못하는 놀라운 말씀의 진리가 성서 본문에 담겨 있음을 동시에 염두에 두어야 한다. 특히 출애굽기 본문을 통해서 출애굽 사건이 이스라엘 백성의 해방 사건으로서만 의미를 갖는 것이 아니라, 더욱 큰 하나님의 계획 속에서 약속하신 땅을 이스라엘이 차지하는 약속의 성취라는 틀 속에서 출애굽 사건이 이해되어야 한다는 것을 성서 본문 자체가 우리에게 알려주고 있다.

동시에 김찬국은 이런 이스라엘 민족의 해방운동을 통해서 우리 한국민족의 해방운동을 조명하려는 시도를 했다. 즉, 성서에 기록된 출애굽운동의 내용을 기초로 해서 우리나라의 해방운동을 새롭게 이해하려고 했음을 알 수 있다. 시대도 다르고, 지역도 상이한 이스라엘 민족과 우리 한민족의 차이점들을 시대와 장소를 초월하는 하나님의 역사하심의 기록인 성서 내용을 통해서 넉넉하게 상쇄시켜 나가는 노력을 보여주는 것이다.

"자유의 언어" 사용과 해방운동을 연결해서 이해하고 있는데, 브라질의 알베스(Alves) 교수는 기독교인들과 정치적 휴머니스트들이 왜 아픔의 언어를 함께 쓰며 희망의 언어를 사용하는 공동 작업을 하고 있는지 관해서 말하고 있다는 것을 지적한다. 즉, "인간구원의 꿈을 실현하기 위한 정열" 때문에 기독교인들과 정치적 자유와 민주화를 바라는 일반 민주시민들이 자유의 언어를 사용한다는 것이다.[10] 이렇게 남미의 정치적 억압 상황에 대한 이해는 70년대 이후

10 김찬국, 『성서와 현실』, 100, 재인용; Alistair Kee, ed., *A Reader in Political Theology* (Hymns Ancient & Modern Ltd, 1974), 35-41.

한국의 암울했던 현실과 연결고리를 갖고 있다.

김찬국은 출애굽기 3장 7-12절에 기록된 언어가 이스라엘 백성의 해방을 위한 꿈(vision)과 아픔(passsion)을 보여주는 자유의 언어라고 보고 있다. 이 중에서도 특히 7-10절의 내용을 강조하고 있다.[11] 이 성서 본문에 대한 우리말 번역은 김찬국 교수의 본문 이해를 보여주는 중요한 근거가 될 수 있기에 그가 인용한 성서 본문을 소개한다.

> 야훼께서 계속 말씀하셨다. "나는 내 백성이 이집트에서 고생하는 것을 똑똑히 보았고, 억압을 받으며 괴로워 울부짖는 소리를 들었다. 그들이 얼마나 고생하는지 나는 잘 알고 있다. 나 이제 내려가서 그들을 이집트인들의 손아귀에서 빼내어 그 땅에서 이끌고 젖과 꿀이 흐르는 아름답고 넓은 땅…으로 데려가고자 한다. 지금도 이스라엘 백성의 아우성 소리가 들려온다. 또한 이집트인들이 그들을 못 살게 구는 모습도 보인다. 내가 이제 너를 파라오에게 보낼 터이니, 너는 가서 내 백성 이스라엘 자손을 이집트에서 건져 내어라"(출 3:7-10).[12]

이 번역은 『개역한글판』(1961)이나 『개역개정판』(1998)과는 다른 번역이다. 자연스럽게 필자의 관심은 1999년에 가톨릭에서 간행된 『공동번역 성서 개정판』으로 향했다. 그리고 아래에 인용한 것처럼 김찬국이 인용한 것과 같은 번역 본문을 발견하였다.[13]

---

11 김찬국, 『성서와 현실』, 101.

12 Ibid.

13 이보다 앞서 1977년도에 간행된 『공동번역 성서』는 맞춤법이 다르게 표기되어 있는 점을 제외하면 김찬국의 인용문과 동일하다. 즉, 7, 8, 9, 10절에서 "이집트" 대

[7]야훼께서 계속 말씀하셨다. "나는 내 백성이 이집트에서 고생하는 것을 똑똑히 보았고 억압을 받으며 괴로워 울부짖는 소리를 들었다. 그들이 얼마나 고생하는지 나는 잘 알고 있다.
[8]나 이제 내려가서 그들을 이집트인들의 손아귀에서 빼내어 그 땅에서 이끌어서, 젖과 꿀이 흐르는 아름답고 넓은 땅, 가나안족과 헷족과 아모리족과 브리즈족과 히위족과 여부스족이 사는 땅으로 데려가고자 한다.
[9]지금도 이스라엘 백성의 아우성 소리가 들려온다. 또한 이집트인들이 그들을 못살게 구는 모습도 보인다.
[10]내가 이제 너를 파라오에게 보낼 터이니 너는 가서 내 백성 이스라엘 자손을 이집트에서 건져내어라"(공동번역 성서 개정판, 1999).[14]

김찬국이 개신교 성서 대신 가톨릭 성서를 인용한 것에 대한 설득력 있는 이유를 찾아보기 위해, 개신교 성서 중에서 『개역개정판』(1998)의 본문과 비교해 보기로 하자.[15]

[7]여호와께서 이르시되 내가 애굽에 있는 내 백성의 고통을 분명히 보고 그들이 그들의 감독자로 말미암아 부르짖음을 듣고 그 근심을 알고
[8]내가 내려가서 그들을 애굽인의 손에서 건져내고 그들을 그 땅에서 인도

신 "에집트"로 번역했다.

14 『공동번역 성서 개정판』이 1999년에 간행되었기 때문에, 1992년에 출간된 김찬국의 『성서와 현실』에서 이 번역 성서를 인용한 점에 관해서는 설명이 필요하지만, 본 논문에서는 『공동번역 성서 개정판』의 번역 내용이 『성서와 현실』에 인용된 사실만을 근거로 논의를 진행하기로 한다.

15 개역한글판 성서(1961)는 개역개정판 성서(1998)와 문맥이 거의 유사하며, 한자어와 고어체 문장들을 사용하여 번역했기 때문에, 본 논문에서는 비교대상으로 고려하지 않기로 한다.

하여 아름답고 광대한 땅, 젖과 꿀이 흐르는 땅 곧 가나안 족속, 헷 족속, 아모리 족속, 브리스 족속, 히위 족속, 여부스 족속의 지방에 데려가려 하노라

9이제 가라 이스라엘 자손의 부르짖음이 내게 달하고 애굽 사람이 그들을 괴롭히는 학대도 내가 보았으니

10이제 내가 너를 바로에게 보내어 너에게 내 백성 이스라엘 자손을 이집트에서 인도하여 내게 하리라(개역개정판, 1998).

출애굽기 3장 7-10절의 본문을 인용하면서 왜 개신교가 사용하고 있는 성서 본문을 인용하지 않고, 개신교 목사이자 교수인 김찬국은 가톨릭의 『공동번역 성서 개정판』을 선택했을까? 우선 7절의 번역 내용을 비교하기로 하자.

7야훼께서 계속 말씀하셨다. "나는 내 백성이 이집트에서 고생하는 것을 똑똑히 보았고 억압을 받으며 괴로워 울부짖는 소리를 들었다. 그들이 얼마나 고생하는지 나는 잘 알고 있다"(공동번역 성서 개정판).

7여호와께서 이르시되 내가 애굽에 있는 내 백성의 고통을 분명히 보고 그들이 그들의 감독자로 말미암아 부르짖음을 듣고 그 근심을 알고(개역개정판)

두 번역(편의상 각각 '공동번역'과 '개정판'이라고 줄여서 부르기로 한다)을 비교해 보면 뚜렷한 차이가 난다. 첫째, 공동번역은 7절을 두 문장으로 정확하고 깔끔하게 끝맺음하고 있다: "… 말씀하셨다.",

"나는 잘 알고 있다." 반면에 개정판은 하나의 문장도 끝맺음이 없음을 알 수 있다. "여호와께서 이르시되", "근심을 알고"라고 되어 있어서, 8절과 함께 읽어야만 문장이 매듭지어지게 된다. 둘째, 개정판이 "이집트에 있는 내 백성의 고통을 분명히 보고"라고 번역하고 있는 부분을 공동번역은 "내 백성이 이집트에서 고생하고 있는 것을 똑똑히 보았고"라고 번역하고 있다. 공동번역은 이스라엘 백성의 상황을 더욱 구체적으로 묘사하고 있다. 개정판처럼 단순히 백성의 고통을 보았다고 번역하면 독자들은 구체적으로 고통 받는 상황을 떠올리기 힘들 것이다. 그렇지만 공동번역처럼 "고생하고 있는 것을"이라고 번역하면 백성의 힘들어하는 모습을 더욱 쉽게 떠올릴 수 있다. 또한 "억압을 받으며 괴로워 울부짖는 소리를 들었다"는 공동번역의 내용은 개정판의 "그들이 그들의 감독자로 말미암아 부르짖음을 듣고"라는 번역에서는 느낄 수 없는 억압과 고통에 몸부림치는 이스라엘 백성의 생생한 현실을 전해주고 있다는 것을 알 수 있다.

이런 관찰 내용에 근거해 보면, 개신교 목사이자 교수였던 김찬국은 그가 주장하는 출애굽운동의 해방운동적 성격을 부각하기 위해서 성서 본문의 번역도 그의 주장을 더욱 잘 뒷받침해 주는 번역을 선택했다고 볼 수 있다. 비록 그 번역 본문이 가톨릭교회에서 사용하는 성서에서 온 것이라고 해도, 에큐메니칼적인 차원에서 그에게는 문제가 되지 않았던 것으로 보인다. 동시에 김찬국이 경험했던 1970-80년대 한국의 군사독재의 암울했던 기억들 속에서 나타나는 한국인들의 고통과 울부짖음의 모습이 재현되는 성서 번역이 그의 출애굽운동의 해방운동적 성격을 대변하는 데 가장 적합했을 것이다. 이번에는 9절을 비교해 보자.

[9]지금도 이스라엘 백성의 아우성 소리가 들려온다. 또한 이집트인들이 그들을 못살게 구는 모습도 보인다(공동번역 성서 개정판).

[9]이제 가라 이스라엘 자손의 부르짖음이 내게 달하고 애굽 사람이 그들을 괴롭히는 학대도 내가 보았으니(개역개정판).

공동번역의 "아우성 소리"는 "부르짖음"보다 더욱 강렬하고 생동감 있게 고통 받는 처절한 현실을 묘사해 준다. 고통에 몸부림치는 "소리"를 부각하기 위해서 직접 "소리"라는 단어를 사용한 것은 개정판에서 "부르짖음"이라는 단어를 통해 "소리"를 유추해내야 하는 단계를 건너뛰고 직접 독자들에게 생생한 현장의 소리를 전해준다는 목적을 훌륭하게 달성하고 있다. 또한, 공동번역의 "못살게 구는 모습"이라는 번역도 "괴롭히는 학대"라는 개정판 보다 구체적이고 이미지 중심의 언어가 사용되었음을 알 수 있다. 또한, 개정판은 한자어인 "학대"(虐待)를 사용함으로써, 이스라엘 백성이 경험했던 비참한 상황의 구체성을 표현하는 데 실패하고 있다.

2. 광야 생활 이해

김찬국은 출애굽 이후의 이스라엘 백성의 광야 생활에 관해서도 의견을 피력한다. 8·15광복 후 40년이 되었던 때를 출애굽 사건 이후 40년간의 광야 생활에 빗대서 말하곤 한다. 약속의 땅을 향해서 가던 여정에서 이스라엘 백성이 가장 힘들었던 것은 "심각한 식량부족의 경제적 어려움을 겪었던 것으로" 이해하고 있다. "폭군의 탄압으로 인한 노예 생활에서는 벗어났지만, 자유 독립을 향한 긴 여정에서 먹고 마시는 기본적인 문제가 충족되지 않음으로 인한 시련에 부닥뜨리게 되었다"라고 하면서 민수기 11장 5-6절의 공동번역 본문을 인용하고 있다.[16]

> 5이집트에서는 공짜로 먹던 생선, 오이, 참외, 부추, 파, 마늘이 눈앞에 선한 데,
> 6지금 우리는 먹을 것이 없어 죽는구나. 보기만 해도 지긋지긋한 이 만나밖에 없다니(공동번역 성서 개정판).

> 5우리가 애굽에 있을 때에는 값없이 생선과 오이와 참외와 부추와 파와 마늘들을 먹은 것이 생각나거늘
> 6이제는 우리 기력이 다하여 이 만나 외에는 보이는 것이 아무 것도 없도다 하니(개역개정판).

6절 전반부에 "먹을 것이 없어 죽는구나"로 번역된 공동번역의 내용이 개정판에서는 "기력이 다하여"라고 번역되어 있다. 공동번역의 "죽음"에 대한 언급이 김찬국에게는 더욱 절실하게 다가왔던 것으로 보인다. 민주화의 투쟁 속에서 사그라지는 안타까운 죽음들을 표현해주고 있다고 보았을 가능성이 높다.

이 부분의 히브리어 본문을 직역하면, "이제 우리의 기력/생명이 쇠약해졌다"는 의미가 됐다.[17] 개정판 번역이 큰 무리 없이 히브리어

---

16 김찬국, 『성서와 현실』, 106-107.

17 히브리어 נפש는 다양한 뜻을 가졌다: 1) throat 2) neck 3) breath 4) living being

본문을 번역했지만, 공동번역은 이를 의역한 것이라 하겠다. 기력이 쇠해졌다는 것은 굶주려서 그렇게 된 것이라고 보고, 이런 상황을 강조하여 "먹을 것이 없어 죽는구나"로 번역한 것으로 보인다. 김찬국은 공동번역이 광야에서 굶주린 이스라엘 백성의 현실을 더욱 생생하게 전해주는 번역이라고 보았을 것이며, 나아가서 김찬국이 활동하던 1970-80년대의 암울한 현실을 반영해 주는 것이라고 판단했을 가능성이 높다.

또한, 6절 후반부의 번역 내용에서도 이런 점이 나타나고 있다. 공동번역이 "보기만 해도 지긋지긋한 이 만나밖에 없다니"로 번역하고 있는 반면에, 개정판은 히브리어 본문이 기록한 대로 "이 만나 외에는 보이는 것이 아무것도 없도다 하니"로 번역했다. 그런데 중요한 것은 공동번역에서 나오는 "지긋지긋한"이라는 뜻을 가진 단어가 히브리어 본문에는 사용되지 않았다는 점이다. 따라서 공동번역은 히브리어 본문에 없는 내용을 본문의 뜻을 강조하기 위해 집어넣은 것으로 보인다. 그렇지만 김찬국은 그가 인용하는 민수기 11장 5-6절의 내용을 통해서 이스라엘 백성이 광야 생활에서 계속 같은 음식인 만나만 먹어서 지긋지긋해졌다는 정신적인 스트레스를 잘 보여주는 공동번역 본문을 택했다.

광야 생활에서 모세와 함께 70명의 장로도 영적인 은사를 받아서 함께 지도력을 발휘하여 "민족 수난의 광야행진"을 지속해 나갈 수 있었다고 김찬국은 주장했다.[18] 그가 사용하는 용어들은 단순히 이스라엘 백성이 출애굽 이후에 광야 생활을 했다고 표현하는 것으로

5) people 6) personality 7) life 8) soul. HALOT, vol. 1, 713.

18 김찬국, 『성서와 현실』, 107.

는 충분하지 않았음을 보여준다. "민족수난"이라는 표현과 "행진"이라는 표현은 민주화운동의 맥락에서 자주 사용되던 표현들이었으며, 이를 통해서 이스라엘 백성의 광야 생활과 우리나라 민주화운동의 연결고리를 마련하려는 의도를 보여준다.

가나안 땅으로 가는 여정은 순탄치 않았고, 기근과 목마름 등으로 생기는 육체적인 나약함과 모세의 지도력에 반발하는 군중들의 반역도 있었지만, "민족해방과 자유로의 길"을 방해하는 모든 어려움을 이겨내는 데 모세와 장로들의 집단적 지도력이 원동력이 되었다고 김찬국은 보고 있다.[19] 필자는 이런 김찬국의 논리에는 동의하지만, 그가 사용하는 표현들은 재고해 볼 여지가 있다고 생각된다. 우선 광야를 통한 약속의 땅으로 가는 길은 여호와 하나님이 주시기로 약속한 땅을 차지하기 위해 필수적인 과정이었다. 따라서 "민족해방"이라는 표현은 이스라엘 백성이 이집트에서 나온 사건인 출애굽 사건이 가져온 긍정적인 결과임이 확실하다. 출애굽 사건 이후에 이스라엘 백성은 해방되었다고 볼 수 있다는 말이다. 그러므로 출애굽 이후에 이어지는 광야 생활의 여정은 "민족해방"이나 "자유"라는 표현과는 어울리지 않는 시기였다는 점을 짚고 넘어갈 필요가 있다.

3. 모세의 지도권

출애굽 역사에서 가장 자랑할 만한 사건은 모세가 여호수아에게 지도권을 "깨끗이" 이양했다는 사실이라고 김찬국은 보고 있다.[20]

---

19 Ibid.

20 Ibid., 108.

더 나아가서 그는 다음과 같이 주장한다.

> 이는 정치 신학적 관점에서 보면 제3세계 독재국가들에게서 지도권 독점 때문에 일어나는 반체제 운동으로 독재타도와 개혁을 요구하는 자유운동의 일환으로서 바람직한 일이 아닐 수 없다.[21]

> 모세는 확실히 자기 동족의 아픔을 자기의 아픔으로 동감하고서 강자 폭군인 이집트의 바로 왕에게 저항하는 대대적인 시민 불복종운동의 비판행위를 주도해 나갔었다. 그러기에 출애굽 사건은 이스라엘 민족 역사에서 꼭 기억되고 있는 반항과 저항과 관계된 자유운동을 기억하는 역사적 사건의 시발점이 되고 자유를 위한 영감의 원천이 되었다.[22]

김찬국 당시의 "독재국가"들에서 일어나야 하는 바람직한 일을 출애굽기에 기록된 모세의 모습에서 발견하려는 시도를 했다는 점은 높이 평가할 만한 일이다.[23] 그러나 출애굽 당시의 이집트의 정치적 정황을 현재적 시점과 차별성 없이 비교하는 것은 지양해야 할

---

21 Ibid.

22 이 내용은 스페인의 피에로(Fierro)가 주장한 내용을 김찬국이 그의 책에서 인용하고 있는 것이다. Norman Gottwald & Richard Horsley, ed., *The Bible and Liberation: Political and Social Hermeneutics* (Orbis Books, 1983), 473-481; 위의 책, 109-110에서 재인용.

23 '모세'라는 인물에 대한 연구서들은 다음을 참고하라. J. Assmann, *Moses the Egyptian: The Memory of Egypt in Western Monotheism*, (Cambridge: Harvard University Press, 1997); George Coats, *Moses: Heroic Man, Man of God*, JSOTSupp 57 (Sheffield: JSOT Press, 1988); H. Gressmann, *Mose und seine Zeit* (Göttingen: Vandenhoeck & Ruprecht, 1913); *John van Seters, The Life of Moses* (Louisville: Westminster Press, 1994).

부분으로 생각된다. 김찬국은 더 나아가 모세의 지도권 이양에 대해 아래의 시각을 견지하고 있다.

> 모세는 이런 큰 과업을 자기의 카리스마적 지도력을 독재화하지 않고서 영적 지도력과 구체적 지도를 겸해 나가면서 하나님과 백성 앞에 늘 물어보는 겸손한 지도자였다… 당대에 혼자 가나안 정복이라는 약속의 땅으로의 행진을 독점적으로 다 해내겠다는 욕심을 부리지 않았다. 여호수아에게 나머지 자유 운동 작업을 일임하고 숨을 거두었으니….[24]

모세가 자신의 "지도력을 독재화하지 않고"라는 표현과 "여호수아에게 나머지 자유운동 작업을 일임하고 숨을 거두었으니"라는 내용은 성서에 기록된 모세의 모습을 지나치게 민주화운동의 틀 속에 입력하여 이해하고 있는 것이 아닌가 하는 생각이 들게 한다. 이스라엘 백성 때문에 여호와께서 모세에게도 진노하셔서 모세 자신도 결국 약속의 땅에 못 들어가게 되었다는 신명기 1장의 내용을 보면, 모세 자신도 약속의 땅에 들어가서 계속 지도자의 역할을 하고 싶었을 가능성도 있다는 점도 염두에 두어야 할 것이다.[25]

---

24 김찬국,『성서와 현실』, 110.

25 신명기 1:37. 김찬국은 계속해서 이런 모세의 지도권 이양에 대해서 다음과 같이 이야기했다. "한국의 지난 40년 역사는 지도권 이양이 한 번도 정치적으로 이루어진 적이 없었다. 여덟 번이나 변칙적 개헌으로 정치지도자가 탄생되었지만, 평화적 정권교체로 인한 지도권 이양은 계승의 현실을 보지 못한 유감을 가지고 있다. 우선 지도권을 가진 정치인들이 정권연장을 위해서 무리하게 변칙적인 부정으로 통치권을 연장 강화하려다가 비극적인 종말을 역사 앞에 노출시킨 부끄러움의 역사의 연속이었다." Ibid., 111.

4. 출애굽이 가져온 변화

김찬국은 구약성서에 나타난 이스라엘의 역사 중에서 정치적, 사회적, 종교적 기준에서 혁명적인 변화를 가져온 사건은 출애굽 사건이라고 보면서, "노예 생활을 하던 이스라엘 민족을 해방시킨 모세의 위대한 탈출 작전"이라고 봤다.[26] 출애굽 사건으로 이스라엘 민족의 역사가 시작된 혁명적인 사건이라는 것이다.[27] 이런 주장을 더욱 강조하는 내용은 다음과 같다.

> 모세는 애굽의 왕정을 전복시키거나 군대를 동원하거나 해서 탈출 작업을 하지 않았다. 애굽의 바로 왕과 계속적이고도 끈질긴 대화와 설득을 통해서 야훼 하나님의 우위성을 보여주는 기적의 과시로 바로 왕의 허락을 얻어 히브리 동족을 탈출시켰던 것이다. 출애굽의 이야기는 이렇게 해서 자유와 독립을 향한 이스라엘 민족의 정치적 해방운동을 보여 주고 있으며, 이 해방으로 자유민이 된 이스라엘이 야훼 하나님과 계약을 맺은 선택받은 민족이라는 민족의식의 자각을 가지게 되었으며, 애굽의 이방종교의 영향으로부터 이탈하여 유일신 야훼 종교로의 출발을 보여주고 있는 것이다.[28]

---

26 Ibid., 223.

27 모세의 선택에 대해서 다음과 같이 보고 있다. "기존의 사회체제는 남의 나라 땅에서 남의 지배와 탄압을 받고 사는 자유를 잃어버린 상황이었다. 하나님은 출애굽의 혁명적 과업을 성취하기 위해서 모세란 인물을 선택하여 그에게 큰 사명을 주는 것으로 역사를 움직이셨다." 앞의 책. 223. 이러한 김찬국의 주장은 다음의 글에서도 찾아볼 수 있다. 김찬국, "구약의 하나님과 혁명적 변화,"『인간을 찾아서』(서울: 한길사, 1980), 75-84. 특히 84쪽에서, "출애굽의 역사를 시작한 하나님은 인간역사를 자유와 독립이 정치적으로 사회적 정신적으로 실현되기를 기대하고 약속하신다"고 역설한다.

출애굽 사건을 이스라엘 민족의 "정치적 해방운동"이라는 점을 강조하면서, 민족적인 자각을 갖게 된 결정적인 사건이며, 야훼 종교의 정체성을 확립하는 사건으로 이해한다. 동시에 출애굽 사건은 전승의 역할을 하게 되며, 하나님이 역사에 간섭하는 사건으로 제2의 출애굽, 제3의 출애굽으로 이어질 수 있다고 보았다.[29]

5. 출애굽 사건 이해의 한계

출애굽기 3장 7-12절의 내용을 근거로 하여 김찬국은 출애굽운동의 시작을 유추하고 있다. 이집트에서 억압받고 신음하는 민중들을 해방하여 약속의 땅으로 인도해야 한다는 하나님 구원의 언어에서 출애굽운동이 시작된 것으로 본다는 말이다.[30] 그렇지만 여기에서 간과해서는 안 될 것은 이스라엘 백성이 이집트에서 노역에 시달리며, 고통을 호소했다는 것은 출애굽기 1장부터 기록되어 있지만, 이렇게 고통 받는 이스라엘 백성을 "해방"해서 약속의 땅으로 인도한다는 논리는 비판의 소지가 있다. 여호와 하나님이 아브라함에게 주신 두 가지 약속은 자손과 땅에 대한 약속이었다. 그중에서 자손에 대한 약속은 이미 이집트에서 400여 년을 사는 동안에 성취되었다고 볼 수 있다. 그리고 다른 한 가지 약속인 "젖과 꿀이 흐르는 땅"을 차지하게 되는 것은 출애굽 사건을 통해서 이해될 수 있다.

이스라엘 백성이 이집트 땅 안에서 억압을 받지 않고 행복하게

---

28 Ibid., 224.

29 Ibid., 224-225.

30 김찬국은 "억울함을 호소하는 민중의 소리가 곧 자유의 소리가 되고, 그 기록을 담은 글이 자유와 해방의 언어가 되는 것이다."라고 주장한다. Ibid., 101.

살아갔다면, 여전히 그들은 여호와가 약속하신 가나안 땅으로 들어가지 못하게 된다. 여호와의 약속이 성취되지 않는 결과를 낳게 된다. 그렇지만 여호와의 약속은 반드시 성취되기 때문에, 이스라엘 백성은 필수적으로 이집트 땅을 떠나야 한다는 결론이 나온다. 이집트 땅에서 나와야 가나안 땅으로 갈 수 있고, 궁극적으로 그 땅을 차지할 수 있게 되기 때문이다. 하우트만(Houtman)은 이집트 파라오의 인구 억제 정책의 궁극적인 목적은 이스라엘 민족을 이집트 땅 안에 붙잡아 두는 것이며, 그렇게 함으로써 "땅의 약속"이 성취되는 것을 방지하는 것이었다고 본다. 땅의 약속이 성취되려면 이스라엘은 이집트 땅을 나가서(출애굽) 약속의 땅을 차지해야 하기 때문이다. 이렇게 보면 성서기자에게 이집트 왕은 여호와 하나님이 이스라엘 민족을 위해 세운 계획에 대한 가장 큰 적대자(antagonist)였다고 하우트만은 주장했다.[31] 이런 점에서 출애굽 사건은 "젖과 꿀이 흐르는 땅"을 주시겠다는 여호와의 이스라엘 민족에 대한 약속의 성취를 위한 필수적인 사건으로 이해되는 것이 마땅하다. 출애굽의 통한 이스라엘의 노예 상태에서의 해방은 약속의 땅으로 가기 위한 출애굽 사건의 결과로서 나타난 것이다.

출애굽기 사건의 가장 중요한 주제는 "가나안 땅의 차지로 인한 여호와 약속의 성취"이다.[32] 출애굽 사건을 '해방운동'이라고 보는 김찬국의 이해는 출애굽 사건의 결과로 발생한 결과인 '억압에서의 해방' 쪽에 무게 중심을 실어준다. 물론 김찬국은 억압받고 신음하는 민중들을 해방하여 약속의 땅으로 인도한다는 측면을 말하고 있지

31 Cornelis Houtman, *Exodus*, vol.1 (Kampen: Kok Publishing House, 1993), 222.
32 장석정, 『출애굽기의 출애굽』 (대한기독교서회, 1998), 12.

만, 여전히 출애굽운동을 해방운동으로 보고 있는 것이 사실이다. 앞에서 언급한 것처럼 약속의 땅으로 이동하여 그 땅을 차지하는 것은 이집트에서 나오지 않고는 불가능한 일이다.[33] 즉, 출애굽을 해야 가능하다는 말이다. 그러므로 출애굽 사건은 약속의 땅으로 가기 위한 필수적인 과정이지 그 자체가 목적이 아니다. 출애굽 사건은 해방을 우선적인 목적으로 하는 것이 아니라, 이스라엘 백성의 지위 변화(status change)라는 결과를 가져온다고 보는 것이 설득력이 있다. 따라서 김찬국의 출애굽 사건 이해는 1970-80년대의 우리나라의 사회 상황과 그 당시 유행했던 "해방신학"의 분위기 속에서 출애굽 사건의 해방사건적 성격에 다소 무리하게 강조점을 둔 것이라고 판단된다.

또한, 김찬국은 출애굽운동을 일제 치하 수난의 역사 속에서 이해하려고 한다. 독립운동에 자신들의 삶을 바쳤던 애국지사의 문서들과 3·1독립선언문, 2·8독립선언문 등의 자료들이 자유의 소리를 대변하고 있으며, 이를 기초로 독립만세운동의 불길이 타올랐다고 봤다.[34] 일제 치하에서 기독교회들이 성서의 내용을 자유의 언어로 활용하여 자유 의식을 고취하고 인재들을 양성했다. 그런데 이런 상황에서 특이한 것은 일제 말기에 일본이 우리 국민에게 구약성서를 읽지 못하게 했다는 사실이다. 모세의 애국정신을 고취하지 못하도록 이런 금지조치를 취했다는 것이다.[35] 이런 정책을 펼친 일본도 이를 위해서 출애굽기 내용을 잘 알고 있었다는 것을 보여주는 예라 하겠다. 즉, 대한민국 백성의 해방을 위해서 출애굽 사건을 민족해방

33 Ibid.

34 김찬국, 『성서와 현실』, 102.

35 Ibid.

사건으로 이해할 수 있는 가능성조차도 일본이 염려해야 했던 시대적 상황도 엿볼 수 있다. 동시에 이런 일본의 염려가 도리어 김찬국에게는 출애굽 사건을 해방운동으로 이해할 수 있게 되는 계기가 되었다.

김찬국은 일제로부터의 해방운동을 민족 구원을 위한 출애굽운동으로서의 애국운동이었다고 본다.[36] 물론 우리나라의 독립운동이 애국운동이었다는 것에는 이견이 없지만, 출애굽 사건 자체를 이스라엘 민족을 구원하는 운동이었다고 보는 것은 다소 무리가 있어 보인다. 출애굽 사건을 통해서 이스라엘 백성이 노예 신분에서 자유민이 되었지만, 그들은 이미 여호와가 약속해 주신 가나안 땅으로 가서 그 땅을 차지해야 비로소 하나님의 약속이 성취되는 것이기 때문에, 민족 구원이라는 개념 자체는 약속의 땅 차지라는 개념 앞에서는 우선성(priority)이 떨어진다. 출애굽 사건이 가지는 다양한 개념 중에서 무엇이 더 우선 다른 개념들을 통제(control)하고 있는가 하는 문제를 짚어보면, "여호와 하나님의 약속의 성취"라는 개념이 단연 지배적이라고 하겠다. 왜냐하면, 출애굽 사건에서 나타나는 개념 중에 '약속의 성취'와 '민족의 해방/구원'을 놓고 보면, 가나안 땅을 차지함으로 가능한 '약속의 성취'는 반드시 이집트 땅에서 나가야 가능하지만, '민족의 해방/구원'은 이집트 땅 안에서도 실현될 수 있는 것이기 때문에, 물론 실현 가능성이 높지 않은 것은 사실이지만 실현 불가능하지는 않다는 말이다. 즉, 이스라엘 백성이 이집트에 반란을 일으키고 이집트의 주인이 된다면 이스라엘의 해방은 성취될 수 있다는 말이다. 이렇게 성서 본문 속에 나타나는 다양한 개념 중에서 다른 모든 개념을 통제하는 우선성을 가진 개념을 개념성(conceptuality)이

36 Ibid.

라고 한다.[37] 즉, 출애굽 사건에 있어서 개념성은 '젖과 꿀이 흐르는 땅'을 주시겠다는 "여호와의 약속 말씀의 성취"가 된다.

6. 새 출애굽운동

출애굽 사건 이후에 예언자들의 선포를 통해서 출애굽 사건의 맥락이 이어진다. 즉, 김찬국이 주장하는 출애굽운동은 기원전 587년 유다 왕국이 바빌론에 의해서 멸망당한 후에 예언자들을 통해서 제2의 출애굽운동으로 지속했다고 본다.[38] 바빌론으로 포로가 되어 끌려간 유다 백성에게 민족해방과 구원의 전망을 보여주려고 애쓴 예언자가 제2이사야라는 것이다.[39] 이 예언자의 자유의 언어는 이사야 42장 6-9절과 43장 18-19절에 나온다.

> 나 야훼가 너를 부른다. 정의를 세우라고 너를 부른다… 너는 만국의 빛이 되어라. 소경들의 눈을 열어 주고, 감옥에 묶여 있는 이들을 풀어 주고 캄캄한 영창 속에 갇혀 있는 이들을 놓아 주어라… 이제 새로 될 일을 내가 미리 알려 준다. 싹도 트기 전에 너희의 귀에 들려준다(42장 6-9절).

> 지나간 일을 생각하지 말라. 흘러간 일에 마음을 묶어 두지 말라. 보아라.

---

37 개념성(conceptuality)이란 다른 여러 개념을 통제하는 역할을 함과 동시에 여러 개념들이 공통적으로 가리키고 있는 궁극적인 개념적 이미지(conceptual image)를 의미하는 것이다. 장석정, "여호수아 1-5장에 나타난 땅의 개념 연구," 「신학사상」 137(2007/여름), 9.

38 김찬국, 『성서와 현실』, 103.

39 김찬국, "제2이사야 창조전승연구(III)," 「신학논단」 16(1983), 39-69.

내가 이제 새 일을 시작하였다… 내가 사막에 큰 길을 내리라. 광야에 한 길들을 트리라(43장 18-19절).[40]

김찬국은 이 본문 중에서 43장에 나오는 "지나간 일"은 옛 출애굽 사건을 의미한다고 본다. 그리고 "새 일"은 새로운 제2의 출애굽 사건을 의미한다는 것이다. 즉, 제2의 출애굽 사건은 바빌론의 포로 생활에서 탈출하는 사건으로 이해되고 있다.[41] 이런 김찬국의 출애굽 신학은 다음의 주장에서 확연하게 드러나고 있다.

첫 출애굽 때 하나님의 구원의 도우심이 있었던 역사적 경험을 제2이사야가 바빌론에 잡혀 온 동족 포로민에게 해석해 주면서, 두 번째 출애굽과 자유를 향한 역사적 대행진을 제시하여 새 미래를 향한 탈출구를 내기 위하여 사막에 큰 길을, 광야에 한 길을 트이도록 내야 한다는 자유의 언어를 사용했다.[42]

김찬국은 "자유의 언어"라는 개념이 첫 출애굽과 두 번째 출애굽을 이해하는 열쇠이며, 예언자들의 선포 속에서 출애굽기의 출애굽 운동의 불씨가 이어지고 있다는 점을 강조하고 있다.

일제 치하의 우리 민족의 자유 해방운동은 해방 이후에도 자유를 위한 계속적인 노력으로 이어지고 있으며, 남북의 대치 상황 속에서 북한 동포의 자유와 해방을 위한 통일 운동으로 모양새를 갖추고 있

40 김찬국, 『성서와 현실』, 103.
41 Ibid., 105.
42 Ibid.

다고 본다. 결국 "통일"이라는 민족의 과업을 "새 출애굽 운동"으로 보고 이를 위해 계속 역사적 행진을 해야 한다고 본다. 이런 측면에서 보면, 김찬국이 이해하는 출애굽 신학은 이스라엘 백성의 이집트에서의 해방으로 시작된 역사가 유다 백성의 바빌론 포로에서 해방되는 사건으로 이어지며, 이것이 오늘날 우리나라 역사 속에서 일제치하의 독립운동과 남북한의 통일운동으로까지 연결되고 있음을 알 수 있다.[43]

또 한 가지 고려해야 하는 점은 3·1운동은 우리나라가 우리나라 **땅 안에서** 빼앗긴 주권을 되찾고 독립을 얻어내기 위한 운동이었다는 것이다. 그러나 출애굽 사건은 이집트 **땅 밖으로** 나가야 하는 사건이었다. 이스라엘 백성은 이집트 땅 안에서 계속 살아가면 안 되는 것이었다. 만약 이스라엘 백성이 노예 신분에서 벗어나서 자유민이 되어서 이집트 땅에서 살게 된다고 하면, 가나안 땅을 주시겠다는 여호와 하나님의 약속은 여전히 성취될 수 없게 된다. 이스라엘이 물리적으로 **이집트 땅에서 나가는** "출애굽" 사건이 필수적으로 일어나야만 했다는 말이다. 따라서 김찬국의 출애굽 신학 이해는 출애굽기에 기록된 출애굽 사건을 일제하의 상황과 1970-80년대 민주화 상황 그리고 통일을 염원하는 현재 상황 속으로 가져와서 해석하는 소위 '재맥락화'(recontexualization) 방법을 적용하고 있다. 이와 더불어서 '약속의 땅'이라는 개념에서 '땅 안에서'와 '땅 밖으로'의 극명한 개념적 차이를 보이고 있기 때문에 출애굽 사건에 대한 '재개념화'(recon-

---

43 김찬국은 3·1운동을 "한국판 출애굽운동"이라고 보면서, "성서가 제시하고 있는 출애굽 정신인 해방과 자유의 정신을 우리 역사가 현실에 옮겨 심어서 다시는 다른 나라의 침략적 통치를 허용하지 않도록 경계해야 할 것"이라고 말한다. Ibid., 90-91.

ceptualization)를 동시에 시도하고 있는 것이다.[44]

III. 결론

성서 본문에 대한 해석은 해석자가 처한 역사적, 사회적, 정치적 정황에 따라서 그 양상이 달라지기 마련이다. 대한민국 역사에서 격동의 시기들 가운데 하나인 1970-80년대의 민주항쟁 시기를 몸소 경험한 김찬국의 신학적 입장은 이런 정황에 기초하여 그 틀을 갖추어 갔던 것이다. "김찬국의 출애굽 신학의 이해"라는 논문의 제목이 보여주듯이 김찬국의 출애굽 사건에 대한 이해와 해석은 그가 경험했던 시대적인 요구에 부응하는 모습을 보여준다.

김찬국의 글과 논문들을 읽으면서 가장 먼저 발견한 것은 그가 인용한 번역 성서가 가톨릭교에서 사용하는 『공동번역 개정판』(1998)이었다는 점이다. 개신교 목사인 김찬국이 그의 글에서 개신교회에서 사용하는 『개역한글판』이나 『개역개정판』의 번역 본문을 사용하지 않고 굳이 가톨릭교회에서 쓰는 번역 본문을 인용했다는 사실이 한편으로는 놀랍기도 하고, 또 다른 한편으로는 존경할 만한 일이라고 생각되었다. 특히 에큐메니칼적인 차원에서 볼 때, 가톨릭교의 성경을 사용한 것은 그의 논점을 강조하기 위한 선구자적인 시도라고 하겠다.

또한 김찬국은 출애굽 사건을 '출애굽운동'이라고 부르면서 이집

44 Rolf Knierim, *Text and Context in Leviticus* 1:1-9, Forshungen zum Alten Testament 2 (Tübingen: J.C.B Mohr, 1992), 1.

트 왕으로부터 억압받던 이스라엘 백성이 해방되는 해방 사건으로 이해하고 있다. 출애굽기 본문에 대한 본문비평적 연구나 고고학적 연구 방법 등은 사용하지 않았지만, 여전히 성서 본문을 해석학적으로 접근하고 있는 모습을 볼 수 있다. 출애굽 사건의 기록된 히브리어 본문에 대한 주석적 연구보다는, 김찬국의 구약신학은 조직신학에서 말하는 소위 '신정통주의 신학'의 배경을 갖고 있다.[45] 그렇기에 그의 '출애굽 신학'도 궁극적으로 해방신학과 민중신학의 조직신학적 배경을 갖고 형성되었기 때문에, 출애굽기 본문에 기록된 이스라엘 백성의 현실적인 상황에 대한 이해보다는, 한국의 70-80년대 정황이 대입되어 해석되는 '재맥락화'(recontextualization)의 경향을 보인다.

따라서 출애굽 사건의 궁극적인 목적이 해방이라고 일관되게 주장하는 김찬국의 신학적 입장은 당시에 가장 절실했던 해석학적 요구였다고 할 수 있다. 그럼에도 불구하고 구약신학의 현재 동향에 있어서 출애굽 사건은 이스라엘 백성의 '해방'보다 더 우선적으로 아브라함에게 약속하신 여호와 하나님의 "젖과 꿀이 흐르는 땅"을 차지하기 위해서 필수적인 과정으로 보는 해석도 있다는 것을 정리해 둘 필요가 있다고 생각된다. 비록 출애굽기 본문에 근거한 출애굽 신학을 정립한 것은 아니었지만, 김찬국은 그가 치열하게 살았던 당시의 한국 사회가 요구하는 절실한 목소리와 바람을 표현하기 위해 출애굽 사건을 해방 사건으로 '재개념화'(reconceptualization)하여 이해하고 있었다는 점은 높이 평가받아야 할 것이다.

---

45 이런 신정통주의적 구약신학에 대한 김찬국의 연구 경향에 대해서는 다음의 논문을 참고하라. 천사무엘, "김찬국의 구약신학방법과 그 변화,"「신학논단」96 (2019), 55-56.

참고문헌

고재식. 『해방신학의 재조명』. 서울: 사계절, 1986.

김찬국. 『성서와 현실』. 서울: 대한기독교서회, 1992.

______. "제2이사야 창조전승연구(III)." 「신학논단」 16(1983): 39-69.

______. 『인간을 찾아서』. 서울: 한길사, 1980.

______. "구약의 하나님과 혁명적 변화." 『인간을 찾아서』. 서울: 한길사, 1980.

박신배. "구약 민중신학의 재발견: 김찬국 신학을 중심으로." 「신학사상」 154(2011): 37-65.

손봉호. "해방신학(Liberation Theology: An Introduction)." 「성경과 신학」. 1(1983): 246-254.

장석정. "바로의 걱정과 조치에 대한 관계 연구." 「신학사상」 168(2015 봄): 41-69.

______. "여호수아 1-5장에 나타난 땅의 개념 연구." 「신학사상」 137(2007 여름): 7-37.

______. 『출애굽기의 출애굽』. 서울: 대한기독교서회, 1998.

장재덕. "해방신학 비판." 「윤리연구」. 18(1984): 641-648.

정홍열. "해방신학의 성서 해석관 비판 - 소위 민중성서읽기를 중심으로." 「신학과 선교」 2(1998): 355-376.

천사무엘. "김찬국의 구약신학방법과 그 변화." 「신학논단」 96(2019): 43-69.

한완상. "민중신학의 현대사적 의미와 과제 - 21세기 줄씨알의 신학을 바라며." 「신학사상」 143(2008 겨울): 7-34.

Assmann, J.. *Moses the Egyptian: The Memory of Egypt in Western Monotheism*. Cambridge: Harvard University Press, 1997.

Cassuto, U.. *A Commentary on the Book of Exodus*. Trans. by I. Abrahams, Jerusalem: Magnes, 1967.

Childs, Brevard S.. *The Book of Exodus: A Critical, Theological Commentary*. OTL. Philadelphia: Westminster Press, 1974.

Coats, G. W.. *Moses: Heroic Man, Man of God*. JSOTSupp 57. Sheffield: JSOT Press, 1988.

_______. *Exodus 1-18*. vol. IIA, FOTL. Grand Rapid: Eerdmans, 1999.

Dozeman, T.. *Exodus*. Eerdmans Critical Commentary. Grand Rapids: Eerdmans, 2009.

Durham, J.. *Exodus*. Texas: Word Books, 1987.

Fretheim, Terence E.. *Exodus*. Interpretation. Louisville: John Knox, 1991.

Gottwald, N. & Horsley, N. ed.. *The Bible and Liberation: Political and Social Hermeneutics*. Orbis Books, 1983.

Gressmann, H.. *Mose und seine Zeit*. Göttingen: Vandenhoeck & Ruprecht, 1913.

HALOT. *The Hebrew and Aramaic Lexicon of the Old Testament.* ed., L. Koehler Leiden: Brill, 2001.

Hoffmeier, J. K.. *Israel in Egypt: The Evidence for the Authenticity of the Exodus Tradition*. New York/Oxford: Oxford University Press, 1996.

Houtman, C.. *Exodus*. vol.1 & 2, Kampen: Kok Publishing House, 1993, 1996.

Kee, A. ed.. *A Reader in Political Theology*. Hymns Ancient & Modern Ltd, 1974.

Knierim, R.. *Text and Context in Leviticus 1:1-9*. Forshungen zum Alten Testament 2. Tübingen: J.C.B Mohr, 1992.

Larsson, G.. *Bound for Freedom: The Book of Exodus in Jewish and Christian Traditions*. Hendrickson, 1999.

Noth, M.. *Exodus*. German orig. 1959, OTL, Philadelphia: Westminster, 1962.

Propp, W. H. C.. *Exodus 1-18*. AB. New York: Doubleday, 1999.

______. *Exodus 19-40*. AB. New Haven: Yale University Press, 2006.

Sarna, Nahum M.. *Exploring Exodus: The Heritage of Biblical Israel*. New York: Schocken Books, 1986.

Van Seters, J.. *The Life of Moses*. Louisville: Westminster Press, 1994.

김찬국의 창조신학
— 샬롬*의 신학을 향하여

박호용**

I. 들어가는 말

김찬국의 삶과 신학을 제일 먼저 역사의 무대에 올려놓은 것은 박신배 교수의 논문 2편이었다. 박신배 교수는 김찬국을 서남동과 안병무와 같은 이론과 실천을 겸비한 '민중신학자'로 평가하였다.[1] 박신배

---

* 히브리어 샬롬(שלום)은 헬라어로 에이레네(εἰρήνη), 영어로 peace로 번역된다. 우리말로는 대개 평강, 평화, 화평 등으로 번역되고 있다. 샬롬의 히브리적 의미가 지닌 깊이와 넓이로 인해 이 용어는 어떤 하나의 단어로 번역하기 어려운 다양한 의미를 지닌다. 더 자세한 설명은 G. Kittel and G. Friedrich(ed), trans. G. W. Bromiley, *Theological Dictionary of the New Testament*, 10 vols. (Grand Rapids, 1964-76), 236-241을 참조하라. 이 논문에서는 히브리적 의미를 그대로 살리려는 취지에서 '샬롬'이라는 표현을 사용한다.

** 대전신학대학교, 구약학

1 박신배, "구약 민중신학의 재발견 — 김찬국을 중심으로,"「신학사상」 154 (2011),

는 김찬국이 민중신학자로 활동하게 된 것을 1974년 민청학련 사건에 연루되면서 시작되었다고 평가했다.[2] 한국 현대사의 격동의 세월 속에서 신학을 한 김찬국은 석사학위 논문을 쓴지 무려 26년 후인 1980년에 "제2이사야의 창조전승 연구"라는 박사학위 논문을 썼다.[3]

석사학위 논문이 '하나님의 의', 즉 정의의 문제를 다루었다면, 박사학위 논문은 '하나님의 창조', 즉 창조의 문제를 다루고 있다. 여기서 우리는 신학자 김찬국을 논할 때 실천적으로는 '민중신학자'[4]라고 이름 붙일 수 있겠으나 학문적으로는 '하나님의 의'에 깊은 관심을 지닌 '정의의 신학자'요, 창조신앙을 강조한 '창조 신학자'라고 부르는 것이 더욱 타당하다고 생각한다. 그런 의미에서 "김찬국의 창조신학"이라는 주제는 김찬국 신학의 핵심을 다룬다는 점에서 가장 중요한 주제가 아닐 수 없다.

37-65; idem., "김찬국의 민중신학과 구약," 「문화와 신학」 8(2011), 10-36.

2 박신배, "김찬국의 민중신학과 구약," 12. 유윤종은 김찬국을 행동하는 민중신학자로 평가한 박신배의 주장에 전적으로 동의하면서도 행동하는 민중신학자 혹은 그 시대의 참 예언자로 불린 그의 신학적 뿌리는 1974년보다 20년 전인 1954년 연희대학교 대학원 졸업 당시에 이미 형성되었다고 보았다. 즉 김찬국의 신학과 삶을 특징짓는 뿌리는 '하나님의 의'라고 정의하면서 그의 석사학위 논문("舊約에 나타난 契約의 하나님의 救贖的 義를 論함. 附錄: 現代聖書解釋의 方向과 舊約神學의 任務," 연희대학교 대학원 석사학위 논문, 1954)을 통해 그의 신학과 삶의 방향을 확고하게 천명하고 있다고 주장하였다. 유윤종. "김찬국의 신학과 삶에 나타나 '하나님의 의'," 제110차 한국구약학회 춘계학술대회(2019.04.26), 54.

3 김찬국, "제2이사야의 창조전승 연구"(연세대학교 대학원, 미간행 박사학위 논문,1980).

4 천사무엘은 이렇게 말한다. "그가 비록 자신을 민중신학자로 지칭하거나 분류하지 않았지만, 그의 구약 해석은 민중의 고민과 아픔, 가난과 억압을 반영한다는 점에서 민중신학자들과 궤를 같이 했고 학문과 민주화운동 등에서 그들과 연대했기 때문에 그가 '민중신학적' 구약신학을 추구했다고 결론할 수 있다." 천사무엘,"김찬국의 구약신학방법론과 그 변화,"「신학논단」 96(2019/여름), 66.

그런데 최근에 이명권은 "김찬국의 평화사상"[5]이라는 논문을 통해 김찬국을 70년대 민주주의와 인권이 유리된 상황에서, 성서적 입장을 가지고 민주와 평화를 외친 실천적 신학자로 '평화사상가'로서 위상을 지니고 있음을 밝혔다. 그는 이렇게 말한다.

> 김찬국 교수는 구약 성서신학자이지만 격변의 한국 현대사에서 그 누구보다 신앙의 양심으로 민주와 평화를 외친 보기 드문 예언자적 사상가였다.[6]

> 성서학자 김찬국 교수의 평화사상은 우선으로 성서에 기초를 두고 있다. 특히 구약성서의 예언자 사상에 따라 사회 정의에 입각한 자유와 해방의 신학을 강조하고 있다. 따라서 그의 신학과 평화사상은 한국 사회의 시대적 요구에 따른 실천적 결과로 형성된 것이다.[7]

> 이러한 그의 평화사상을 필자는 4가지 측면에서 고찰했다. 첫째, 성서적 평화사상, 둘째, 민주-평등의 평화사상, 셋째, 선교적 평화사상, 넷째, 분단 극복을 위한 평화적 통일의 국민 총화 사상이라고 할 수 있다.[8]

여기서 아쉬운 점은 김찬국의 평화(샬롬) 사상이 시대적 요구에 따른 실천적 결과로 형성[9]된 것에 대해 전적으로 동의하고, 구약성

---

5 이명권,"김찬국의 평화사상,"「신학사상」 185집(2019/여름), 347-372.

6 Ibid., 347.

7 Ibid., 371.

8 Ibid., 368.

9 김찬국의 평화사상은 독일 신학자 몰트만의『희망의 신학』(1964년)과『실험적 희망』(1975년)이라는 책을 통해 감명을 받은 데서 비롯되었다고 한다. 이명권, "김찬국의 평화사상," 362. 희망에 대한 최근의 몰트만의 생각에 대해서는 위르겐 몰트만, "희

서에 나타난 창조신앙 연구를 통해 창조신학을 발전시킨 공헌을 인정하지만, 학문적으로 볼 때 그의 신학의 핵심 주제인 '창조신학'에서 평화(샬롬)의 사상이 제대로 전개되고 있지 못하다고 하는 점이다. 필자가 생각하기에는 창조신학은 샬롬의 신학과 철저히 관련되어 있다는 점이다. 그런 의미에서 본 논문은 김찬국의 창조신학(제2이사야와 창세기)을 살펴보고, 나아가 창조신학이 궁극적으로 지향하고자 하는 '샬롬(평화)의 신학'을 살펴보고자 한다. 이를 통해 김찬국의 창조신학이 갖는 한계를 극복하고, 창조신학의 지평을 넓혀보고자 한다.[10]

II. 김찬국의 창조신학 — 제2이사야를 중심으로[11]

이스라엘 역사에서 바빌론 포로기(기원전 587-538)는 큰 역사적 의미를 지닌다. 이 시기는 전승국인 바빌론의 창조신인 마르둑(Marduk) 신이 우월해 보이고, 나라를 잃은 포로민의 하나님 야웨(Yahweh)는 열등한 신으로 보였던 시기였다. 포로민은 이러한 역사적 혼돈 속에서 절망하였고, 신앙생활에도 큰 혼돈을 느꼈다. 이때 등장한 제2이사야(기원전 540년경)는 포로민에게 창조신앙을 적극적으로 전달하

망: 시작의 힘-인내의 힘," 「신학사상」 182집(2018/가을), 101-106을 참조하라.

10 김재성은 요즘을 평화에 목마른 계절이라고 하면서 평화의 중요성을 설교를 통해 역설하고 있다. 김재성, "샘물같은 평화(요한복음 4:7-18)," 「신학사상」 185집(2019 여름), 5-10.

11 더 자세한 설명은 오택현, "김찬국의 제2이사야 연구," 「신학논단」 96(2019), 11-39을 참조하라.

는 예언 활동을 하였다. 야웨 하나님은 창조자이자 유일한 하나님이며, 다른 신들은 신이 아니라고 동포들을 의식화시켰고, 야웨신관을 확실히 일깨우며 제2의 출애굽운동을 펼치는 데 힘썼다(사 40:25-26; 45:18-22).[12] 김찬국은 처음부터 제2이사야의 창조신학에 큰 관심을 가지고 있었고, 이러한 관심은 20년 뒤 그의 박사학위 논문("제2이사야의 창조전승")을 통해 꽃을 피웠다. 이 연구에서 김찬국은 창조주 하나님이 곧 구원자 하나님이라는 제2이사야의 기본적인 사상을 알기 쉽게 설명해 주고 있다. 창조주가 구원자라는 생각은 오늘의 입장에서는 지극히 당연한 말이라고 생각할 수 있으나 고대 이스라엘에서는 창조주 하나님 개념과 구원자 하나님의 개념이 연결되는 데는 많은 세월이 지나야만 했다. 김찬국은 이러한 창조주 하나님과 구원자 하나님의 개념을 완벽하게 연결한 예언자가 바로 제2이사야라고 말하고 있다. 제2이사야는 세상을 창조하신 하나님이 오늘도 살아계셔서 이스라엘을 구원하시는 구원자 하나님이라는 사실을 분명하게 증언하고 있다.[13]

김찬국은"창조관의 확립"[14]이라는 글을 통해 제2이사야의 창조신학을 피력하고 있다. 포로기라는 위기의 시대를 살았던 유다 백성들은 하나님이 과거 세상을 창조하신 위대한 하나님이라는 사실을 부인하지 않았다. 하지만 그 하나님이 현재 이스라엘을 구원하지는 못한다고 생각하며 좌절하고 있었다. 그들의 이러한 생각을 하게 된 배경에는 하나님이 바벨론의 신 마르둑보다 능력이 없다고 생각하

12 김찬국, "창조설화에 나타난 히브리 사상구조-창조 사상을 중심으로,"「신학논단」 19(1991), 21-22.

13 오택현, "김찬국의 제2이사야 연구,"16.

14 김찬국, "창조관의 확립,"「기독교사상」 5(1960), 88-94.

는 부류의 사람들도 있었고, 하나님이 백성들을 사랑하지 않아 바빌론에 포로로 방치해 두신다고 생각하는 사람들로 나누어져 있었다. 선지자는 이러한 두 부류의 사람 모두에게 세상을 창조하신 하나님이 오늘도 피곤함이 없이 우리를 지켜주시는 분이며 자신의 백성들을 누구보다 사랑하셔서 큰 구원의 역사를 오늘 이 순간에도 계속하시는 분이라고 강하게 선포하고 있다는 것이다.[15]

김찬국은 제2이사야의 창조신학에서 크게 두 가지를 문제 삼는다. 첫째, 제2이사야의 창조신앙은 구원사적 해석, 즉 창조는 구속을 위한 보조적 기능을 감당한다는 주장을 넘어서 창조신앙의 독립성(독자성)을 말할 수 있느냐는 문제이다. 둘째, 제2이사야의 창조신앙은 어떤 전승으로부터 유래했는가 하는 전승사적 문제, 즉 성서 내(시편과 창세기)냐 성서 외(고대 중동 창조신화)냐 하는 문제다.

김찬국은 제2이사야의 창조신학에 대한 연구를 폰 라드(G. von Rad), 궁켈(H. Gunkel), 모빙켈(S. Mowinckel) 등 기존 창조신앙에 대해 깊은 연구를 했던 위대한 학자들의 연구로 시작하고 있다. 즉 그는 폰 라드의 구원사적 입장, 궁켈의 종교사적 입장 및 모빙켈의 제의적 전승에서의 창조전승 연구를 정리하여 그의 입장을 피력하고 있다.[16]

폰 라드는 "구약의 창조신앙의 신학적 문제"(1936년)[17]에서 제2이사야(40:27 이하; 42:5) 안에서도 창조는 구속을 위한 기초로서 구원

---

15 오택현, "김찬국의 제2이사야 연구,"16.

16 Ibid., 29-30.

17 Gerhard von Rad, "The Theological Problem of the Old Testament Doctrine of Creation,"in *The Problem of Hexateuch and Other Essays*(New York: Oliver & Boyd, 1966), 131-143.

을 위한 보조적 기능을 담당한다고 주장하였다.[18] 출애굽전승 기억으로 시작하여(40:3-11) 끝나는(55:12-13) 출애굽전승 내에 창조에 관한 언급이 여섯 대목이 있다(40:12-31; 42:5-7; 44:24-45:7; 45:9-13; 48:12-17; 51:9-16). 폰 라드를 따르는 학자들[19]은 여러 곳에 표현된 창조신앙과 창조교리는 그 자체를 위해서 소개된 것이 아니고 구속 혹은 구원의 새 역사적 전망을 위한 보조적 기능으로서 밖에 의미를 갖지 못한다는 견해를 보여주고 있다.[20]

한편, 창조전승을 종교사적으로 찾아보려는 시도는 고대 중동 세계의 신화 속에 나타난 창조 사상을 이스라엘이 어떻게 전승받고 야웨신앙으로 신학화하였는가를 밝히려는 연구에서 이루어졌다. 궁켈은 바빌론 창조신화(*Enuma Elish*라고 부름)의 창조 사상이 히브리 창조설화에 반영되어 혼돈을 정복하는 것이 창조라는 신학적 해석을 하였다.[21] 그러나 궁켈의 견해에서는 이스라엘이 받았다고 볼 수 있는 가나안 신화의 영향에 관한 언급은 없었다.[22]

앤더슨은 고대 중동 세계가 자연종교의 자연신들이라는 신화를 갖지만 역사를 갖고 있지 않다는 것이다. 따라서 자연종교는 역사의 가치를 약화하고 인간을 비역사적으로 만든다. 그와 달리 이스라엘

---

18 Ibid., 134.

19 R. Rendtorff, J. Muilenburg, B. W. Anderson, Ph. B. Harner, C. Stuhlmueller 등. 더 자세한 설명은 김찬국,"제2이사야의 창조전승연구(I),"「신학논단」 14(1980), 46-51을 참조하라.

20 Ibid., 73-75.

21 Hermann Gunkel, *Schöpfung und Chaos in Urzeit und Endzeit* (Göttingen: Vandenhoeck und Ruprecht, 1895), 111-114.

22 제2이사야와 가나안 창조 신화 전승과의 관계에 대해서는 김찬국, 창조전승연구(I), 50-62을 참조하라.

의 역사는 역사 속에서 하나님의 활동에 인간이 반응하고 결단하며 행동하는 역사적 존재로 보기 때문에 출애굽 사건 전체를 하나님의 이스라엘 창조의 시작으로 보고 있다.[23]

김찬국은 앤더슨 또한 폰 라드의 구원사적 창조 해석에 깊이 뿌리 박고서 역사 창조로서의 창조관을 제2이사야에게서 찾으려고 한 것 같다고 보면서 우주 자연 창조관을 독립된 창조로 보지 않고 2차적인 것으로만 보려는 태도는 역시 폰 라드의 사고구조에 의존하고 있다고 그를 비판하였다.[24]

한편, 김찬국은 제2이사야의 창조전승의 독자성을 찾는 연구를 위해 제2이사야의 '창조' 동사를 연구하였다. 제2이사야는 여러 '창조' 동사, 그 가운데 특히 세 동사, 바라ברא, 야차르יצר, 아사עשה를 많이 사용하였다. 그런데 '창조' 동사들이 사용된 문맥의 전부가 구원만을 지향한 것이 아니고, 최초의 창조자인 야웨가 우주 창조자로서 역사를 구원으로 이끄는 역사의 주로서 보는 창조신앙의 재발견과 재해석이 제2이사야에게 분명히 있었던 점을 등한시해서는 안 된다. 물질 창조에 사용되었던 '바라', '야차르', '아사' 세 동사가 이스라엘 민족국가 창조에 보다 더 많이 사용되었다 하더라도 구원과 무관했던 최초의 우주 창조의 주제를 믿는 창조 사상의 기반이 없이는 역사 창조를 믿는 구원신앙이 성립될 수 없다.[25]

제2이사야의 창조전승의 독자성을 찾는 연구는 그가 사용한 '창조' 동사들이 처음에는 구원과 선택을 목적으로 하지 않고 최초의 우

---

23 Bernhard W. Anderson, *Creation versus Chaos* (New York: Association Press, 1967), 8-41.

24 김찬국, "제2이사야의 창조전승연구 (I)," 54.

25 김찬국, "제2이사야의 창조전승연구 (II),"「신학논단」 15(1982), 84.

주 창조를 목적하고 있음을 중요시하고 나서 그중에서 '바라' 동사의 발굴로 그 동사의 주격을 하나님으로만 한정시킨 신학적 공헌을 인정해야 한다. 하나님이 창조자이어야만 역사의 주가 되어 구원의 역사를 창조하는 것이다.[26]

김찬국은 구원신앙과 무관한 바빌론 창조 신화적 표현을 담고 있는 대관시들과 제2이사야의 관계를 고찰하였다. 모빙켈은 제2이사야가 시편의 대관시의 사상과 문체를 모방하고 있다는 견해를 입증하기 위해 이사야 42장 10-17절을 실례로 들고 있다. "여호와께 새 노래로 노래하라"(사 42:10)의 문체가 시편 96편 1절의"새 노래로 노래하라"라는 문체를 닮았다고 보았다. 시편 98편 1절도 같은 표현을 하고 있다. 이사야 42장 17절도 시편 97편 7절을 모방했다고 보고 있다.[27]

또한, 시편 93편 3-4절에 표현된 '큰물'과 '바다의 큰 파도'와의 대결에서 승리하는 신화적 표현이나 96편 4절의 "여호와는 위대하시니… 모든 신보다 경외할 것임이여"라는 표현도 바빌론 창조신화의 형식을 본받고 있다. 이는 모두 다 야웨가 창조주 왕으로 즉위함을 나타내는 것으로 이런 대관시들이 포로기 이전 예루살렘 성전 예배에서 활용되었다는 것이다.[28]

그런데 제2이사야가 대관시에 의존해 있다는 증거를 보여주는 또 다른 대목은 "야웨가 왕이 되셨다"라는 이사야 52장 7절에 있다. 그런

---

26 Ibid., 91.

27 Sigmund Mowinckel, *Psalmenstudien II* (Amsterdam: Verlag P. Schippers, 1961), 49.

28 Sigmund Mowinckel, *The Psalms in Israel's Worship*, Vol. I (Oxford: Blackwell, 1967), 117.

데 이보다 더 확실한 증거는 혼돈의 상징인 물(바다)과 싸워 이김으로써 야웨가 창조주 왕이 된다는, 즉 "혼돈과의 싸움"이라는 신화적 표현이 담긴 이사야 51장 9-10절이다. 제2이사야는 최초에 구원 교리와는 관계가 없었던 바빌론 창조신화가 지닌 창조전승을 시편의 대관시를 통해서 이어받고, 또 포로기라는 혼돈의 상황 속에서 그 창조신화를 역사화하여 이스라엘의 새 창조인 새 출애굽을 전망하였다.[29]

김찬국의 이런 연구는 폰 라드 이후 지배적인 구원사 일변도로 창조교리를 선택교리에 예속시켜 버린 해석에 도전하는 것으로, 출애굽 구원 사건과 관계없이 제2이사야의 창조교리의 독자성을 인정하고 야웨가 창조자라는 강력한 야웨신앙을 보여주고 있음을 인정해야 할 것이다.[30]

한편, 김찬국은 제2이사야의 창조신학과 더불어 "구약성서의 창조신앙"이라는 글에서 창세기의 창조신학을 다룬다. 그는 P 창조의 의미는 '혼돈과 질서의 대결', 즉 창조는 혼돈과 대결해서 그 혼돈을 정복하고 하나님의 말씀으로 새로운 질서를 수립하는 것을 말한다. 그런데 바빌론 창조 이야기는 그 성격상 다신교적인데 반해, 이스라엘의 창조 이야기는 이방의 창조 이야기를 수용하면서도 다신교적 모습을 찾아볼 수 없다. 이스라엘은 다신교적 종교문화권 안에서 야웨 하나님을 유일한 하나님으로 고백하는 유일신 신앙(monotheism)을 키워 갔다. 즉 다른 신은 일체 부정하고 야웨 하나님만을 유일신으로 고백했는데, 이는 매우 중요한 신학적 작업이었다.[31]

---

29 김찬국, "제2이사야의 창조전승연구 (II)," 49-50.

30 김찬국, "제2이사야의 창조전승연구 (III),"「신학논단」 16(1983), 63.

31 김찬국, "구약성서의 창조신앙," 월요신학서당 편,『새롭게 열리는 구약성서의 세계』(서울: 한국신학연구소, 1986), 145-147.

III. 김찬국의 창조신학을 넘어서: 샬롬의 신학을 향하여

김찬국은 익명의 예언자 제2이사야의 창조신학과 더불어 시편과 창세기에 나타난 창조신학을 언급하면서도 제2이사야의 선배가 되는 예언자 에스겔에 대해 거의 관심을 기울이지 않았다. 이는 '간결성의 법칙'(Law of Parsimony)[32]에 위배하는 것이다. 전승사적 측면에서 에스겔과의 관련성이 중요한 것은 바빌론 포로기라는 역사적 혼돈 상황에서 에스겔의 중요한 신학적 문제가 샬롬의 문제였고, 그 문제는 제2이사야에게도 마찬가지였기 때문이다. 그렇다면 제2이사야가 선배 에스겔로부터 어떤 전승을 이어받았는가를 살펴볼 필요가 있다.

첫째, '야웨인지공식'(너희[그들]가 나를 야웨인 줄을 알리라)[33] 전승이다. 에스겔은 다양한 말씀공식을 사용하고 있다. 그 가운데 '야웨인지공식'은 에스겔 신학의 핵심이다. 에스겔서에 집중적으로 나타나는 야웨인지공식의 경우 고대 문서 예언자들(이사야, 아모스, 호세

32 '간결성의 법칙'이란 단순하면서도 가장 포괄적인 해석이 복합적이면서도 한계가 정해진 해석보다 더 바람직함을 말한다. 가령, 창세기 42:24에서 왜 요셉이 시므온을 감옥에 가두었는가를 두고 라시(Rashi)와 이븐 에즈라(Ibn Ezra)의 견해는 이렇다. 라시는 창세기 34장을 인용하면서 시므온과 레위의 난폭한 행위를 두고 "그들 두 사람이 자신을 죽이는 공모를 하지 않도록 시므온을 레위와 분리시키는 것이 요셉의 의도였다"고 주장한다. 이븐 에즈라는 42:22-23에 나오는 르우벤의 말을 근거로 요셉은 아마도 자신이 노예 신세가 된 데 대해 르우벤이 책임이 없음을 방금 알게 되었고 따라서 이제 차남인 시므온이 책임을 져야 한다고 생각했을 것으로 추론한다. 논리적 비약과 아무런 설명 없이 멀리 앞에 나오는 자료에 대한 암시를 필요로 하는 라쉬의 설명보다는 이븐 에즈라의 설명이 더욱 '간결성의 법칙'을 충족시키는 것으로 볼 수 있다. 더 자세한 설명은 Bruce K. Waltke, *Genesis: A Commentary* (Zondervan, 2001), 김경열 옮김, 『창세기 주석』 (서울: 새물결플러스, 2018), 69.

33 더 자세한 설명은 박호용, 『야웨인지공식』 (서울: 성지출판사, 1999), 1-31을 참조.

아, 미가)에는 전혀 나타나지 않으며, 예레미야서에는 부정사 형태로 2회(9:24; 24:7), 제2이사야서에는 3회(45:3; 49:23; 49:26), J전승에는 3회(출 7:17; 8:22; 10:2), P전승에는 7회(출 6:7; 7:5; 14:4,18; 16:12; 29:46; 31:13)가 나타난다.[34] 여기서 중요한 것은 제1이사야(1-39장)에 전혀 나타나지 않고 예레미야에게서도 거의 나타나지 않는 야웨인지공식이 제2이사야에서는 3회나 사용하고 있다는 사실이다. 이는 제2이사야가 에스겔의 '야웨인지공식'전승을 이어받았음을 시사했다.

둘째, '에덴'전승이다. '에덴' 용어는 구약 전체에서 19회 나타나는데, 창세기에 6회(창 2:8, 10, 15; 3:23, 24; 4:16), 인명으로 2회(대하 29:12; 31:15), 종족 이름으로 2회(왕하 19:12; 사 37:12) 쓰인 것을 빼면, 예언서에 나오는 9회 중에서 2회(사 51:3; 욜 2:30)[35]를 제외하고 에스겔서에 7회(겔 27:23[종족명], 28:13; 31:9, 16, 18[2회]; 36:35)가 나타난다. 이는 에스겔이 '에덴' 용어를 통한 샬롬의 세계의 회복에 대한 열망이 얼마나 컸는지를 잘 말해준다. 여기서 주목할 것은 지명으로서의 '에덴' 용어가 에스겔 이전에는 오직 창세기에서만 사용되고, 에스겔 이후에는 제2이사야(사 51:3)와 요엘(2:3)에서만 각각 1회 나타난다는 사실이다.[36] 이는 제2이사야가 에스겔로부터 '에덴'전승을 이어받았다는 것을 엿보게 한다.

셋째, '샬롬'전승이다. 에스겔은 그의 멘토인 예레미야를 따라 그

---

34 다양한 말씀공식의 사용에 대해서는 박호용, 『에스겔』, 연세신학백주년기념 성경주석(서울: 대한기독교서회, 2016), 20-21을 참조하라.

35 요엘서의 연대는 포로기 이후인 500-350년 사이로 여겨진다. Bernhard W. Anderson, *Understanding the Old Testament*, 4th. (Englewood Cliffs: Prentice-Hall, 1986), 524.

36 더 자세한 설명은 장일선, 『히브리 예언서 연구』(서울: 대한기독교서회, 1991), 239-241.

의 예언 전체를 언약신학적 관점에서 기술하였다.[37] 심판(저주)과 구원(축복)은 하나님의 언약 프로그램의 일부인데, 에스겔은 1-32장은 죄악에 따른 심판을, 32-48장은 하나님의 은혜에 따른 구원의 관점에서 기술하고 있다. 그런데 언약과 관련하여 에스겔은 그의 멘토인 예레미야에게 있어서 가장 중요한 용어인 새 언약(31:31) 용어를 사용하지 않고, 그 대신 '샬롬(화평)의 언약'을 사용하고 있다(34:25; 37:26). 이는 간과할 수 없는 에스겔의 의도성이 짙게 깔린 것으로 볼 수 있다.

'샬롬의 언약' 용어는 선배 예언자들에는 전혀 나타나지 않으며, 에스겔 이전에는 민수기(25:12), 에스겔 이후에는 제2이사야(54:10)에서만 각각 1회 나타난다. 민수기 25장 12절의 '샬롬의 언약' 표현은 바알브올에서 비느하스가 야웨와 맺은 영원한 제사장직의 언약을 언급하는 표현으로 사용되었다. 하나님과 이스라엘이 맺은 새 언약은 첫 언약(시내산 언약)과는 달리 영원하고 깨질 수 없는 것이다.[38] 제사장적 용어로 사용된 '샬롬의 언약'(민 25:12) 용어를 제사장 에스겔이 이어받았고, 이를 제2이사야(54:10)가 다시 이어받은 것이 분명하다. 그리고 제2이사야 이후에는 이 용어는 사용되지 않고 있다는 점에서 '샬롬의 언약' 용어는 에스겔과 제2이사야의 관련성을 주목해 보아야 할 용어이다.

한편, 김찬국은"창조설화에 나타난 히브리 사상구조"라는 논문에서 첫 번째 창조 이야기를 다루면서 창세기 1장 1절의 번역 문제,

---

37 구약 전체에서 언약 용어는 293회 나타나는데, 예레미야에 25회, 에스겔에 17회 나타난다. 특히 '영원한 언약은 12회 나타나는데 예레미야(32:40; 50:5)와 에스겔(16:60; 37:26)에 각각 2회씩 나타난다.

38 Steven S. Tuell, *Ezekiel*, Understanding The Bible Commentary Series (Michigan: Baker Books, 2012), 240.

WCC의 JPIC(정의, 평화, 창조의 보전), 창세기의 주제와 모세오경, '무로부터의 창조'(creatio ex nihilo)를 다루고 있다.[39] 그런데 위에서 언급한 두 편의 글에서 P문서에 나타난 창조신앙의 가장 중요한 문제인 샬롬의 문제를 전혀 다루고 있지 않다.

또한, 두 번째 창조 이야기인 J문서에 대해서는 인간 창조와 남녀 창조 문제 그리고 창세기 3장에 나오는 에덴동산 이야기를 언급하면서 에덴동산은 즐거움의 동산을 상징하며 선악과 기사와 관련된 의미를 언급하고 있다.[40] P문서의 창조 이야기와 마찬가지로 J문서의 에덴동산 이야기도 샬롬의 문제는 전혀 다루고 있지 않다.

여기서 우리는 다윗-솔로몬 시대의 전승인 J문서의 창조 이야기(창 2:4-3:24)나 바빌론 포로 시대의 전승인 에스겔, 제2이사야, P문서의 창조 이야기(창 1:1-2:3)에서 왜 샬롬의 문제가 중요하고, 그것이 어떻게 표현되고 있는가를 살펴볼 필요가 있다. 바빌론 포로기의 세 전승(에스겔, P[제사장], 제2이사야) 중에서 제2이사야의 선배가 되는 예언자 에스겔(기원전 593-571년)의 샬롬의 신학을 먼저 살펴보고, 이어서 P 창조 이야기의 샬롬의 신학을 살펴보자.

1. 야웨인지공식과 샬롬의 신학

예언자 에스겔은 '바빌론 포로기'라는 격동의 시대 상황 속에서 예언 활동을 했다. 이 시기는 정치적 위기만이 아니라 신학적 위기에 직면한 때였다.[41] 나아가 그들의 정신적 지주였던 예루살렘 성전이

---

39 김찬국,"창조설화에 나타난 히브리 사상구조," 9-24.

40 김찬국,"구약성서의 창조신앙," 148-149, 153.

파괴되었을 때 그들은 야웨 하나님에 대해 신앙적 회의를 갖지 않을 수 없었다. 따라서 바빌론 포로기는 이 같은 시대적 문제를 해결해야 할 신학적 반성의 시기였다.

그 절망적 시대적 상황에서 에스겔은 샬롬의 세계에 대한 강한 비전을 가졌다. 에스겔 신학은 궁극적으로 샬롬의 신학에 닿아 있다. 에스겔은 지금 이스라엘이 샬롬의 세계와 대립된 혼돈의 세계에 빠진 것은 이스라엘의 언약 하나님인 야웨에 대한 무지, 즉, 야웨에 대한 지식의 결여라고 보았다. 여기서 주목해야 할 것은 에스겔은 다른 예언자들과는 비교가 안 될 정도로 "너희(그들)가 나를 야웨인 줄을 알리라"라는'야웨인지공식'(74회)을 빈번하게 사용하고 있다는 사실이다.

제2이사야는 에스겔로부터 야웨인지공식을 이어받아 이를 유일하신 창조주요 구속주인 하나님 야웨을 강조하고 있다.[42] 제2이사야는 창조주요 구속주인 전능하신 하나님 야웨께서 이스라엘에게 새 창조, 새 구원을 가져다주는 유일신이라는 사실, 즉 포로기라는 혼돈에 빠진 이스라엘의 샬롬이 여기에 있다는 사실을 역설했다.

2. '에덴' 전승과 샬롬의 신학

이스라엘 민족이 처한 역사적 혼돈의 상황에서 에스겔은 태초에 하나님이 창조한 샬롬의 동산인 '에덴동산'을 동경하였다. 이같은 사실은 에스겔 이전에는 어느 예언자도 관심을 기울이지 않았던 '에덴'

---

41 Ralph W. Klein, *Israel in Exile, Israel in Exile: A Theological Interpretation* (Philadelphia: Fortress Press, 1979), 101.

42 더 자세한 설명은 박호용, 『야웨인지공식』, 131-144, 162-164을 참조하라.

용어의 빈번한 사용에서 쉽게 엿볼 수 있다. J문서에 속하는 에덴동산 이야기는 다윗-솔로몬 시대를 배경으로 하고 있다.

다윗 시대의 가장 큰 관심은 법과 질서였다. 다윗은 통일왕국의 수립과 이를 유지하기 위한 전략으로 남왕국 유다와 북왕국 이스라엘에 속하지 않는 중립적인 도시인 예루살렘을 정치적 수도로 삼았다. 또한, 다윗은 예루살렘을 종교적 수도로 만들 계획을 가지고 법궤를 예루살렘으로 옮기고, 북왕국 실로의 제사장 계열인 아비아달을 제사장으로 택하였으며, 법궤를 안치할 성전을 예루살렘에 짓고자 준비하였다. 야웨를 위한 거주지로서의 성전의 필요성은 새 왕조와 예루살렘(시온)에 신학적 기반을 두기 위함에서 비롯된 것이다.[43]

이때 제국의 안정과 질서를 위해 강력하게 도입된 전승이 창조신학(창조신앙)이었다. 이스라엘의 창조신학(창조신앙)은 기원전 10세기에 이스라엘에 최초로 나타난 것은 아니지만 이때에 이르러 고대근동 세계에 질서와 안정에 기여한 창조신화처럼 창조신학(창조신앙)은 강령적 진술로써 제국의 질서와 안정에 기여하였다. 따라서 우주적 질서와 사회적 질서에 대한 비전을 표출한 샬롬의 신학, 즉 창조전승과 성막(성전)전승은 바로 이러한 시대적 분위기에서 나왔다.[44]

---

43 다윗왕조(시온) 전승에 대한 자세한 내용은 장일선, 『구약신학의 주제』(서울: 대한기독교서회, 1986), 222-240을 참조하라.

44 브루그만은 다윗-솔로몬 시대의 창조신앙과 성전체제는 억압의 정치(왕상 5:13-18; 9:11-15), 풍요의 경제(왕상 4:20-23), 내재의 종교(왕상 8:12-13)를 그 배경으로 하고 있다고 보았다. 그리고 창조신앙은 예루살렘 성전체제에 의해서 온전하게 정식으로 표현되었다. 창조신앙은 부정적인 측면에서 보면 왕의 선전 도구이다. 왕-성전-수도 복합체가 사회질서 및 우주질서의 보증인이요 실재의 중심이 인간과 공동체들을 무정부 상태의 위험으로부터 보호한다고 주장할 수 있다. 반면에 창조신앙을 긍정적인 측면에서 보면 살아가는 작은 문제보다는 보다 스케일이 큰

이런 상황에서 야위스트(J) 기자는 하나님의 통치를 떠난 인간 왕에 의한 샬롬의 세계는 참된 샬롬의 세계가 아님을 창세기 2-3장의 창조와 타락 이야기를 통해 말하고자 했다. 하나님에 의해 창조된 에덴동산은 아무것도 부족함이 없는 풍요와 자유로 가득 찬 샬롬의 세계, 즉 낙원(paradise)이었다. 이는 J전승의 시대적 상황이 다윗 왕조의 질서와 안정이라는 시대적 상황을 말해준다.

그러나 인간은 자기 자신의 위치(제6일), 즉 창조의 주변임을 거부하고 하나님처럼 중심(제7일)이 되겠다는 탐욕이 결국 뱀의 유혹을 떨쳐 버리지 못하고 선악과를 따먹음으로 완벽한 질서와 조화의 세계인 샬롬의 세계는 깨어졌다. 하나님과 인간의 관계, 인간과 인간의 관계, 인간과 자연의 관계는 파괴되고, 이 세상은 창조 때의 완전한 샬롬의 세계는 죄악과 죽음으로 가득 찬 카오스의 세계로 변해버렸다. 결국, 하나님 말씀에 불순종하는 최초의 인간인 아담과 하와는 원죄를 범했고, 그 결과 인간은 실낙원의 비극을 맛보아야만 하는 운명에 처했다.

샬롬의 세계의 파괴는 하나님이 주어와 목적이 아닌 이스라엘(인간)에 의한 수단이 될 때, 즉 이스라엘(인간)이 주어와 목적이 되는 데서 비롯된다. 나아가 에덴 용어(36:35)를 담고 있는 36장 33-36절의 회복 이야기는 황폐해진 이스라엘 땅이 회복되고 재건되며 낙원(에덴)과 같이 될 것을 예언해 주고 있다. 여기서 에덴의 탁월성은 에덴동산과 시온 성전을 동일시하는 것으로부터 유래한다.[45] 35절의 에

비례, 대칭, 통일 같은 문제를 폭넓게 생각할 여유를 공동체에 부여한다는 것이다. 더 자세한 설명은 Walter Brueggemann, *The Prophetic Imagination* (Philadelphia: Fortress Press, 1978), 28-43을 참조하라.

45 Steven S. Tuell, *Ezekiel*, 249-250.

덴 낙원은 특히 제2이사야(51:3)의 야웨의 동산인 에덴을 회상케 한다.

제2이사야 구절은 야웨가 시온을 위로하되 사막을 에덴처럼, 광야를 야웨의 동산 같게 하시겠다는 말씀을 하고 있다. 동의적 평행법에 근거하여 이 구절에서 시온은 사막과 광야로 표현되고 있고, 에덴은 여호와의 동산으로 표현되어 있다. 여기서 제2이사야는 사막과 광야와 같은 황폐한 시온(예루살렘)이 샬롬의 세계, 즉 기쁨과 즐거움과 감사의 찬양으로 가득한 여호와의 동산인 에덴 같은 낙원으로 회복되어, 절망에 빠진 포로민 이스라엘에게 위로를 주실 분이 여호와 하나님임을 역설하고 있다.

3. '샬롬의 언약'(ברית שלום)과 샬롬의 신학

에스겔은 그의 멘토인 예레미야를 따라 그의 예언 전체를 언약신학적 관점에서 기술하였다.[46] 그런데 언약과 관련하여 에스겔은 그의 멘토인 예레미야에게 있어서 가장 중요한 용어인 새 언약(31:31) 용어를 사용하지 않고, 그 대신에 '샬롬(화평)의 언약'을 거듭 사용하고 있다(34:25; 37:26).

이스라엘 역사상 '샬롬'이라는 말을 사용하기에 가장 적합한 시대는 다윗 시대였다. 다윗은 대내적으로는 예루살렘을 정치적, 종교적 수도로 삼아 통일 군주로서의 역량을 발휘하였을 뿐 아니라 이스라엘 백성을 공평과 정의로 다스렸다(삼하 8:15). 대외적으로는 주변의

46 구약 전체에서 언약 용어는 293회 나타나는데, 예레미야에 25회, 에스겔에 17회 나타난다. 특히 '영원한 언약은 12회 나타나는데 예레미야(32:40; 50:5)와 에스겔(16:60; 37:26)에 각각 2회씩 나타난다.

모든 족속을 정복하고 전쟁이 없는 평화와 번영의 시대를 이룩하였다(삼하 2-12장).

따라서 샬롬의 세계(나라)를 말할 때 이스라엘 백성들은 '다윗의 나라'를 연상했고, 다윗 왕을 '샬롬 왕'으로 생각했다. 그런 까닭에 에스겔은 '샬롬의 언약'을 다윗 왕과 다윗의 나라와 연관 지었다(겔 34:23-24). 나아가 에스겔은 '샬롬의 언약'(겔 37:26)을 '영원한 언약'으로 연결 짓고 있는데, 이는 다윗과 맺은 언약이 영원한 언약(삼하 23:5)임을 감안할 때 여기서 샬롬의 언약은 '다윗의 나라'와 관계되어 있음을 엿볼 수 있다.

'샬롬의 언약' 속에 표현된 에스겔의 샬롬의 신학은 제2이사야에게 전수되었다. 제2이사야는 선배 예언자인 에스겔 이외는 나타나지 않는 '샬롬의 언약' 용어(사 54:10)를 사용하고 있다. 그뿐 아니라 '샬롬' 용어를 여러 구절에서 사용하고 있다(48:22; 52:7; 53:5; 54:13; 55:12). 이는 바빌론 포로기 상황에서 예언 활동을 행한 제2이사야에게 있어서 샬롬의 문제는 간과할 수 없는 문제였고, 이스라엘의 가장 중요한 궁극적 소망이라고 말할 수 있다.[47]

---

47 김근주는 샬롬(평화)과 관련된 사 52:7을 이렇게 설명하고 있다. "이 사람이 전하는 '좋은 소식'은 '평화', '구원'과 동의어다. 무엇이 좋은 소식인가? 무엇이 구원이며 평화인가? '네 하나님이 통치하신다'는 것이야말로 복된 소식, 즉 '복음'이다. … '평화'의 핵심은 '하나님의 통치'다. 여호와가 왕이 되셔서 다스리시는 것이야말로 참된 평화의 근원이다. 하나님 통치의 기초가 정의와 공의임을 생각할 때(시 97:1-2; 사 33:5, 22) 정의와 공의의 열매가 평화라는 말(사 32:16-17)과 위 구절은 서로 연결된다. 또한 '구원'의 핵심 역시 '하나님의 통치'다." 김근주, 『특강 이사야: 예언자가 본 평화의 나라 새 하늘과 새 땅』(서울: IVP, 2017), 293-294.

4. P 창조 이야기(창 1:1-2:3)와 샬롬의 신학

김찬국은 창조신학과 관련하여 P 창조 이야기(창 1:1-2:3)를 말하면서도 P 창조 이야기가 궁극적으로 말하고자 하는 메시지가 '샬롬의 신학'에 있음을 천착하지 못했다. P 창조 이야기의 구체적인 상황은 제2이사야와 같은 이스라엘 민족이 바빌론에 유배된 포로 상황(기원전 587-538년)이다. 이 상황은 야웨 하나님의 거룩한 이름이 열방과 그들의 신들에 의해 조롱을 받던 상황이었다. P 창조 이야기는 바로 이 같은 역사적 혼돈 상황에서 터져 나온 신학적 반성이자 인류를 향한 '하나님의 선언서'(God's Manifesto)였다.[48]

신구약성경의 제일성(第一聲)은 이렇다. "태초에 하나님이 천지를 창조하시니라"(창 1:1). 여기서 주목해야 할 사실은 창세기의 첫 절이 7개의 히브리어 단어[49]로 되어 있다는 사실이다. 1절에서 사용된 완전수 7이란 우연히 사용되었다고 볼 수 없다. 그 까닭은 P 기자가 P 창조 이야기에서 완전수 7을 의도적으로 빈번히 사용하고 있기 때문이다.[50] 그리고 또 주목해야 할 사실은 1절에서 사용된 히브리어 7단어는 단순히 완전 수적 의미만이 아니라 이어지는 P 기자의

---

48 박호용, 『창세기주석』(서울: 예사빠전, 2015), 29-30.

49 '베레시트 바라 엘로힘 에트 하솨마임 웨에트 하아레츠'(בראשית ברא אלהים את השמים ואת הארץ). 하늘(天)의 수(3)와 땅(地)의 수(4)를 합한 수가 7인데, 천지의 수 7은 '전체'와 '온전함'이라는 의미를 지닌다.

50 P 창조 이야기(1:1-2:3)의 특징 중에서 주목해야 할 사실은 빈번하게 사용되는 핵심 단어나 문구가 완전수인 7의 배수로 되어 있다는 점이다. 엘로힘(35회), 땅(21회), 하늘(21회), 그대로 되니라(7회), 하나님이 만드셨다(7회), 계산된 날수(7회) 등. 1:1은 7단어, 1:2은 14단어. 창조하다(bara' 동사 7회, 1:1, 21, 27[3회]; 2:3, 4a), '보시기에 (심히) 좋았더라'(7회. 1:4, 10, 12, 18, 21, 25, 31) 등.

7일간의 창조가 완벽한 질서와 조화와 균형으로 이룩된 샬롬의 세계로 창조되었음을 암시하고 있다는 사실이다. 보다 구체적으로 말하면 이렇다.

P 창조 이야기의 전체 구조는 이중 세 쌍(triad)으로 구성되어 있다. 첫 번째 세 쌍은 제1, 2, 3일이고, 두 번째 세 쌍은 제4, 5, 6일이다. 나아가 이 두, 세 쌍은 각각 제1일과 제4일, 제2일과 제5일, 제3일과 제6일이 상응하는 평행구조로 되어 있다. 좀 더 부연 설명하면 이렇다. 첫째 날은 빛 창조, 상응하는 넷째 날은 빛의 발광체 창조, 둘째 날은 물과 궁창의 분리, 상응하는 다섯째 날은 물에는 물고기, 궁창에는 새를 창조, 셋째 날은 땅과 식물 창조, 상응하는 여섯째 날은 땅에는 인간 창조, 식물에는 동물 창조가 그것이다. 일곱째 날은 창조 사역을 마치고 안식하셨다.[51]

P 창조 이야기의 전체 구조는 3-3-1의 구조로 되어 있다. 여기서 중심은 거룩하게 구별된 제7일(안식일)로써, 창조주이신 하나님이 예배받으시는 날이고, 주변은 제1-6일로써 피조물(인간과 자연만물)이 중심에 속한 창조주 하나님께 예배하는 존재임을 말해준다. 이 같은 구조는 하나의 중심(제7일)과 여섯의 주변(제1-6일)으로 되어 있고, 이를 그림 상징으로 그리면 '다윗의 별' 형상[52]으로 띤다. 그리고 '다윗의 별' 형상은 하나님의 창조가 얼마나 완벽한 질서와 조화의 세계, 즉 샬롬의 세계로 창조되었는가를 잘 드러낸다.

삼각형과 역삼각형의 결합으로 이루어진 '다윗의 별'은 완전수 7

---

51 박호용, 『창세기주석』, 40-41.

52 유대교 샬롬의 상징인'다윗의 별'의 성취가 기독교 샬롬의 상징인 '십자가'라는 사실에 대해서는 박호용, 『유레카-익투스 요한복음』(서울: 쿰란출판사, 2019), 34-38, 1034-1036을 참조하라.

이 갖는 질서와 조화와 균형으로 이루어진 가장 완벽한 샬롬의 세계를 그림 상징으로 보여주고 있다. 그런데 이 같은 천지창조만이 아니라 성막 창조 또한 3-3-1의 구조, 즉 뜰(3), 성소(3) 그리고 지성소(1)로 되어 있으며, 그런 의미에서 천지창조와 성막 창조는 상응 관계에 있다.[53] 여기서 우리는 제사장전승인 P의 천지창조와 성막 창조의 상응성을 통해 바빌론 포로 상황이라는 혼돈의 상황에서 P 기자가 얼마나 야웨 하나님에 의한 샬롬의 세계를 동경했는가를 엿보게 된다.

IV. 나가는 말

우리는 지금까지 '김찬국의 창조신학'을 살펴보았다. 김찬국의 창조신학은 바빌론 포로기라는 역사적 혼돈 속에서 예언 활동을 한 제2이사야의 창조신학에 집중되어 있다. 특히 그는 두 가지 문제에 천착하였다. 첫 번째 문제는 제2이사야의 창조신앙 주제에 대하여 구원사적 해석, 즉 창조는 구속을 위한 보조적 기능을 감당한다는 주장을 넘어서 창조신앙의 독립성(독자성)을 말할 수 있느냐는 문제이다. 두 번째 문제는 제2이사야의 창조신앙은 어떤 전승으로 유래했는가 하는 전승사적 문제, 즉 좀 더 구체적으로 성서 안(시편과 창세기)이냐 성서 밖(고대 근동 창조신화)이냐 하는 문제이다.

---

53 더 자세한 설명은 박호용, 『출애굽기주석』(서울: 예사빠전, 2015), 492-497을 참조하라. 웰턴은 창세기 1장의 일곱 날 구조의 주된 목적은 "우주적 성전의 개막에 의한 우주의 창조를 나타내는 것"이라고 결론지었다. John H. Walton, *Genesis 1 as Ancient Cosmology* (Winona Lake: Eisenbrauns, 2011), 190.

첫 번째 문제에 대해 그는 제2이사야의 창조신학을 구원사적 창조 해석(역사 창조로서의 창조관) 일변도로 보려는 폰 라드(G. von Rad)를 비롯한 여러 학자(B. W. Anderson 등)를 비판하면서 창조신앙의 독립성(우주 자연 창조관)을 주장하였다. 두 번째 문제에 대해 그는 제2이사야가 고대 근동 창조신화(바빌론 창조신화와 가나안 창조신화)에 영향을 받았다는 것을 인정한다. 그러면서 김찬국은 제2이사야가 시편에 나타난 대관시 전승을 이어받았다고 주장하였다.

한편, 김찬국은 제2이사야의 창조신학을 넘어 창세기의 창조신학을 다루고 있다. 창조의 의미는 '혼돈과 질서의 대결', 즉 혼돈과 대결해서 그 혼돈을 정복하고 하나님의 말씀으로 새로운 질서를 수립하는 것을 말한다. 이러한 창조관은 바빌론 창조신화로부터 이스라엘에 들어온 것이다. 그런데 바빌론 창조 이야기는 그 성격상 다신교적이다. 이에 반해 이스라엘의 창조 이야기는 이방의 창조 이야기를 수용하면서도 다신교적 모습을 찾아볼 수 없다. 즉 이스라엘은 다신교적 종교문화권 안에서 야웨 하나님을 유일한 하나님으로 고백하는 유일신 신앙(monotheism)을 키워 갔다. 이는 매우 중요한 신학적 작업이었다고 김찬국은 주장했다.

그런데 김찬국의 창조신학에서 보충해야 할 점은 '샬롬의 신학'이다. 김찬국은 바빌론 포로기라는 역사적 혼돈(무질서) 속에서 예언 활동을 한 제2이사야와 창세기의 창조신학(P전승과 J전승)을 다루면서, 창조신학이 궁극적으로 '질서를 통한 안정'이라는 샬롬의 세계(신학)를 지향하고 있다는 것에 미치지 못했다. 이 같은 사실은 같은 바빌론 포로기 예언자인 동시에 바로 앞 세대 신앙의 선배인 에스겔의 관심사가 철저히 샬롬의 문제였다는 사실을 통해 더욱 분명해진다.

에스겔은 무려 74회나 사용한 야웨인지공식, 샬롬의 언약(겔 34:25; 37:26), 에덴 어휘(28:13; 31:9, 16, 18; 36:35) 및 제사 문서(40-48장)를 통해 샬롬의 신학을 개진하였다. 따라서 제2이사야의 창조신학을 연구하면서 에스겔과의 전승사적 연관성에 관심을 기울여야 하는 것은 자연스럽다. 샬롬의 신학과 관련하여 제2이사야가 전승사적으로 에스겔의 영향을 받았다는 사실은 에스겔 이전에는 어떤 예언자도 사용하지 않은 샬롬의 언약(사 54:10)과 에덴 어휘(사 51:3)를 사용하고 있다는 점에서도 찾아볼 수 있다. 또한, 김찬국은 창세기의 우주 창조(P전승)와 성막 창조(출 35-40장)가 샬롬의 신학을 지향하고 있는데, 이에 대해서도 깊이 천착하지 못했다. 결국, 이것은 후학들의 더 깊은 연구를 위한 몫으로 남겨두었다고 해야 할 것이다.

참고문헌

김근주. 『특강 이사야: 예언자가 본 평화의 나라 새 하늘과 새 땅』. 서울: IVP, 2017.

김재성. "샘물같은 평화(요한복음 4:7-18)." 「신학사상」 185집(2019 여름): 5-10.

김찬국. "舊約에 나타난 契約의 하나님의 救贖的 義를 論함. 附錄: 現代聖書解釋의 方向과 舊約神學 의 任務." 연희대학교 대학원 석사학위 논문, 1954.

______. "창조관의 확립." 「기독교사상」 5(1960): 88-94.

______. "제2이사야의 창조전승 연구." 연세대학교 대학원 신학과 박사학위 논문, 1980.

______. "제2이사야의 창조전승연구(I)." 「신학논단」 14(1980): 45-91.

______. "제2이사야의 창조전승연구(II)." 「신학논단」 15(1982): 39-62.

______. "제2이사야의 창조전승 연구(III). 「신학논단」 16(1983): 47-80.

______. "구약성서의 창조신앙." 월요신학서당 편. 『새롭게 열리는 구약성서의 세계』. 서울: 한국신학연구소, 1986.

______. "창조설화에 나타난 히브리 사상구조-창조 사상을 중심으로." 「신학논단」 19(1991): 9-24.

박신배. "구약 민중신학의 재발견-김찬국을 중심으로." 「신학사상」 154(2011); idem., "김찬국의 민중신학과 구약." 「문화와 신학」 8(2011): 10-36.

박호용. 『야웨인지공식』. 서울: 성지출판사, 1999.

______. 『창세기주석』. 서울: 예사빠전, 2015.

______. 『출애굽기주석』. 서울: 예사빠전, 2015.

______. 『에스겔』. 연세신학백주년기념 성경주석. 서울: 대한기독교서회, 2015.

______. 『유레카-익투스 요한복음』. 서울: 쿰란출판사, 2019.

오택현. "김찬국의 제2이사야 연구." 「신학논단」 96(2019 여름): 11-39.

유윤종. "김찬국의 신학과 삶에 나타난 '하나님의 의'." 제110차 한국구약학회 춘계학술대회 (2019.04.26): 53-70.

위르겐 몰트만. "희망: 시작의 힘-인내의 힘." 「신학사상」 182집(2018 가을): 99-112.

이명권. "김찬국의 평화사상." 「신학사상」 185집(2019 여름): 347-372.

장일선. 『구약신학의 주제』. 서울: 대한기독교서회, 1996.

______. 『히브리 예언서 연구』. 서울: 대한기독교서회, 1991.
천사무엘. “김찬국의 구약신학방법론과 그 변화.” 「신학논단」 96(2019 여름): 43-69.
Anderson, Bernhard W. *Creation versus Chaos*. New York: Association Press, 1967.
__________. *Understanding the Old Testament*. 4th. Englewood Cliffs: Prentice-Hall, 1986.
Block, Daniel I. *The Book of Ezekiel: Chapters 25-48*. Grand Rapids: Eerdmans Publishing, 1998.
Brueggemann, Walter. *The Prophetic Imagination*. Philadelphia: Fortress Press, 1978.
Gunkel, Hermann. *Schöpfung und Chaos in Urzeit und Endzeit*. Göttingen: Vandenhoeck und Ruprecht, 1895.
Kittel, G. and Friedrich, G. (ed)/trans. Bromiley, G. W.. *Theological Dictionary of the New Testament*. 10 vols., Grand Rapids.
Klein, Ralph W.. *Israel in Exile: A Theological Interpretation*. Philadelphia: Fortress Press, 1979.
Mowinckel, Sigmund. *Psalmenstudien II*. Amsterdam: Verlag P. Schippers, 1961.
__________. *The Psalms in Israel's Worship*. Vol I. Oxford: Blackwell, 1967.
Tuell, Steven S. *Ezekiel*. Understanding The Bible Commentary Series. Michigan: Baker Books, 2012.
Von Rad, Gerhard. “The Theological Problem of the Old Testament Doctrine of Creation (1936).” in *The Problem of Hexateuch and Other Essays*. New York: Oliver & Boyd, 1966.
Waltke, Bruce K.. *Genesis: A Commentary*. Zondervan, 2001, 김경열 옮김. 『창세기 주석』. 서울: 새물결플러스, 2018.
Walton, John H.. *Genesis 1 as Ancient Cosmology*. Winona Lake: Eisenbrauns, 2011.

김찬국의 구약 역사신학
— 구약 역사서를 중심으로

박신배*

I. 들어가는 말

한국 민주화의 화신(化身)인 김찬국 선생이 서거(逝去)하신지 10주년을 맞고 있다. 이제 그의 신학이 재평가되고 있는 시점에 있다. 한국 민중신학의 거목인 스승을 기리는 글들이 이어지고 있어서 뜻깊은 일이라 본다. 그가 진리의 삶을 살고 갈릴리 민중을 위한 삶을 살았던 것은 이 시대 사표(師表)가 되었다. 이에 후학들이 이를 기리는 글을 쓸 수 있게 하며 그 예수 정신으로 돌아가서 강단이든 삶의 현장에서 갈릴리 민중의 삶을 산 선배들을 따라 믿음의 행진을 할 수 있게 하였다. 그래서 후학들이 그 전통을 잇고 또 그것이 예수를

* 케이씨(KC)대학교, 구약학

다시 살아내는 삶의 모델이 되는 것이다.[1] 시대의 스승이 된다는 것은 바로 예수처럼 살면서 가난한 사람, 억압받는 민중을 대변하며 살 때 그 예수 정신은 계속 살아남아 십자가를 향한 행진을 하게 한다. 본 고는 구약의 역사에서부터 신약 갈릴리 예수로 이어지는 역사는 무엇인가 질문하며, 그 의미를 연구하고자 한다. 한마디로 구약성서는 구약의 정의의 역사서로서 우리에게 역사의 거울을 보여주며 모든 역사의 잣대로서 오늘도 말하고 있다고 볼 수 있다.

이 논문에서는 역사와 예언이라는 차원에서 연구하였던, 이사야 전공자인 김찬국은 예언 역사 속에서 구약 역사를 추출하였다. 그는 예언자의 눈을 가지고 연구하며 그것이 구약 역사서 연구의 중심이라 보는 독특한 예언자의 시각을 가졌다. 그는 구약 전체를 연구하는 방법론을 가지고 연구한다. 또한 논자는 구약 전반에 흐르는 구약의 역사와 구약 역사서(신명기 역사서와 역대기 역사서)에 대한 이해를 그가 어떻게 하였는지 살펴보며, 구약신학에서는 어떻게 나타나며 그의 삶의 현실에서 어떻게 적용되었는지 연구하고자 한다. 김찬국은 성서 본문과 역사 현장, 역사적 배경이라는 세 가지 축과 그것이 종교적, 정치적, 사회적 배경에 어떻게 영향을 주는지 살피며, 예언자들이 역사를 풀어가며 당시의 백성들에게 선포했던 메시지를 통해 자신의 시대에 적용하고 실천하는 삶의 모습을 보여준다. 그의 구약신학의 중심 개념으로서 무엇이 있는지, 과연 정의 예언자 아모스처럼 한국 사회의 불의와 부정과 불법이 있는 세상에서 하나님의 정의 예언자로서 어떻게 구약성서를 어떻게 풀어 가는지 추적하고자 한다.

또한 구약 역사서의 중심주제를 어떻게 연구하고 있는지 살피며,

---

1 안병무(Ahn Byung-Mu), *Jesus of Galilee* (Hong Kong: CCA, 2004), 6-262.

끝으로 구약 역사서 해석과 구약신학의 중심으로 민중신학을 전개하며 성서 해석 방법론으로 어떻게 적용하는지 다시 한 번 살펴보고자 한다. 이미 선행 연구로 발표했던 논문에 뒤이어 한국 민중 구약 신학자이자 3대 민중신학자인 김찬국의 신학은 오늘도 우리에게 지시하고 암시하는 것이 많이 있다.[2] 따라서 이 논문에서 구약 역사서를 해석하는 김찬국의 구약 역사신학을 새롭게 연구하고자 한다.

II. 역사와 예언, 정의

역사와 예언이 어떻게 연결이 되는가? 브라이언 페컴(Brian Peckham)은 그의 책『역사와 예언』에서 신앙의 근거와 예언 패러다임(이사야, 아모스, 호세아)을 다루며, 개혁(미가, 예레미야)과 쇠퇴와 몰락(나훔, 하박국, 스바냐, 에스겔) 등을 말하고, 신명기 역사와 '수정과 반응'이라는 제목으로 요엘과 오바댜, 요나를 다룬다. 마지막 장에서는 새 시대의 정치라는 주제로 학개와 스가랴와 역대기, 말라기를 말하며, 예언과 역사가 밀접하게 연결되어 있음을 주장하고 있다.[3] "역사와 예언은 상호연관이 있다. 역사는 문학적 산문 전승이며, 예언은 학파의 시적 전승이다. 역사는 시대마다 삶의 정황에 합리적 근거를 드러내고 있고, 예언은 미래성을 가지며 변혁의 의지와 역사 변화의 의미를 가진 과거의 전승을 모아서 역사 기록에 투사하고 있다."[4] 그래서 브라이언 페컴은 역사는 '만족스럽고 교훈적이며 비인

2 박신배, "구약 민중신학의 재발견,"「신학사상」154 (2011): 37-65.

3 Brian Peckham, *History and Prophecy* (New York: Doubleday, 1993), 1-24.

간적인 것일 수 있다'고 말한다. 곧 예언은 이스라엘 백성에게 결단을 요구하는 측면에서 특별하고 단호하며 행동을 요구하는 윤리의 촉구성이 있다. 그 둘은 함께 점차 해석의 갈등을 빚으며 역사적 이론의 요구에 굴복하는 예언이 신명기 기자에 의해 그 역사적 틀이 짜여지고, 율법에 의해 정리되고 존중되어졌을 때에만 그 의미가 있게 되어서 예언과 역사의 관계가 균형을 잡게 된다고 한다. 역사는 그 역사 지향의 프로그램을 향하게 되고 또 그것의 실제적인 세부사항을 줄여가게 된다. 이처럼 페컴은 구약 전반에 대한 구조를 역사와 예언의 전승 과정을 생각하며 두 개의 개념, 역사와 예언이라는 차원이 밀접하게 연관되었다고 본다. 그리고 이 상호관계의 유사성이 있는 것으로 밀접한 것으로 해석하는 것을 볼 수 있다. 이처럼 역사와 예언이 하나의 신앙적 입장으로 재해석되어 역사를 해석하고 또 예언자의 예언전승이 역사의 과정에서 배태된 것이다. 최근에 정중호는 유다의 역사 속에서 하나님의 이동성을 추적하여 다문화의 한국 사회 현상을 읽어내고 있다. 이는 역사와 전승, 오늘의 역사 해석이라는 차원을 생각하고 있어서 새로운 역사 해석 의미를 제시한다고 볼 수 있다.[5]

김찬국은 역사를 '약속과 해석 그리고 신앙과 자유의 사건'이라고 본다. "약속은 인간을 미래에 연결하여(역사의식) 역사를 향한 감각을 주는 것이다. 약속은 인간을 희망 속에서 약속 자체의 역사로 들어 올리고 그렇게 함으로써 인간 실존 안에 특수한 종류의 역사적

4 Ibid., 1.

5 정중호, "하나님의 이동성과 이스라엘의 다문화 사회,"「신학사상」171 (2015): 33-37.

특성으로 특징지워진다. 약속으로 시작하고 결정된 역사는 순환적 반복과 재기에 있지 않다. 그 약속의 성취는 현저한 완성을 향해서 결정적으로 기울어진다. 몽롱한 힘이나 그 방향 자체의 법의 출현으로 그 방향이 결정되지 않고, 하나님의 자유로운 힘과 진실로 우리를 지적하는 방향의 말로 결정된다. 참된 의미의 역사란 역사 그 자체의 방향 감각을 알아내고 그것을 믿고 있는 사람에게만 기록한다.[6] 역사 안에서 나의 역사적 의미를 발견하려면 책임적 자아의 실존적 결단을 요청해야 한다. 그리스도 구원의 은총에 접촉하여 나 개인이 죄를 회개하고 갱신한 사람이 되어서 역사 무대에 깔린 모든 혼돈과 무질서에 신앙을 가지고 신앙적 대결을 하여 하나님의 질서를 세울 때에 인류의 미래는 구원을 향하는 역사가 되고 구원의 성취를 향한 전진을 기대할 수 있을 것이다. 여기에서 역사는 의미를 가진 사건이 되는 것이다."[7]

더 나아가 그는 역사에 대한 해석(사건과 그 해석)이 중요함을 앤더슨(B. W. Anderson)의 책, 『성서의 재발견』에서 언급하고 있다. 앤더슨은 말하기를 "사건들은 어떤 역사적인 공백 상태에서는 일어나지 않는다. 역사적 사건들은 인간의 체험 가운데에서 일어나는 것이다. 즉 그들은 언제나 어떤 설명이나 의미를 가지고 일어난다. 만약 이 사건이 창조적이며 역사를 구성하는 사건이라면 그것은 오랫동안 기억에 남을 것이며 결국에 있어서는 역사적인 기록의 한 부분이 될 것이다. 그와 반대로 만일 그 사건이 무의미한 것으로 체험되어졌

6 카르(E. H. Carr), 김택현 옮김, 『역사란 무엇인가』, (서울: 까치, 1997). 카는 역사란 과거와 현재의 끊임없는 대화라고 한다.

7 김찬국, "역사의식과 신앙," 『성서와 역사의식』 (서울: 평민서당, 1986): 53-64.

다면 하루의 일과 중에 일어나는 여러 가지 사건들처럼 빨리 잊어버려질 것이다."[8] 이처럼 김찬국은 역사는 그 해석이 중요함을 인지하고 있다.

김찬국의 신학에 있어, 이스라엘의 역사 중에 "역사와 예언"에 주목한다. 석사 논문은 "구약에 나타난 계약의 하나님의 구속적 의를 논함"(구약의 정의, chedeka)인데 연세대에서 1954년 2월 15일에 제출하였다. 그는 구약사에 있어서 정의의 문제에 관심이 있고, 그 역사적 관심은 바로 한국 역사의 현장에서 하나님의 의(義)가 이루어지는가에 그 초점이 있었다. 그는 구약의 역사 속에서 교회사의 종교개혁에 관심을 가지게 되었다. "중세 종교개혁의 신학적 발단은 하나님의(義)의 재발견에 기인한 것이고 그 하나님의 의가 생성 도상에 있던 '프로테스탄트의 근원과 근저가 되었다 함'은 위대한 종교개혁자 마틴 루터의 영적 경험에서 찾아볼 수 있다"(동경신학대학편, 「신학」, 제2호[1950]).[9]

장공 김재준이 구약의 중심이 자유라고 보았다고 하면, 김찬국은 그 구약의 핵심이 정의라고 보았다.[10] 그래서 김찬국이 구약의 정의(義)에 얼마나 천착하고 있는지 그 논문의 목차를 보면 알 수 있다. 1장_ 하나님의 의(義)의 개념, 2장_ 하나님의 의의 본질, 3장_ 하나님의 의와 계약, 4장_ 하나님의 의와 심판, 5장_ 하나님의 의와 속죄, 6장_하나님의 의와 구속 등이다. 무엇보다도 놀라운 것은 구약의 계

---

8 B. W. Anderson/김찬국 · 조찬선 옮김, 『성서의 재발견』(서울: 대한 기독교교육협회편, 1971), 177.

9 김찬국, "구약에 나타난 계약의 하나님의 구속적 의를 논함, (서울: 연세대학교 대학원 석사학위논문, 1954), 1. 재인용.

10 김동환, "김재준의 정치사상," 「신학사상」 164 (2014), 123-150.

약신학에 대해 그는 구약 전체를 꿰뚫는 핵심으로서 정의의 문제로 보았다는 것이다. 구약의 계약이 바로 구약신학의 중심이라고 볼 때, 그 중심에 정의가 있다는 사실을 통해 구약신학을 통찰한 것은 구약학자의 혜안이라 말할 수 있다. 더 나아가 김찬국은 "서문"에서 루터 이야기를 계속하면서, '자신이 마틴 루터와 같은 종교개혁가'의 심정으로 나라의 부정을 개선하는 정의감을 가지고 살겠다는 의지를 표출한다. 이는 예언자의 삶과 고백을 석사 논문에서 이미 이렇게 말하고 있는 것이다. "루터는 1540년 9월 2-17일의 탁상일기에서 다음과 같이 적었다고 한다. 내가 처음에 시편 중에서 '주의 의로 나를 건지소서'(시편 31:1)란 구절을 읽고 노래했을 때 나는 전율하고 하나님의 의, 하나님의 심판, 하나님의 역사에 원한을 품었었다. 왜냐하면 나는 하나님의 의(義)란 여기에서 하나님의 엄숙한 심판이라고 생각했기 때문이다. 하나님은 지금 나를 그의 엄숙한 심판으로서 구원한다는 말일까. 그렇다면 나는 영원히 버림받을 것이다. 그러나 하나님의 자비와 하나님의 도우심이라는 말씀을 상상해 보았다. 감사하다. 내가 사리(事理)를 이해하고 하나님의 의란 그것이 예수 그리스도에 의해서 주어진 의로서 우리를 의롭게 하는 의(義)라는 것을 알았을 때 그 어법을 이해하고 처음으로 시편 시인이 이해되었다."[11]

더 나아가 김찬국은 시편 23편을 다루고, 암브로시우스 감독 예언 정신을 소개하며, 3·1절의 의미를 출애굽 시편으로 펼친다.[12] 이와 같은 루터의 기록을 통해서 알 수 있는 것은 그가 시편 강해 시에 '주의 의로 나를 도우소서'란 구약의 심판적인 하나님의 의를 인식하

11 김찬국, 『구약에 나타난 계약의 하나님의 구속적 의를 논함』, 3-5.

12 박신배, "시편과 한국문화," 『태극신학과 한국문화』 (서울: 동연, 2009), 307-310.

고 있다는 점이다. '의인은 믿음으로 말미암아 살리라'(로마서 1:17)란 신약의 구속적인 하나님의 의를 이해함으로 비로소 정의의 개념을 올바르게 이해하였다는 것이다. 이러한 하나님의 심판적이면서 구속적인 의의 재발견이 루터로 하여금 확고한 복음적인 신앙을 갖게 했으며, 그러한 신앙 태도가 당시의 외면적이고 형식적이며 의식적인 로마교회의 신앙 태도에 반기를 들 수 있게 하였다. 따라서 진정으로 하나님의 구속적인 의의 역사를 믿는 참된 신앙도(信仰道)를 후세에 밝히 보여주었다. 이후 루터의 위대한 신학적 공헌이 나타났으며 실로 종교개혁의 내면적 영적 근원이 되었다.[13] 김찬국은 루터의 신앙 의인, 칭의의 문제를 다루면서, 하나님의 심판에서 하나님의 구속적 의를 찾고 있으며, 로마교회의 부패하고 부정한 것에 대하여 반기를 든 종교개혁의 사건을 거론하고 있다. 바로 루터가 하나님의 정의를 인식하고 그 믿음의 의를 깨닫고 행동하는 양심으로 그 시대에 바로 서 있었음을 논문의 서문에서 언급하며 쓴 것이다. 이는 김찬국이 이 시대 종교개혁가로서 이처럼 정염(情炎)을 가지고 있다는 사실을 보게 된다. 그는 루터를 통해 시대의 우상을 파괴하는 정의감을 가지게 되는 계기가 되었다고 볼 수 있다.[14] 안병무도 그러한 권위의 우상을 파괴해야 한다고 봤다.[15]

루터의 이런 신학적 사상은 루터의 종교개혁 후 수 세기를 지난 오늘에도 영향을 주고 있으며, 그 신학 사상은 현대 신학 사상의 주류를 차지하며 우리 기독교 구원의 진리가 되고 있다는 것이다. 이러

---

13 김찬국, 『구약에 나타난 계약의 하나님의 구속적 의를 논함』, 3-5.

14 강승일, "성경의 증거로 본 이스라엘의 반형상주의," 「한국기독교신학논총」 104 (2017), 9-25.

15 안병무, "행동과 권위," 『성서적 실존』 (서울: 한국신학연구소, 1977), 278-287.

한 하나님의 심판과 그 구속적인 의라는 측면은 역설적인 진리의 관계가 있다고 보며, 그 개념과 실체와 윤리의 적용을 우리의 신앙 태도로 삼을 수 있다고 기술했다. 여기서 그와 같은 하나님의 의의 관념이 다만 루터에 의해서 재발견되고, 재고되며, 재인식된 것에 그치지 않고, 오늘에도 이어질 수 있는 것이 하나님의 정의라는 사실을 말하고 있다. 김찬국은 하나님의 의를 논하며 루터와 로마교회와의 관계를 연관하며 설명한다. "실은 그런 역리적인 의의 관념이 구약성서에서 벌써 나타나 있음을 발견할 수 있고 증명할 수 있다. 그러므로 루터의 하나님의 의의 재발견이라 함은 결국 그가 성경을 다시 발견한 것이고, 당시 로마교회가 제한한 성경 해석과 제정된 교리 외의 것을 논하는 성경 해석을 금지한데 대한 반대로서 성경주석에의 문화를 새로 개방했다는 사실의 결과라고 생각할 수 있다. 그래서 직접 성경의 원(原)진리를 주석해서 확고한 복음적 신앙을 수립하려고 한 『성경으로 돌아가자』는 혁신적 태도를 실천하였다고 볼 수 있다."[16] 김찬국은 여기서 로마교회에 정면 도전할 뿐만 아니라, 정의에 반(反)하는 성경 해석의 문제를 파헤치며 하나님의 의에 도달하려면 바로 성경 해석의 문제와 그 본질을 알아야 하고, 이를 통해 진리를 알기 위해 성경주석을 바로 해야 함을 지적하고 있다. 구약 계약의 정의를 파헤치기 위해 루터의 성경 해석의 문제를 깊이 다루며 로마교회와 루터의 관계에 깊이 천착해서 진리와 정의, 하나님의 의에 대하여 다루고 있다. 이러한 거시적 교회사의 구조 속에서 하나님의 정의를 포착하여 삶의 현장까지 연결하여 민중의 삶의 신학으로 실천한 학자였다. 김찬국의 인생은 정의를 위해 하나님을 두려워하며 살았

16 김찬국, 『구약에 나타난 계약의 하나님의 구속적 의를 논함』, 6-7.

던 인물이 되었다. "그 후 나는 사람을 두려워하지 않고 하나님을 두려워하며 살았다. 하나님 편에서 정의와 진리를 선택했을 때 핍박과 고통을 받았지만, 마음에는 담대함과 기쁨이 있었다. 불의를 택해 안일함을 추구할 수 있었으나 하나님께서는 그것을 허용하지 않으셨다. 인간적인 두려움은 한순간, 하나님 편에서는 두려움이 없었다."[17]

김찬국은 성경과 하나님의 의에 대한 연관 관계를 말한다. "성경으로 돌아가자는 태도는 19세기 과학적 비평주의적 성경 연구 태도에서 하나님 진리의 말씀을 찾지 못한 탓으로 오늘날 다시 요청되고 있다. 성경을 어디까지나 하나님의 말씀으로 받아들임으로써 올바른 의미의 신앙적 진리를 해석해 낼 수 있다. 이런 뜻에서 하나님의 의의 진실한 의의(意義)를 발견하려고 특히 구약성경으로 올라가서 살펴보아야 하겠다. 하나님의 의에 대한 재발견은 루터 때 뿐만에 한(限)한 것이 아니라 오늘날 세계적으로 인류가 고뇌하는 도의(道義) 재건을 부르짖는 이 순간에도 하나님의 의는 재발견되어야 하며, 실제로 하나님의 의가 이 땅에 충만해야 할 것이다. 이런 요청은 오늘의 세계뿐만 아니라 우리 한국 사회에도 긴급히 요청되어야 할 것이다. 이것은 이 시대의 요청이고 하나님께서 우리 민족에게 뜻하는 요청이라 믿는다. 이런 뜻에 이 소논문은 하나님의 의를 구약성서에서 찾아 그 의미를 밝히는데 목적이 있다."[18] 김찬국은 구약성서가 역사서라고 하는 생각을 하였으며, 거기에 중심주제는 정의(체다카) 사상이라는 사실을 인지하고 『예언과 정치』를 풀어간다. "구약성서의 역

17 김찬국, "금관의 예수," 『역경의 열매』, (서울: 국민일보, 1993), 46
18 김찬국, 『구약에 나타난 계약의 하나님의 구속적 의를 논함』, 8-9.

사 기록들은 오늘날 우리가 생각하는바 과학적 근거를 가진 틀림없는 객관성을 가진 기록들은 아니다. 이스라엘 왕국의 왕실 중심의 실록들은 확실한 역사적 사실들을 기록하고 있지만, 모세오경의 역사 기록들은 사실(史實)로서의 사실(fact)들을 정확히 기록한 것이라기보다도, 성서 기자가 자기들이 본 우주관, 인간관, 역사 전망, 죄관, 윤리관을 가지고 신앙 고백적으로 해석한 해석된 사건(event)들을 주로 다루고 있다."[19]

김찬국은 진리에 이르는 과정을 위해 성서 해석 방법론과 성서 해석, 역사의식까지 두루 언급하고 논의하고 있다. 이는 마치 루터의 종교개혁과 같은 개혁이 바로 하나님의 의를 위해 오늘의 세계에서도 다시 일어나야 함을 언급하고 있다. 이는 오늘의 한국 사회에서도 정의가 실현되어야 함을 역설하고 있다.[20] 그는 어려운 시대에 하나님의 정의가 하수처럼 흘러넘치게 하는 혁명을 꿈꾸는 예언자였다. 이처럼 김찬국은 하나님의 의에 대한 연구를 통해 한국의 종교개혁가 새 루터로서 한국 사회를 바라보며 정의의 예언자요 종교개혁가로서 정의에 대하여 양보하지 않고 민주화를 위해 올곧게 행동하는 양심인과 학자로서, 또 정의의 예언자 아모스로서 역사의 현장에 서 있었다. 그는 정의로운 한 사람에게서 공동체의 정의를 추구하는 구약학자, 오늘 이 세대의 예언자로서 지평을 넓혀간 것이었다.

---

19 김찬국, 『예언과 정치』 (서울: 정우사, 1978), 10.

20 김찬국, "구약의 하나님과 혁명적 변화," 『인간을 찾아서』 (서울: 한길사, 1982), 75-84.

III. 구약역사서의 중심과 방법론, 민중신학

김찬국의 역사의식에서부터 시작되어 구약사의 중심 신학이 무엇인가? 그리고 구약신학적 역사신학의 주제는 언제부터 연구되었는가? 그는 구약 역사신학의 중심이 정의라고 보고 있다. 그는 제2이사야의 창조전승 연구를 박사 논문으로 제출하며, 창조전승을 구원사적으로 보는 연구와 종교사적으로 보는 연구의 연구사를 정리하였다. 그리고 바빌론 포로의 삶에서 창조 이야기를 전개하는 과정을 포착하고, 이를 역사적 학문적 연구를 통해 한국의 역사를 염두에 두고 연구해 나갔다.[21]

그는 구약의 제2이사야 전공 분야에서 창조신학을 연구한다. 한국의 어두운 상황을 이론적으로 밝히며 새로운 창조신학을 해야 할 것을 암시하고 있었다. 한국의 어두운 시대에 창조신학자로서 신학한다는 것이 어떤 의미이며, 구약학 연구의 분야에서 묵시문학적 본문을 연구하는 것이 무엇인지 보여준다. 그는 삶의 실천을 중시하며 민중신학의 자리에서 올곧게 산, 고난받는 예언자가 되었고, 야웨의 수난받는 종으로서 살며 제2이사야 신학을 깊이 연구하며 한국의 민중신학을 실천하여 살아있는 신학이 되게 하였다.[22]

김찬국의 신학 작업으로 들어가 볼 때 그가 제자들에게 논문 지도를 하며 구약 역사신학을 가르친 것을 통해 알 수 있다. 그가 강조하고 있는 것에 구약 연구 방법이 있었다. 김찬국의 구약 연구 방법론

---

21 김찬국, 『제 2이사야의 창조전승 연구』 (서울: 연세대학교 대학원, 1980), 1-14.
22 박신배, "구약 민중신학의 재발견," 『구약신학의 새로운 모색: 한국적 구약신학하기』 (서울: 동연, 2016), 52.

에서는 세 가지 카테고리가 중심에 있다. 그것이 바로 구약 본문의 정치적 상황과 종교적 배경과 사회적 · 경제적 상황 등이다. 그 세 개의 범주로 본문에 대한 구조 분석이 이뤄지면 그 다음이 본문(Text)과 현실(삶의 자리, Sitz im Leben) 문제 파악인데, 그것이 현실 세계와 성서의 세계를 푸는 열쇠(Key)가 된다. 이스라엘의 야웨 하나님에 대한 백성들의 신앙의 상태가 어떠한지를 종교적인 면에서 고찰하고, 고대 이스라엘 사회의 구조에 있어서 지배자와 피지배자의 관계가 어떠한지 연구하며, 그곳에 정의로운 사회가 형성되고 실현되는지 불평등의 요소가 없었는지 물으며, 그때의 경제적 상황은 백성들이 정의롭고 공의로우며 안전하게 생활할 수 있었는지 등을 탐구하며 세 분야로 나누어 연구하는 것이었다. 그는 이 세 구조로 나누어 분석하는 방법을 사용하였다. 논자는 "유다의 종교개혁"을 연구하였는데, 히스기야 종교개혁과 요시야 왕의 종교개혁 연구에 있어서 정치적 상황, 종교적 경향, 사회적 현실 등 세 가지 나누어 연구하도록 지도하여서 석사 논문을 썼다.[23] 또한 석사 과정의 구약학 세미나(신명기와 신명기 역사, 예언서 연구)는 학생들이 주도하여 발표하게 하였는데, 이는 하브루타(유대인 교육법) 공부 방법으로서 학생들의 기억에 가장 많이 남았고 학습효과가 뛰어났다. 그래서 학생들은 발표하고 교수는 구약학의 핵심을 정리하여 말씀하셔서 종합적으로 파악하도록 유도하였다. 많은 정보를 제공하고 세계 구약학의 동향을 알게 하였고, 많은 책을 읽고 연구하도록 하며, 스스로 찾아가는 학문

23 박신배, 『구약의 개혁신학』(서울: 크리스천 헤럴드, 2006), 45-99; "유다왕국의 종교 개혁연구: 신명기 역사에서 히스기야 · 요시야 왕을 중심으로," (연세대학교 연합신학대학원, 1986). 4-94.

적 방법을 제시하였다.[24]

"김찬국의 민중신학과 구약"이라는 글을 처음으로 문화신학지(2011년 8집)에 기고할 때 "민중신학의 새로운 모색 2"이라는 주제로 책을 묶었다. 그때 선생님을 기리는 글을 써야겠다고 생각하고 민중신학과 구약이라는 관계를 두고 쓰게 되었다. 연세신학의 민중신학자 서남동과 더불어 대중과 더불어 호흡하였던 구약 민중신학자 김찬국을 넣어서, 3대의 민중신학자 반열에 드는 것은 뜻깊은 일이라 생각하고 안병무와 함께 거론하였다. 그로 인해 구약 민중신학자 김찬국 정신은 다시 거론되는 계기가 되었다. 그 첫 논문의 결론부에서 소개한 글은 왜 김찬국의 구약 민중신학인지를 말하고 있다. 그는 가난한 자들을 대변하는 신학을 기반으로 전개하고 있다.[25] 거기에 복음이 정의와 사랑과 함께 나타난다는 공동체 신학을 염두에 두고 있다고 할 수 있다.[26]

김찬국의 신학은 구약 민중신학이라고 말할 수 있다. 그의 신학의 구조는 한국 신학의 세계화를 위한 신학으로 민중신학을 펼쳤고, 삶의 신학이 연결되어 민주화 작업을 하였으며, 또한 한국 정치 현실과 노동 현장 속에 민중과 민족과 함께하며 실천하는 신학으로서, 풀뿌리 정신으로 삶의 현장으로 들어가 고난을 당한 예언자가 되었다. 그는 민청학련 사건의 피해를 통해 민주화운동의 큰 지평으로 우연

24 박신배, "구약 민중신학의 재발견," 51.

25 알로이스 피어리스/성염 옮김, "아시아 종교들과 지역 교회의 선교,"『아시아의 해방신학』(서울: 분도출판사, 1990), 69-98; 김찬국, "눌린자의 편에 서는 교회,"『인간을 찾아서』(서울: 한길사, 1982), 95-102.

26 리까르도 안똔시크, 호세 미구엘 무나리스/김수복 옮김,『그리스도와 공동체 사회』(광주: 일과놀이, 1990), 315-336; 김찬국, "패배한 정의,"『인간을 찾아서』, 103-110.

히 나가게 된 계기가 되었다. 그 이후의 나그네와 같은 순례자로서 민주주의 실현화를 위해 실천적 운동을 나가게 되었다. 이 뒤에는 구약의 정의 예언자들의 메시지가 있었으며 그 정의가 신학의 중심이 되었다. 한편, 그는 구약의 세계와 현실과의 사이에서 하늘 뜻이 펼쳐지는 삶, 어려운 묵시문학적 상황에서 민중의 삶을 살았다. 그리고 하나님의 법의 차원에서 앞서 연구했던 신학적 결실로서 이 땅에서 정의를 실천하여 보여주었다. 그의 신학의 배경에는 인간 사랑이 기본에 있고, 한민족의 얼을 강조하는 수업과 제자들의 가르침에서 한글 사랑이 있었다. 이수정의 사진이 그의 연구실에 있는데 청년 교육과 민족교육에 있어서 민중신학의 중심축이라고 말할 수 있다. 그는 에세이로 쉽게 풀어쓴 행동의 언어로 표현하며, 시대의 양심으로 서서 행동하는 상징적 행위로서 예언자의 삶을 보여주었다. 여기서 김찬국은 민중신학을 삶으로 살며 보여준다. 인간 김찬국은 작은 예수의 모습으로 살며 신학을 한다는 것이 무엇인지 보여준 시대의 스승이 되었다. 고희 기념 저서에서 지인들이 그를 기리며 벗에게 한마디 말하는 글에서 그의 인생 전반이 어떻게 살았는지 보여주며 참 인간의 삶이 무엇이었는지 알게 한다.[27]

그가 구약 역사서를 이해하고 해석하는 두 개의 개념은 정의와 자유라고 말할 수 있다. 이는 구약의 종교와 정치와 경제의 3면에 걸쳐 거기에 비친 구약적인 자유주의를 연구한 글에서도 잘 알 수 있다.[28] 그는 시대마다 여호와 신앙에 따른 성전 시대와 바벨론 포로시

---

27 박신배, "김찬국의 민중신학과 구약," 「문화와 신학」 8 (2011), 30.

28 김찬국, "구약성서에 나타난 자유주의," 『성서와 역사의식』 (서울: 평민서당, 1986), 34-35.

대, 귀환 시대의 자유주의 형태를 설명한다.

> 포로기 후 귀환에서도 오랫동안 교직정치(Hierarchy)가 실시되었는데 그때에도 자유사상은 잊혀지지 않았다. 이스라엘의 일반 백성은 누구나 다 제사장이 될 수 있다는 제사직의 이상(출애굽기 19:6)이 제3이사야로 인해서 재강조 되었다. 원래 제사 기자들은 거룩한 국민의회를 옹호하기 위해서 제사장의 대표인 모세, 아론에 반대한 고라당의 반역 사건을 기술하였던 바 있는데(민수기 16:1), 귀환 후의 이스라엘에는 비록 국가적 독립은 없었을지라도 일종의 종교적이며 제사적인, 다시 말하면 종교 정치를 하게 되었다. 그래서 백성들은 그들의 장로와 국민의회를 통해서 중요한 사건들을 처리, 결정하였다(에스라서 10장; 느헤미야서 9장; 요엘서 1:14; 이사야서 24:23). 그러므로 이 교직정치란 것은 국민의회의 정치이었으므로 전제정치가 될 수 없었다.[29]

이처럼 김찬국의 신학에는 항상 예언자 신학의 정의가 중심에 자리 잡고 있었다. 이는 안병무의 민중신학에서도 자유를 중요한 윤리적 가치로 주장하는 것과 같은 선상에 있다.[30]

IV. 구약 역사서와 구약신학의 중심으로서 역사의식

여기서는 먼저 김찬국의 구약신학 노트에 있는 신명기 역사서에

---

29 Ibid..

30 안병무, "현존하는 하나님," 『성서적 실존』, 320-334.

대한 학문적 논의를 살펴보고자 한다. 그리고 어떻게 구약 역사서의 학문적 논의가 구약신학으로 전개되고 있는지 추론하고자 한다. "신명기 학파의 편집 - 열왕기는 솔로몬 치세부터 바빌론 포로 시대까지 역사를 기록해 나가는데 있어서 두 왕국의 왕의 한 사람의 행적을 종교적으로 비판하며 일정한 종교적 신앙을 가지고 기술하고 있는 신명기적 편집과 가필을 발견하게 된다. 사무엘서에서는 신명기적 신학과 기록의 전승을 정의하면서 약간의 신학적 설명으로 첨가하는 정도로 만족하였으나 열왕기에서는 어떤 작업과 기준으로 신명기 역사 전체를 편집하였다고 한다. 열왕기는 기원전 561년에 여호야긴이 포로가 되어 기록되어 나오기 전까지는 현재 형태로 기록될 수 있었다고 저술된다(쿠에넨의 역사 비평적 방법[1887], 월더버거의 문학적 비평[1893]. 열왕기의 두 편집설을 받아들이면서 다음과 같이 기술하고 있다.)"[31] 열왕기는 기원전 600년경에 편집 기록되었으며 치세 기록에 재편집 가필되었다고 주장한다. 젤린(Sellin)은 열왕기에 두 사람의 신명기적 역사가(편집자)의 편집 가필을 구별할 수 있다고 하였으며, 파이퍼(Pfeiffer)는 이 두 편집자의 구별을 하여서 첫째 사람은 편집자이고 기원전 586년 후에 일어난 예루살렘 멸망은 모르고 있으며, 둘째 편집자는 그 비극적 사건들에 대해서 언급하고 있는 것으로 안다고 하였다.[32] 이처럼 김찬국의 구약신학 노트에서 현대의 구약신학적 학문 논의를 따라가며 그 구약 역사신학적 방법을 섭렵하고 있고 또 이해하여 자신의 구약신학적 입장으로 더 나갈 수 있는 토대를 삼았다.[33]

---

31 김찬국, "구약신학" 노트, 강의록, 7-120.

32 Ibid..

김찬국은 신명기 역사의 첫째 편집자가 이 열왕기 문서의 저자로서 신명기의 포로기에 기록하기 시작하였으며, 신명기 역사로서 국가의 회복을 기대하고 있다고 보았다. 이 신명기 역사 문서의 첫째 편집자는 솔로몬 성전 건축 시대에 예루살렘 성전을 수축하는 것을 합당하다고 보았으나(왕상 3:3), 둘째 신명기 역사 편집자는 기브온에서 솔로몬이 제사 드리는 것을 정당하다고 본다(왕상 3:4). 이 신명기 문서 편집 시대는 요시야 왕의 신명기 편집 때부터(기원전 621년)해서 예루살렘 멸망의 해(기원전 586년) 사이로 잡으면 된다고 보며, 좀 더 신명기 역사 연대를 따지고 보면 요시야 왕이 죽은 후(기원전 609년)에 유다가 망해서 바빌론 포로(기원전 587년, 예루살렘 성전 멸망) 생활을 했다. 그래서 신명기 역사 편집 시기는 그 시대의 중간을 잡아서 기원전 600년으로 잡는 것이 좋다고 본다. 젤린(Sellin)은 이 문서를 쓴 것은 요시야왕 때 서기관(Shaphan) 혹은 아론의 아들 아히감(Ahikam)이라고 소개한다.[34] 이처럼 김찬국은 신명기 역사의 저작 연대와 2중 편집설과 그 역사적 배경을 논의하면서 젤린의 편집설을 소개하고 있으며, 깊이 있는 학문적 논의를 하고 있다.

더 나아가 이 신명기 역사가의 본 저작은 신명기의 신학을 비교하여 설명하고 있다. 또 역사 연대를 기록하였으며 유대인으로 하여금 성서의 신 중심의 약속을 지키면 백성과 국가가 망하지 않으리라는 것을 확신케 하였다고 말한다.[35] 신명기 역사신학을 언급하며 토라

---

33 김찬국의 구약신학 노트는 1956년 1학기(4-9월)이었다. 이는 6·25전쟁 이후 나라가 어려운 시기에 유학하며 세계 신학의 중심에서 세계적인 석학들의 학문을 배우고 우리의 신학을 할 수 있는 학문적 사유를 하고 있었던 것이다.

34 김찬국, "구약신학," 노트, 강의록, 7-121.

35 Ibid., 강의록 노트는 한자와 필기체 글씨로 난독성이 크지만 무엇을 말하려고 하

에 순종하면 복을 받는다는 것과 토라에 불순종하여 저주를 당한다는 신학적 이야기를 하고 있다. "그런데 이 처음의 신명기 역사가의 기술이며 열왕기 기록의 편집자인 둘째 신명기적 역사가는 바빌론 포로 치하에 기록하였다. 그가 경험한 포로 생활은 열왕기하 25장에 나타나고 있는 여호야긴의 석방(기원전 561년)은 그 전 포로 회복이다. 기원전 538년의 바빌론 포로로부터의 귀환은 모르고 있다. 이처럼 신명기적인 문서의 특징적인 기사가 열왕기에 기술되어 나타난 특징을 보면 다음과 같다(왕상2:1-4; 8:22-66; 11:9-13; 12:26-31; 14:1-24; 15:1-15; 왕하 17:21-23; 22장; 23:1-15, 21-28)."[36] 김찬국은 열왕기하 25장의 여호야긴왕의 석방 사건을 보도하며 신명기 편집자(2차)가 고레스 칙령에 의한 포로귀환 사건을 모르고 기사를 편집하고 있다는 역사적 사실을 보도하고 있다. 또한 신명기 신학과 문서 층이 열왕기 상하에 나타나는 신명기 역사신학의 틀이 미래의 신명기 역사 연구에 있어서 예언적 연구를 이해하고 소개하고 있어서, 놀라운 장면이라고 볼 수 있다.

한편, 더 확대하여 신명기 역사를 중심으로 '창세기-신명기'의 오경 역사와 역대기 역사의 관계를 함께 추론하는 것을 볼 수 있다. 또한 "바빌론 포로 시대의 신명기 학파의 역사서"(The Historical Books of the exilic Deuteronomist) 제목하에 신명기 역사 편집과 그 신학적 의미를 설명한다. 즉, 포로 시대의 신명기 학파는 기원전 550년경에 열왕기를 새로 편집하였을 뿐만 아니라 레위기를 제외한 오경을 편집하였으며, 세 가지 역사서—여호수아서, 사사기, 사무엘서—를 편

는 방향성으로 해독한다. 후에 다시 정확하게 독해할 수 있기를 바란다.

36 Ibid.

집하였다. 후에 우리가 고찰한 바와 같이 이 신명기 기록의 특별한 공헌은 여호수아서에 나타나고 있는데 그는 여호수아에 관한 이야기와 그의 설교(수 23장)를 다시 기록하였고, 사사기에서는 사사기의 수장(首將)을 제고하였으며, 열왕기에서는 여호야긴의 석방과 죽음을 기록하고 있다고 소개한다.[37] 바빌론 포로 시대라는 암흑과 어둠의 시대에 더 창조적인 성경 저작이 이뤄졌다는 사실을 말하며, 오경과 신명기 역사의 기록 과정을 소개하고 있다. 그 중심 내용을 다루며 신명기 역사의 창조신학을 전개하고 있다. 또 계속 오경 신학과 문학 자료를 언급하면서 역대기 역사까지 다루어 나간다.

김찬국은 그의 강의 노트에서 계속하여 구약역사 전반의 기록과 역대기 역사 편집까지 자세하게 다루고 있다. 이스라엘 역사에 있어서 이스라엘 민족의 역사를 기록하는 것은 창세기 2장 4절 후반부터 시작한 야웨기자(Yahwist)의 창세기 설화 설명을 하면서 찾아 이미 언급한 것으로 볼 수 있다. 그리고 창세 시대, 족장 시대, 모세 시대의 역사를 새 기록에다가 새로이 역대기를 편집하려고 하는 움직임이 있다. 그래서 이스라엘이 창조되며 시작된 것을 볼 수 있다. 기원전 550년 후부터 기원전 200년까지 사이에 신명기 역사가들은 역사 편집서의 네 가지 역사(JEDP)를 편집하고 있다. 그런데 그 중심 기록 시대는 에스라 시대이다. 그 시대에는 새로운 변화가 일어나서 제사장(P)문서를 중심해서 가나안 침입 시대 역사를 새로이 기록한 것이 역대기이며, 에스라-느헤미야서 역사로 나타났다고 소개했다.[38] 역대기가 전쟁의 이데올로기와 종말론적 상황이 짙은 문서라는 사실

37 Ibid.

38 Ibid., 7-122.

을 통해 당시의 한국 상황이 이렇게 어두운 역사가 전개되리라는 것을 예고하고 있다.[39] 김찬국은 바빌론 혼돈의 시대가 역사적 창조의 시대로 구약의 오경 역사와 신명기 역사, 역대기 역사까지 이어지는 역사의 종합이 일어나고 있는 세계를 학문적으로 꿰뚫어 보는 놀라운 통찰력을 가지고 있다. 이는 오늘 현대의 구약신학과 구약학, 구약 역사서가 이뤄낸 결과라고 보지만 이미 1950년대 초반에 뉴욕에서 김찬국은 우주적 차원에서 이미 구약학의 세계를 통찰력 있게 공부하고 있었다.

한편, 신명기 역사의 신학적 문제를 신앙의 차원에서 다룬다. 신명기학파 역사 기록의 목적은 역사적 사실만을 기술하려는 것이 목적이 아니라 역사 기록을 통해서 다른 것을 이스라엘 백성에게 전달하려고 한 것이다. 그 신명기 목적이 신앙적 충성, 신앙적 토라 순종이라는 사실을 밝힌다. 그래서 신명기 역사 기록에 있어서 기사를 생략하거나 때론 기록하거나 때론 보충하거나 왕실 전설과 같은 새로운 자료를 가지고 더 풍부하게 역사를 해석해 나간 것이다. 그러므로 이 신명기적 사가의 문체가 명확히 드러났다. 그것은 세계사가 세계 심판이며 이스라엘과 유다의 운명을 주로 신앙 선조의 죄 때문에 포로된 것임을 보이며 그러한 심판의 결과는 신앙의 문제라는 사실을 나타내는 거룩한 역사를 제공하고 있다고 보았다.[40] 놀라울 정도로 신명기 역사의 신학적 문제를 자기 역사 이해로 소화하여 기록하고 있는 것을 볼 수 있다. 더 나아가 계속하여 신명기 역사가의 역사 기

39 이윤경, "역대기 사가의 분열왕국 전쟁기사에 나타난 전쟁 이데올로기,"「신학사상」 156 (2012), 9-41.

40 김찬국, "구약신학" 노트, 강의록, 7-122.

록 목적과 상황을 말하고, 오늘의 한국 역사의 상황을 회상하며 전망하도록 하고 있다. "신명기 역사 기록 안의 여러 부분은 과거의 역사를 신앙적으로 고찰하여 기록하려고 한 것이며 신명기 작가는 신앙적 석방 회복과 동시에 기복적 내용을 가지고 포로 시대에 어떻게 하면 되는가 하는 방법을 보여주고 있는 것이다. 회개의 설명이 많은데, 그것은 매번 희망의 내용도 가지고 있어 하나님의 종 다윗 때문에 이스라엘은 오래 동안 여러 번 사죄(赦罪)를 받아왔다고 기록하고 있다(왕상 8:25,11:34, 15:4; 왕상 3:6, 8:25, 11:25, 엘로힘[Elohistic]적인 것은 출 14:31, 민 12:7, 8, 신 3:5 등). 하나님의 종 때문에 하나님의 은혜가 있고 이스라엘에게서 떠나지 않는다 한다(삼하 7장). 우리는 이 신명기학파의 마지막 기록으로 왜 여호야긴이 바빌론 감옥에 구금되었다가 석방되어 명예를 회복하게 되었는가 하는 기록을 이해할 수 있는데 그것은 작가가 포로의 때에 있으며 다윗 시대를 연상했으며 동시에 국가의 황금시대가 시작되는 때라고 생각해서 그렇게 한 것이라고 볼 수 있다. 이와 같은 큰 신명기적 역사 기록에는 바빌론으로부터 귀환한 후 한 세기 동안에 계속해서 신명기적 역사가적인 기록단편이 추가되어 있음을 기술할 수 있다(신 16:8-17, 20:1-9 율법, 31:16-22, 30의 모세의 노래)."[41] 이토록 바빌론 포로 시대의 신명기 역사가는 다윗의 황금시대를 연상하며 역사를 기록하고 또 역사를 전망하며 새 지평을 가지고 있다. 김찬국은 이를 통해 한국 역사의 암흑시대를 어떻게 밝게 비출 수 있는가 생각을 하며 새 예언적 개혁을 꿈꾸고 있었다. 이후 구약신학 노트는 구약학의 전문적인 분야인 성서고고학 분야를 정확히 기술하고 있고 기독교 윤리학의 대가인 라인

41 Ibid., 7-124.

홀드 니버의 강의를 자세히 기록하고 있다. 또한 예레미야 주석적 문제도 자세히 언급하며 마치 이 시대의 예레미야 같은 심정으로 구약의 참예언자 전승을 이어가는 것을 볼 수 있게 한다.[42] 바빌론 포로 시대 전후의 이스라엘 역사의 예언 시대는 민중신학적 중요한 전거(典據)를 주는 것이라는 사실을 인지하고 있었다.[43]

다른 한편, 김찬국은 시대의 어려움의 와중(渦中)에 쿰란문서, 사해사본에 대한 관심을 가지고 묵시문학 지평에서 역사의 전망을 바라보는 예언과 묵시의 역사적 차원을 알고 있으며, 한국 역사에 있어서 새로운 종말론적 지평을 열었다. 민영규 교수와의 대화는 그러한 사실을 보여준다. "이 종파는 마카베오 독립운동 당시에 '의의 교사'로 창설된 종말론적 집단이었다. 메시아가 와서 세울 천국의 날까지 준비하고 훈련했고 자신들을 구세군처럼 조직하여 훈련하였다."[44] 더 나아가 김찬국은 기독교와 에세네파의 관계성을 밀접하게 연관됐다는 입장에 대해 구약학자의 이론을 소개하며 자세히 다룬다. "영국의 세계적 구약학자 로울리(H. H. Rowley)의 '모세로부터 쿰란까지'(1963)를 주로 참고하겠다. 이 책에 실린 논문은 사해사본 연구의 총결산이라 하겠다. 『메시아 사상』 사해사본에는 메시아 기대가 간직되어 있다. 즉 훈련교법서 9단 10행에 『아론과 이스라엘의 메시아』 기대가 기록되어 있다. 그래서 두 사람의 메시아(다윗계 메시아와 아론계 메시아)를 기대하고 있다. 그리고 '사독의' 저술 9단 21행에 에세네 종파의 창설자인 '의의 교사'가 죽은 후 40년 이내에 메시아가 온

42 Ibid., 8-10, 11-90.

43 김경호 외 3인, 『함께 읽는 구약성서』 (서울: 한국 신학연구소, 1991), 214-257.

44 김찬국, "예루살렘 입성기를 읽고," 민영규, 『예루살렘 입성기』 (서울: 연세대학교 출판부, 1976), 164.

다고 되어 있으니 이 '의의 교사'는 제사장이었기 때문에 제사장 아론계의 메시아 즉 제사장계 메시아(Priestly Messiah)를 기대하고 있다. 이와 관련해서 구약에서는 메시아란 말이 '기름 부음 받은 자'로 왕이나 제사장에게 사용되었지만 다윗계 지도자를 기대하는 데에 메시아란 말이 사용된 적이 없는 것으로 보아 쿰란 집단은 제사장 계열의 메시아를 기대한 것 같다."[45] 묵시문학의 전망에서 메시아와 예수 그리스도로 이어지는 구원의 역사를 살폈고, 이를 구약역사와 한국 역사 융합의 지평으로 이끌어가는 작업을 준비하고 있었다. 또한 이러한 연구의 근원은 이미 1957년 3월에 사해사본에 나타난 쿰란 신학의 논문에서 에세네파와 쿰란 신학의 내용을 살피고 있다.[46] 이는 묵시문학적 지평에서 신학을 한다는 것이 무엇인지 알고 한국의 현실에서 묵시문학적 전망을 예견하고 있었다.

김찬국은 민영규 교수와 쿰란 종파와의 토론을 통해 학문적 입장은 달랐지만 메시아 기대를 추구하는 믿음의 공동체와 의의 교사, 예수 그리스도의 죽음과 부활은 한국 현실에서 어떻게 실현할지 모색하고 있었다. "나는 민 선생님이 쓰신 『사해문서의 쿰란 유적을 찾아서』(10회)를 읽은 독자로서만 아니라 쿰란 동굴 지역에 가 본 일은 없지만 사해 동북쪽 연안 부근에 있는 쿰란 지역 동굴에서 1947년에 발견된 사해사본 연구 동태에 관해서 계속 관심을 가지고 왔었다. 민 선생님이 가정하신 예수의 에세네파(Essenes) 종파 출신설에 대해서 내가 조사한 자료에 의한 견해를 소개해 보는 것도 성서학도들에게 다소나마 도움이 되지 않을까 생각하여 몇 차례에 걸쳐 『쿰란 종파와

45 Ibid., 165-166.

46 김찬국, "사해사본에 나타난 쿰란 신학," 「신학논단」 제3집 (1957.3), 53-67.

기독교 기원』에 관해 소개해 보고자 한다."[47] 김찬국은 예수가 에세네 종파 출신설을 주장하는 민 교수에게 대해 그것은 지나친 주장이라고 하며, 민영규의 글을 다 다루고 나서 "이상으로 에세네 종파와 기독교 기원을 비교하고 그 차이점을 들어보았는데 요는 양자 사이에 근사한 점이 있다 하더라도 신약성경을 지나치게 쿰란화, 에세네화 하는 시도와 가정이 무리한 가정이라는 것이다"라고 하였다. 우리가 사해사본 연구를 한 결과, 에세네 종파의 제도 생활과 종교 사상을 연구하여 기독교 신앙과 비교 연구하는 데에는 새로운 자극을 끼치며 그 영향력과 통찰력을 제공하는 데에 큰 공헌을 남겼다고 말한다.[48] 예수와 에세네파의 관계를 토론하며 여러 가지 주제에 대한 입장을 밝힌다. "의의 교사가 어떻게 죽었느냐 하는 것보다 더 중요한 것은 그를 다른 사람들이 그의 죽음을 어떻게 해석하고 있는가 하는 문제이다. 예수의 죽음과 부활은 예수를 추종할 사람들이 신약에서 신학적으로 만민을 위한 대속을 위해서 죽었다고 의미화하고 있지만 쿰란 에세네 종파에서는 의의 교사의 죽음에서 그런 속죄적인 의미를 발견한 흔적을 찾을 수 없다."[49] 김찬국은 예수의 에세네파 관련을 부정하지만 정의의 교사 문제나 메시아 죽음의 문제를 토론하면서 한국 민주화 과정에서 쿰란 종파의 에세네파가 당하는 의의 핍박을 자신의 고난으로 인식하였다.

그는 성서와 현실에서 구약신학의 내용을 살피고 그 정의와 자유의 핵심을 파악하고 현실화 작업을 한다. 그래서 그는 신명기 역사에

---

47 김찬국, "예루살렘 입성기를 읽고," 163-164.

48 Ibid., 175-176.

49 Ibid., 168.

나타난 민주주의(성서가 말하는 민주주의)를 다루었는데 그것이 구약 역사를 바라보는 중심 관점이 되었다. "이처럼 성서에는 민주주의의 근본 원리가 얼마든지 나타나고 있다. 그 원리와 원칙을 지키기 위해서, 구약의 예언자들은 자유와 평화를 회복하기 위해 왕들의 불법과 억압에 대결해 싸우면서 하나님의 말씀을 대변해 왔었다. 앞에서 본 신명기 정신은 신명기적 민주주의 원칙이라고 할 수 있는데, 이런 신앙적 질서를 우선으로 하는 민주주의적 과제와 실천이 오늘 우리나라 역사 안에서도 실천되기를 절실히 바란다. 그리하여 우리 해방 후 역사에서도 신명기 역사가가 평한 바 있는 그 원칙에 합당한 정치가 실현되기를 기원한다. 히스기야, 요시야 왕 같은 정치인이 나타나서 한국 사회 전체를 정의와 평화로 이끌 수 있고, 민주주의의 근본인 백성(民)을 높이 받들고 사회발전을 가져올 수 있게 되기를 기대한다."[50] 군사정권의 서슬 퍼런 공안 정치 시대에 사회의 정의를 주장하는 아모스와 미가, 예레미야와 같은 예언 전통에 서서 올곧게 예언 말씀을 전하는 모습이다. 또한 인간 변호사 한승헌은 한국 민주화운동의 성직자로서 '자애롭고 매력 있는 성직자'라는 평가를 하는 분으로서 민주화운동의 한 복판에서 고난의 십자가를 지고 가는 의로운 주의 종이었다고 말한다.[51]

김찬국의 이스라엘 역사를 바라보는 관점은 한국 역사를 해석하는 도구이며 성서의 역사가 곧 한국 역사를 보는 안경이 되었다. 그는 남북통일이란 민족적 과제가 오랫동안 분단되어 오늘에 이르기

50 김찬국, 『성서와 현실』 (서울: 대한기독교서회, 1992), 298.

51 한승헌, 『법이 있는 풍경』, 284-289. 김찬국과 111인, 『나의 삶 나의 이야기 2』 (서울: 도서출판 연이, 1997).

까지 미결의 문제로 남아 있다고 지적한다. 그리고 남북분단의 역사적 비극과 상처를 씻고 아물게 하기가 참으로 어렵다는 현실을 말하며 이러한 역사를 해결해야 한 시점에 처해 있다고 한다. 1988년 6월 10일 학생들의 통일을 위한 대행진은 민간 차원에 탈출구를 찾으려는 시도도 결국 당국에 의해 받아들여지지 않은 안타까운 현실을 지적하며 더 나아가 이러한 어려운 상황에서도 남북 학생 체육 교류 등을 비롯한 7 · 7선언까지 나오게 된 것은 큰 변화라고 하지 않을 수 없다고 역사의 희망적 전개를 낙관하기도 한다. 이제 구약성서에 나타난 이스라엘 민족사가 보여주고 있는 남북 분열로 인한 분단 왕국의 실태 및 통일의 염원과 실천이 강대국들의 외세 때문에 좌절되어 버렸던 여러 가지 역사적 원인과 결과를 더듬어 보면서, 그 역사적 교훈에서 오늘날 한국의 분단과 통일이라는 과제 해결에 필요한 새로운 교훈과 전망을 얻어 보려고 한다고 말한다.[52] 이처럼 늘 김찬국은 성서와 현실이라는 두 과제를 염두에 두면서 항상 한국이라는 역사적 현장과 시대적 상황을 고려하였다. 또 한국적 구약신학화 작업을 하며 살아있는 구약학 연구를 하고 예언자적 상징적 행동처럼 그도 역사와 삶의 현장에서 예언을 실천하며 살았던 한국의 민중신학자이자 예언자였다.

V. 나가는 말

지금까지 김찬국의 역사신학을 그의 석사 · 박사 논문과 구약신학

52 김찬국, 『성서와 현실』, 262.

노트를 중심으로 구약 역사서를 연구하였다. 그의 구약신학의 출발점은 구약의 정의에서부터 출발하고 있는 것을 살펴보았다. 마틴 루터와 같은 종교개혁의 신앙심과 정의감에서부터 시작하여 구약역사에 대한 역사관을 형성하였다. 또한 제2이사야 연구를 통한 창조전승의 역사 연구는 시대의 암흑기인 바빌론 포로기라는 시점에서 어떻게 역사의 창조적 사고와 창조적 역사 해석을 하였는지, 그를 통해 현재의 정의로운 사회를 구현하는 원동력이 되었는지 연구하였다. 우리는 이 논문에서 김찬국의 역사의식의 씨앗과 전개 과정을 살필 수 있었다. 그 과정에서 역사적 정의감과 역사의식을 찾을 수 있었고, 더 나아가 구약 전체의 역사 기록과 해석을 하며 이를 통해 민중신학을 추구하는 결과로 도출되었다. 과거 구약학 연구의 동향의 중심지 중 하나인 뉴욕 유니온에서 세계의 석학들과 같이 호흡하던 때의 구약신학 노트를 통해 어떻게 구약신학과 구약역사서, 기독교 윤리와 예레미야서 주석 등의 학문적 논의를 했는지 알게 되었다. 그 씨앗이 구약신학적 학문이었고 그 연구의 편린을 통해 그 동력이 한국 사회와 민중의 아픔을 체휼하는 계기가 되었다. 또 정의의식이 발아되어 사회의 정의를 외치는 예언자적 삶과 실천이 되었음을 고찰하게 되었다. 역사의식의 중심에는 정의와 자유라는 두 축이 있었고 거기에는 정의에 민감한 예레미야와 같은 심정으로 그는 조국을 위해 눈물 흘리는 한 민중신학자가 되었다. 우리는 여기서 특히 민족의 역사가 4289년(1956년 뉴욕 유학기), 4291년(1958년) 등으로 표기하며 예레미야서 주석 강의서에서 기록한 것을 발견할 수 있었다. 이를 통해 그는 한민족의 역사의식에 얼마나 투철하였는지 볼 수 있는 대목이다.[53] 구약 역사서 해석에는 '예언과 역사, 정의'가 역사해석의 원리이며, 구약 역사서를 푸는 해석 방법은 역사적 배경에서 종교적 배경과 정치적 배경, 사회적 배경을 세 축에서 함께 분석하여 그 시대를 파악하고 역사적 해석을 도출하였다. 그래서 시대 민중들의 해방 정신을 찾아 사회의 부조리와 부정과 억압을 해방하는 신학을 찾아내고 행동하는 양심, 행동하는 예언자로서 불의의 정권에 맞서는 용기 있는 신학자였다. 이것은 제2이사야의 창조전승에서 예언자 정신을 찾았고, 구약성서에서 구약 역사 정신인 정의를 찾아서 어두운 한국 근대사의 정의의 예언자로서 한국 민주화의 뿌리가 되었고, 정신적 지주가 되었다. 그래서 한국 민중신학자의 3대 인물로 거론되며 10주년을 맞는 시점에서 다시 제자들의 사표가 되어 이 시대를 밝히는 이정표가 되고 있다. 김찬국의 민중신학의 출발점은 그의 역사의식, 구약 역사서 신학 그리고 구약역사의 예언자 신앙과 정의에서 찾아봐야 한다는 결론을 갖게 된다.

53 김찬국, "구약신학" 노트, 강의록, 11-14.

참고문헌

강승일. “성경의 증거로 본 이스라엘의 반형상주의.” 「한국기독교신학논총」 104 (2017): 9-25.

김경호 외 3인. 『함께 읽는 구약성서』. 서울: 한국 신학연구소, 1991.

김동환. “김재준의 정치사상.” 「신학사상」 164 (2014): 123-150.

김찬국. “구약에 나타난 계약의 하나님의 구속적 의를 논함.” 서울: 연세대학교 대학원 석사학위논문, 1954.

______. “사해사본에 나타난 쿰란 신학.” 「신학논단」 제3집(1957.3).

______. 『제 2이사야의 창조전승 연구』. 서울: 연세대학교 대학원, 1980년.

______. “구약신학.” 노트(1956년), 강의록 7-120.

______. “예루살렘 입성기를 읽고.” 민영규. 『예루살렘 입성기』. 서울: 연세대학교 출판부, 1976.

______. 『예언과 정치』. 서울: 정우사, 1978.

______. “구약의 하나님과 혁명적 변화.” 『인간을 찾아서』. 서울: 한길사, 1982.

______. “눌린자의 편에 서는 교회.” 『인간을 찾아서』. 서울: 한길사, 1982.

______. “패배한 정의.” 『인간을 찾아서』. 서울: 한길사, 1982.

______. 『성서와 역사의식』, 서울: 평민서당, 1986.

______. 『성서와 현실』. 서울: 대한기독교서회, 1992.

______. “금관의 예수.” 『역경의 열매』. 서울: 국민일보, 1993.

민영규. 『예루살렘 입성기』. 서울: 연세대학교 출판부, 1976.

박신배. “유다왕국의 종교 개혁연구 — 신명기 역사에서 히스기야· 요시야 왕을 중심으로.” 연세대학교 연합신학대학원, 1986.

______. “구약 민중신학의 재발견.” 『구약신학의 새로운 모색: 한국적 구약신학하기』. 서울: 동연, 2016.

______. 『구약의 개혁신학』. 서울: 크리스천 헤럴드, 2006.

______. “시편과 한국문화.” 『태극신학과 한국문화』. 서울: 동연, 2009.

______. “김찬국의 민중신학과 구약.” 한국문화신학회. 「문화와 신학」』 8집(2011).

______. “구약 민중신학의 재발견.” 「신학사상」 154 (2011): 37-65.

안병무. “행동과 권위.” 『성서적 실존』. 서울: 한국신학연구소, 1977.
______. “현존하는 하나님.” 『성서적 실존』. 서울: 한국신학연구소, 1977.
이윤경. “역대기사가의 분열왕국 전쟁기사에 나타난 전쟁이데올로기.” 「신학사상」 156 (2012): 9-41.
정중호. “하나님의 이동성과 이스라엘의 다문화 사회.” 「신학사상」 171 (2015): 33-37.
한승헌. “법이 있는 풍경.” 김찬국과 111인. 『나의 삶 나의 이야기 2』. 서울: 연이, 1997.
B. W. Anderson/김찬국·조찬선 옮김. 『성서의 재발견』. 서울: 대한기독교교육협회편, 1971.
알로이스 피어리스/성염 옮김. “아시아 종교들과 지역 교회의 선교.” 『아시아의 해방신학』. 서울: 분도출판사, 1990.
리까르도 안똔시크·호세 미구엘 무나리스/김수복 옮김. 『그리스도와 공동체 사회』. 광주: 일과놀이, 1990.
Peckham, Brian. *History and Prophecy*. New York: Doubleday, 1993.
Byung-Mu, Ahn. *Jesus of Galilee*. Hong Kong: CCA, 2004.

3부

생명·평화·인권 사상

김찬국의 민중신학에 대한 서설적 접근

최형묵*

I. 서론

한국의 민중신학이 탄생하게 된 결정적인 계기는, 민중신학을 정초한 이들이 회고하는 바와 같이 1970년 노동자 전태일의 분신사건이었다. 그 사건은 한국 사회 전반에 일대 충격을 가하였고 지성 사회에도 커다란 영향을 끼쳤다. 민중신학을 정초한 이들은 그 충격으로부터 민중의 현실을 되돌아보게 되었고, 민중의 입장에서 신학을 다시 시작했다. 하지만 그렇게 시작된 민중신학적 통찰이 본격적인 신학적 담론으로서 세간에 등장하기까지는 일정한 시간이 필요하였다. 1973년 〈한국 그리스도인 선언〉에서 뚜렷하게 드러나기 시작한 맹아 형태의 민중신학적 통찰은 점차 개별 신학자들의 논술 가운데서 일관된 논리와 얼개를 갖추게 되었다. 1975년 서남동의 "예수 ·

---

* 한국민중신학회 회장/한신대학교, 기독교윤리학

교회사 · 한국교회"와 안병무의 "민족 · 민중 · 교회"는 최초의 본격적인 민중신학적 단편이었다.

민중신학의 등장을 세간에 알린 두 편의 글 가운데 안병무의 "민족 · 민중 · 교회"는 기독자교수협의회 주최로 출옥 교수들을 환영하는 3 · 1절 강연회에서 발표된 것이었다.[1] 바로 그 출옥 교수 가운데 한 사람이 김찬국이었다. 1974년 세상을 떠들썩하게 만든 이른바 민청학련 사건의 배후 혐의로 구속 수감된 지 약 10개월 만에 출옥하여 (2월 17일) 얼마 지나지 않은 시점이었다. 처음 감옥살이를 마치고 출옥하였을 때 김찬국은 '민중신학적으로' 환영을 받은 것이다.

결코 우연한 일화라고 할 수 없을 것이다. 그것은 김찬국의 삶과 신학을 상징적으로 보여준 의미심장한 사건이 아니었을까? "우리 역사에서 민족은 있어도 민중은 없었다"며,[2] 역사의 실질적 주체로서 민중을 발견하고, 그 민중의 소리를 증언해야 할 교회의 과제를 역설함으로 민중신학의 탄생을 알린 안병무의 바로 그 강연에서 김찬국은 민중의 소리를 증언하는 이로 호명되었다. 그것은 김찬국의 삶과 신학에 대한 마땅한 평가였으며 동시에 그 이후 삶과 신학의 여정을 예고하는 것이기도 했다. 출옥의 기쁨은 잠시뿐이었다. 이후 곡절 끝에 교수직에서 해직되어[3] 1984년 복직하기까지 10년간의 고난이 이어지게 되었고, 민중의 소리를 증언하는 신학자로서 김찬국의 삶

---

1 서남동, 『민중신학의 탐구』 개정증보판 (서울: 동연, 2018), 39.

2 안병무, "민족 · 민중 · 교회," 한국기독교교회협의회 신학연구위원회 편, 『민중과 한국신학』 (서울: 한국신학연구소, 1982), 19.

3 당시 연세대학교 교무위원회는 김동길, 김찬국 교수의 복직을 결의하였지만, 문교부 당국에 의하여 해직 처리되었다. 이후 1980년 다시 복직되었으나 곧바로 해직되어 1984년에야 복직되었다. 한국기독교사회문제연구원 편, 『1970년대 민주화운동과 기독교』 (서울: 한국기독교사회문제연구원, 1983), 304 이하.

이 펼쳐지게 되었다.

'민중신학자 김찬국', 당연히 그렇게 예감되고 있음에도 불구하고 '김찬국의 민중신학'에 대한 조명은 아직 미미한 상태이다. 김찬국의 민중신학을 조명한 경우는 박신배의 연구가 거의 유일한 정도이다.[4] 박신배의 연구는 구약성서학자이자 동시에 행동하는 신학자로서 김찬국의 신학을 민중신학으로 정당하게 평가하고 있어서, 앞으로 관련 연구에서 꼭 참고할 만한 선구적 연구에 해당한다.

민중의 시대, 바로 그 시대의 증언자로서 김찬국의 민중신학을 조명하려는 이 글은 김찬국의 민중신학적 성취를 단순히 서술하는 데서 더 나아가 그 신학의 얼개를 파악하려고 하려고 한다. 김찬국이 구약성서학자였던 만큼 그의 신학을 조명하는 데는 당연히 구약성서신학의 영역에서 성취한 내용이 비중 있게 다뤄질 수밖에 없지만, 민중신학으로서 의의를 규명하기 위해서는 그 신학의 밑바탕을 이루고 있는 민중경험과 민중의식과 상관관계를 주목해야 하고, 그것이 구약성서를 해석하는 데서 어떻게 승화되고 있는지를 주목해야 할 것이다. 이 글은 바로 그 얼개를 개략적으로 파악함으로써 향후 김찬국의 민중신학에 대한 본격적인 연구를 위한 서설을 시도한다. 이를 위하여 이 글은 민중신학에서 공유되고 있는 독특한 신학적 인식의 요체를 먼저 확인하고, 그에 따라 김찬국의 신학이 과연 민중신학적 성취로서 어떤 의의를 지니는지 평가하고자 한다.

4 박신배, "구약 민중신학의 재발견 — 김찬국의 신학을 중심으로," 「신학사상」 154 (2011/9), 37-65; "김찬국의 민중신학과 구약," 「문화와 신학」 154 (2011), 10-36.

II. 민중경험에 대한 독특한 해석으로서 민중신학의 요체

박신배의 선구적 연구 덕분에 김찬국의 민중신학의 의의는 어느 정도 이미 규명된 셈이다. 이 글에서는 그 연구의 취지에 대체로 공감하면서도 김찬국의 민중신학의 얼개를 규명하고자 하는 만큼 민중신학을 민중신학답게 하는 근본적인 요체가 무엇인지 먼저 확인하고자 한다. 과연 김찬국은 동시대의 다른 민중신학자와 얼마만큼 민중신학적 인식을 공유하고 있었는지 확인하기 위해서이다.

단적으로 말해 민중신학의 고유성은 '민중경험'과 그에 대한 독특한 '해석 방식'에 있다고 할 것이다.[5] 다시 말해 민중경험을 출발점으로 하여 민중의 눈으로 세계와 역사를 보고, 나아가 성서를 보는 해석학적 관점에 이름으로써 신학하는 방법을 새롭게 한 데 그 고유성이 있다.

그 일차적 요건으로서 '민중경험'은 우선 신학자 자신의 직접적인 민중경험을 뜻한다. 그것은 매우 다양한 형태를 띨 수 있다. 삶의 존재 기반 자체 또는 삶의 여정 자체가 민중경험의 원천이 되는 경우도 있고, 또 삶의 특정한 국면에서 민중 사건에 연루됨으로써 극적으로 민중경험을 하게 되는 경우도 있을 것이다. 한편 신학자의 간접적인 민중경험 또한 그것이 고유한 신학을 형성하는 데 어떤 영향을 끼치고 있다면 배제해야 할 까닭은 없다. 어떤 삶의 정향이나 통찰에 직접적인 경험만이 영향을 끼치는 것은 결코 아니다. 오히려 간접적 경험의 영향력이 더 지대하다. 인간은 직접 경험을 통해서만 알고 깨닫

5 안병무, "한국적 그리스도인상의 모색," 『역사 앞에 민중과 더불어』(서울: 한길사, 1986), 13.

는 것이 아니라 오히려 간접 경험을 통해 알고 깨닫는 경우가 더 많다. 어쨌든 민중신학에서 주목하는 민중경험의 중요성은 그것이 신학적 입장과 방법을 형성하는 데 어떤 영향을 끼치고 있는지 하는 점에서 의의를 지니고 있다. 민중경험이 신학 안에 어떻게 배어 있는지가 중요하다는 이야기이다.

결국 민중신학의 고유성은 민중경험 그 자체로 한정되지 않고, 그것이 신학적으로 어떻게 승화되었는지 여부에 달려 있다. 민중경험이 신학 자체 안에 배어 있어서 독특한 신학사상을 형성하고 있을 때 비로소 그 신학을 민중신학으로 평가할 수 있는 것이다.

민중경험을 바탕으로 하여 세계와 역사 그리고 성서에 대한 새로운 해석을 시도한 것이 민중신학의 고유성을 형성한다면, 그것이 뜻하는 바는 무엇일까? 그것은 민중을 중심에 두고 세계와 역사를 해석하고, 성서를 해석한다는 것을 뜻한다. 줄여 말해 민중의 입장에서 새로운 역사관을 형성한 것을 뜻한다. 그것은 단순히 민중에 대한 관심의 차원을 넘어 민중의 관점에서 역사를 다시 보고 신학을 재구성하는 것을 뜻한다. 민중신학에서 민중은 필수적인 구성적 요인이다. 그것은 서남동의 입장을 따르면, 하느님의 구원 행위를 민중을 통해 실현되는 것으로 이해하는 것이다. 민중신학이 신학인 한 여전히 하느님의 구원사적 지평은 중요한 의미를 지니고 있다. 그런데 민중신학이 이전의 신학이 전제한 구원사와 구별되는 것은 그 구원사를 민중과의 관계 안에서 이해한다는 점이다.

서남동에 따르면, "민중은 태초부터 하느님과의 계약상대자"였다. 그 민중은 "땅을 정복하고 생활가치를 생산하고 세계를 변혁시키며 역사를 추진해온 실질적 주체이면서도 지배 권력으로부터 소외·억압되어 천민·죄인으로 전락"하였지만, "역사의 발전에 따라서 자기의 외화물(外化物)인 권력을 원자리로 돌리고 하느님의 공의 회복을 주체적으로 이끌어서 그로써 구원을 성취하도록 되었다."[6] 하느님의 구원사를 민중과의 관계 안에서 이해하고 있는 민중신학적 역사관의 요체이다. 이 민중적 역사관 또는 구원사관이 함축하는 요체는 하느님과의 약속 상대로서의 민중의 능동적 역할을 주목하고, 그 역할에서 구원의 의의를 찾는 것이다. 단지 가난한 사람들, 민중에 대해 관심을 기울이는 신학이 아니라, 민중이 자체의 구성적 요인으로서 자리하고 있는 신학이라야 비로소 민중신학이라 할 것이다.

널리 알려져 있다시피 민중신학의 핵심은 이른바 '민중 메시아론'으로 회자하기도 한다. 민중 메시아론이 과연 신학의 명제로서 성립 가능한 것인지 비판자의 시선에는 늘 문제 되고 있지만, 그 민중 메시아론의 요체는 이미 성서 자체 안에 기원을 두고 있다는 것이 민중신학자들의 입장이다. 예컨대 "말씀이 육신이 되었다"는 성육신(成肉身)론은 나자렛 사람 예수를 '하느님의 아들' 메시아로 인식했다는 것을 뜻한다. 민중신학은 초자연적으로 만나는 하느님을 말하지 않는다. "현재 눈앞에서 전개되는 사실과 사건을 '하느님의 역사 개입'으로 알고" "그것을 신학적으로 해석하는" 태도를 취하는 것이다.[7] 그것은 이른바 '민중 사건' 안에서의 동일시를 의미한다.[8] 여기에서 그리스도교 신앙의 구원론적 동기가 포기되는 것은 아니다. 지배자들이 뒤집어씌운 한계에 갇혀 고난받는 민중이 그 한계를 떨치고 일

---

6 서남동, 『민중신학의 탐구』 (2018), 58.

7 Ibid., 101.

8 민중신학에서의 '사건'의 의미에 관해서는 최형묵, 『보이지 않는 손이 보이지 않는 것은 그 손이 없기 때문이다 — 민중신학과 정치경제』(서울: 다산글방, 1999) 223-224.

어서는 자기초월 사건을 구원 사건으로 인식할 수 있다면, 그리스도교 신앙이 말하는 구원은 역사적 구체성을 획득하게 된다.

물론 신학자마다 고유한 언어와 논리 전개 방식을 취할 수 있기에, 그 언표가 모든 신학자들 사이에서 동일할 수는 없다. 그런데도 민중을 신학의 구성적 요인으로 설정하고 있다면 그 신학은 민중신학의 핵심적 문제의식을 공유하고 있다고 할 것이며, 그 신학을 민중신학으로 부르기를 주저할 까닭은 없을 것이다.

III. 김찬국 민중신학의 얼개: 하느님의 구원사와 민중

동시대 다른 민중신학자들과 뚜렷하게 그 인식을 공유한 김찬국의 민중신학의 요체는 어떻게 파악될 수 있을까? 여기서는 먼저 김찬국의 민중경험과 민중인식을 살펴보고, 그다음으로 성서와 역사에 대한 이해 그리고 가장 결정적인 관건으로서 구원사 안에서 민중의 역할에 대한 인식을 살펴봄으로써 그 물음에 대한 답을 구하고자 한다. 또한 나아가 김찬국이 누차에 걸쳐 일관되게 강조하고 있는 3·1 운동에 대한 인식이 하느님의 구원사와 한국 민중운동사에서 과연 어떤 의의를 지니고 있는지 살펴보고자 한다.

1. 민중경험과 민중인식

김찬국의 민중경험을 말할 때 가장 먼저 주목해야 할 것은 아무래도 1974년 옥중 경험과 이어진 10년간의 해직 경험일 것이다.[9] 김찬국은 1974년 5월 7일 연세대학교 신과대학 학장실로 찾아온 기관원들에게 연행되어 구속되었다. 이른바 민청학련 배후조종으로 긴급조치 4호를 위반하였다는 혐의를 받고서였다. 김찬국에게서 이 투옥의 경험은 매우 충격적이었다. "감방 독방에서 쇼크로 인해서인지 몰라도 무서웠고 떨렸던 공포감에 젖은 초조감 때문에 밤잠 이루지 못하고 넘긴 밤이 한두 달이 아니었다"고 하였다.[10] 그 충격적인 고통의 체감이 비단 개인적인 것만은 아니었다. "처음 수개월 동안 오는 소식은 거의가 다 내 가슴을 철퇴로 내려치듯 하는 것 같은 절망스러운 것들"[11]이라고 했다. 그 절망스러운 소식들은 본격화된 유신체제에 의한 광란의 소동이었다. 계엄령 발동으로 유신헌법이 제정되고, 위수령과 긴급조치로 그 헌법에 대한 일체의 저항과 토론마저 금압되고 있던 상황에서 민청학련 사건으로 구속된 청년 학생들과 양심세력들에게 줄줄이 중형을 내려지고 있었으니, 그 절망스러운 소식들은 바로 이를 두고 한 말이었을 것이다.

민주화를 바라는 국내 양심 세력의 거센 저항과 국외의 비난으로 유신정권이 대통령특별조치로 1975년 2월 15일 대다수 구속자를 석방하였을 때 김찬국 역시 석방되었으나, 고난의 여정은 비로소 시작되었다. 석방과 함께 연세대학교는 교수직 복직을 결의했지만, 정부 당국은 이를 허용하지 않았다. 1980년 '서울의 봄'이 찾아왔을 때 복직되었던 것도 잠시뿐 다시 해직되었다가 1984년 2학기 복직하기까지 10년 해직 생활이 계속되었다. "내 삶 중 가장 고통스러웠던

9 신앙세계출판국 편, 『만나고 싶은 사람들』(서울: 도서출판 샤론, 1990), 102 이하.
10 김찬국, 『인간을 찾아서』(서울: 한길사, 1980), 242.
11 Ibid., 242.

때는 감옥에 있을 때였고 해직되었을 때"[12]라고 스스로 고백할만큼 이 기간은 특별한 체험의 계기였다.

이 10년간의 해직 생활은 그야말로 민중 선교의 현장에 투신하게 되는 기회가 되었다. 하느님의 발부리에 채인 격이라고 할까? 해직 생활 동안 시간강사로 강의를 하기도 하고, 교회의 설교자로 봉사하는 한편 민중 현장에 본격적으로 발을 내디뎠다. 구속자를 위한 금요기도회에 참석하여 고난당하는 이들의 가족의 아픔에 공감하였고, 여러 민중 선교 현장에 깊이 관여하였다. 감리교 도시산업 선교회의 자문으로 위촉받아 교회와 활동가들 사이를 연결하고, 노동자들의 문제에 대처하여 평화시장 대책위원장(1977)으로, 동일방직사건 긴급대책위원회 부위원장(1978-1979)으로 그리고 한국교회사회선교협의회 지도위원 등으로 노동자의 권리를 옹호하는 일에 참여하였다. 또한 한국기독교교회협의회(NCCK) 인권위원회 위원과 인권후원회 회장으로 고통 받고 소외된 이들의 아픔을 나누며 극복하려는 활동에 적극적으로 참여하였다.[13]

이 시기 민중들을 향한 시선은 매우 뚜렷하게 확인된다. 김찬국이 오스트리아의 화가 보단 피본카(Bohdan Pivonka)의 〈그가 우리의 질고를 지고 간다〉는 그림을 묘사하고 있는 내용은 단지 그 그림에 대한 소개에 그치는 것이 아니라, 1970년대 당대 한국 민중을 향한 그의 시선의 압권이라 해도 틀림없을 것이다.

---

12 김찬국, "금관의 예수," 국민일보 출판국 편, 『역경의 열매 - 기적의 수수께끼』(서울: 국민일보 출판국, 1990), 46.

13 신앙세계 출판국 편, 『만나고 싶은 사람들』(1990), 109-110.

이 그림에는 십자가와 다섯 사람이 등장하고 있다. 노동자가 땀을 뻘뻘 흘리면서 어깨 위에다가 무거운 나무 십자가를 메고서 골고다로 끌고 가는 장면이다. 그림의 배경으로는 고층건물이 보이는 도시가 보인다. 노동자가 메고 가는 십자가는 그것만으로도 무거워서 골고다까지 끌고 가려면 힘이 다 빠지도록 지칠 것으로 보이는데, 이 그림은 그 십자가 위에 네 사람이 올라타고 있는 모습을 보여주고 있다. 그 네 사람이 누구일까? 십자가 머리 위에는 어떤 지식인이 도시 쪽을 향하고 앉아서 신문을 읽고 있다. 십자가 기둥 허리쯤 해서는 한 쌍의 젊은 남녀가 어깨동무를 하고 서로 사랑의 정담을 나누고 있다. 십자가 기둥 하반부에는 목사(혹은 신부)가 팔짱을 끼고 다른 세 사람들과는 달리 도시가 있는 세상 쪽을 등지고 앉아 명상에 잠기어 있다. 노동자는 혼자 이 네 사람들이 올라타고 있는 십자가를 지고 골고다로 올라가려고 안간힘을 다 쓰면서 땀을 흘리고 있다.[14]

김찬국은 이 그림이 묘사하고 있는 것이 산업사회의 문제점을 드러내 주고 있다는 것에 공감하며, 동시에 1970년대 한국 사회의 현실을 드러내 주고 있는 것으로 해석하고 있다. 경제 발전의 실질적 주역임에도 불구하고 마땅한 대우를 받지 못하고 권리를 누리지 못

14 김찬국, 『인간을 찾아서』 (한길사, 1980), 161.

하는 노동자들의 처지를 극명하게 묘사하고 있는 것으로 해석한 것이다. 김찬국은 곳곳에서 그와 같은 민중의 현실을 직시하는 가운데 무너진 사회정의를 안타까워하며, 교회의 선교적 과제를 환기한다.[15] 정당한 임금을 받지 못할 뿐 아니라 마땅히 누려야 할 노동삼권마저 보장되고 있지 않은 현실을 개탄하며, 교회가 그들의 권리회복을 위하여 민중 선교의 책임을 다해야 한다고 역설하고 있다.[16]

그의 시선은 거시적 차원에서 사회적 불의를 향하고 있을 뿐 아니라 열악한 처지에 놓인 노동자들의 세세한 실상을 놓치지 않는다. "하루 8시간 노동에 1천 원, 월 3만 원 정도로 사회생활을 시작"하는 여공의 현실을 전하며, "13년 근무한 여공이 13년 근무한 남자 공원과 동등한 대우를 받는 세상, 그 여공이 저축한 돈으로 결혼을 할 수 있는 단계에까지 이르러야 되지 않을까"[17]라고 했을 때 그 짠한 마음이 그대로 배어난다. 그런 박한 대우를 받으면서도 순종의 덕만 요청받고 있는 여공들의 현실을 접하고 몹시 마음 아파하였다.

그러나 김찬국은 고통 받고 있는 민중을 단지 동정의 시선으로만 바라본 것은 아니었다. "민중을 공평과 자유를 누리는 자유인으로 회복"할 수 있도록 해야 한다고 역설하였을 때[18] 민중을 진정한 역사의 주체로 인식한 것이다. 그 인식은 "역사를 주장하는 힘"을 역설하는 대목에서 더욱 구체화한다.

---

15 Ibid., 170, 175, 180, 184, 188, 191, 196, 204, 223, 226, 235, 238; 김찬국, 『성서와 역사의식』 (서울: 평민사, 1980), 18 등.

16 김찬국이 개탄한 노동의 현실은 오늘까지도 지속되고 있으며, 따라서 노동자의 정당한 권리 보장은 여전히 한국 사회의 과제로 남아 있다. 최형묵, "보편적 인권에 대한 신학적 성찰 — 자유권과 사회권을 중심으로," 「신학연구」 60 (2012/6), 67.

17 김찬국, 『인간을 찾아서』 (1980), 170, 180.

18 Ibid., 12.

그 힘은 잃어버린 자에게 잃어버린 것을 찾아주며 상한 자의 상처를 싸매 주며 배부른 자와 강한 자를 가르쳐 공평하게 하고 힘없게 하며, 더러운 것을 깨끗하게 하며, 박해에서 완성이 있게 하며, 미움에서 사랑을 이루게 하며, 모든 사람이 절망할 때에 희망을 주는 힘입니다.[19]

민중을 하느님 나라의 주인공으로 선포한 예수 그리스도의 메시지와 그대로 공명하고 있는 이 주장은 민중의 현실을 주목하고 그들의 편을 드는 일이 새로운 역사를 일궈나가는 것이요, 동시에 그것이 곧 하느님 나라의 여정 가운데 있다는 역사 인식을 보여주고 있다.

그뿐만 아니라 김찬국은 민중들에게서 낙천적 해학을 발견하고 그것을 더불어 즐겼을 뿐 아니라, 그들과 친숙하게 동화하는 면모를 지녔다. 그 면모는 친숙하게 지냈던 이들의 기억을 통해 전기적으로 재구성되어야겠지만, 남겨둔 기록 가운데서도 횡간의 의미를 추적해가면 충분히 헤아려볼 수도 있다. 예컨대 '할렐루야'를 광한루와 같은 '할렐루'로 알았다는 선교 초기 촌노의 일화를 통해 "민중의 자유의식과 역사의식을 깨우치는 예배"가 있는 할렐루로서 교회를 역설한 이야기[20]는 읽는 이로 하여금 잔잔한 미소를 자아내게 하며 더불어 그 의미를 되새길 수 있게 해 준다. 과천의 교회에서 목회할 때 여름성경학교에서 찬 콩국수를 나눴던 기억을 회상하며 '찬국'이라는 이름에 의미를 덧붙이고 있는 이야기, 그 교회 교우들이 가져온 과일들을 힘겹게 싸 짊어지고 집에서 가족들과 함께 나눠 먹었다는 이야기[21]에서는 "우리 집에는 김도 있고 찬도 있고 국도 있으니 많이

19 Ibid., 17.

20 Ibid., 209-213.

들 드시라"고 했던 선생의 모습이 연상된다. "나는 밥이다"를 외치며 민중들과 함께 밥상을 나눈 예수의 모습을 떠올리는 것은 지나친 상상은 아닐 것이다. 민중들의 삶과 마음에 가까이 다가가 있는 김찬국의 천성을 보여주는 한 대목이라 하지 않을 수 없다.

불과 몇 가지 편린을 통해 김찬국의 민중경험과 민중인식을 살펴봤지만, 사실 그와 같은 김찬국의 민중경험과 민중인식이 감옥의 경험과 해직에서 비롯된 것만은 아니었다는 점을 주의할 필요가 있다.

우선 김찬국은 투옥되기 이전에 그 빌미를 줄 만한 활동을 펼치고 있었다. 1969년 이른바 삼선개헌을 통해 영구집권을 구상하고 있던 박정희 정권은 전 사회적으로 통제를 강화하였다. 그 통제로 저항을 효과적으로 통제할 수는 없었다. 오히려 통제가 강화될수록 저항의 물결 또한 거세질 수밖에 없었다. 1971년 9월 2학기가 되어 당시 김찬국이 재직 중인 연세대학교에서는 부정부패 일소와 교련 반대를 구호로 학내 시위 사태가 발생하였다. 박정희 정권은 이에 맞서 위수령을 발동하고 휴업령을 내려 캠퍼스에 군을 주둔시켰다. 김찬국은 등교 시 총 끝에 칼을 달고 두 줄로 서 있는 군인들 사이를 지나갈 것을 요구받았을 때 모욕과 울분을 참을 수 없었다.[22] 박정희 정권은 급기야 1972년 10월 유신을 단행하여 독재체제를 본격화하였다. 그 암울한 시대 상황에 울분을 견딜 수 없었던 김찬국은 1973년 4·19 13주년 기념일에 "4·19 정신의 부활"이라는 제목의 설교를 통해 "부활의 진리를 확신하고 4·19 정신을 부활시켜 우리 역사의 앞날에 민주주의를 실현할 때까지 계승시켜 나가기"를 학생들 앞에서 역

21 Ibid., 226-227.

22 신앙세계 출판국 편, 『만나고 싶은 사람들』 (1990), 106-107.

설하였다.[23] 이 설교 후 김찬국은 당국의 주목을 받을 수밖에 없었다. 게다가 그해 12월 23일 장준하가 주도한 개헌 청원 서명에 동참하였다. 이에 대해 정권은 1974년 1월 8일 긴급조치 1호, 4월에 4호를 발동하여 일체의 개헌 논의를 금압하였고, 민청학련 사건을 조작하여 대대적인 검거에 들어갔다. 김찬국은 그 배후 혐의로 김동길에 이어 구속되었다. 김찬국은 구속과 해직 이전에 이미 민중을 폭압으로 다스린 독재 정권에 대한 저항의 대열에 합류하고 있었다.

김찬국의 민중경험과 민중의식의 기원은 거슬러 올라가면 더 오랜 기원을 갖고 있다. 일제치하 말기 성장기 삶의 체험과 선각자들의 영향 또한 중요한 계기였다. 김찬국은 일제치하의 경험을 곳곳에서 회상하고 있으며,[24] 남강 이승훈을 비롯한 민중의 지도자들로서 선각자들로부터의 영향을 술회하고 있다.[25] 또한 가족 내의 정신적 지주로서 할아버지의 가르침 또한 큰 영향을 끼쳤다. 특히 할아버지의 호를 따라 이름 붙여진 '중봉유훈'[26]은 늘 가슴속에 새겨진 사표와 같았다.

한국 현대사를 거쳐 온 모든 사람에게는 공통된 민중경험이 있다. "우리는 모두 민중이다!" 이렇게 말해도 좋은 공통된 경험이라 할 수 있다. 그 점에서 김찬국의 경험은 그렇게 특별한 것이 아닐 수도 있다. 숱한 사람들의 공통된 경험에 가깝다. 하지만 그에 대한 자각 여부는 한 사람의 정신세계를 형성하는 데 결정적으로 중요한 의미를

---

23 Ibid., 107.

24 김찬국, 『인간을 찾아서』 (1980), 111.

25 Ibid., 9, 43-53, 140-145.

26 그 '중봉유훈'은 다음과 같다: "1) 생명도 나의 소유가 아니다. 하나님의 뜻대로 존경하자. 2) 육신도 나의 소유가 아니다. 하나님의 뜻대로 보호하자. 3) 자녀도 나의 소유가 아니다. 하나님의 뜻대로 교양하자. 4) 재산도 나의 소유가 아니다. 하나님의 뜻대로 취급하자," Ibid., 239.

지닌다. 김찬국은 그에 대한 분명한 자각을 갖고 있었고, 따라서 역사적 소명에 신실하게 응답하고자 한 경우였다 할 수 있다.

2. 성서적 역사 이해

김찬국의 성서관과 역사관은 과연 어떤 것이었을까? 성서에 대한 이해는 한편으로 역사에 대한 이해이기도 하다. 성서 자체가 거대한 구원의 파노라마를 펼쳐 보여주는 하나의 역사로 기록되어 있기 때문이다. 그러나 다른 한편 그것은 성서가 증언하는 역사에 대한 이해로 한정되지 않는다. 성서가 증언하는 역사에 대한 이해는 곧 기록된 문서로서 성서가 전하는 역사에 대한 이해를 넘어 인간의 역사 전체에 대한 이해로 직결된다. 김찬국의 민중신학을 논하는 맥락에서 역사에 대한 이해가 중요한 까닭은 민중신학이 역사의 주체로서 민중을 주목하고 있기 때문이다. 그것은 물론 신학적인 의미에서 하느님의 구원사 안에서 민중의 역할에 대한 이해를 뜻한다는 것은 두말할 것 없다.

김찬국은 카(E. H. Carr), 판넨베르크(W. Pannenberg), 몰트만(J. Moltmann), 불트만(R. K. Bultmann) 등이 제시하는 현대 역사학 및 신학의 주요 논거들을 활용하며 성서가 증언하는 역사 및 인간의 역사에 대한 이해의 틀을 구성한다. 김찬국이 이들을 인용할 때 의도하는 각각의 강조점이 있음은 물론이다. 카를 인용할 때 현대 역사학의 고전적인 명제가 된 과거와 현재 사이의 끊임없는 대화로서의 역사의 의미를,[27] 판넨베르크를 인용할 때 약속과 성취라는 구조의 긴장 가

---

27 김찬국, 『성서와 역사의식』 (1980), 60.

운데서 끊임없이 구원의 손길을 펼치는 하느님의 구속사를,[28] 몰트만을 인용할 때 종말론적 지평에서 새로운 미래로 개방된 역사의 의미를[29] 강조하고 있다. 불트만을 인용할 때 역사 인식 주체의 결단 의미를 강조하고 있다.[30] 이 점에 대해 부연하자면, 역사 인식이란 곧 객관적 상황에 대한 인식이나 어떤 가능성에 대한 인식에 그치는 것이 아니라 그 인식 주체의 결단이 핵심이 된다는 의미이다.

이와 같은 현대 신학과 역사학의 역사에 대한 이해를 바탕으로 김찬국은 자신의 역사 이해를 "역사 밖에서 역사를 대상화해서 감상하는 태도가 아니라 역사 안에서 실존해 사는 주체로서 과거와 대화하고 미래를 전망하는 역사와의 대화를 하는 역사 이해"[31]로 집약한다. 그리고 그 역사 이해의 전형을 구약성서에 나타난 이스라엘인들의 역사관에서 찾아볼 수 있다고 주장한다. 특별히 고난으로 점철된 역사 가운데서 자신들의 운명을 개척해나가고자 한 이스라엘의 역사를 주목하며, 그 역사가 빚어낸 역사 인식을 다음과 같이 집약한다.

> 구약성경에 나타난 이스라엘 역사의식은 그 역사 기록 속에 과거가 해석되고 현재가 비판되어 있고 미래가 전망되어 있는 분명한 역사의식이 드러나 있음을 발견한다. 여기에서 말하는 역사란 사건의 나열로서의 역사가 아니고 역사를 어떻게 보고 어떻게 해석하였는가 하는 관점에서 역사가 있는 것이다.[32]

---

28 Ibid., 75.

29 Ibid., 57-58, 75; 박봉랑, "J. 몰트만의 신학 — 신학의 종말화,"「신학연구」14 (1973/6), 101 참조.

30 Ibid., 61.

31 Ibid., 54.

여기서 역사의 의미를 좀 더 엄밀하게 정의할 필요가 있다. 김찬국은 사실(fact)로서의 역사와 사건(event)으로서의 역사를 구분하고 있다.[33] 구약성서가 보여주는 역사는 역사를 통한 계시를 말하고 있는데 여기에 두 가지 실재가 동반된다. 즉 역사의 원재료가 되는 사실과 그 사실에 대한 해석이 그것인데, 성서의 역사에서는 사실에 대한 해석으로서 사건이 훨씬 중요한 의미를 지니고 있다. "여기에서 역사는 비로소 의미를 가진 사건이 된다."[34]

해석된 역사로서 사건이 함축하는 것은 무엇일까? 그것은 "역사 속에 있는 현존하고 약동하는 실재"로서, "직접 역사 속에 개입해 들어오는 하느님"을 뜻한다. 그것은 구약성서가 증언하는 출애굽 이야기 가운데서 그리고 "하느님께 대한 어떤 형이상학적 긍정도 적합하지 않"은 '역사신조'(신명기 25장)에서 분명하게 드러난다.[35] 역사에 개입하는 하느님의 사건에 대한 기억과 해석은 예언자들의 선포를 통해서 또한 끊임없이 환기되었다. 이때 하느님을 대신한 예언자들의 선포는 또다시 "사건을 일으키는 말씀"이 된다.[36] 애초 성서가 전하는 하느님의 말씀을 뜻하는 '다발'(dabar)은 그 자체로 동시에 '사건'(event)을 함축하고 있다는 점을 김찬국은 역설한다.[37] 바로 그런 의미에서 성서가 전하는 말씀 자체가 해석된 역사로서의 사건, 하느님의 역사 개입, 즉 하느님의 구원사를 뜻한다.

---

32 Ibid., 55.

33 Ibid., 56; 김찬국, 『예언과 정치』 (서울: 정우사, 1978), 10.

34 김찬국, 『성서와 역사의식』 (1980), 64.

35 출애굽 사건과 역사신조의 관계에 대해서는 김이곤, "출애굽 사건의 구약신학적 의미 - 출14-15장 해석을 중심하여," 「신학연구」 32 (1991/4), 145-147 참조.

36 Ibid., 56, 57.

37 Ibid., 74.

3. 하느님의 구원사와 민중

역사 안에 개입하는 하느님의 구원 사건에 대한 인식이 필연적으로 민중과 마주하는 것은 아닐 수도 있다. 예컨대 서구 신학에서 재조명된 구속사관 또는 종말론적 역사관 그 자체가 필연적으로 민중을 전제하는 것은 아니라는 점을 통해 알 수 있다. 그것은 일방적 방향을 지니는 것으로 이해되기도 하고, 하느님의 구원 대상으로서 추상적 인간을 전제하고 있거나 또 그 추상적 인간의 내면세계에 집중된 경우도 쉽게 볼 수 있기 때문이다.

그러나 김찬국에게서 역사 안에 개입하시는 하느님의 구원 사건을 전하는 성서에 대한 인식, 곧 역사의식이 민중과 마주치는 것은 자연스러운 귀결이었다. 김찬국은 "역사를 보는 눈"을 한편으로는 "신의 세계의 이념을 이 세상에 구체화시키고 영원의 세계를 시간의 세계로 옮기"는 시선인 동시에 "지상적 세계 및 시간의 사건을 천상의 세계 및 영원의 사건으로 의미화"할 줄 아는 사고방식으로 보고 있다는 점에서[38] 하느님의 구원사를 일방적 방향을 지닌 것으로 보지 않았다. 김찬국은 "지상적 세계 및 시간의 사건을 천상의 세계 및 영원의 사건 즉 신의 사건으로 의미화"하고자 한 데서 민중을 발견한다. 그것은 이미 앞서 말했던, 한국 현대사에서의 김찬국의 민중경험을 통해 형성된 민중인식에서 비롯된다고 할 것이다.

앞서 주목한 바와 같이 김찬국이 "잃어버린 자에게서 잃어버린 것을 찾아주며, 상한 자의 상처를 싸매주는" 것으로서 "역사를 주장하는 힘"을 강조했을 때, 그것은 곧 "민중을 공평과 자유를 누리는

38 Ibid., 142.

자유인으로 회복"하여야 한다는 걸 함축하는 것이었다.[39] 그것은 역사 안에서 일어나는 "민중 구원"[40]의 사건을 함축하는 것으로, 달리 말하면 하느님의 구원사의 핵심이 곧 민중 구원이라는 것을 뜻한다.

구약성서학자로서 김찬국은 성서가 증언하고 있는 이스라엘 민족사에서 민중에게 구원의 손길을 펼치시는 하느님의 역사(役事)를 끊임없이 강조한다. 김찬국은 하느님의 구원 사건의 원형을 출애굽 사건으로 보고, 그 사건의 경험이 이스라엘 민족의 신앙 안에서 끊임없이 환기되고 있다고 본다.[41] "역사적 해방"(historical deliverance)으로서 하느님의 구원 사건을 기억하고 전승하는 것이 성서가 증언하는 하느님의 구원사의 맥락이라는 것이다. 김찬국은 그와 같은 맥락에서 역사신조(신명기 26:5-9)의 의미를 주목하고 있다.[42] 또한 "민중 속에 함께 서서 민중의 정치적 공동체의 운명과 그들의 윤리에 깊은 관심을 가지고 약자들과 억압받는 이들과 소외된 자들의 권리와 인권을 옹호하는 데 앞장섰던"[43] 예언자들의 활동을 지속해서 재조명하면서 오늘 역사적 현실에서 그 의미를 부각하였다. 예언자들은 민

39 Ibid., 『인간을 찾아서』 (1980), 12.

40 Ibid., 134.

41 Ibid., 76, 132 이하. 김찬국은 출애굽 사건을 일종의 '정치적 혁명'으로 이해하고 있는데(Ibid., 77), 이는 그가 관심을 기울이고 주목한 멘덴홀(G. Mendenhall)과 갓월드(N. K. Gottwald)의 '혁명가설'을 바탕으로 출애굽 사건을 이해하고 있다는 것을 드러내 주고 있다(김찬국, "제3세계와 성서 해석," 한국기독교학회 편, 『제3세계와 신학』 서울: 양서각, 1987, 25). 김찬국은 '혁명가설'을 본격적으로 펼친 N. K. Gottwald, *The Tribes of Yahweh: A Sociology of the Religion of Liberated Israel, 1250-1050 BCE* (Maryknoll, N.Y.: Orbis BooKs, 1979)를 학생들에게 널리 소개하기도 하였다. 또한 김찬국, 『성서와 역사의식』 (1980), 58 참조.

42 김찬국, 『성서와 역사의식』 (1980), 74.

43 김찬국, 『인간을 찾아서』 (1980), 82.

중의 탄식소리를 대변함으로써 하느님의 응답과 개입을 요청하며 정의로운 세계를 꿈꾸었다.[44] 김찬국의 저작에서 신약성서의 비중은 약하지만, 신약성서에도 그 맥이 지속되고 있음을 김찬국은 분명히 한다. 예수 역시 "약자의 해방을 위해 당신 자신을 바치"셨을[45] 뿐 아니라, 바울 역시 "하나님께서 세상의 미련한 자, 세상의 약한 자, 세상의 천하고 멸시받는 자들을 선택하여 지혜 있는 자를 부끄럽게" 하였다.[46]

매우 단순하고 상식적인 듯하지만, 성서의 요체를 이처럼 꿰뚫고 있다는 것은 민중신학적 입장에서 매우 중요하다. 그것은 하느님의 구원 사건으로서 민중 구원 사건이 성서의 기조를 이루고 있다는 민중신학적 성서관을 명징하게 보여주고 있기 때문이다. 여기서 주의를 환기할 필요가 있는 것은, 하느님의 구원 사건이 민중 구원 사건이 되는 역사적 맥락이다. 그것은 명백히 갈등관계 안에 있는 인간의 역사적 현실 때문이다. 김찬국은 그 불의한 역사적 현실을 직시한다. 그래서 그 불의를 넘어서 정의를 실현하지 않고는 구원이 성취될 수 없다는 것을 강조한다.

> 구약에서 구원과 정의는 불가분리의 관계를 가지고 있다. 하나님이 구원의 하나님이시면 곧 정의의 하나님이시라고 믿은 것이다. 정의의 실현 없는 구원이나 해방이나 자유를 생각할 수가 없었다.[47]

---

44 Ibid., 21 이하.

45 Ibid., 135.

46 김찬국, 『성서와 역사의식』 (1980), 131.

47 김찬국, 『인간을 찾아서』 (1980), 133.

잃어버리고 빼앗긴 이들, 곧 민중이 그 잃어버리고 빼앗긴 것을 되찾도록 해주는 "역사적 해방"으로서 구원은 정의를 통해서 구현된다. 그것은 마땅히 누려야 할 것을 누리지 못하도록 가로막는 사회 세력의 존재와 그로 인해 박탈당한 사회 세력의 존재를 전제로 하고, 그 세력 간의 갈등관계를 전혀 새롭게 구성하는 것을 뜻한다. 그것은 곧 현대적 의미에서 명백한 '사회정의'를 뜻한다.[48] 여기서 민중 구원의 의미는 민중 개개인이 선하기 때문에 선택받는다는 의미가 아니다. 민중들이 불의를 겪고 있는 현실 자체가 악하기 때문에 그 악한 현실로부터 우선 구출되어야 한다는 것을 뜻한다.[49] 하느님이 약자의 편을 든다는 것은 그러한 뜻에서이다.

김찬국이 흑인신학과 해방신학을 논하고,[50] 더불어 다른 민중신학자들의 성과를 논하는 것도[51] 같은 맥락에서 이해할 수 있다. 그것은 단순한 소개가 아니라 소개하고자 하는 그 신학적 입장에 공명하고 있는 자신의 신학적 입장을 우회적으로 피력한 경우에 해당한다. 그것은 곧 자신의 관심사를 드러내는 한 방식이었다. 예컨대 김찬국

---

48 Ibid., 134.

49 김이곤, "성서에 나타난 정의(正義)와 그 현실," 「신학연구」 35(1994/6), 41; 김창락, "성서에 사용된 정의와 관련된 용어들의 번역에 대하여 — '미슈파트', '체다카', '체데크', '디카이오슈네'의 용례를 중심으로," 「성경원문연구」 30 (2013/4), 207; 박경철, "구약성서가 말하는 종교개혁과 사회개혁 — 이사야가 말하는 이스라엘의 종교제의의 부정과 긍정," 「신학연구」 71 (2017/12), 18.

50 김찬국, "눌린자의 편에 서는 교회," 『인간을 찾아서』 (1980), 95-102. 여기서 김찬국은 주로 제임스 콘(James Cone)의 흑인 해방신학과 구티에레즈(G. Gutiérrez)의 해방신학을 소개하고 있다.

51 김찬국, "제3세계와 성서 해석," 한국기독교학회 편, 『제3세계와 신학』 (서울: 양서각, 1987), 9-29. 여기서 김찬국은 해방신학, 아프리카 흑인신학, 민중신학의 성서 해석을 소개하고 있다.

은 해방신학과 흑인신학 그리고 민중신학의 성서 해석의 의의를 조명하는 글에서 그것이 신학자들이 "어려움을 당하고 억압을 받아본 경험"에서 비롯되었다는 점을 전제하고, 일련의 그와 같은 해방의 해석학이 더 적극적으로 시도되어야 할 필요성을 역설한다.[52] 더욱이 "신학은 항상 눌린 자와 약자들의 해방을 위한 말"이며,[53] "새로운 선교의 장은 역시 소외되어 있는 자들의 구원과 해방을 위한 신앙 실천의 무대가 되어야 마땅할 것"이라는 것을 역설하기도 하였다.[54] 이는 김찬국이 민중신학에 이르기까지 기왕의 해방적 신학(흑인신학, 해방신학 등)의 성취에 깊이 공감하고 있었다는 것을 보여주고 있다.

또 다른 한편 김찬국이 '대중'을 이야기하는 경우에도 사실은 '민중'을 의식하고 있었다. 예컨대 "성서에 나타난 대중의 의미"[55]라는 글은 어딘가의 요청으로 '대중'의 의미를 조명하고 있는 것으로 보이는데, 그 내용에서 '대중'과 '민중'을 혼용하고 있거니와 사실상 민중신학에서 말하는 '민중'의 의의에 방점을 두고 있다. 그러니까 이른바 대중적 소비사회의 그 '대중'이 아니라 '근로대중', '농민대중', '무산대중'으로서 '민중'을 말하고 있다.[56] 더욱이 그것이 '땅의 백성'('암하레츠')과 동일시되고, 또한 예수 주변의 '무리'로 동일시되고 있는 것을 보면, 그 글은 일종의 '민중'에 대한 성서적 전거를 밝히고 있는 글로서 성격을 지니고 있다. 이것은 김찬국의 신학, 성서학에서 민중이 주요 관심사에 해당한다는 것을 잘 보여주는 하나의 예라 할 것이다.

---

52 Ibid., 10, 28.

53 김찬국, 『인간을 찾아서』 (1980), 96.

54 Ibid., 102.

55 김찬국, 『성서와 역사의식』 (1980), 107-119.

56 Ibid., 110.

김찬국에게서 민중의 역사 주체성에 대한 선명한 언급이 기왕에 널리 알려진 민중신학자들에 비해 약하게 느껴질지도 모른다. 그 까닭에 대해서는 차후에 더 깊이 탐구되어야겠지만, 그것은 그가 단지 신학자에 그치지 않고 늘 교회 회중과 가까이하는 설교자로서 삶의 중요한 비중을 할애하였던 그의 면모와 무관하지 않은 것으로 보인다. 역시 그와 무관하지 않지만, 또한 김찬국은 쉬운 수필식 글쓰기를 즐겼다.[57] 그 점을 생각해볼 때 김찬국이 특정한 신학적 진술을 명시적으로 예각화하지 않은 것은 그가 접하는 청중들에게 설득력을 높이려는 배려와 무관하지 않은 것으로 보인다.[58]

그러나 그것이 그의 민중신학적 인식이 모호하다는 것을 뜻하지는 않는다. 앞에서 살펴본 바와 같이, 김찬국은 자신의 민중경험을 통해 민중에 대한 일관되고 지속적인 관심을 보여주고 있을 뿐 아니라, 그로부터 형성된 민중의식을 바탕으로 성서와 역사의 맥락을 꿰고 있다. 특별히 하느님의 역사 개입으로 이뤄지는 민중 구원의 사건에 대한 의의를 강조하고, 그 의의를 수용하는 입장에서 구약성서의 맥을 민중사로 해석하고 있는 점은 그에게서 매우 뚜렷하게 드러나고 있다. 단적으로 말해 확고한 민중경험을 바탕으로 구약성서의 역사 인식을 민중해방사로 재해석하고, 그 역사 인식을 오늘 민중의 현실을 조명할 수 있는 길을 열어놓은 데 김찬국 민중신학의 독특성이

57 박신배, 앞의 글 「신학사상」 154 (2011/9), 48.

58 물론 또 다른 민중신학자로서 안병무 그리고 행동하는 신학자로서 문익환도 늘 교회 회중과 가까이 한 설교자로서도 유명하다. 설교가 일방적 선포의 성격을 지닌 것이 아니라 회중과의 상호교감을 바탕으로 하고 있다는 점에서 설교자의 언어는 그 회중과의 관계에서 규정되는 측면을 지니고 있다. 김찬국의 온건한 민중신학적 진술은 그런 맥락에서 헤아려볼 수 있지 않을까 추정해본다.

있다 할 것이다.

4. 역사적 민중해방사건의 한 범례로서 3·1운동

김찬국에게서 민중해방사건으로서 하느님의 구원사는 성서의 역사에 한정되지 않는다. 그 구원사는 마땅히 지속하는 역사 가운데서 끊임없이 구현된다. 김찬국의 그 역사 인식을 잘 드러내주는 것 가운데 하나가 민중 사건으로서 3·1운동에 대한 해석이다. 김찬국은 한국 민중사에서 3·1운동이 갖는 의의에 대해 누구보다 강조하였고, 기회가 있을 때마다 그 의의를 역설하였다. 나아가 3·1절을 교회의 명절로 삼아 지킬 것을 주장하였고, 실제로 그 기념예배를 스스로 거행하기도 하였다.[59] 또한 3·1운동의 정신이 젊은 세대 사이에서도 계속 계승되어야 한다는 취지에서 독립선언문을 한글화하여 널리 보급하는 데도 앞장섰다.[60] 김찬국은 실로 3·1운동과 인연이 깊다.

김찬국이 3·1운동의 의의를 강조한 것은 우선 하느님의 구원사의 맥락에서 그 사건이 중요한 의의를 지닌다고 보았기 때문이다. 하느님의 구원 사건으로서 우리가 경험한 역사적 해방의 사건이었기 때문이다.[61] 그것은 성서가 증언하고 있는 출애굽 사건과 다르지 않은 것으로, 한국 민중사 가운데서 기억되어야 할 역사적 해방의 사건이었다. 여기서 김찬국은 성서적·기독교적 민중 전통과 한국 민중

---

59 김찬국, 『인간을 찾아서』 (1980), 121, 126, 129, 131 등.

60 김찬국, "3·1운동 기념과 한글 독립 선언서," 연세한글탑건립위원회 엮음, 『연세와 한글』 (서울: 연세대학교, 1992), 60-65.

61 김찬국, 『인간을 찾아서』 (1980), 102, 131-132.

전통이 만나는 "두 이야기의 합류"를 말했던 서남동[62] 그리고 끊임없이 분출하는 화산맥과 같이 재현되는 민중 사건을 역설한 안병무[63]의 민중사에 대한 이해와 같은 입장을 분명하게 공유하고 있다.

김찬국은 역사적 해방의 사건으로서 3 · 1운동의 정신을 "자유와 정의"로 집약하면서,[64] 민권운동으로서 그 의의를 재삼 강조하였다.

> 일본의 침략적 한국 지배에 대한 고발과 그 지배에서 이탈하려는 자유인의 독립선언은 우리 민족사에서 일찍이 없었던 민중의 소리요, 민중에 의한 공동발언이었으며 민권을 위한 항쟁이었다.[65]

여기서, 김찬국이 민권운동으로서 3 · 1운동 의의를 강조하고 있는 것은 매우 중요한 의미를 지닌다. 김찬국은 역사적 해방으로서 하느님의 구원이 민중들에게 자유와 정의의 성취로 구체화한다는 점을 누차 반복하여 강조하고 있거니와,[66] 바로 그 안목에서 3 · 1운동의 역사적 의의를 평가한 것이다. 다시 말하면 3 · 1운동은 우리 역사에서 경험한 하느님의 구원 사건의 뚜렷한 한 범례라는 것을 통찰한 것이다.

근래에, 특히 2019년 3 · 1운동 100주년을 맞이하면서 우리 역사에서 3 · 1운동의 의의가 재삼 조명되고 재평가되고 있다. 흔히 3 · 1운동은 일제에 저항한 민족운동으로서 그 성격이 두드러지게 부각하여 온 것이 사실이다. 어쩌면 3 · 1운동이 정치적 우파의 전유물처

---

62 서남동, 『민중신학의 탐구』 (2018), 56 이하.

63 안병무, 『민중신학 이야기』 (서울: 한국신학연구소, 1987), 74, 78, 117.

64 김찬국, 『인간을 찾아서』 (1980), 122.

65 Ibid., 123.

66 Ibid., 41, 109, 120; 김찬국, 『성서와 역사의식』 (1980), 17.

럼 되어온 것도 그런 사정에서 비롯될 것이다. 그러나 오늘 재삼 조명되고 있는 3·1운동의 의의는 특수한 민족주의적 지평에 한정되지 않는다. 3·1운동이 독립의 정당성을 주장하는 내적 논리가 자유와 평등을 매개로 민족자결주의와 민주주의를 결합한 점, 달리 말해 민주주의를 새롭게 구상하는 원천으로서 의미가 있다는 점이 재삼 조명되고 있다.[67] 3·1운동은 민족운동이자 동시에 민권운동이었다. 그 의의는 100년이 지난 오늘에야 비로소 드러난 것이 아니라 사실은 3·1운동에 참여하였던 당사자들의 인식이기도 하였다. 3·1운동의 결과로 탄생한 대한민국 임시정부가 민주공화국을 표방하였을 때부터 그 인식은 분명하였다. 그것은 처음부터 "자력으로써 이족(異族)의 전제(專制)를 전복하며, 5천 년 군주정치의 구각(舊殼)을 파괴하고 새로운 민주제도를 건립하며 사회의 계급을 소멸하는 제일보의 착수"[68]로 받아들여졌다. 바로 이 점에서 3·1운동의 의의는 오늘날 민주주의를 발전시키는 데서 뿐만 아니라, 오늘 남북분단을 극복하고 평화체제를 이루는 데 필요한 역사적·정신적 자원으로서 의의를 지니고 있다.[69]

김찬국이 민권운동으로서 3·1운동의 의의를 주목한 것은 민족운동으로서 그 일방적 의의가 두드러지게 강조되고 있던 현실에 함몰되지 않고 그 의의를 정당하게 평가하고 있는 혜안을 보여주고 있다. 그 혜안은 그의 민중경험과 민중의식 그리고 그에 기초한 하느님

67 김정인, 『오늘과 마주한 3·1운동』 (서울: 책과함께, 2019), 202-208; 백영서, "연동하는 동아시아와 3·1운동," 「창작과비평」 183 (2019/3), 48.

68 「大韓民國建國綱領·總綱」, 『大韓民國 臨時政府 議政院 文書』 (국회도서관, 1974).

69 임형택, "3·1운동, 한국 근현대에서 다시 묻다," 「창작과비평」 183 (2019/3), 35.

의 구원사에 대한 인식으로부터 비롯된다 할 것이다. 물론 김찬국은 3·1운동에 대해서만이 아니라 우리 역사에서 빛나는 또 다른 민중 사건들을 주목하고 있다. 예컨대 4·19혁명의 정신을 자주 환기하고 있는 것도 그 한 예이다.[70] 4·19혁명 기념일 설교로 당시 유신정권으로부터 주시 대상이 되고 결국 해직과 투옥에 이르게 되었다는 점을 환기할 필요가 있다. 따라서 그에 대한 통찰을 살펴보는 것도 필요하겠으나, 여기서는 3·1운동을 통찰했던 인식과 연장선상에 있다는 점만 확인하고 그에 대한 서술은 약하기로 한다.

IV. 결론

지금까지 동시대 다른 민중신학자들과 뚜렷하게 그 인식을 공유한 김찬국의 민중신학의 요체를 파악하였다. 민중경험과 민중인식, 성서적 역사 이해, 하느님의 구원사와 민중 그리고 우리 역사 가운데서 드러난 하느님의 구원 사건의 한 범례로서 3·1운동에 대한 통찰을 살펴보는 가운데 김찬국의 민중신학을 조명해보았다.

민중의 시대, 그 시대의 증언자로서 누구보다 치열한 삶을 사는 가운데 민중경험을 지녔던 김찬국은 다른 민중신학자들과 더불어 매우 뚜렷한 민중의식을 공유하였고, 그것을 기반으로 자신의 고유한 신학을 펼쳤다. 물론 널리 알려진 다른 민중신학자들과 비교하였을 때 김찬국에게서 선언적 명제로서 민중 주체성에 대한 확언이 약하게 느껴지는 것이 사실이다. 그럼에도 불구하고 뚜렷한 민중경험

---

70 김찬국, 『인간을 찾아서』 (1980), 253.

을 바탕으로 하는 그의 신학적 성취는 동시대 다른 민중신학자들의 성취를 확실히 공유하고 있다. 뿐만 아니라 구약성서신학자로서 역사적 혜안과 민중사에 대한 통찰은 매우 돋보이는 성과이다. 바로 그 점에서 우리는 '김찬국의 민중신학' 또는 '민중신학자 김찬국'을 주저 없이 말할 수 있을 것이다.

우리가 김찬국의 신학 또는 신학자 김찬국을 그와 같이 평가하는 것은 우선 그의 신학을 정당하게 평가하는 것을 뜻한다. 동시에 민중의 시대에 다양한 실천적 협력 가운데 공동의 신학하기의 과정에서 형성된 민중신학을 정당하게 평가하는 작업으로서 의의를 지닌다. 그 정당한 평가는 앞으로도 시대적 소명을 따라 더욱 발전되어야 할 민중신학의 중요한 또 하나의 원천을 확인하는 것이기도 하다. 우리는 이 작업을 통하여, 민중경험과 민중의식이 어떻게 신학으로 발현될 수 있는지, 그것이 성서가 증언하는 하나님의 구원사에서 얼마나 중요한 의의를 지니는지 다시금 확인하게 된다.

참고문헌

김찬국. 『예언과 정치』. 서울: 정우사, 1978.

______. 『인간을 찾아서』. 서울: 한길사, 1980.

______. 『성서와 역사의식』. 서울: 평민사, 1980.

______. "제3세계와 성서 해석." 한국기독교학회 편. 『제3세계와 신학』. 서울: 양서각, 1987.

______. "금관의 예수." 국민일보출판국 편. 『역경의 열매 — 기적의 수수께기』. 서울: 국민일보출판국, 1990.

______. "3·1운동 기념과 한글 독립 선언서." 연세한글탑건립위원회 엮음. 『연세와 한글』. 서울: 연세대학교, 1992.

김이곤. "출애굽 사건의 구약신학적 의미 — 출14-15장 해석을 중심하여." 「신학연구」 32(1991/4): 143-178.

______. "성서에 나타난 정의(正義)와 그 현실." 「신학연구」 35(1994/6): 29-50.

김정인. 『오늘과 마주한 3·1운동』. 서울: 책과함께, 2019.

김창락. "성서에 사용된 정의와 관련된 용어들의 번역에 대하여 — '미슈파트', '체다카', '체데크', '디카이오쉬네'의 용례를 중심으로." 「성경원문연구」 30 (2013/4): 161-227.

박경철. "구약성서가 말하는 종교개혁과 사회개혁 — 이사야가 말하는 이스라엘의 종교제의의 부정과 긍정." 「신학연구」 71(2017/12): 7-33.

박봉랑. "J. 몰트만의 신학 — 신학의 종말화." 「신학연구」 14(1973/6): 91-188.

박신배. "구약 민중신학의 재발견 — 김찬국의 신학을 중심으로." 「신학사상」154 (2011/9): 37-65.

______. "김찬국의 민중신학과 구약." 「문화와 신학」 154(2011): 10-36.

백영서. "연동하는 동아시아와 3·1운동." 「창작과비평」 183(2019/3): 37-60.

서남동. 『민중신학의 탐구』 개정증보판. 서울: 동연, 2018.

신앙세계출판국 편. 『만나고 싶은 사람들』. 서울: 도서출판 샤론, 1990.

안병무. "민족·민중·교회." 한국기독교교회협의회 신학연구위원회 편. 『민중과 한국신학』. 서울: 한국신학연구소, 1982.

______. “한국적 그리스도인상의 모색.” 『역사 앞에 민중과 더불어』. 서울: 한길사, 1986.

임형택. “3·1운동, 한국 근현대에서 다시 묻다.” 「창작과비평」 183(2019/3): 15-36.

최형묵. 『보이지 않는 손이 보이지 않는 것은 그 손이 없기 때문이다 — 민중신학과 정치경제』. 서울: 다산글방, 1999.

______. “보편적 인권에 대한 신학적 성찰 — 자유권과 사회권을 중심으로” 「신학연구」 60 (2012/6): 66-96.

한국기독교교회협의회 신학연구위원회 편. 『민중과 한국신학』. 서울: 한국신학연구소, 1982.

한국기독교사회문제연구원 편. 『1970년대 민주화운동과 기독교』. 서울: 한국기독교사회문제연구원, 1983.

「大韓民國建國綱領·總綱」. 『大韓民國 臨時政府 議政院 文書』. 국회도서관, 1974.

N. K. Gottwald. *The Tribes of Yahweh: A Sociology of the Religion of Liberated Israel, 1250-1050 BCE*. Maryknoll, N.Y.: Orbis BooKs, 1979.

김찬국의 인권 사상

한동구*

I. 서론

1972년 10월 17일에 박정희 대통령은 위헌적으로 계엄을 선포했다. 국회를 해산하고 헌법을 정지시킨 후, 등장한 유신정권은 한국역사에서 유래 없이 폭력적인 독재 정권이었다. 2년 후 1974년 5월 7일에 김찬국 선생(이하는 김찬국)은 긴급조치 1호와 4호 위반죄, 이른바 '민청학련 배후 조정자'로 지목되어, 10개월간 감옥살이를 했다. 그리고 그 후 10년간 해직교수로 살아야 했다. 국가권력에 의한 이 인권 탄압은 김찬국의 삶을 완전히 다른 방향, 즉 인권운동가로 바꾸어 놓았다.[1]

---

* 평택대학교/한국구약학회 전(前)회장, 구약학

1 김찬국 선생(1923. 4. 23.-2009. 8. 19.)의 서거 10주년을 맞이하여 제자들과 지인들이 모여 '그의 생애와 사상'을 조명하는 직업을 해보고자 했다. 최근 인권에 관한 중요한 논문은 이명권, "김찬국의 평화사상," 「신학사상」 제185집 (2019년 여름호),

따라서 필자는 김찬국의 인권 사상을 조명해 보고자 한다. 더욱이 김찬국의 탄생 70주년을 맞이하여 112명의 저자와 함께 쓴, 『나의 삶, 나의 이야기』를 읽고 그의 인권 사상을 밝히는 것이 매우 의미있는 일이라 생각했다.[2] 이 책은 필자들이 각자의 삶의 이야기를 쓰는 글들이었지만, 그 가운데 김찬국과 관련된 사건을 짧게 언급하도록 했다. 이 책의 편집인들이 특정 사건을 언급해달라고 청탁한 일이 없었지만, 대부분의 필자들은 김찬국의 투옥된 사건과 해직된 사건을 언급했다. 아마도 그 이유는 이 사건으로 인해 김찬국은 국가권력에 의한 인권 침탈의 문제에 깊은 관여하게 되었기 때문일 것이다.

김찬국은 이 엄청난 고통의 시간 동안에도 웃음과 해학을 잃지 않았다. 시인 고은은 김찬국에 대하여, "민청학련 사건 이래 줄곧 해직교수/그런데 얼굴에는 그늘 한 쪼가리없다/그는 늘 웃는다/참 아름다운 웃음/…"이라고 노래했다.[3] 사실 외모로만 보면 자상한 교수의 모습이지 김동길 교수와 같이 인기 있는 반체제인사가 결코 아니었다.[4]

김찬국의 생애와 신학 사상을 되돌아보면, 투옥과 해직 사건으로 말미암아 인권운동가가 되었다고 보지 않는다. 그는 투옥 이전에도 국가, 사회 그리고 교회의 선교 문제에 대해 항상 관심을 가져왔다. 다만 투옥 사건이 사회적 이슈로 돌출되었을 뿐이다. 따라서 김찬국의 신학 및 인권 사상은 어린 시절 가정교육과 젊은 시절 신학교육에

347-372을 참조하라.

2 김찬국 엮음, 『나의 삶, 나의 이야기』(서울: 연이, 1997).

3 고은, "김찬국목사에게," 『나의 삶, 나의 이야기』 22. 이러한 평가는 이 책에 등장하는 필진 대부분이 김찬국 선생을 유머가 많으신 인자한 교수님으로 기억하고 있다.

4 김찬국, "땅을 딛고 하늘을 우러러," 『고통에 멍에를 벗고』, 97-107, 특히 105.

서부터 살펴보고자 한다.

1960년대 이후부터 대학의 교수들이 정부의 정책에 반대하는 움직임에 가담하기 시작했다. 이들 가운데 신학자들은 민중신학을 주장하는 이들이 많았다. 그래서 '김찬국은 민중신학자인가?'라는 질문이 자주 제기되었다. 그리고 제한적이지만 '김찬국의 민중신학 사상'을 연구한 이도 생겨나게 되었다.[5] 그럼에도 그를 민중신학자라 부르는 이는 드물었다. 이는 그가 사회적 약자들의 인권에 대하여 말하였을지라도, 이를 사회학적 관점에서 '민중'이라는 계급이나 계층에 대해 연구하지 않았기 때문일 것이다. 그의 중요한 관심의 대상은 민족이었다.[6] 이러한 연유에서 민중신학자라 부르기를 주저한 것이 아닌가 생각된다.

대개 인권 사상의 내용과 역사는 시민의 권리가 신장해가면서 점차 확장되었다. 이러한 점에서 인권 개념과 사상은 통일적으로 사용되지 못하다. 그래서 본 연구에서는 먼저 인권 사상의 개념 정의에서부터 시작하고자 한다. 인권 개념의 발전을 역사적으로 탐구하면서, 궁극적으로는 김찬국의 인권 개념 정의에 초점을 맞추고자 한다.

그리고 김찬국의 인권 사상을 그의 생애에 있었던 중요한 (민족적 혹은 국가적) 사건을 따라가면서 탐구하고자 한다. 그의 생애에 있었던 중요한 (국가적) 사건으로, 1) 3·1운동, 2) 8·15해방, 3) 4·19혁명 그리고 4) 독재 권력에 항쟁했던 시대로 압축해보았다.[7]

---

5 박신배, "김찬국의 민중신학과 구약,"「문화와 신학」8 (2011), 10-36; 박신배, "구약 민중신학의 재발견: 김찬국 신학을 중심으로,"「신학사상」154 (2011), 37-65; 천사무엘, "김찬국의 구약신학 방법과 그 변화,"「신학논단」96 (2019), 43-70.

6 민족 중심주의에 대하여 한강희, "일제하 북간도 명동학교의 교과서에 나타난 민족주의와 근대 국가 개념,"「신학사상」제184집 (2019년 봄호), 35-61.

II. 인권의 개념

오늘날에는 거대한 체계를 갖춘 국제법과 여러 국가의 헌법 및 일반법에 인권이 정의되고 있다. 이는 인권이 현대인의 삶에 매우 중요하게 여겨지며, 동시에 보편적 가치로 통용되고 있다는 증거일 것이다. 이처럼 인권이 보편적 가치로 자리잡기까지는 오랜 시간의 투쟁의 역사를 거쳤다.

1. 고대의 인권 개념

현대의 인권 개념은 정부의 권력 남용에 의해 침해당하는 개인의 권리를 보호하는 것을 목적으로 한다. 이러한 인권 개념은 고대에서부터 현대까지 지속되었다. 이는 국가권력에 의한 인권 침해가 쉽게 극복되지 않았음을 말해준다.

고대 사회에서 권력, 권력 남용 및 폭정이라는 개념이 존재했다는 점에서 인권 사상(혹은 개념)이 존재했다고 볼 수 있다. 고대 사회 인권의 근거는 자연법(lex naturalis)에 기초한다. 자연법이란 정치적인 공동체에서 인위적으로 만든 법(률)과는 달리, 인간이 태생에서부터 타고났거나 하나님으로부터 부여받은 권리로 언제, 어디서나 유효한 보편적 불변적 법칙이다.[8]

고대 그리스에서 시민의 권리를 논하지는 않았으나, 폭정을 언급

---

7 김찬국 엮음, 『나의 삶, 나의 이야기』 3.

8 몽테스키외/하재홍 옮김, 『법의 정신』 (서울: 동서문화사, 2007), 27. 원저는 de Montesquieu, *Esprit des lois* (1777/ L1/ C2).

했다. 기록에 나타난 최초의 자연법 사상은 소포클레스(기원전 496-406)의 비극『안티고네』[9]에 나타난다. 주인공 안티고네는 양심에 따라 왕의 명령에 반항하다가 죽었다. 아리스토텔레스에 의해 자연법 사상이 이론화되기 시작했다. 아리스토텔레스는 헌법이 시민의 재산권과 공무 참여권과 같은 권리를 규정할 수 있으며, 그 권리가 참해될 경우 법률에 따라 보상과 처벌을 결정할 수 있다고 보았다. 그러나 이러한 권리는 노예들에게는 부여되지 않았다는 점에서 오늘날의 보편적 인권의 개념과는 차이가 있다.[10]

구약성서에서도 왕권에 의한 폭정을 언급한다. 아합왕은 자신의 정원을 확장하기 위해 나봇을 살해하고 그의 포도원을 차지했다(왕상 21장). 왕하 21장 16절에서도 므낫세왕의 폭력적 통치를 고발하고 있다: "므낫세가 유다에게 범죄하게 하여 야훼께서 보시기에 악을 행한 것 외에도 또 무죄한 자의 피를 심히 많이 흘려 예루살렘 이 끝에서 저 끝까지 가득하게 하였다." 왕권 사회에서 왕이나 그의 관리들이 폭력을 행하는 자로 종종 고발되기도 한다(참조, 삼하 16:7; 왕상 21).

구약성서에서는 고대 그리스와는 다른 자연법, 즉 하나님의 명령으로서의 법을 주장한다. 고대 이스라엘에서는 시민의 4대 권리를 언급하기도 한다.[11] 신명기 신학자의 역설적 왕의 법(삼상 8:11-18)에서는 왕이 그의 통치 하에 있는 국민에게 조세와 부역을 부과하여

9 번역서로 소포클레스/강태경 옮김,『안티고네』(서울: 홍문각, 2018)를 참조하라.

10 마이클 프리먼/김철효 옮김,『인권: 이론과 실천』(서울: 도서출판 아르케, 2005), 31-32.

11 대개 이스라엘의 시민들이 가질 수 있는 네 가지 권리는 결혼을 할 수 있는 권리, 제의에 참여할 수 있는 권리, 군대에 참여할 수 있는 권리, 법의 보호를 받을 수 있는 권리이다. N. A. Dahl, *Die Hebräische Rechtsgemeinde*, (1931), 147.

착취할 수 있음을 고발하고 있다. 구약성서의 계약법전(출 20-24장)에서도 부유한 자의 재산권 보호와 사회적 약자의 신체권 보호를 규정하고 있다. 신명기 개혁운동에서는 왕의 권한을 제한할 목적으로 왕의 법(신 17:14-20; 참조, 삼상 8장과 삼상 10:17-27)을 규정하기도 했다.

이스라엘 민족이 바빌론과 페르시아에게 식민지 살이를 하는 동안, 근대 및 현대 사회에서 주장하는 천부인권설의 기초가 되는 인권 사상을 제시했다. 이스라엘 민족이 폭력적인 식민지 지배 국가들과 구별되는 정체성을 확립하여 민족의 존립과 국제적인 역할을 추구하고자 했다. 이스라엘 민족은 하나님으로부터 부여받은 인권 사상을 주장하게 되었다. 그 대표적인 내용은 모든 인간은 하나님을 닮은 형상으로 창조되었다(창 1:26-28)는 주장과 이스라엘 민족은 바빌론의 신전과 비교가 되지 않는 하늘 성전으로 초대되어 예배드리고 또 하나님과 친교를 나누었다(출 24:9-11)는 사상이다.

2. 중세의 인권 개념

중세의 인권 사상도 고대와 마찬가지로, 권력 남용과 폭정에 대응하는 개념으로 작용했다. 다만 차이점은 고대 사회보다는 이론적으로 더 정리된 윤리 사상, 자연법으로부터 인권 사상을 발전시켰다.

중세 자연법 사상은 기독교 사상과 그리스 철학을 융합하여 형성되었다. 아우구스티누스(354-430)는 로마의 법학자 키케로와 스토아학파의 영향을 받아서 법을 세 가지로 구분하였다: 영구법, 자연법 및 속세법. 영구법은 신이 부여한 규범으로 영구적으로 자연적 질서를 유지하고, 혼란을 금하는 신의 뜻이 반영된 법이다. 자연법은 인간의 이성과 마음에 새겨져 있는 영혼법이며, 양심을 통해서 실현할 수 있는 법이다. 반면 속세법은 인간이 정한 이세상의 법으로서 영혼법과 자연법에 근거가 있을 때에만 구속력을 가지는 법이다. 이와 같은 자연법을 종교적인 영구법과 철학적인 자연법으로 구분하여 체계화시킨 이는 토마스 아퀴나스(1225-1274)였다.[12]

인권을 향한 투쟁의 역사를 서구인의 시각에서 바라볼 때, 그 기원을 시민 권리 투쟁의 역사와 동일시했다. 그래서 대헌장(Magna Carta Libertatum)[13]을 시민의 권리 기원으로 보고 있다. 대헌장이 국왕 통치의 권리를 제한하는 내용이나 시민의 자유와 권리를 신장시켰다는 점에서 인권 투쟁의 역사에서 중요한 문서로 간주한다. 대헌장은 시민의 권리를 신장시키는 실정법이나, 그 법의 권위는 여전히 자연법에 근거한다. 예를 들어 대헌장의 제1조에 그 법을 "신의 이름으로 허락된" 것이라 말한다.

3. 근세의 인권 개념

근세에 접어들면서, 인본주의 법률가들은 자연법에 기초한 권리보다는 시민적 권리에 관심을 두고 있다. 17세기에 접어들면서 권리

---

12 임경헌, "토마스 아퀴나스의 자연법 — 신데레시스, 아리스토텔레스 그리고 몇 가지 문제들,"「중세철학」제23호 (2017), 5-45.

13 제임스 도허티/오소희 역, 『마그나 카르타』(서울: 사랑의 메세지, 2012). 대헌장은 1215년 6월 15일에 영국의 존 왕이 귀족들의 강요에 의해 서명한 문서이다. 여기에는 의회의 승인 없이는 군역대납금이나 공과금을 부과할 수 없으며, 재판에 의하지 않고는 시민을 체포, 감금할 수 없다고 규정한다.

사상의 두 종류가 나타난다. 첫째는 자연법적, 주관적 및 개인적 권리 개념이다. 둘째는 객관적 시민의 권리 개념이다. 근세의 인권 사상은 자연법적인 인권 개념을 시민법적인 인권의 개념으로 전환시킨 시대이다.[14]

영국에서는 시민의 권리가 권리청원(Petition of Rights)과 권리장전(Bill of Rights)을 통해 계속하여 신장했다. 권리청원은 1625년에 왕위를 계승한 찰스 1세는 프랑스와 스페인과의 잦은 전쟁으로 강제 기부나 상납금 등의 형식으로 그 비용을 징수했다. 이에 1628년에 영국 의회가 국왕에게 "누구도 함부로 체포·구금될 수 없으며, (일반) 국민을 군법으로 재판할 수 없으며, … 의회의 동의 없이는 강제 기부나 어떠한 과세·증여 등을 부과하지 않다"는 등의 내용을 청원한 인권선언이다. 찰스 1세는 특별세 부과를 위해 마지못해 승인했다. 그러나 그는 1629년에 의회를 해산시키고 11년간 의회를 소집하지 않고 독재정치를 했다.

이는 청교도 혁명의 원인이 되었다. 이후 영국 의회가 윌리엄 3세를 추대하면서 권리선언(權利宣言)을 제출하여 승인을 받았다. 이 선언을 토대로 1689년에 권리장전이 제정되었다. 그 내용은 의회의 동의 없이 법률의 제정이나 금전의 징수 및 상비군의 유지를 금지한다. 또 선거 및 언론의 자유, 잔인한 형벌의 금지, 의회를 자주 소집할 것 등을 규정하고 있다.

---

14 근세 법학자 그로티우스(Hugo Grotius 1583-1654)는 토머스 아퀴나스의 자연법을 진전시켜, 자연법의 세속화를 전개해 나갔다. 그는 신이 인간을 이성적으로 창조하였으므로 각자 자신이 구원받을 길을 스스로 결정할 수 있다.

4. 혁명의 시대의 인권 개념

영국의 국가제도를 규정한 대헌장, 권리청원 및 권리장전은 전제 왕권을 종식시키고, 계속하여 미국의 독립운동이나 프랑스혁명에도 영향을 미쳤다.

미국인들은 종교적 자유가 정치적 자유를 위한 중요한 부분이라 생각했다. 이러한 점은 미국독립선언문에 잘 나타나 있다:

> … 모든 인간은 평등하게 창조되었으며, 그들은 창조주에 의해 양도할 수 없는 권리를 부여받았다. 그 중에서 생명과 자유와 행복을 추구할 권리가 포함되어 있다. … 정부의 권리는 국민의 동의에서 비롯된다….

이러한 정신은 후에 미국의 헌법 정신의 기초가 되었다.[15] 프랑스혁명의 결과로 "인권 선언문"("인간과 시민의 권리 선언")이 나오게 되었다.[16] 그 내용은 '인간은 자유롭고 평등한 권리'를 규정하고 있으며, '모든 주권은 본질적으로 국민에게 있다'고 규정하고 있다. 또 법에 의하지 아니하고는 어떤 일도 금지할 권리가 없으며, 어떤 일이라도 방해받지 아니할 권리를 갖는다.[17] 이러한 정치적 투쟁을 통해 신

---

15 미국의 제1차 수정헌법에는 10개 조에 달하는 시민의 권리를 담고 있다. 이는 정부의 권력으로부터 개인의 권리를 보호하기 위한 내용이다. 그 내용은 종교, 언론, 출판 및 집회의 자유를 담고 있으며, 공정한 재판을 받을 권리를 포함하여, 형사사건 및 민사사건에서의 제 권리를 규정하고 있다.

16 이는 유럽의 최초의 인권선언으로 라파예트와 시에예스에 의해 초안이 작성되었고, 1789년 8월 26일 국민의회에서 채택되었다. 프랑스 인권선언은 17개 조항으로 구성되어 있으며, 후에 프랑스 헌법의 전문이 되었다.

17 프랑스 인권 선언은 전적으로 천부 인권론에 기초하고 있으며, 시민의 자유, 재산,

장된 시민의 권리가 비록 보편적 인간의 권리를 지칭하지는 않았지만, 정치적 폭력으로부터 해방되는 인권이 점진적으로 신장해갔다.

18세기를 지나면서, 자연법의 개념이 점차 탈종교화되었다. 도덕과 정치에 필요한 원칙을 이성에 근거하여 도출하고자 했으나, 그 근거가 매우 약했다.

5. UN인권선언에서의 인권 사상

1948년 12월 10일에 UN총회에서 세계인권선언(Universal Declaration of Human Rights)을 선포한 이래로 인권은 현대 정치에서 가장 중요한 개념 중 하나가 되었다. 1946년의 인권장전 초안과 1948년의 세계인권선언 그리고 1966년의 국제인권규약을 합쳐 국제인권장전이라고 부르기도 한다. 세계인권선언은 유엔의 결의로서 비록 직접적인 법적 구속력은 없으나 오늘날 대부분 국가의 헌법 또는 기본법에 그 내용이 각인되고 반영되어 실효성이 클 뿐만 아니라, 1966년 국제인권규약은 세계 최초로 법적 구속력을 가진 세계적인 인권 관련 국제법이다.[18]

세계인권선언의 주요 내용은 "모든 인류는 원래부터 존엄성과 남들과 똑같은 권리와 남에게 빼앗길 수 없는 권리를 가지고 태어났다는 점을 인정해야 한다"는 것이다.[19] 세계인권선언은 종래의 폭력적

안전, 압제에 대한 저항권을 기본권으로 명시하고 있다. 프랑스 인권 선언은 절대왕정과 봉건적 특권을 타파하여 자유와 평등의 이념을 유럽에 전파하고, 근대 시민 사회를 형성하는 데 결정적인 역할을 하였다.

18 조효제, 『인권의 풍경』(서울: 교양인, 2008), 326.

19 김왕근, 『고등학교 법과 정치』(서울: 천재교육, 2012), 239.

인 국가권력을 모든 권력으로 확대 적용했다. 따라서 인권을 타인을 구속하는 일체의 외부 세력으로부터의 자유와 연결시켰다.

또한 세계인권선언은 종래의 남성 중심의 인권 그리고 시민 중심의 인권으로부터 보편적 인류, 즉 남성과 여성의 차별이 없고, 백인과 흑인 및 유색인종의 차별이 없고, 나아가 모든 사람에게 계급을 허용하지 않는 보편성에로 확대되었다. 그러나 아직은 인권이 자유를 넘어 모든 인간을 태어나면서부터 평등하게 창조되었다는 관점에까지는 이르지는 못했다.

6. 김찬국의 인권 개념

김찬국의 가장 중요한 관심사는 '민족'이었다. 이러한 점은 김찬국이 드린 가정예배에서 잘 드러난다. 그는 가정예배가 교회에서 드리는 다른 예배에 비하여 특별한 것은 없지만, '민족의 정신을 계승하는 귀중한 자리'라고 회상했다.[20]

법으로는 사상의 자유, 신앙의 자유, 언론의 자유 등의 모든 사람의 인권이 보장되어 있다. 법 앞에 평등하다는 사상은 헌법에 보장되어 있다. 그러나 실제로는 인권이나 민권의 보장이 제대로 지켜지지 않고 있다. 이 점은 개발도상국이나 선진국이나 마찬가지이다.[21] 그의 구약성서 연구는 대부분 국가권력에 의해 자행된 횡포와 이를 극복하려는 정의의 외침에 집중되어 있다.[22] 그래서 그는 특별히 예언

---

20 김찬국, "가정예배에 대한 나의 생각," 『인간을 찾아서』, 227-231; 김찬국, "나의 생애와 신학," 『고통에 멍에를 벗고』, 284-321; 김찬국, "사랑의 빛과 새로운 역사를 위하여," 『나의 삶, 나의 이야기 1권』, 205-213.

21 김찬국, "인권의 성서적 근거," 『성서와 역사의식』, 41.

자들의 정신을 연구하는데 많은 에너지를 집중했다. 여기에는 "국민 개인의 인권과 민권이 유린된 현장을 고발하는 예언자들의 저항정신"[23]에 집중되어 있다. 따라서 그의 인권 투쟁은 곧 독재 권력에 반대하는 민주화 투쟁과 동일시하는 경우가 많았다.[24] 그에게 있어서, 독재적인 왕권에 의한 또한 이방 민족의 식민지 지배에 의한 인권 유린은 동일한 것으로 간주되었다. 이러한 의미에서 이집트는 불의와 반-인권적 존재의 상징적 존재로 나타난다.[25]

김찬국은 사회적 약자에 대하여 누구보다도 많은 관심을 가졌다.[26] 그는 산업화 시대에 희생자인 수많은 노동자들을 위한 산업 선교의 필요성을 강조하기도 했다.[27] 또한 민주화운동으로 고초를 겪은 자들을 돕는 인권운동 후원회 활동을 적극적으로 했다.[28] 그럼에도 김찬국을 민중신학자의 그룹에 분류하지 않은 것은 그의 관심이

---

22 김찬국, "하박국의 고발," 『인간을 찾아서』, 21-34; 김찬국, "하박국의 고발," 『성서와 현실』, 177-193.

23 김찬국, "인권의 성서적 근거," 『성서와 역사의식』, 46; 김찬국, "예언자의 신앙관," 『인간을 찾아서』, 54-62; 김찬국, "예언자의 신앙관," 『성서와 현실』, 234-244; 김찬국, "오늘의 예언자 신앙," 『고통에 멍에를 벗고』, 254-272; 김찬국, "구약 예언자들의 사회정의 의식," 『성서와 현실』, 245-261; 김찬국, "구약의 하나님과 혁명적 변화," 『성서와 현실』, 229-232.

24 김찬국, "조용한 용기," 『사랑의 길 사람의 길』, 21-23.

25 김찬국, "해방의 복음," 『희생자와 상속자』, 42-50; 김찬국, "구약의 하나님과 혁명적 변화," 『인간을 찾아서』, 75-84, 특히 76-78.

26 김찬국, "민중과 더불어 있는 지도자," 『인간을 찾아서』, 140-145; 김찬국, "약자 보호법: 신명기 15장 1-18절," 『희생자와 상속자』, 173-175.

27 김찬국, "산업선교의 성서적 근거," 『지금 자유는 누구 앞에 있는가: 김찬국수상록』, 331-341; 김찬국, "산업선교의 성서적 근거," 『성서와 현실』, 194-205.

28 김찬국, "인권운동 후원회 활동," 한국기독교교회협의회 편찬, 『한국교회 인권선교 20년사』 (서울: 한국기독교교회협의회, 1994), 56-62; 한국기독교교회협의회 편찬, 『한국교회 인권운동 30년사』 (서울: 한국기독교교회협의회, 2005).

사회적 약자, 혹은 인권에 대해 부족했던 것이 아니라, 우선적으로 민족에 대한 관심이 더 컸기 때문이며, 폭력적 독재 권력의 제거에 있었기 때문일 것이다.

7. 중간 종합

인권에 대한 인식은 국가권력에 의한 폭력적 행위(혹은 통치)의 거부로부터 생겨나게 되었다. 거부의 명분으로 종교 사상에 뿌리를 둔 자연법, 신이 부여한 권리(천부인권 사상)에 근거한다. 그럼에도 이러한 인권은 고대 시대에서 중세 시대에 이르기까지는 시민이라고 부를 수 있는 제한된 계층의 사람에게만 허용된 권리였다.

근세에 접어들면서 자연법에 근거한 인권의 개념이 성문화된 실증법으로 발전해 갔다. 그리고 법의 적용 범위가 점차 보통의 사람, 즉 모든 사람에게 적용되는 것으로 확대되어 갔다. 그리고 현대에 와서는 인권이 사회적 약자를 보호하는 개념으로 발전해 갔다.

특별히 김찬국을 포함하여 한국의 민주인사들은 국가권력에 의한 폭력 현상에 대한 저항운동으로서의 인권운동을 전개했으며, 이는 민주화운동의 토대로 발전했다.

III. 김찬국의 생애와 인권 사상

김찬국은 자신의 생애에 있었던 중요한 (국가적 및 민족적) 사건으로 앞서 네 가지로 정리했다. 여기에 본인이 겪은 중요한 시국 사건,

'1974년 5월 7일 긴급조치 1호와 4호의 위반 사건으로 투옥된 사건'은 그의 인권 사상의 중심에 놓인다. 이 사건은 국가권력이 폭력과 억압으로 특정 개인에게 가한 인권을 유린한 사건으로 그의 삶의 방향을 크게 전환시킨 사건이다.

김찬국은 한국 민족에게 중요한 역사적 사건을 항상 성경의 시간과 유비시켜 살펴보고, 그 의미를 추적한다. 이는 그 사건의 역사적인 실체도 살펴보지만, 의미를 신앙의 관점에서 해석하여 살펴보았다.

1. 3 · 1운동과 인권 사상

김찬국은 1927년 4월 23일에 출생했다. 3 · 1운동 이후에 출생하여 3 · 1운동에 생존하여 직접 참여하지는 않았으나, 그는 한국 민족의 중요한 사건으로 3 · 1운동을 꼽고 있다. 따라서 그의 책 여러 곳에서 3 · 1운동에 대하여 다루고 있다.[29] 그는 3 · 1운동을 "자유와 정의에 입각한 민족 독립"을 추구한 운동이며, "구속과 탄압과 불의의 침

29 김찬국, "고난과 은혜의 역사," 『인간을 찾아서』, 43-53; 김찬국, "고난과 은혜의 체험사," 『고통에 멍에를 벗고』, 116-128; 김찬국, "3 · 1정신과 기독교," 『인간을 찾아서』, 121-140; 김찬국, "3 · 1 정신과 기독교," 『고통에 멍에를 벗고』, 146-165; 김찬국, "3 · 1 정신과 기독교," 『성서와 현실』, 45-67; 김찬국, "구약에 나타난 민족 구원," 『지금 자유는 누구 앞에 있는가』, 129-133; 김찬국, "구약성서에 나타난 민족 구원," 『희생자와 상속자』, 36-41; 김찬국, "3 · 1절과 출애굽 운동," 『지금 자유는 누구 앞에 있는가』, 134-137; 김찬국, "3 · 1절과 출애굽 운동," 『고통에 멍에를 벗고』, 139-142; 김찬국, "3 · 1절과 출애굽 운동," 『성서와 현실』, 87-91; 김찬국, "3 · 1운동 기념과 한글 독립선언서," 『고통에 멍에를 벗고』, 129-134; 김찬국, "3 · 1운동 기념과 한글 독립선언서," 『성서와 현실』, 77-86; 김찬국, "한글 독립선언서," 『고통에 멍에를 벗고』, 135-138; 김찬국, "3 · 1운동과 연세," 『성서와 현실』, 92-98; 김찬국, "'해방'이 준 교훈," 『고통에 멍에를 벗고』, 177-182; 김찬국, "해방의 복음," 『희생자와 상속자』, 42-50; 김찬국, "해방의 복음," 『성서와 현실』, 68-76.

략에서부터 해방되는 자유의 선언"으로 이해한다. 3·1운동은 민족 독립 혹은 민족 해방이라는 정치적 사건을 목표로 한다. 그럼에도 동시에 타민족과 백성을 강제로 지배해서는 안 된다는 점에서 인권의 차원에서도 함께 접근하고 있다. 따라서 민족 구원을 사람의 자유와 인권을 옹호해주는 민중 구원과 동일시하고자 했다.

또한 김찬국은 종종 어린 시절 가정예배를 드렸던 경험을 언급한다. 이 예배에 특별한 것은 없지만, "민족의 정신을 계승하는 귀중한 자리"라고 회상했다. 김찬국은 출애굽이 하나님의 구속사건이듯이, 3·1운동 역시 하나님의 구속사의 차원에서 바라본다. 따라서 삼일절과 같은 귀중한 국경일에는 민족의 해방을 기념하는 예배로 드려야 함을 강조한다.

3·1운동에 드리는 기념 예배를 독립 정신과 인권 사상을 확산할 수 있는 제도적 장치로 활용해야 한다는 점을 강조한다. 그래서 그는 김동길 교수와 함께 삼일독립선언문을 쉬운 한글로 번역하기도 했다.[30]

2. 8·15해방과 인권 사상

김찬국은 8·15해방에 대해서도 다양한 글에서 언급했다.[31] 그는

---

30 김찬국, "3·1운동 기념과 한글 독립선언서,"『고통에 멍에를 벗고』, 129-134; 김찬국, "3·1운동 기념과 한글 독립선언서,"『성서와 현실』, 77-86; 김찬국, "한글 독립선언서,"『고통에 멍에를 벗고』135-138; 하희정, "국내외 독립 선언문 다시 읽기,"「신학사상」제184집(2019년 봄호), 245-287.

31 김찬국, "고난과 은혜의 역사,"『인간을 찾아서』,43-53; 김찬국, "고난과 은혜의 체험사,"『고통에 멍에를 벗고』, 116-128; 김찬국, "구약에 나타난 민족 구원,"『지금 자유는 누구 앞에 있는가』, 129-133; 김찬국, "구약성서에 나타난 민족 구원,"『희

일본의 식민지 통치를 혹독한 억압과 탄압 정책에 의해 우리 민족에게 가한 인권 유린 사건으로 보았다. 따라서 독립운동은 한편으로 정치적 해방운동이며, 다른 한편으로 억압으로부터의 자유와 해방운동이었다. 그는 8·15해방을 고난의 역사 속에 개입하여 활동하시는 하나님의 구속사의 산물로 간주한다.

그는 8·15해방을 구약성서의 출애굽 사건과 유비시켰다.[32] 출애굽 정신을 다음과 같이 정리했다. 첫째, 출애굽은 고통 속에서 희망의 언어를 발견한 사건으로 해석했다. 야훼 하나님은 그의 백성 이스라엘의 고난을 보았다고 말씀하신다.

> 나는 내 백성의 고통을 분명히 보았고, 이집트에 있는 그들의 감독자로 인한 그들의 부르짖음을 나는 듣고 나는 그들의 고난을 알았다(출 3:6-7).

둘째, 출애굽의 사건은 지나간 사건이나 이스라엘 백성에게, 또 한반도의 한국 민족에게 새 일에 대한 희망의 언어이다. 따라서 출애굽은 이스라엘의 예언자에게 전승되어, 제2의 출애굽 운동으로 발전되었다. 출애굽과 8·15해방은 고난을 넘어 자유와 해방의 언어인 것이다. 하나님은 고난 중에 있는 그의 백성을 외면하시지 않으신다는 점을 분명히 하고 있다. 오히려 고난 중에도 새로운 희망을 향한

생자와 상속자』, 36-41; 김찬국, "'해방'이 준 교훈," 『고통에 멍에를 벗고』, 177-182; 김찬국, "이스라엘민족과 한국민족의 해방," 『고통에 멍에를 벗고』, 166-176; 김찬국, "해방의 복음," 『희생자와 상속자』, 42-50; 김찬국, "해방의 복음," 『성서와 현실』, 68-76.

32 김찬국, "'해방'이 준 교훈," 『고통에 멍에를 벗고』, 177-182; 김찬국, "이스라엘민족과 한국민족의 해방," 『고통에 멍에를 벗고』, 166-176.

비전을 제시한다.

> 나는 내려가서 그들을 이집트인의 손에서 건져내고, 그들을 그 땅에서 아름답고 광대한 땅, 젖과 꿀이 흐르는 땅…으로 올라오게 할 것이다(출 3:8).

이스라엘 민족의 해방은 이집트에서뿐만 아니라, 바빌론에서도 있었다. 김찬국은 "해방의 복음"[33]이라는 논문에서 해방의 의미에 대하여 서술하고 있다. 바빌론에 포로로 잡혀갔던 이스라엘 백성들은 침략자의 발굽 아래 짓밟혀 정치적인 자유를 잃어버렸기 때문에, 노예 민족으로서 남의 땅에서 포로 생활을 하게 되었다. 이 사람들의 가장 간절한 염원은 오직 자유와 해방이었다.[34] 하나님께서 절망에 빠진 이스라엘 민족을 해방하여, 자유와 새로운 희망을 베풀어주었다. 따라서 8 · 15 광복은 과거 이스라엘에서의 바빌론에서의 해방과 마찬가지로 해방의 소식이며, 새로운 희망의 선포로 바라보았다.

김찬국은 이러한 해방의 선언을 동시에 인권의 선언으로 이해했다. 예수께서 나사렛 회당에서의 첫 설교를 하시면서, 이사야 61장을 인용했다(눅 4:14-26). 야훼께서 내게 기름을 부어 가난한 자에게 아름다운 소식을 전하게 했다. 다시 말하여 마음이 상한 자를 고치며, 포로된 자에게 자유를 선포하며, 갇힌 자에게 놓임을 선포하며, 야훼의 은혜의 해와 우리 하나님의 보복의 날을 선포하여 모든 슬픈 자를 위

---

33 김찬국, "해방의 복음," 『희생자와 상속자』, 42-50; 김찬국, "해방의 복음," 『성서와 현실』, 68-76.

34 오택현, "김찬국의 제2이사야 연구," 「신학논단」 96 (2019), 13-41.

로하며, 무릇 시온에서 슬퍼하는 자에게 재를 대신하여 화관을 주며, 슬픔을 대신하여 기쁨의 기름을 주며, 근심하는 마음/영을 대신하여 찬송의 옷을 주게 했다. 8·15 광복은 식민 지배로부터의 해방을 의미하며, 동시에 사회적 약자에게 인권을 세워주는 선언으로 해석했다.

신앙은 존재하지 않는 세계에 대하여 말한다. 절망적인 현실 속에서도 좌절하지 않고, 새로운 세계에 대한 꿈과 비전을 일깨운다. 이러한 점에서 김찬국은 출애굽과 제2의 출애굽(바빌론으로부터의 해방)과 같이, 8·15해방도 신앙의 눈으로 볼 때, 불의한 세력으로부터의 해방이며, 새로운 국가에 대한 희망이다.

3. 4·19혁명과 인권 사상

김찬국은 우리나라 역사에서 중요한 정신사적 두 기둥으로 3·1 운동과 4·19혁명을 강조한다. 김찬국은 4·19혁명에서 이승만 정권의 12년에 걸친 독재와 부정부패, 조직적 선거부정과 관제 민주주의에 항거하여 학생들이 일으킨 인권운동으로 이들의 수많은 수난과 희생이 동반되었다.[35] 김찬국이 강조하는 것은 "4월의 혁명은 맨주먹으로 불의한 권력에 항거하고, 피로써 그 권력을 무너뜨린 최대의 정의의 거사"라고 높이 평가했다. 이 거사는 "누가 시켜서 한 것도 아니고, 조직적이며 치밀한 계획 행동화한 것도 아니다. 다만 우리의 살길을 바로 찾고 바로 회복시켜야 되겠다는 역사적인 지상명령에 의해서 이루어진 것이다." 국민 전체의 염원을 학생들이 대변해서 실

35 김찬국, "4·19 정신의 부활," 『희생자와 상속자』, 51-56; 김찬국, "4·19 정신의 부활," 『성서와 현실』, 148-156.

천에 옮긴 것이다.[36] 따라서 4 · 19혁명은 자유와 해방과 민주 회복을 위한 수난사이며, 거룩한 희생의 사건이었다.[37]

4 · 19혁명은 항상 4월의 부활절과 유비되어 그 의미가 추적되었다. 김찬국은 4 · 19혁명을 고난 이후에 다가오는 부활절과 유사한 구조를 가졌다고 보았다.[38] 이 사건을 예수 시대의 상황과 유비한다. 예수는 당시 유대 사회 및 로마 식민 지배의 현실에 저항했다. 유대 사회는 부익부 빈익빈의 사회적 현실 속에 놓여 있었으며 그리고 여기에 덧붙여 로마의 권력의 그늘 아래에서 덜 가진 자와 못 가진 자가 인격적 대우를 못 받는 사회였다. 4 · 19혁명이 자유당 정권의 조직적인 부정선거와 부정부패에 저항했듯이, 예수는 당시 종교지도자들의 무생명적이면서도 독단에 빠진 권위주의자들의 재판에서 무언의 저항을 했다. 이 과정에서 반역자의 죄목으로 처형되었다.

이러한 자유화 운동의 정신들은 독재 권력에 저항하는 민주화운동의 열기가 되었음을 강조한다. 이 정신들이 불타올라, 전태일의 노동운동, 김상진 등의 학생운동 그리고 광주민중운동으로 이어졌다고 보았다.[39]

---

36 김찬국, "4 · 19 재론," 『고통에 멍에를 벗고』, 193-197; 김찬국, "4 · 19 재론," 『성서와 현실』, 133-137.

37 김찬국, "4 · 19 재론," 『고통에 멍에를 벗고』, 193-197; 김찬국, "4 · 19 재론," 『성서와 현실』, 133-137; 김찬국, "4 · 19의 현대적 해석," 『고통에 멍에를 벗고』, 198-200; 김찬국, "4 · 19의 현대적 해석," 『성서와 현실』, 138-140; 김찬국, "4 · 19 정신의 부활," 『희생자와 상속자』, 51-56; 김찬국, "4 · 19정신의 부활," 『성서와 현실』, 148-156; 김한국, "다시 4 · 19를 생각하며," 『사랑의 길 사람의 길』, 210-212.

38 김찬국, "패배의 정의," 『인간을 찾아서』, 103-110; 김찬국, "부활신앙과 4월혁명의 정신," 『인간을 찾아서』, 253-256; 김찬국, "고난 다음에 부활," 『지금 자유는 누구 앞에 있는가』, 207-209; 김찬국, "4월, 부활절," 『지금 자유는 누구 앞에 있는가』, 234-236; 김찬국, "임마누엘 세대," 『성서와 현실』, 141-147.

4. 독재 권력과 항쟁의 시대의 인권 사상

1984년 6월 14일의 정부 발표로 해직 교수 86명이 대학으로 돌아왔다. 이로써 김찬국도 10년 동안의 해직교수의 생활을 종결하고 대학으로 돌아왔다. 1974년 5월 8일 밤, 서빙고로 끌려가 취조를 받았을 때, 취조관들은 "무슨 큰 변란을 꾸미다가 실패한 범인 같은 피의자"로 강요했다. 그리고 그는 "죄수번호 422번의 학장 죄수"가 되었다.[40] 이 사건은 전적으로 강요된 인권 유린의 사건이며, 이에 저항하는 소수자의 삶은 철저히 붕괴되었다.

그는 군사 재판에 대하여, 하나님의 통치를 강탈한 사건으로 간주했다. 1974년 7월 첫 공판이 진행될 때, 김옥길 (전)총장은 "하나님이 살아 계시다!"라고 외쳤으며, 김찬국은 이를 하늘 법정에서 선포하는 말씀으로 들었다. 그래서 그는 정의의 하나님께서 역사를 주관하고 계시며, 강도들이 하나님의 통치를 잠시 강탈했을지라도 영원히 소유할 수 없다고 생각했다.[41]

김찬국은 옥중생활과 해직생활의 고통 중에도 원망하지 않았다. 오히려 인권 회복을 위한 저항운동을 하는 계기로 삼았으며, 동시에 신앙을 더욱 성숙시키는 시간으로 활용했다.[42] 그는 고통의 시간 동안에도 그를 도와준 고마운 동지들의 사랑의 빚을 회고하는 일을 잊지 않았다.[43] 김찬국은 엄청난 인권 유린의 현장에서도 고난을 이겨

---

39 김찬국, "다시 4·19를 생각하며," 『사랑의 길 사람의 길』, 210-212.

40 김찬국, "땅을 딛고 하늘을 우러러," 『고통에 멍에를 벗고』, 97-107.

41 김찬국, "다시 대학에 돌아와서," 『지금 자유는 누구 앞에 있는가』, 98.

42 김찬국, "내 탓이다, 내 탓이다," 『고통에 멍에를 벗고』, 29-31.

43 김찬국, "학교 밖에서 다시 바라보는 교문," 『고통에 멍에를 벗고』, 53-59.

낸 선배 교수님들을 긴 지면에서 회고했다.[44] 또한 산업화 과정에서 의로운 투쟁을 하면서 목숨을 잃은 희생자들을 열거한다: "양심수의 전원 석방, 미군 철수, 남북한 공동 올림픽 개최" 등을 주장한 서울대생 조성만, 물고문으로 살해된 박종철과 이한열의 죽음, 근로자의 울분과 의분을 대변하여 분신한 전태일의 죽음, 회사의 비리를 몸으로 항거한 ZH노동자 김경숙, 1970-1987년에 강권 정치에 항의하여 분신이나 의문사를 당한 자가 무려 62명이나 된다는 NCC의 인권 보고서….

이를 통하여 불의한 인권 탄압의 고통을 넘어서는 것은 물론, 이 땅에서의 인권운동을 위한 동력으로 삼고자 했으며, 이들은 모두 민주화운동의 도도한 물결이 되었다고 회고했다.[45] 군사 독재 정권의 시절에 자유와 인권을 외친 소위 운동권자들은 모두 거대한 권력에 저항했던 "의미 있는 소수자"이며, 임마누엘 세대에 속한 자들이다. 이러한 "의미 있는 소수자"들은 한국과 세계의 역사에 새 창조를 할 세대다.[46] 이러한 의미에서 김찬국은 한국의 기독교는 인권의 자유와 민권을 옹호하는 선교의 전선에서 앞장설 것을 호소하고 있다.[47]

의미 있는 소수자들의 불굴의 투지에도 불구하고, 한국교회는 교회를 지켜야 한다는 명분을 앞세워, 불의한 권력 앞에 너무나 허약한 모습을 보였다. 교단이 뭉쳐 한목소리로 불의한 권력자들의 범죄행

---

44 김찬국 저,『사랑의 길 사람의 길: 김찬국 인생수상』(서울: 제삼기획, 1992); 김원벽(90-104), 이윤재(105-107), 최현배(108-118), 김윤경(119-124), 백낙준(125-139), 지동식(140-145), 김진춘(146-148), 김득연(149-156).

45 김찬국, "조용한 용기,"『사랑의 길 사람의 길』, 21-23.

46 김찬국, "임마누엘 세대," 『희생자와 상속자』, 140-148.

47 김찬국, "고백과 양심의 자유," 『희생자와 상속자』, 156-159.

태를 고발하지 못했고, 심지어 신사참배를 결의하기도 했다. 더욱이 한국교회의 지도자들은 하나님의 나라를 교회 안의 울타리 속으로 제한하는 우를 범하기도 했으며, 교단 중심의 좁은 시야를 벗어나지 못했다고 지적했다.[48]

김찬국도 고난의 시간에 받은 사랑의 빚을 갚는다는 심정으로 다양한 민주화운동에 참여하였다. 그리고 교도소에 성경보내기 선교활동(교도소 성서보급회)과 민주유공자장학재단을 설립하여 인권운동자 가족을 돌보는 장학회 활동을 하기도 했다.

IV. 결론

1. 김찬국의 인권운동의 자원들

본 논문은 김찬국의 다양한 업적 가운데 인원 운동과 인권 사상을 살피는 글이다. 그는 (소위 논문이라고 말하는) 학술적인 글보다는 단편적인 수상록이나 설교문을 더 많이 남겼다. 이는 그가 학문적으로 역량이 부족했다기보다는 급박했던 한국의 인권 상황이 그로 하여금 미처 지면 위에 글로 남기기도 전에 육성(설교나 강연으로)이나 몸(활동으로)으로 먼저 접근하게 했고, 이러한 활동을 글로 남긴 것이 그의 수상록과 설교집이 되었다. 그의 인권 사상을 연구하는 본 논문에서는 그의 학술적 연구논문이나 저서를 살피는 것보다 그의 활동과 사상이 진하게 묻어있는 그의 수상록과 설교집의 검토를 우선했다.

---

48 김찬국, "내가 무엇을 외치리이까," 『인간을 찾아서』, 146-151.

2. 민족 구원 운동으로서의 김찬국의 인권운동

서남동과 안병무 교수들과 같이 시대를 대표하는 민중신학자들과 유비시키기 위하여, 최근 연구자 중에는 김찬국을 민중신학자로 해석하기도 한다. 이러한 시도는 그의 사상적 체계를 변경하는 우를 범할 수 있다. 김찬국의 중요 관심사는 '민족의 구원'이었다. 이러한 구원에 최대 장애가 된 요소가 첫째는 일본의 침략자들이며, 둘째는 독재 권력자들이었다. 김찬국은 이들을 성서의 인권 유린자와 항상 유비하여 설명했다. 이를 통하여 하나님의 구속사를 말하며, 다른 한편으로 인권의 진정한 신장을 추구한다. 따라서 그의 뇌리속에는 항상 하나님의 통치하에 놓인 이스라엘 민족과 같은 한국의 민족이 있었다.

그렇다고 그가 사회적 약자에 대한 이해가 부족하거나 관심이 없었던 것이 아니다. 김찬국은 사회적 약자에 대하여 누구보다 많은 관심을 가졌다. 그는 사회적 계층과 계급의 입장을 대변하는 민중신학자가 아니라, 인권 탄압에 신음하는 사회적 약자를 대변하는 민족 및 인권신학자였다.

3. 생애의 중요한 역사적 사건과 인권 사상

그래서 김찬국은 자신의 생애에 나타난 대한민국의 중요한 역사적 사건으로 3·1운동, 8·15해방, 4·19혁명 그리고 독재 권력에 항쟁했던 시대의 사건 등에 깊은 관심을 보였으며, 본 연구에서는 여기에 나타난 인권의 유린과 이를 저지하려는 인권운동과 인권 사상을 살펴보았다.

김찬국은 이방 민족에 의한 인권 유린 사건과 자민족의 통치자들에 의해 자행된 인권 유린 사건을 동일시했다. 식민지 지배와 자국 통치자에 의한 억압적 지배에서 나타난 인권 유린은 차이가 없다고 여겼다. 대한민국 국사에 나타난 중요한 사건에 나타난 인권 투쟁의 역사를 모두 하나님의 구속사로 간주하지는 않았지만, 이들 사건을 성서 시대의 중요한 구속사의 사건들과 유비시켜 이해했다. 그래서 이들 인권 유린 사건들은 모두 하나님의 통치에 위배되는 사건으로 간주했다. 이러한 자유화운동과 인권운동의 물결을 따라가다 보면, 오늘날 대한민국의 민주화 물결이 형성되어 있음을 보게 된다.

첫째, 김찬국은 3 · 1운동을 한국 민족에게 중요한 사건으로, 자유와 정의의 길, 인권과 민중 구원으로 나아가는 정신적 토대가 되는 사건으로 바라보았다.

둘째, 8 · 15해방은 인권운동의 중요한 전환점을 준 사건으로 고난을 극복하고 새로운 희망을 열어주는 전환점이었다. 이제 새로운 대한민국은 자유와 인권이 존중되며, 이를 통해 민주화된 국가로 나아갈 수 있게 되었다.

셋째, 4 · 19혁명은 국가권력에 의한 조직적인 부정선거에 저항한 자유화운동이며, 동시에 대한민국이 민주적 국가로 나아가는 시발적인 의미가 있는 인권 및 민주화운동이었다.

넷째, 군사독재 정권 하에서의 인권 투쟁은 거대한 희생의 물결을 이루었으며, 동시에 저항하는 인권운동의 물결을 이루었다. 이는 궁극적으로 민주화운동의 큰 물결을 형성했다.

참고문헌

김왕근.『고등학교 법과 정치』. 서울: 천재교육, 2012.

김찬국 엮음.『나의 삶, 나의 이야기』. 서울: 연이, 1997.

김찬국.『고통에 멍에를 벗고』. 서울: 정음문화사, 1986.

______.『사랑의 길 사람의 길: 김찬국 인생수상』. 서울: 제삼기획, 1992.

______.『성서와 역사의식』. 서울; 평민사, 1978.

______.『성서와 현실』. 서울: 대한기독교서회, 1992.

______.『인간을 찾아서: 김찬국수상록』. 서울: 한길사, 1981.

______.『지금 자유는 누구 앞에 있는가: 김찬국수상록』. 서울: 오상, 1984.

______.『희생자와 상속자』. 서울: 전망사, 1987.

도허티, 제임스/오소희 역.『마그나 카르타』. 서울: 사랑의 메세지, 2012.

몽테스키외/하재홍 옮김.『법의 정신』. 서울: 동서문화사, 2007.

박신배. "구약 민중신학의 재발견: 김찬국 신학을 중심으로."「신학사상」154 (2011): 37-65.

______. "김찬국의 민중신학과 구약."「문화와 신학」8 (2011): 10-36.

소포클레스/강태경 옮김.『안티고네』. 서울: 홍문각, 2018.

오택현. "김찬국의 제 2이사야 연구."「신학논단」96 (2019): 13-41.

이명권. "김찬국의 평화사상."「신학사상」제185집 (2019년 여름호): 347-372.

임경헌. "토마스 아퀴나스의 자연법 — 신데레시스, 아리스토텔레스 그리고 몇 가지 문제들."「중세철학」제23호(2017): 5-45.

조효제.『인권의 풍경』. 서울: 교양인, 2008.

천사무엘. "김찬국의 구약신학 방법과 그 변화."「신학논단」96 (2019): 43-70.

프리먼, 마이클/김철효 옮김.『인권: 이론과 실천』. 서울: 도서출판 아르케, 2005.

하희정. "국내외 독립 선언문 다시 읽기."「신학사상」제184집(2019년 봄호): 245-287.

한강희. "일제하 북간도 명동학교의 교과서에 나타난 민족주의와 근대 국가 개념."「신학사상」제184집(2019년 봄호): 35-61.

한국기독교교회협의회 편찬.『한국교회 인권선교 20년사』. 서울: 한국기독교교회협의회, 1994.

______.『한국교회 인권운동 30년사』. 서울: 한국기독교교회협의회, 2005.

김찬국의 성서 해석에 대한 여성신학적 성찰

이영미*

I. 들어가는 말

김찬국 교수님은 필자가 신학과에 입학한 해인 1984년 2학기에 복직되셔서 학교로 돌아오셨다. 소박한 교수님의 모습과 조근조근한 목소리와 달리 예언자들의 외침을 담아낸 날카로운 강의 내용에 자못 놀랐던 기억이 생생하다. 별세하신 지 10주기를 맞아 교수님의 신학사상을 조명하면서 여성신학적 관점에서 논평을 해달라는 요청을 받고 다소 당혹스러웠다. 여성신학에 대한 논문이 없을 것이란 편견 때문이었다.

그러나 교수님의 저술을 검토하면서 필자도 몰랐던 "성서 해석과

* 한신대학교, 구약학

여성신학"[1]이란 논문과 함께, 구약성서의 성윤리[2]와 가족계획에 대한 성서적 고찰[3]을 다룬 논문을 발견하였다. 따라서 이 글은 김찬국 교수님(이하 김찬국)의 여성신학 관련 논문을 중심으로 그의 여성신학 이해를 살펴보고, 가족계획에 대한 성서 해석을 한 사례로 김찬국의 성서 해석 방법을 여성신학적 관점에서 평가하고자 한다. 나아가 김찬국이 다룬 가족의 주제를 최근의 한국 상황 속에서 여성신학적으로 재조명하면서 구약성서의 다양한 가족 구성 형태의 한 사례인 나오미와 룻 그리고 보아스의 별난 가족 이야기를 소개하면서 글을 마치고자 한다.

II. 김찬국의 "성서 해석과 여성신학"

1. 김찬국의 여성신학 이해

"성서해석과 여성신학"은 제30회 연세신학공개강좌에서 김찬국이 행한 강연을 기초로 한 논문이다. 그는 이 글에서 여성신학의 동기와 시작을 개괄한 후, 여성해방론적 성서 해석을 소개한다. 다음으로 한국의 여성신학자들의 신학적 활동과 여성신학자들의 성서 해석에 대한 비판적 문제를 여성신학자들의 성서 해석에 대한 논란, 포괄적 언어 창안과 성서 번역 문제, 성서 해석에 따른 성서 권위 문제

1 김찬국, "성서해석과 여성신학," 「신학논단」 18 (1989), 71-92.

2 김찬국, "성윤리와 기독교 신앙," 「기독교사상」 9(8) (1965), 35-43.

3 김찬국, "가족계획과 기독교인의 책임," 「기독교사상」 12(5) (1968), 98-106; 김찬국, "가족계획에 대한 성서적 고찰," 「기독교사상」 16(1)(1972), 110-117.

로 나누어 성찰한 후, "정의, 평화 그리고 하나님의 창조의 통전(보전)"을 전망하면서 결론을 맺는다.

첫째로, 김찬국은 한국 여성신학의 동기와 시작을 세 가지 논점으로 펼친다. 즉 한국에서의 여성해방운동은 여권 향상을 위한 U.N.의 10년 운동(1975-1985)과 여성과 교회가 연대하는 W.C.C.의 에큐메니칼 10년 운동(1988-1998)의 흐름과 발맞춰 1987년에 시작된 것으로 평가하면서, 한국의 기독교 여성 10년을 1987년에서 1997년으로 잡는다. 또한 한국에서의 여성해방운동의 전개는 동일방직 여공 124명의 강제해고 사건(1978)을 비롯한 여성 근로자들의 수난과 권인숙 성고문사건(1986-1987) 등 한국 사회에서의 성차별적 사건에서 그 동기를 발견하고, 특별히 한국교회 내에서의 여성 안수 반대 등의 성차별과 비민주적 제도가 여성신학을 추동하게 된 외적 조건으로 보았다. 끝으로 교육자로서 여학생을 위한 신학교육의 필요성과 변화의 방향을 지적하면서 교과과정에서 여성신학의 개발을 제안한다.

둘째로, 김찬국은 구약학자로서 여성해방론적 성서 해석을 다룬다. 그는 Feminist란 말을 레티 러셀(Letty M. Russell)을 인용하여 "여성에 대한 성서적 해석을 바르게 가지고 여성의 온전한 인간적 인격을 주장한다면 남자나 여자가 모두 Feminist가 될 수 있다"고 하면서 여성신학을 위해서 조금이라도 언급한 남자 신학자를 모두 여성신학자로 열거한다. 이어서 여성해방신학의 요지를 남성 중심, 가부장적 성서 해석에 대한 비판, 의심의 해석학, 해석의 표준으로서 여성의 경험 강조 그리고 성서의 권위에 대한 도전과 재인식 등 네 가지로 요약한다. 구체적으로 여성 해방을 위한 성서 해석의 모델로 피오렌자(Elisabeth S. Fiorenza)의 의심의 해석학을 중심으로 설명한다.

셋째로, 김찬국은 한국의 여성신학자들의 신학적 활동을 개괄하는 데 그 시작점을 여신학자협의회(이하 여신협)가 발족된 1980년으로 잡는다. 조화순, 이우정, 박순경, 손승희, 장상, 안상님 등이 여성신학 관련 논문을 집필 혹은 번역한 당시의 여신학자들이다. 남신학자들로는 서남동, 안병무, 서광선, 김용복, 김이곤, 민영진, 박준서 등을 열거한다.

끝으로, 김찬국은 여성신학에서의 주요 논쟁점을 성서 해석의 방법, 포괄적 언어 창안과 성서 번역의 문제, 성서 해설에 따른 성서 권위 문제로 축약하여 간단하게 논평하면서 오늘의 여성신학도 W.C.C.의 "정의, 평화 그리고 하나님의 창조의 통전(보전)"이라는 맥락에서 여성 해방과 인권 옹호를 위한, 결국은 사회정의를 회복하고 그 다음에 평화를 수립하고 하나님의 창조질서를 온전하게 만드는데 기여하는 방향으로 전개되어야 할 것으로 결론 맺는다.

2. 김찬국의 여성신학 이해에 대한 논평

한국의 여성신학은 서구의 여성신학에 큰 영향을 받은 한국의 여성학자들이 주로 미국을 중심으로 한 여성신학 책과 논문을 번역하여 소개하고,[4] 1980년에 한국여신학자협의회(이하 여신협)가 발족되면서 본격적으로 하나의 학문과 운동 영역으로 자리 잡기 시작하였

4 레티 러셀/안상님 옮김, 『여성해방의 신학』(서울: 대한기독교출판사, 1979); 로즈마리 류터/손승희 옮김, 『새여성 · 새세계: 성차별주의와 인간해방』(서울: 현대출판사, 1980).

다. 1985년에는 한국여성신학회가 창립되어 한국 여성신학의 이론 작업을 구축할 기반이 마련되었고, 이듬해 한국기독교학회의 정식 가입 단체로서 여성신학이 한국 기독교신학의 한 분야로서 공식적인 인정을 받게 되었다. 1980년대는 한국의 여성신학의 전성기라고 말할 수 있을 만큼 번역서와 저서의 출판, 통신교육을 통한 교육과 강좌가 활발하게 이루어졌다. 김찬국이 논문의 참고문헌에서 밝혀준 1980년대 발행된 단행본만해도 26권이다.[5] 김찬국의 글이 발표된 시점은 그 후로부터 10여 년이 흐른 뒤이다. 남성 신학자로서 여성신학에 관심 갖는 것에서 그치지 않고 이에 대한 포괄적인 검토를 한 논문으로 발표한 점은 높게 평가받을 만하다. 김찬국은 김이곤, 민영진, 박준서 등의 남성 성서신학자들과 달리 여성신학을 성서 해석의 이론적 차원에 대한 관심에서 뿐 아니라 해방운동의 차원에서 접근하고 있다. 그럼에도 한국의 기독여성 10년을 국내에서의 한국 여성단체의 해방운동에서 찾지 않고 U.N.의 10년 운동(1975-85)과 여성과 교회가 연대하는 W.C.C.의 에큐메니칼 10년 운동(1988- 1998)의 흐름과 발맞춘 행보로 1987년을 기점으로 삼는 점은 유감이다.

김찬국의 여성신학과 성서 해석에 대한 글은 짧은 분량에 너무 많은 주제를 다루다 보니, 비평적 탐구보다는 포괄적인 소개의 성격을 띠면서, 각 논점을 깊게 다루지 못하는 한계를 보여주고 있다. 가령, 피오렌자의 여성주의 성서 해석방법론을 소개하면서 피오렌자가 주창하는 해석학적 순환의 네 가지(의심의 여성 해석학, 선언의 여성 해석학, 회상의 여성 해석학, 창조적 실현의 한 해석학) 중 의심의 해석학만 소개하고 둘째, 셋째, 넷째 해석과 문제는 여기서 생략함이라는

5 김찬국, "성서 해석과 여성신학," 90-91.

각주로 처리하면서 소개를 하지 않고 이름만 열거한다.[6] 포괄적 언어(inclusive language) 창안과 성서 번역의 문제에 대한 항목에서도 포괄적 언어를 만들어내는 작업이 어렵고 미국 감리교회에서 포괄 언어로 찬송가 가사를 개정했다는 두 문장의 설명으로 그치고 있다.[7]

또한 여성신학에 대한 정의와 여성신학자에 대한 범주를 설정하면서도 여성신학을 '인권에 대한 관심과 해방'이라는 포괄적인 정의를 내림으로써 여성신학 논문을 쓴 남성신학자와 민중신학자를 여성신학자로 포함할 수 있다고 선언한다. 그렇지만 과연 민중신학자를 여과 없이 여성신학자로 분류할 수 있는가에 대한 성찰은 좀 더 깊은 논의와 여성신학에 대한 명확한 정의가 필요하다. 물론 민중신학이 민중의 사회전기를 신학의 주요 텍스트(이야기)로 다루면서 두 이야기의 합류를 하는 점이 여성신학에 여성 경험의 중요성을 강조하고 이야기신학을 한 방법론으로 삼는다는 점[8]에서 유사하고, 억압으로부터 인간의 해방을 지향하는 점에서 공통점을 발견할 수 있다. 무엇보다 여성신학이 여성에 대한 억압과 해방의 방향을 여성의 경험을 출발점으로 삼는다면 가부장 사회 안 성 역할에 의한 차별에서 비교적 자유로운 경험을 지닌 민중신학자를 단선적으로 여성신학자라 선언하는 김찬국의 주장은 더 많은 논의를 필요로 한다.

---

6 김찬국, "성서 해석과 여성신학," 80-81.

7 김찬국, "성서 해석과 여성신학," 85.

8 서남동, "두 이야기의 합류," 죽재서남동기념사업회 엮음, 『민중신학의 탐구』(서울: 도서출판 동연, 2018), 56-107; 여성신학자협의회, 『나의 이야기』(서울: 여성신학사, 1995). 여신협이 1990년부터 「한국여성신학」지에 조화순, 공덕귀 등을 비롯한 이야기꾼들이 식민지 시기, 민주화 인권운동 시기, 분단극복의 시기의 활동 공간을 무대로 경험한 민족, 가족, 여성의 이야기를 묶어서 1995년에 『나의 이야기』로 출판하였다.

3. 김찬국의 성서 해석과 여성신학적 성찰

오늘날 세계는 인구 증가와 이로 인한 식량과 물 부족 등의 문제에 직면해있다.[9] 현재 저출산과 고령화 문제를 심각한 사회 현상으로 직면하고 있는 한국의 경우도[10] 한 때는 산아 제한을 통해 인구 억제 정책을 펼쳤었다. 1970년대에는 1가정 2자녀를, 1980년대에는 1가정 1자녀를 권장하며 대대적으로 홍보하였다. 1984년 처음으로 출생율이 1.7명 수준으로 떨어지기도 하였다. 피임을 통한 산아 제한을 하려는 국가의 정책에 한국교회가 적극적으로 동참하는 분위기 속에 김찬국의 논문 "가족계획에 대한 성서적 고찰"이 소개된 것으로 보인다.[11] 이런 사회적 맥락을 고려하면서 김찬국의 가족계획에 대한 성서 해석을 성서비평의 관점에서 그리고 여성신학적 해석의 관점에서 살펴보고자 한다.

1) 김찬국의 "가족계획에 대한 성서적 고찰"

김찬국은 그의 논의를 "인구폭발로 인한 새로운 인구위기의 문제

---

9 세계의 인구는 2015년 기준 73억 4,900만 명이다. 유엔은 세계 총인구가 2030년엔 84-86억 명, 2100년엔 95-133억 명에 이를 확률이 95퍼센트라고 추산한다. 필립 스틸/정민규 옮김, 『세상에 하여 우리가 더 잘 알아야 할 교양: 인구문제 — 숫자일까, 인권일까?』 (내인생의책, 2019), 21-22.

10 유엔은 고령 인구 비율이 7%를 넘으면 고령화 사회, 14%를 넘으면 고령 사회, 20% 이상이면 초고령 사회로 분류한다. 한국은 2000년 고령화 사회에 진입한 지 17년 만에 고령 사회로 들어섰다. 스틸, 『인구문제』, 24..

11 가족계획을 주제로 한 김찬국의 논문은 "가족계획과 기독교인의 책임"(1968)과 "가족계획에 대한 성서적 고찰"(1972)이란 제목으로 2회 출간되었으나 내용이 유사하여 여기서는 후자의 논문을 바탕으로 논의를 전개하였다.

에 대한 지적과 기독교회가 가족계획에 대한 적극적인 지원을 교단적으로 벌려나가고 있다"[12]는 시대적 상황을 소개하는 것으로 시작하면서 이 논문의 목적은 가족계획에 대한 원천적 교훈과 암시를 성서에서 찾아보고자 시도임을 밝힌다. 성서 해석의 방법에 있어서는 "성서 시대에는 절박한 인구위기나 가족계획과 같은 문제가 없기 때문에 이에 대한 성서적 고찰은 어렵지만 이 주제에 대하여 가족관계, 결혼, 부부관계, 자녀교육, 성문제 등에 관한 언급에서 가족계획의 성서적 이념을 찾아보는" 방식을 취한다.

구체적으로 김찬국은 가족계획관을 구약성경과 신약성경으로 나누어 살펴본다. 먼저 구약성경의 가족계획관은 "생육하고 번성하라"는 창세기의 창조 명령에 대한 재해석과 오난의 피임에 대한 재해석을 시도한다. 다음으로 신약성경의 가족계획관은 "생육하고 번성하라"는 말과 피임조절을 통한 가족계획에 관한 언급이 신약성경에는 없다는 점과 예수와 바울의 아기 출산에 대한 소극적 태도, 즉 예수의 심판관과 종말관에 나타난 자녀 많음에 대한 부정적인 언급들을 제시한다.

김찬국은 "생육하고 번성하여 땅에 충만하라"(창 1:28; 9:1, 7; 35:11)는 창조 명령은 출산과 생식의 힘을 하나님께로부터 받은 것으로 해석될 수 있는데, 그 구체적인 의미는 이스라엘의 지리적, 문화적, 사회적 환경과 풍토를 먼저 살펴보아야 한다고 주장한다.[13] 이러한 즉 번성에 대한 축복과 약속의 말들은 거의 다 이스라엘 조상인 유목민들이 이동할 때 새 땅으로 이동해서 정착해 살아야 할 처지에서 주어

12 김찬국, "가족계획에 대한 성서적 고찰," 110.

13 김찬국, "가족계획에 대한 성서적 고찰," 111.

진 말인 것이다. 이 축복은 이동과 정착, 높은 유아사망률 등의 조건에서 유목민에게는 생육하고 번성해서 큰 부족을 이루고 생존해 나가야 할 히브리적 특수한 상황 가운데서 나온 것이므로, 인구 부족으로 인한 불안에서 생긴 "생육하고 번성하라"는 말을 인구 폭발로 인한 위기에 처한 오늘에 와서 문자 그대로 받아들이기 어려움을 알게 된다. 아기가 많이 태어났다가 죽지 않고 살아남는 일이 하나님의 축복으로 생각했던 옛날의 처지와 아기를 조금 낳아서도 잘 살아남을 수 있는 오늘의 상황을 결코 똑같게만 볼 수는 없다고 지적했다.

이어서 김찬국은 특수한 상황에 따라 다르게 해석될 수 있는 "생육하고 번성하라"는 명령은 단선적으로 다산에 대한 축복으로 이해될 것이 아니라 구약성경의 원칙에 근거해서 이해할 것은 제안한다. 그는 "핵심은 하나님의 형상으로 지음 받은 인간이 세상에 태어나서 정말 하나님의 형상으로 인정받는 인격으로서 대우받고 자격을 유지하는 일이 하나님이 우리에게 주신 명령이고, 그런 자격을 유지할 때 이를 하나님의 축복으로 생각해야 되는 것이다"고 주장한다. 인간의 책임은 하나님의 형상을 어떻게 책임 있게 지켜내며 살아가느냐에 있다는 것이다.[14] 다시 말하면, 창세기 1장 28절은 27절과의 맥락에서 이해를 해야 하는데, 이 두절은 인구 증가를 많이 하고 다산만 하면 하나님의 형상이 된다는 것이 아니라, 하나님의 형상으로 피조된 인격의 존엄과 위엄과 생명의 고귀함과 자연을 다스릴 수 있는 하나님의 대표자로서의 관리권을 받은 인간이어야 한다는 데 역점과 전제를 두고, 출산의 기능을 이어 나가야 한다는 것으로 해석해야 한다. 따라서 그는 "구약의 원천적인 의미는 부부가 한 몸이 되어 아

14 김찬국, "가족계획에 대한 성서적 고찰," 112.

이를 가질 때 아이들이 책임 있는 인격으로서 인간의 존엄성을 갖도록 책임 있는 교육을 시켜야 함을 보여준다(신 6:7). 하나님을 사랑하고 하나님이 가르친 계명을 자녀에게 부지런히 가르치라는 교육적 사명을 강조하였다"고 요약한다.

다음으로 구약성경에 피임으로 인한 가족계획에 대한 직접적인 언급은 없지만 창세기 38:6-10의 오난의 교접 중절 행위를 통해 피임에 관한 성서적 원칙을 살핀다. 그는 가톨릭교회는 이를 창조자에게 거스르는 죄로 아내에 대한 사랑의 부족을 드러낸 것으로 해석하고, 오난은 이런 피임으로 정죄를 받았다고 해석하는 점을 지적하면서, '오늘날 이 구약의 오나니즘을 어떻게 받아들여야 할 것인가?'라는 질문을 던진다.[15] 그에 대한 답변은 별다른 설명 없이, "단순히 오난이 피임했다는 그것만으로 우리는 아기를 원하지 않을 때 피임할 수 있다는 암시를 받을 수 있다. 부부의 성행위가 두 사람의 성적 만족으로 그치고, 아기를 원하지 않을 때는 피임방법을 쓸 수 있다는 것으로 이해해도 좋을 것이다"고 결론 내린다.[16]

신약성경의 가족계획관에 대하여 김찬국은 결혼과 가정, 어린이 교육에 대한 부모의 책임, 이혼 문제 등에 나타난 예수와 바울의 교훈을 통해서 부모의 책임을 강조하고 있다는 점을 부각시킨다. 마가복음 10:6-12(마태복음 19:3-6)을 예수의 부부관계, 결혼, 이혼에 관한 견해로 제시하면서 결혼의 신성함과 부부 사이의 성의 순결은 서로의 정조의 충성이 강조되어 있다고 해석한다. 김찬국은 특별히 이 본문에 구약의 창세기를 언급하면서도 "생육하고 번성하라"는 말만은

---

15 김찬국, "가족계획에 대한 성서적 고찰," 113-114.

16 김찬국, "가족계획에 대한 성서적 고찰," 114.

생략되어 있음을 지적한다. 에베소서 5:22-33과 고린도전서 7:1-6에서도 이 명령은 빠져 있다. 김찬국은 그 이유를 예수의 결혼관과 성의 순결 강조에는 반드시 아기를 가져야만 한다는 출산에 대한 강조가 동반되어 있지 않다고 해석한다. 마찬가지로 바울의 관심은 가정에 있어서 부부 사이의 충성스런 사랑이고 그 사랑을 기초로 한 자녀 교육의 책임을 완수하는 것이다. 김찬국은 생육하고 번성하라는 말이 빠져 있는 점에 착안하여, "예수님의 교훈이나 바울의 교훈이나 공통적으로 일치하는 것은 결혼으로 부부가 한 몸이 되고 한 몸이 된 부부는 부부간의 다정한 성관계와 책임 있는 성행위를 주장하고 있다"는 결론짓는다. 또한 신약성경에는 피임에 대한 권면은 없고 생육하고 번성하라는 권면이 빠져있는 점에서 가족계획의 신약적 수긍과 긍정과 이유를 찾아낼 수 있으리라고 본다.[17]

끝으로 예수의 천국관과 심판관에서 아이를 많이 가지는 것을 기피하는 생각을 엿볼 수 있다(눅 21:23; 막 13:12, 17; 마 24:19).[18] 누가복음 2:49에서 그를 찾는 부모에게 가족적인 혈육의 유대보다 자기의 의무를 주장한 사례도 제시한다. 예수님의 천국 건설관에서 결혼은 가정생활을 초월해서 천국을 건설하는데 관심을 기울여야 함을 가르쳐 주고 있다(마 10:37). 바울의 가정관에서도 부정적인 해석이 드러나 있다. 종말론적인 환난의 날에 대비하여 차라리 결혼을 하지 않고 하나님께 대한 집중적인 충성을 권고한다(고전 7:26, 40). "이렇게 결혼과 가정생활에 대한 부정적 소극적인 예수와 바울의 태도는 아기를 덜 가지는 것이 환난을 피하는 데도 도움이 되고, 자녀를 덜 가

17 김찬국, "가족계획에 대한 성서적 고찰," 116.
18 김찬국, "가족계획에 대한 성서적 고찰," 117.

지고서 천국을 건설하는 데 전심전력을 기울이는 것이 좋겠다"는 점을 간접적으로 암시해 준다고 보아도 무방할 것이다. 따라서 그의 결론은 "가족계획 사업에 솔선해서 협조하고 계몽해야 할 기독교회는 성경 안에서 발견되는 부부관계와 자녀교육에 대한 교훈을 올바르게 이해하고 해석하여 인구위기에서 세계를 탈출시켜 인류가 구원받는 하나님의 형상이 되도록 하는 데에 이바지"하는 것이다.[19]

2) "가족계획에 대한 성서적 고찰"과 김찬국의 성서 해석

해방 후 한국에서는 국가 주도의 가족계획이 반공과 국가 발전의 전면적인 도구로 활용되었고, 그 속에서 가톨릭의 원칙적 입장보다는 복음주의 개신교의 실리적 태도가 더 큰 영향을 미쳤다.[20] 반공과 경제개발을 사명이자 축복으로 여겼던 한국의 개신교 신자들에게 가족계획 사업에 참여하는 것은 가난하고 열등한 과거와 단절하고 행복한 가정, 경제적 부를 이뤄 그 사명과 축복을 확인하는 일로 여겨졌다.[21] 이때 한국 기독교교회가 박정희 시대 가족계획 정책을 옹호하기 위해 인용했던 구절이 창세기 1장 28절의 "생육하고 번성하라"였다. 반면에 한국이 저출산 · 고령 사회가 되면서 기독교교회는 저출산 · 고령 사회 기본법 제정(2005)과 함께 제1차 저출산 · 고령 사회 기본계획을 수립하는 정부 정책에 발맞춰 협력한다. 개신교의

19 김찬국, "가족계획에 대한 성서적 고찰," 118.

20 나영, "생육하고 번성하라: 축복인가 명령인가," 백영경 외, 『배틀그라운드』(후마니타스, 2018), 127.

21 윤정란, "국가, 여성, 종교: 1960-1970년대 가족계획 사업과 기독교 여성," 「여성과 역사」 8집 (2008); 나영, "생육하고 번성하라: 축복인가 명령인가," 128에서 재인용.

한국기독교총연합회 가정사역위원회는 2005년 가톨릭, 불교 대표들과 함께 저출산고령화대책시민연대를 설립하는 데, 이때 저출산 극복 및 출산 장려를 위해 인용된 성서적 원리가 박정희 시대 산아제한을 통한 가족계획을 지지하기 위해 사용했던 창세기 1장 28절의 말씀인 "생육하고 번성하라"였다.[22] 실제적으로도 한국 기독교교회는 저출산 정책을 교회 사업으로 활용하면서 교회 울타리 낮추기 등의 운동을 통해 교회의 유휴 공간을 영 · 유아 보육 시설과 방과 후 교실, 노인 대학 등으로 개방하고, 민간 보육, 요양 시설을 마련하면서 정부 정책에 적극적으로 참여하였다. 이처럼 한국 기독교교회는 정부 정책의 가족계획의 방향에 따라 동일한 창세기 구절을 산아제한 반대의 성서적 원리로, 동시에 산아제한정책을 지지하는 성서적 원리로 제시하였다.

서두에서 언급했던 것처럼 김찬국의 가족계획에 대한 성서적 고찰의 집필 동기와 논점은 이러한 맥락 속에서 이해된다. 전체적인 논의의 방향은 가족계획을 지지하는 점에도 일맥상통하는 면이 있다. 그럼에도 "생육하고 번성하라"는 창세기 구절에 대한 김찬국의 성서해석은 박정희 시대 산아 제한을 통한 가족계획을 지지하던 교회가 "생육하고 번성하라"는 명령은 "양적인 것이 아니라 질적인 것"이며, '번성'은 단지 숫자가 아닌 '믿음의 자손들'을 의미한다는 단선적 논리로 문자적 적용을 시도했다면, 문맥 속에서 의미를 해석하고 있다

22 2010년 11월 한기총, CTS가 주최하고, 보건복지부가 후원한 '저출산 극복 및 출산 장려 세미나'에서 김병삼 목사는 "생육하고 번성하여 땅에 충만하라"는 성경적 원리에서 그 해답을 찾아야 한다. 부모가 자녀를 출산하고 양육할 때 '기쁨'이 되도록 해야한다고 주장하였다. "저출산, 성경에서 해결 방안 찾자," 「크리스천투데이」 2010년 11월 19일 보도. 나영, "생육하고 번성하라: 축복인가 명령인가," 12에서 재인용.

는 점에서 차이를 엿볼 수 있다.

성서 시대에는 발생하지 않았던 현대의 사회문제에 대한 성서적 원칙을 찾아가는 작업은 쉽지 않다. 성서 구절에 대한 문자적 해석의 위험성을 김찬국은 "히브리 성격의 특수한 상황 가운데서 인구 부족으로 인한 불안에서 생긴 '생육하고 번성하라'는 말을 인구 폭발로 인한 위기에 처해 있는 오늘에 와서 문자 그대로 받아들이기 어려움을 알게 된다"고 지적한다.[23] 성서학자로서 그는 이에 대한 해결책을 본문의 역사·사회적 맥락과 성서신학적 문맥에서 해석하는 방법을 제시한다. 따라서 그는 "생육하고 번성하라는 구약적인 명령은 하나님의 형상이란 신학적 전제를 고려하고 이해"한다.[24] 그러나 방법론상의 차이는 있을지라도 김찬국의 가족과 가족계획에 대한 입장은 당대의 일반적인 복음주의 교회의 주장에 서 있다. 특별히 가족과 결혼에 대한 전통적인 이성애적 가부장적 결혼과 혈연을 기초로 한 가족 이해 그리고 그 안에서의 부부의 관계와 부모와 자녀의 의무에 대한 전통적 윤리를 해석학적 기준으로 삼아 성서에 접근한다. 이성애적 가부장적 결혼과 가족은 인류사에서 오랫동안 사회를 지탱하는 기본 단위와 제도로 역할을 담당해왔다. 그 형태와 제도의 운영은 여성들에게 억압적인 기제로 작동해온 측면이 강하다. 따라서 여성신학적 관점에서 김찬국의 가족계획에 대한 논의는 성구에 대한 방법론적 해석의 차이보다 근본적으로 성서 본문에 대한 해석의 기준을 특정한 가족제도를 기준으로 삼고 접근한다는 점에서 가부장적 혹은 남성 중심적 해석이라는 비판이 가능하다. 성서에는 한 가지 형태의

23 김찬국, "가족계획에 대한 성서적 고찰," 112.

24 김찬국, "가족계획에 대한 성서적 고찰," 118.

가족제도만 등장하지 않으며, 성서 속에 등장하는 한 시대의 제도적 가치에 의존할 것이 아니라, 성서의 근본적인 가치를 실현하는 다양한 방식에 열린 해석을 제시하는 자세가 더 필요하다. 따라서 다음 장에서는 혈연 중심의 단일 가족에 대한 전통적 이해를 넘어, 가족 구성 형태가 다양해지고 있는 21세기 한국 사회에 성서적 가치를 어떻게 제시할 수 있을지 살펴보고자 한다.

4. 한국 사회의 변화하는 가족 구성과 성서 속의 대안 가족

1) 한국 사회 가족 구성 형태의 변화

21세기 한국 사회의 가족(구) 형태는 크게 달라지고 있다. 젊은 층의 이농현상으로 농촌 지역에서는 부부 가족이 증가했고, 도시에서는 핵가족의 비율이 늘어나고 있다. 가족 구성에 있어서도 전통적 가족이 아닌 한부모 가족(별거/ 이혼/ 사별)이 늘고 있고, 1인가구, 동거가구, 동성커플가구, 그룹 홈 등의 비가족적 가구 형태로 살아가는 사람들이 많아지고 있다. 이 흐름 속에서 개인들은 때로는 일시적으로, 때로는 장기적으로 각 형태의 가족을 구성하거나 해체해 가며 다양한 가구 형태를 경험해 간다. 그러나 이성애적 결혼을 바탕으로 한 부계 중심의 한국 가족의 근본 구조는 제도적으로 바뀌지 않고 있다.

한국 사회에서 양성의 결혼이나 직계 혈연가족이 있는 경우를 제외하고는 가족을 구성하는 길이 원천적으로 차단되어 있다. 입양을 하고자 할 경우, 입양 자녀를 부양하기에 충분한 재산과 좋은 인품과 별도로 혼인관계증명서를 제출해야 한다. 특별히 동성 간의 가족 구성은 결혼제도를 통해서도 차단되어 있다. 혈연가족이 아니면 공동 부양자로 법적인 권한을 부여받을 길이 없다.

전통적인 가족은 부계혈통의 계승과 상속이 목적이었다. 그러나 현대에 들어와서 가족의 목적은 사랑하는 구성원들의 행복을 우선 가치로 삼는 시대로 변해가고 있다. 복음서에 나타난 예수의 가족관 역시 혈연이 아닌 사랑과 배려에 기초한 가족공동체의 가치를 강조한다. 시대의 흐름과 함께 가장 친밀하고 소중한 사람들이 임시적 방편이 아니라 영속적인 계약을 통해 서로의 삶에 대한 안정과 보호를 보장하고 또 보장받을 수 있는 권리는 여성과 남성의 결합을 통한 가족 구성원 이외의 모두에게도 열려있어야 한다. 이러한 취지에서 다양한 가족을 구성하여 공동 부양할 수 있는 법적인 권한이 양성혼인자 가족 이외에도 사실혼, 공동 그룹 홈 구성원들 그리고 동성혼인자 등에도 평등하게 주어져야 한다. 보다 안정되고 영구적인 가족으로서 권리를 보장해줄 법률적 기반의 마련은 이성애적 가부장적 가족과는 다른 많은 형태의 가구 구성원들에게 생존의 문제이기도 하다.

2) 성서 속의 대안 가족[25]

성서는 이성애적 가부장제를 기초로 한 고대 이스라엘 사회를 바탕으로 쓰였지만 놀랍게도 그 안에 혈연과 세대 간의 가족 구성이 아닌 사회적 약자로서의 두 여성의 연합으로 구성된 특이한 룻과 나

---

25 룻기의 대안 가족에 대한 사례는 이영미, "별난 가족 이야기: 룻과 나오미 그리고 보아스," 한국기독교장로회 전국여교역자회 편,『기억을 되새기며 새 희년을 향하여!』(2018), 46-65에 실린 글의 발췌, 요약이다.

오미의 가족과 같은 다양한 가족 구성 형태를 보여준다. 비록 룻과 나오미의 가족이 전통적인 이성애적 가부장적 가족제도 안에서 형성되고 있기는 하지만, 혈연 중심의 가족 구성원 형성보다는 약자에 대한 사랑과 배려를 그 기초로 한다는 점에서, 다양한 가족 형태가 이미 만들어지고 있는 한국 사회의 가족을 새롭게 이해하고 대안(가족) 공동체를 찾아가는 노력에 지표가 될 만한 시사점을 제시할 수 있을 것이다. 룻은 부계혈통을 잇는 남편의 가족이 아니라 자신의 가족을 형성하기를 원했던 주체적 여성이었으며, 사회적 약자인 나오미에 사랑(헤세드)과 연대가 룻의 선택의 원동력이 되었다. 당대의 가능한 사회 제도를 이용하여 자신들의 대안 가족을 만든 룻과 나오미의 성서 이야기는 전통적인 가족의 붕괴 앞에서 새로운 가족을 만들어나가는 이들에게 성서적 범례를 제시해주리라고 본다.

(1) 남편의 가족보다 나의 가족 만들기를 선택한 룻(룻기 1장)

룻기의 처음 6소절은 가난(기근)으로 타국으로 이주하여 자식들을 국제결혼시켰지만, 남편과 아들들의 죽음으로 위기에 처한 나오미의 가족을 소개한다. 가족을 이주하게 만든 동기는 가난과 풍요(재물)였다. 그러나 문제의 중심에는 가족의 정체성 문제가 자리 잡고 있다. 결국 시어머니 나오미와 며느리인 룻과 오르바 셋은 자식 없는 과부로 남겨진다. 고대 사회에서 여인이 가치를 가질 수 있는 길은 그녀의 아버지 가정에서 결혼하지 않은 처녀로 남거나 그녀 남편의 가정에서 아이를 낳는 아내로 남는 것이었다. 이 세 여인은 이러한 사회적 가치를 실현하지 못한 사회 주변인으로 남게 된다. 이스라엘의 관례에 따라 며느리들은 이혼이나 사별 후 자신이 본래 속한 아버지의 집으로 가서 안전한 삶을 누릴 수 있었다(창 38:11; 레 22:12-13). 그러나 나오미는 "아버지의 집"으로 돌아가라고 명하는 대신 "어머니의 집"으로 돌아가라고 말한다. "어머니의 집"이란 용어는 결혼과 관련된 이야기와 계획이 이루어지는 문맥에서 주로 사용된다(창 24:28; 아 3:4, 8:2).[26] 따라서 룻 1장 8절에서 나오미가 며느리들에게 "어머니의 집"으로 돌아가라는 것은 이제 재혼하여 새로운 남편의 가족을 꾸릴 것을 제안하는 것이다. 오르바는 작별의 키스를 하고 떠나지만, "동지"라는 뜻의 이름을 가진 룻은 나오미의 말을 거절하고, 그녀에게 매달리며 다음과 같이 고백한다.

> 나더러, 어머님 곁을 떠나라거나, 어머님을 뒤따르지 말고 돌아가라고는 강요하지 마십시오. 어머님이 가시는 곳에 나도 가고, 어머님이 머무르시는 곳에 나도 머무르겠습니다. 어머님의 겨레가 내 겨레이고, 어머님의 하나님이 내 하나님입니다. 어머님이 숨을 거두시는 곳에서 나도 죽고, 그 곳에 나도 묻히겠습니다. 죽음이 어머님과 나를 떼어놓기 전에 내가 어머님을 떠난다면, 주님께서 나에게 벌을 내리시고 또 더 내리신다 하여도 달게 받겠습니다.[27]

이 고백은 성서 속 어디에서도 표현된 적 없는 두 여성 사이의 가장 가까운 관계를 드러내주고 있다. 나오미를 선택한 룻의 고백은 "어머니의 집"으로 돌아가 다른 남자와 만나 또다시 남편의 가족을 이루어 보조적 존재로 살아가는 길이 아닌, 남편 없이 홀로 남겨진

---

26 김지은, "새로운 미래를 연 나오미와 룻의 연대," 「한국여성신학」 41 (2000), 13.
27 룻기 1:16-17 새번역성경. 이하 본 논문의 성경 인용은 모두 <새번역성경>임.

나오미와 함께 머물면서 나이, 국가, 인종의 경계를 넘어선 새로운 가족관계를 일구어 나가려는 다짐으로 읽혀진다. 룻은 남편의 가족이 아닌 자신의 독자적인 가족을 주체적으로 꾸리기를 선택하였다. 한 가치 없는 여인이 자신을 다른 사람과 결합시키고, 또 그녀를 선택함으로써 룻은 결혼 상태와 자녀 생산성을 기준으로 그들의 존재를 가치 없고, 보잘 것 없고, 주변부적인 존재로 제한하고 규정하는 사회의 현 지위를 받아들이기를 거부한 것이다.

(2) 적대적인 환경 속에서 살아남기 위한 두 여인의 생존 전략(룻기 2-3장)

한 아버지의 딸, 남편의 아내, 아들의 어머니라는 가부장적 사회에서의 여성의 가치를 지니지 못한 두 여인에게 고대 이스라엘 사회는 경제적 빈곤과 사회적 차별에 맞서야 하는 적대적인 환경이다. 룻기 2-3장은 이러한 적대적인 환경 속에서 두 여성으로만 구성된 가족의 가장으로서 룻의 생존 전략을 보여준다. 룻은 여성 가장으로서 창의성을 발휘하여 법과 관습을 활용하여 삶을 개척해나가는 지혜를 보여준다.

룻기 2-3장은 고대 이스라엘 사회의 형사취수제(Levirate; 신 25:5-6)와 고엘법을 소개한다. 형사취수제란 형이 상속자인 아들을 낳지 못하고 죽었을 경우, 생존한 형제에게 사망한 형의 아내와 결혼하고 그녀의 아들을 형의 자식(상속인)으로 삼는 것을 내용으로 한다. 이 법은 나오미(룻 1:12-13)와 보아스(룻 4:7-10)에 의해서 언급된다. 고엘법은 경제적인 파탄으로 땅을 팔 지경에 이르거나 종으로 팔려갈 수밖에 없는 상황에 이르렀을 때 가까운 친척이 이들의 채무를 갚아주던 제도로 룻기 전반에 걸쳐 언급되고 있다(룻 2:20; 3:9, 12-13; 4:1, 3, 4, 6, 7). 룻과 나오미는 이 두 법을 적절하게 사용하여 영구적인 계약에 기초한, 보아스를 포함한 가족을 구성한다.

또 다른 법은 이삭줍기 규정(레 19:9-10; 23:22; 신 24:19-22)과 치마 또는 겉옷 펼치기 관습법이다. 번사이드(Jonathan P. Burnside)는 이삭줍기 규정이 고대 이스라엘의 대표적인 사회복지법이라고 설명한다.[28] 이스라엘의 법은 뒤에 남겨져서 음식을 얻어야 하는 운이 없는 과부와 가난한 자를 위해서 추수 기간 동안 마당에 남겨진 곡식을 얻도록 하는 '이삭줍기 규정'을 마련하여 최소한도로 그들의 생존권을 허용한다. 그리고 3장의 타작마당에서 룻은 당신의 옷자락을 당신의 여종 위로 펼치라고 말하면서 보아스에게 다가가는데, 이 문구는 이스라엘 전통에서 결혼의 상징이다(신 22:30; 27:20; 겔 16:8).

자신들의 독자적인 가족을 꾸리며 살아가는 두 여성의 삶은 기본적인 생존권을 보장받기 위한 법의 활용을 넘어서, 가능한 연대자와 연대를 모색한다. 먼저 두 여성의 연대가 한 쪽이 다른 쪽을 위한 희생이나 순종이 아니라 각자의 주어진 상황에서 주도권을 가지고 삶을 개척해나가는 주체적 연대를 룻기는 보여준다. 김지은은 나오미와 룻의 말에 대한 세부적인 분석을 통해 그들의 말에 영향력 있는 힘이 있었기에 서로에게 힘이 되어주고, 기존의 질서를 넘어선 새로운 상황을 창출하게 되었으며, 나오미와 룻이 불가능해보였던 자신들의 소망을 가능한 현실로 만들었다고 결론짓는다.[29] 김지은은 나

---

28 Janathan P. Burnside, *God, Justice, and Society: Aspects of Law and legality in the Bible* (New York: Oxford University Press, 2011), 236.

29 김지은, "새로운 미래를 연 나오미와 룻의 연대," 26.

아가 이처럼 함께 공존하고 협력하는 나오미와 룻 사이의 여성연대의 힘이 여성단체들 사이에서도 이루어지기를 기대하였다.[30]

다른 한편, 룻기에 소개된 보아스의 말들은 보아스가 연대와 지지자로서의 면모를 이미 갖춘 사람임을 보여준다(룻 2:11). 가부장적 사회 속 남성으로서 그리고 밭과 타작마당의 운영자로서 보아스는 룻과 나오미를 위해 밭에서 이삭을 안전하게 주울 수 있게 배려해주고 보호해준다.

적대적인 환경 속에서 살아남기 위한 사회적 약자들에게 있어서 몇 가지 특권을 가진 계층(남성이며, 신체에 장애가 없고, 교육받았으며 경제적 재원도 갖고 있는 누군가)은 그들의 특권을 억압적인 구조에 저항하기 위해서 사용할 수 있고, 우리의 커뮤니티 안에서 운이 없는 이들이 제공 받을 수 있도록 보장하는 법을 넘어서게 할 수 있다. 강성열 또한 사회적 연대 세력의 중요성을 지적한다. "룻이 경험한 신분의 변화는 지극한 효성과 성실성을 기본 품성으로 가지고 있던 룻 자신의 주체적인 노력이나, 룻을 보아스와 결혼시키기로 한 나오미의 결심에 의해서도 이루어지지만, 무엇보다도 따뜻한 마음으로 룻을 보살피고 배려하면서 속량자의 역할을 충실하게 이행하고자 했던 보아스의 적극적인 행동에 의해서 이루어진다. 이것은 다문화 가정의 결혼이주여성이 안고 있는 다양한 문제들이 가장 가까이에 있는 주변 사람들—더 정확하게는 사랑과 섬김의 정신을 실천해야 할 한국교회와 기독교인들—에 의해 해결되어야 마땅함을 우리에게 가르쳐준다."[31]

---

30 김지은, "새로운 미래를 연 나오미와 룻의 연대," 26.

31 강성열, "구약성서의 이주민 신학과 한국사회의 다문화가정," 「한국기독교신학논

(3) 고엘과 형사수취제를 통한 룻과 보아스의 가족 구성(룻기 4장)

룻과 나오미는 결혼을 통해 연결된 가족 구성원(시어머니와 며느리 관계)이긴 하지만 전통적인 가족으로서 사회의 권리와 법적인 권한을 완전하게 보장받지 못하는 구성체이다. 룻과 나오미는 최저생계를 유지하는 차원이 아니라 보다 영속적이고 안전한 계약을 체결해야 그들 모두가 '잘 지낼 수 있게 될 것'이란 점을 깨닫는다. 3장에 이어서 나오는 나오미의 전략은 직접적으로 룻의 복지와 안위를 수반할 뿐만 아니라 나오미가 만들려는 '가족'의 중요한 구성원으로서 보아스를 포함하여 보다 영구적인 가족 만들기를 시도한다.[32] 이를 위해 나오미와 룻은 이스라엘의 형사수취제와 고엘법을 적용하여 새로운 형태의 가족을 형성한다. 가족은 일부와 일처 그리고 그들의 생물학적 자녀들로 구성된 가족도 있지만 선택에 의해서 새로운 형태로 가족을 구성할 수도 있다. 성서에서 전통적인 일부일처를 기반한 부계혈통가족이 무산될 때 그에 대한 선택적 대안들이 생겨날 제도적 장치로 형사수취제와 고엘법이 있었다. 현대 사회에서 전통적인 가족이 아닌 가구가 보다 영속적인 사회의 권리와 법적 권한을 보장받기 위한 제도적이고 법적인 조치의 마련이 필요하다.

가족을 구성하기 위한 제도적인 마련과 함께 출산 혹은 혈연에 대한 새로운 이해가 필요하다. 룻기 4장에서 룻과 보아스는 아들을 갖는다. 베들레헴의 여성들은 출산을 축복하고 그 아이를 고엘로 지명한다. 그들은 아이가 나오미를 위해서 '생명의 회복자'가 될 것이

총」 62/1 (2009), 29.

32 Mona West, "*Ruth*," in ed. Deryn Guest et al. *The Queer Bible Commentary* (London: PCM Press, 2006), 193.

라 기대한다. 그 여성들의 축복은 출산을 산모가 아이를 탄생시키는 좁은 의미를 넘어서서 생명을 부여하는 것(life-giving)으로 재정의한다. 나오미는 오벳의 생물학적 어머니가 아니지만 베들레헴 여성들은 나오미가 룻과의 관계 속에서 생명을 부여하는 자로서 함께 오벳의 어머니가 되고 있다는 점을 깨닫는데, 이는 바로 출산인 것이다.

끝으로 베들레헴 여성들의 축복은 가족의 구성이 혈연이 아닌 사랑이 기반이 중요한 요소임을 보여준다. 그들은 나오미를 향한 룻의 사랑(헤세드)을 알린다. 룻기 전체 이야기에서 사랑이란 단어가 사용된 것은 오직 이 순간뿐이다. 그들은 룻이 나오미에게 "일곱 아들보다 더 나은 자다!"라고 외친다. 게다가 베들레헴 여성들은 그 아이에게 오벳이라 이름을 지어주는데, 말하자면 '이 아들은 나오미가 낳았다'는 뜻이다. 보다 실제적인 현실을 언급하자면 먼 친척과 보아스는 엘리멜렉의 고엘이었고, 따라서 형사수취제는 룻이 아닌 나오미에게 적용되는 것이 맞다. 그러나 더 이상 아이를 낳지 못하는 나오미의 시형제 결혼 의무를 룻이 대신한다. 이렇듯 고엘법은 엘리멜렉의 가문을 계승하기 위한 수단으로 활용된다.

룻기에서 마지막 반전은 룻기 4장 마지막의 별난 족보에서 보인다. 이 족보가 별난 이유는 부계혈통의 계승이 아니라 모계적 혈통계승이 우선시된 족보이기 때문이다. 우선 족보의 시작은 유다가 아닌, 다말이 유다와의 사이에 낳은 쌍둥이 중 베레스부터이다. 형 세라가 아니라 동생 베레스부터 족보가 시작되는 것은 모계계승 전통의 흔적을 반영한 결과이다. 둘째로 에비멜렉이 아니라 룻과 보아스의 자녀로 족보가 이어지는 것 역시 룻의 모계적 혈통이 우선시된 결과이다. 계속해서 다말과 룻은 복음서의 예수의 족보에 언급된다. 1장에서 자신의 가계를 형성하기를 선택한 룻은 자신의 가계를 만드는데 성공한다.

(4) 혈연을 넘어선 사랑의 공동체로서의 가족

성서는 이성애적 가부장적 가족제도를 기반으로 한 사회를 배경으로 하며 제2 바울서신들에는 가부장적 가족질서를 반영한 훈계인 '가족훈'(골로새서 3:18-4:1)과 가부장적 가족의 위계질서를 강조한 본문들(딤전 6:1-2; 벧전 3:1)도 있지만, 혈연을 넘어선 가족공동체를 지향하는 본문들도 함께 포함한다. 에베소서 2장 19절에는 하나님의 가족(권속)이란 표현도 나온다. 이는 그리스도의 교회(하나님의 집)에 모이는 사람들을 그 집에 함께 사는 가족으로 인식하고 사랑을 나누고 배려하는 대상으로 서로를 받아들였음을 보여준다. 갈라디아서 6장 10절에서 바울은 초기 그리스도 공동체를 '믿음의 가정들'이라고 부르기도 했다.

특별히 복음서에는 예수의 가족 이해를 보여주는 파격적인 본문들이 들어있다. 예수는 하나님의 뜻을 위한 가부장적 가족의 해체를 마가복음 10장 29-30절에서 다음과 같이 말한다.

> [29]내가 진정으로 너희에게 말한다. 나를 위하여, 또 복음을 위하여, 집이나 형제나 자매나 어머니나 아버지나 자녀나 논밭을 버린 사람은, [30]지금 이 세상에서는 박해도 받겠지만 집과 형제와 자매와 어머니와 자녀와 논밭을 백 배나 받을 것이고, 오는 세상에서는 영원한 생명을 받을 것이다.

가부장적인 '집'을 비판하는 예수에게 있어서, 예수를 따르는 무리들이 '가족'이 된다. 또한 마가복음 3장 31-35절(마태 12:46-50; 누가 8:19-21 참조)은 혈연을 기반으로 한 가족공동체를 넘어서서 새로운 가족관을 제시한다.

> [31]그 때에 예수의 어머니와 동생들이 찾아와, 바깥에 서서, 사람을 들여보내어 예수를 불렀다. [32]무리가 예수의 주위에 둘러앉아 있다가, 그에게 말하였다. "보십시오, 선생님의 어머니와 동생들과 누이들이 바깥에서 선생님을 찾고 있습니다." [33]예수께서 그들에게 대답하셨다. "누가 내 어머니이며, 내 형제들이냐?" [34]그리고 주위에 둘러앉은 사람들을 둘러보시고 말씀하셨다. "보아라, 내 어머니와 내 형제자매들이다."

가부장적 가족에 대한 예수의 비판에 대한 인용이 가부장적 가족을 해체하고 새로운 가족공동체를 만들자는 말이 아니다. 혈연을 바탕으로 한 가족보다 하나님의 생명 사랑과 보존 그리고 하나님 나라를 위한 사랑의 실천을 위해 혈연이 아닌 새로운 공동체를 가족의 형태로 구성할 수 있는 가능성을 마련할 성서적 가치를 예수의 가족에 대한 비판적 선언에서 엿보는 것이다.

혈통을 기반으로 한 가족이 아니라 애정과 환대의 가치 위에 세워진 가족이 늘어나는 시대에 관계의 형태가 변하면 이를 담보하는 그릇 역할을 하는 제도의 형태도 함께 변해야 마땅하다. 한국에서는 가부장적 이성애 결혼을 바탕으로 하지 않은 가족 구성원의 법적 기반은 전무한 상태이다. 특별히 비혼 여성과 남성 그리고 성소수자들은 법과 제도의 사각지대에 남겨진 채 자신의 가족을 구성하기 어렵다. 한국 사회도 다양한 가족을 평등하게 대우하여 이들의 행복추구권을 보장할 때가 왔다. 이를 위해 우선 혈연을 기반으로 하는 좁은 의미의 가족 이해에서 다른 형태의 연합과 사랑 실천의 공동체로서 가족을 구성할 수 있고, 또 많은 사람이 이미 그러한 가구를 형성하며 살아가고 있음을 인식할 필요가 있다.

III. 결론

지금까지 김찬국의 두 논문, "여성신학과 성서 해석"과 "가족계획에 대한 성서적 고찰"을 중심으로 그의 신학에 대한 성서신학적 평가를 시도해보았다. 남성신학자로서 여성신학에 대한 관심을 가지고 긍정적으로 소개하는 점에서 여성신학을 지지하고 옹호하는 진보적 입장을 보여준다. 인권 옹호와 해방을 지향하는 신학자로서 자신을 여성신학자로 이해하고 있을지라도 여성신학을 옹호하는 것과 여성신학을 실천하는 것의 차이점은 그의 가족에 대한 관점에서 보여진다. 즉 김찬국은 이성애적 결혼을 기초로 한 부부와 그들의 자녀로 형성된 가족제도가 성서의 원리로 전제하고 그의 논점을 전개하고 있다는 점에서 가부장적 가족구조 안에서의 남성의 경험을 그의 해석의 근거에 깔고 있다. 그렇기 때문에 가족계획에 대하여 혈연 중심의 가부장적 가족제도 자체가 국가의 정책으로 강요되고, 거기에서 배제되는 약자들을 살펴보기 보다는 가족계획을 옹호하는 입장을 취하게 된다.

21세기 한국 사회에서 가족이 이제 더 이상 혈통을 기반으로 해야만 하는 사회의 기초단위가 되기 어렵다. 가족 구성이 사랑을 기반으로 한 인간(들) 사이의 결합을 법적으로 인정해주는 새로운 제도적 장치들이 마련될 때가 되었다. 현재로서는 한국 사회에 가족 구성원의 권리를 보장해주는 법적 장치들이 거의 전무한 상태이다. 이에 성서학자는 하나의 정책을 지지하는 접근보다는 성서가 지향하는 가치가 사랑의 실천이며, 이를 실현할 수 있는 시대적 최선의 방식들을 나름대로 찾아갈 수 있는 다양한 선택의 가능성을 제시해줌으로써 독자들이 선택할 수 있도록 돕는 역할을 담당해야 할 것이다. 여기서는 그 한 예로 룻기의 가족 형태를 사례로 소개하였다.

참고문헌

강성열. “구약성서의 이주민 신학과 한국사회의 다문화가정.” 「한국기독교신학논총」 62/1(2009.4.): 5-33.

김지은. “새로운 미래를 연 나오미와 룻의 연대.” 「한국여성신학」 41 (2000): 9-26.

김찬국. “성윤리와 기독교 신앙.” 「기독교사상」 9/8 (1965): 35-43.

김찬국. “가족계획과 기독교인의 책임.” 「기독교사상」 12/5 (1968): 98-106.

김찬국. “가족계획에 대한 성서적 고찰.” 「기독교사상」 16/1 (1972): 110-117.

김찬국. “성서 해석과 여성신학.” 「신학논단」 18(1989): 71-92.

나영. “생육하고 번성하라: 축복인가 명령인가.” 백영경 외. 『배틀그라운드』. 후마니타스, 2018.

러셀, 레티/ 안상님 옮김. 『여성해방의 신학』. 서울: 대한기독교출판사, 1979.

류터, 로즈마리/ 손승희 옮김. 『새여성·새세계: 성차별주의와 인간해방』. 서울: 현대출판사, 1980.

서남동. “두 이야기의 합류.” 죽재서남동기념사업회 엮음. 『민중신학의 탐구』. 서울: 도서출판 동연, 2018.

스틸, 필립/정민규 옮김. 『세상에 대하여 우리가 더 잘 알아야 할 교양: 인구문제 — 숫자일까, 인권일까?』. 내인생의책, 2019.

이영미. “별난 가족 이야기: 룻과 나오미 그리고 보아스.” 한국기독교장로회 전국여교역자회 편. 『기억을 되새기며 새 희년을 향하여!』. 2018.

Burnside, Janathan P.. *God, Justice, and Society: Aspects of Law and legality in the Bible.* New York: Oxford University Press, 2011.

West, Mona. “Ruth.” in ed. Deryn Guest et al.. *The Queer Bible Commentary*. London: PCM Press, 2006.

한국 문화신학자 김찬국의 평화신학

박신배*

I. 들어가는 말

김찬국의 신학을 정의하라고 하면 우리는 구약 민중신학이라 말할 수 있다. 또 한편, 구약학을 연구하며 한국 문화신학을 한 신학자라고 말할 수 있을까. 그래서 논자는 이전 연구[1]에서 김찬국의 민중신학을 재발견하고, 오늘의 민중신학을 다시 개발하여 발전시키는 과제를 가져야 한다고 제안한 적이 있다. 이제 다시 '김찬국 교수가 문화신학자로서 한국 문화신학을 전개하였는가'라는 질문을 제기하고자 한다.

신학자들은 먼저 자기 나라의 언어와 자기 겨레의 문화를 가지고 신학 작업을 한다.[2] 따라서 자기 언어의 고유성과 그 문화적 깊이를

---

* 케이씨(KC)대학교, 구약학

1 박신배, "김찬국의 민중신학과 구약," 「문화와 신학」 8(2011), 10-36.

연구하며, 자기 나라의 문화에서부터 성서 문화의 연구에로까지 확대하여 연구하는 학자라는 측면에서 신학자는 자기 문화의 신학자라고 볼 수 있다. 그래서 김찬국 교수도 한국인이라는 의식을 가지고, 한국 문화에 대한 강한 의식을 가졌다. 그는 한국 겨레에 대한 사랑이 남달랐고, 한겨레의 역사를 살피며 한국 문화적 신학과 더불어 평화신학 작업을 한 자취를 연구했다. 또 그가 평화운동을 전개한 인물이었는지 탐구하고자 한다. 한국 문화신학자로서 김찬국도 유영모, 윤성범, 변선환, 유동식, 김흥호 등과 같은 반열에 서서 한국 문화신학을 전개하였다. 그래서 논자는 이 논문에서 이를 밝히고자 한다.[3] 이한영은 최근에 토착 신학의 관점에서 이 문화신학자들 일부에 대한 재고를 통해 한국 신학의 세계화에 대한 가능성을 타진하고 있다.[4] 이는 동양 신학이 서양의 신학과는 다른 사고체계에서 수행하고 있다는 사실을 전제하고 있다.[5]

폴 틸리히가 문화신학을 처음 체계적으로 신학적으로 연구하였다. 그동안 세계 신학계는 문화신학과 관련된 상황화신학과 해방신

2 김찬국, "예언자적 상상가 최현배, 한결 김윤경," 『인생수상: 사랑의 길, 사람의 길』(서울: 제3기획, 1992), 108-124.

3 박신배, 『태극신학과 한국문화』(서울: 동연, 2009), 50-51. 김광식의 언행일치 신학, 허호익 천지인 신학, 서남동, 김재준, 안병무의 민중신학, 강원돈의 물의 신학, 박종천의 상생의 신학, 변선환의 다원론 신학, 류영모, 김흥호의 유교적 기독교 신학, 곽노순, 김경재, 박종세, 김흡영 등이 있다.

4 이한영, "토착화 신학의 흐름과 재고: 윤성범, 변선환, 이정배를 중심으로," 「신학사상」 147집(2009, 겨울), 105-137.

5 천병석, "동서의 현실과 신학적 현실 개념: 동양신학을 위한 예비 검토," 「신학사상」 168집(2015, 봄), 142-176. 서양적 사고는 미시적 차원이라고 하면 동양적 신학은 거시적 현실에 있음을 포착하고 예수는 거시적 현실과 미시적 현실을 통일한다고 봤다.

학, 여성신학 등 많은 신학적 연구를 전개하여 왔다.[6] 오늘 그 한국 문화적 신학이 한국적 문화 상황에서 전개되고, 민중신학과 더불어 연구되기 시작하였다. 민중신학자들은 한국 역사와 문화에 대한 문제의식 발현으로서 희년 운동의 차원에서 평화운동을 전개하게 된다.[7] 그래서 한국 문화적 신학은 시대적 상황의 민중의 현실에서 발원된다. 한국 문화신학은 새로운 성서 해석방법론으로 한국 민주화 운동의 현실과 맞물려 민중신학과 정치신학을 결합하여 성서의 자유와 평화사상으로 전개했다.[8] 그래서 성서와 현실의 간극을 줄이며 한국 문화적 현실에서 그의 민중적 시각으로 성서의 진리와 정의의 삶을 살아낸 구약학자의 작업을 살펴보고자 했다.[9] 이제 한국 문화적 신학과 한국 평화신학을 전개한 김찬국의 신학이 오늘 우리 시대에 또 어떠한 화두와 전망을 제시하는지 연구하고자 한다.

---

6 폴 틸리히는 1920년대에 문화신학, 문화 선교라는 말을 처음 개념화하며 문화신학의 이념과 과제를 말한다. 폴 틸리히는 "종교란 인간의 모든 깊이의 차원을 말하며 문화의 실체이고 문화는 종교의 표현된 형식이다"라고 말한다. 박신배, 『태극신학과 한국문화』, 44 참조.

7 서광선, "한국 기독교의 평화 통일 운동," 『한국 기독교 정치신학의 전개』(서울: 이화여자대학교 출판부, 1996), 158-174.

8 박신배, 『태극신학과 한국문화』, 12-123. 한국 문화적 성서 해석방법론, 태극 신학, 한국 신학의 새로운 가능성, 한국 문화신학자 김교신 등을 다룬다.

9 김경호 외 3인, 『함께 읽는 구약성서』(서울: 한국신학연구소, 1991), 11-372.

II. 구약의 역사적 사건을 신화화한 이스라엘 문화, 해방과 평화 정신

구약의 출애굽 사건이 이스라엘 문화 속에서 어떻게 신학화 작업이 되었는가. 김찬국은 출애굽 사건의 의미를 네 가지 관점에서 본다. 첫째, 출애굽 사건은 하나님의 결정과 행동으로 이루어진 것이다. 둘째, 출애굽 사건의 진정한 의미는 이스라엘 민족 생활에서 해마다 기념되었다. 셋째, 신화적 시간 관념도 역시 이스라엘 국가를 창조한 사건에 대한 대조에 잘 나타나 있다. 옛 사건이 이스라엘 역사를 통해서 계속 재현됐고, 옛 사건의 의미를 현재에 다시 구체화하여 하나님 구원의 의미를 다시 발견하고 감사했다. 넷째, 출애굽은 이스라엘 민족의 공동체인 국가 생활을 형성해 주었다. 이렇게 볼 때 이 네 가지 특징이 출애굽 사건을 중심으로 이스라엘 역사에 잘 구현되어 있어서 출애굽 사건이 신화화되고 있음을 알 수 있다고 했다.[10]

김찬국은 이같이 출애굽 사건을 내면화하는 작업에 신화화 작업이 이루어졌고, 신학적 해석을 하였다고 보고 있다. 이러한 출애굽 사건이 이스라엘 역사와 문화 속에 역사화 작업이 되었고, 바로 신화화 작업을 통한 역사적 재현을 함으로써 의미를 가지고 현재화되었다고 본다. 그래서 출애굽 사건은 이스라엘 역사의 결정적인 사건이 되었다.[11] 이 출애굽이 결정적인 경험으로서 이스라엘의 역사적 중심이라는 사실은 이스라엘 백성들에게 계속 기억되고, 출애굽을 기념하

---

10 김찬국, 『성서와 역사의식』 (서울: 평민서당, 1986), 141.

11 B. W. Anderson, *Understanding the Old Testament* (New Jersey: Prentice-Hall, 1986), 9-11.

는 일로 역사적 재현을 하게 된다. 유월절은 그들의 삶 속에서 중요한 문화적 풍습과 축제로 신화화하여 매년 의식으로 유지될 수 있었다.

> 이렇게 이스라엘 민족의 생활과 사상 등은 역사를 구성하는 최초의 이념과 도덕과 문화를 상속해서 그 원형을 변화시키지 않고 후세에 전달하여 나갔다. 또 특별한 역사적 사건을 신화화함으로써 종교적·정신적 의미를 재발견하고 재해석하여 나갔으며 외래 문화적인 요소를 취사 선택하여 자기 역사를 순화하고 의미화하기 위하여 역사를 신화화하여 나갔다.[12]

김찬국은 이처럼 이스라엘 역사의 신화화의 작업을 해석하고 그 문화의 본질이 신화화 작업에 있었던 것을 포착하고 있었다. 그는 구약의 문화신학자로서 이스라엘 신앙과 종교, 사상을 읽어내고 이스라엘 역사의 근본정신과 그 최초의 이념을 밝히며, 또 이스라엘 문화 속에 흐르는 도덕과 문화 정신을 상속하여 그것을 이스라엘 신앙으로 전승하였다고 지적한다. 그리고 이스라엘 전승자들은 그 원형과 정신(본질)을 이어받아 후대에 계속 전승하였다고 보고 있다.

여기서 중요한 점은 그 역사적 사건을 신화화(문화화)함으로써, 그는 종교적이고 정신적 의미를 재발견하고 또 재해석하였다는 사실을 밝히고 있다. 그리고 더 중요한 면은 외래 문화적 요소들을 취사선택하여 자기 역사를 순화하고 의미화하였다는 것이다. 또 그러한 이스라엘 역사의 의미를 신화화하여 역사를 재현하고 현재의 역사적 의미를 물었다는 것이다. 이처럼 이스라엘 역사의 재현은 역사의 현재화 의미 작업을 말하고 있다. 이는 바로 구약 문화의 차원에

12 김찬국, 『성서와 역사의식』, 141.

서 구약 역사적 사건을 신화화함으로써 재해석하였다고 본다. 이것은 그가 문화의 성격과 본질을 바로 이해하고 있다는 사실이다. 고대 근동의 신화에서 구약의 독특한 역사 이해를 추출하는 것은 신앙의 정체성을 유지하며 신앙적 거룩함을 통해 새롭게 창조적 이해를 하는 작업이었다.[13] 이같이 한국적 구약신학의 관점에서 새롭게 창조적 구약신학 작업을 해야 하는 과제가 오늘날도 요구되고 있다.[14]

김찬국은 "구약성서의 창조신앙"이라는 글에서 이 세계의 문화를 창조 문화와 세속 문화로 나누는 관점을 가졌다.[15] 곧 그는 태고사(창세기 1-11장: 원역사)가 기원론적 관심, 우주론적 관심, 인류학적 관심, 구원론적 관심 등으로 기술되었다고 지적했다. 창조의 질서는 하나님의 말씀으로 혼돈과 대결해서 그 혼돈을 정복하고 새로운 질서를 수립한다는 것이라고 봤다.[16] 창세기 1장은 바빌론 창조신화에서 마르둑 신이 물로 된 혼돈의 여신 티아마트를 찔러 죽이고, 그것을 반으로 나누어 하늘과 땅으로 만들었다는 이야기에서 간접적 영향을 받았고, 바빌론의 다신교 종교문화권에서 이스라엘 여호와 신앙의 유일신론적 창조 이야기로 신학적 작업을 하였다고 봤다.[17]

---

13 방석종, "구약신학적인 관점에서 본 신화와 역사의 비교 고찰," 『신화와 역사』 (서울: 감리교신학대학교 출판부, 2006), 253-273. 그는 신화와 역사를 제의·종교적 해석과 정치적 해석을 한다.

14 박신배, "구약신학의 동향과 오늘의 구약신학 방법론," 『구약신학의 새로운 모색』 (서울: 동연, 2016), 17-136.

15 김찬국, "구약성서의 창조신앙," 『새롭게 열리는 구약성서의 세계』 (서울: 한국신학연구소, 1986), 142-155.

16 Ibid., 147.

17 Ibid.

> 여기서 우리가 중요하게 생각해야 할 것은 혼돈을 하나님의 말씀으로 정복했다는 것인데, 여기서의 혼돈은 무질서, 미개발, 암흑, 무가치의 세계, 불법, 불의, 부정부패, 강권 등의 정치·사회·경제적인 무질서를 총망라해서 지칭하는 것이다. 이런 속에서 하나님의 말씀으로 흑암의 세력들을 몰아내고 새로운 질서를 세우는 것이 바로 창조요, 참된 의미의 선교인 것이다.[18]

이같이 김찬국은 창조 문화의 차원에서, 창조신앙과 창조신학으로 무질서의 혼돈을 극복하는 것이 이스라엘의 창조신앙이라는 것이다. 구약성서의 창조신앙을 통해 그것이 이스라엘에 모든 역경과 곤경을 극복하고 일어설 수 있게 해 주었던 결정적인 원동력이 되었다. 이 창조신학이 어둠을 물리치는 빛이요 해방이라 본 것이다. 그래서 우리도 창조신앙을 확고하게 지켜간다고 하면 우리의 생활이나 가정생활에서의 모든 어려움, 고난, 어두움, 무질서, 박해 등의 시련을 능히 극복할 수 있으며, 이 창조신앙의 견지함으로 새로운 구원을 경험할 수 있게 하는 신앙의 기초가 되리라는 것이다.[19] 비록 폰 라드는 구원사의 맥락에서 신앙고백문과 그 전승을 강조하지만 창조신학이 있는 구원적 해석이 김찬국에게는 더 중요한 것이었다.[20]

구약의 이스라엘 역사와 오늘의 이스라엘 역사를 통해 김찬국이 바라보고 해석하고 적용하는 주체는 바로 한국의 민주화 실현의 동인(動因)인 민중과 한민족의 역사와 문화였다. 그는 구약의 세계를

18 김찬국, “구약성서의 창조신앙,” 148.

19 Ibid., 152-153.

20 박호용, 『폰 라드: 실존적 신앙고백과 구원사의 신학』(서울: 살림, 2004), 90-200.

바라보면서 연구의 주제 속에 늘 그 성서 해석의 주체를 생각하며, 그것이 한민족과 민중에 있어야 함을 염두에 두고 이야기를 전개해 갔다. "유대인은 무엇에 미친 민족이다. 미친 민족이 역사를 창조한다. 사막을 갈릴리 호수와 함께 일구어서 녹색의 기적을 방방곡곡에 불러온다."[21] 현대 이스라엘 역사에서도 배워야 할 점이 무엇인지, 한국이 발전된 나라가 될 수 있는 것이 어디에 있는지, 오늘날 유대인의 교육과 키부츠 정신, 구약 책의 종교를 현실화하는 원동력을 지적했다. "현대 이스라엘의 힘이 어디에서 어떻게 길러지느냐 하는 것을 교육 면에서 살펴보겠다. 72만 명의 학생 중 67만 명이 공립학교 교육을 받고 있는데, 5세부터 16세 중학교까지는 의무교육이며, 18세부터 군 복무 의무를 남자는 26개월간, 여자는 20개월간 가진다. 교육자료, 시설, 교사훈련을 위한 미국 유대인 모금회가 1964년에만 해도 매년 일정한 송금액 외에 5개년 간 목표로 1억 2천 7백만 불을 모금해서 보내기로 했다는 것이다. 남쪽 네게브 사막지대의 학교 교사 배치는 여자 군인들로 대치시키기도 한다."[22] 이처럼 현대 이스라엘 국가가 교육을 통해 출애굽 역사가 오늘까지 계속 이어지게 하는 역사의 해방 정신을 찾고 있고, 이를 우리도 배워서 오늘 한반도에서 그 평화 현실을 만들고 평화사상을 이어가기를 기대했다.

김찬국의 평화사상은 사랑과 정의에서 기원한다. 이 사랑과 평화는 예수 그리스도에게서 발원되는 것이다. 이 참된 평화는 복음에서 기인하는 것이다.[23] "인류의 종국적 평화는 곧 인류의 구원을 가리킨

21 김찬국, "현대 이스라엘과 구약," 『성서와 역사의식』, 79.

22 Ibid., 89.

23 박신배, 『평화학』 (서울: 프라미스키퍼스, 2011), 79-80.

다. 킹 목사를 비롯한 인권, 민권 운동의 기수들은 결국 그리스도 평화의 이상인 사랑의 이상을 실천하려고 그들의 생을 바쳐 일한 것이다."[24] 김찬국이 말하는 이 평화신학은 한국의 평화적 통일을 목표로 하고, 개인의 자유와 언론의 자유와 노동자들의 자유가 존중되며, 국내 사회의 평화 문제, 정부와 국민의 자유 존중, 산업 노동사회의 평화 구조, 노동사회의 평화를 가져와야 한다는 것이다.

> 세계의 평화를 염원하고 이의 실천을 위해서 우리 기독교가 할 일은 진정한 자유인 민주주의 실현을 위해서 진실하게 발언하고 개인의 자유를 획득하는 일에 전 역량을 기울이는 일이다. 우리 기독교는 하나님께 복종하는 자유인으로서 만민의 행복과 화평을 위해 책임 있는 사랑의 실천자가 되어야 하겠다.[25]

김찬국의 평화사상은 구약의 출애굽 해방 전통을 이어받아 사랑과 정의를 실현하고자 하는 인간 존엄과 인간 사랑의 발로라고 할 수 있다. 이처럼 김찬국의 역사의식에서 시작된 정의와 해방, 평화 정신은 한국 문화신학자로서 먼저 발을 딛고 민주화운동과 민중신학 전개로 확대하였다. 더 나아가 제3세계 신학으로 확장되어 우리 문화의 사회적 민중판을 형성하는 뿌리가 되었다. 따라서 민중신학이 서남동과 안병무에게서 이론적으로 꽃을 피우고 민중신학을 이론으로 전개하였다고 하면, 민중의 사회 현실 속으로 들어가 민중신학을 현장에서 실천한 것은 바로 김찬국이었다.[26] 그는 바로 민중을

---

24 김찬국, "평화의 신학," 『성서와 역사의식』 (서울: 평민서당, 1986), 16

25 Ibid., 18.

깨어서 민주화의 중심에 서게 하였다. 그러면 이제 어떻게 하나님이 이끌어 가는 새 출애굽의 역사로 나갈 수 있을까? 이는 출애굽의 개혁적인 사상이 바로 종교개혁, 구약의 종교개혁인 히스기야, 요시야 종교개혁, 모세의 야웨 종교라는 본다.[27] 그러나 김찬국은 이것을 직접 언급하지 않았지만 3 · 1운동이나 우리 문화와 한글 교육, 신학교육 등을 거듭 강조하는 것이 이러한 민중 개혁에 대한 생각의 발로라고 볼 수 있다. 오늘날 새로운 민중신학에 대한 개념들을 모색하고 있지만 다시 그 원류로 돌아가 구약 민중신학자에 초점을 맞추는 길이 더 빠른 길이다.[28]

III. 제의와 역사의식, 제3세계 신학과 민중신학의 평화

김찬국은 유니온신학대학교 석사과정 유학 시절에도 명절이나 한국의 특별한 날에는 한복을 입고, 학생들 사이에서 아리랑을 불렀다고 말했다. 그는 이토록 한국 문화와 한국 역사에 대한 남다른 의식을 가졌다. 이러한 한국 문화적 시각에서 보는 이스라엘 역사와 문화는 어떤 교훈과 가르침을 주고 있는가? 이스라엘의 제의는 이스라엘 종교문화에 중요한 요소로서 여호와 하나님의 제의를 말한다. 그 제의가 어떻게 행했으며, 어떤 의식이었는지 그리고 가나안 종교 제의하고는 어떤 차이점을 갖는지를 아는 것은 중요하다. 이는 지면상

26 김성재, "민중신학의 발전 과정과 방법론," 「신학사상」 95집(1996, 겨울), 212-246.

27 박신배, 『구약의 개혁신학』(서울: 크리스천 헤럴드, 2006), 11-94.

28 권진관, "중진국 상황에서 민중신학하기: 민중론을 중심으로," 『다시, 민중신학이다』(서울: 동연, 2010), 259-294.

다루지 못한다. 김찬국은 이스라엘 민족의 역사 이해 중에서 고대 근동 세계의 문화와 이스라엘 역사, 문화의 관계를 언급하여 역사화하였다.

> 이스라엘 민족은 고대 중동세계와의 밀접한 문화적 종교적 교류와 영향 속에서 민족의 주체의식을 기르고 보호 육성하고 이어 나가는 데에 무한한 노력을 기울여 왔다. 가나안 풍토는 농사를 짓고 사는 농경 문화권이었는데, 유목경제 생활을 하던 이스라엘 민족이 가나안 농경 사회에 들어가서 정착하고 살 수밖에 없었기 때문에, 자연히 농경 생활 기술과 종교의식을 직·간접으로 채용할 수밖에 없었다.[29]

다시 말해 이스라엘 민족이 가나안 땅에 들어가서 농경문화권 속에 살면서 농경문화 속에 직·간접적으로 영향을 받았다. 이는 이스라엘 종교의 변화가 일어나게 되었고, 이와 동시에 예언자는 계속 우상 숭배를 지적하며 바알 종교의 배격을 주장한다. "이들의 농업 종교는 성적으로 타락을 가져오게 되어 이를 경계하였고, 우상 숭배와 세속화 신앙으로 야웨신앙이 약화되는 것을 경고하게 된다. 바알 종교는 풍요제의 신화로 나타나며 야웨 종교에 영향을 미쳐서 신년축제 때 재현되는 것을 볼 수 있다."[30] 고대 근동 사람들은 농사를 짓고 사는 농경 사회에서는 춘하추동 계절에 따라 자연 질서에 순응하여 농사를 짓고 살게 된다. 또 시간 의식도 해마다 되풀이되는데 계절의 변동에 따라 주기적인 것으로 생각한다. 고대인은 시간이 돌고 도는

---

29 김찬국, 『예언과 정치』(서울: 정우사, 1978), 16.

30 J. Gray, *The legacy of Canaan* (Leiden: E.J.Brill, 1965), 20-34.

것으로 생각하는 순환적 세계관 속에서 살았다. 이러한 세계관 속에 가나안 농업 종교는 이스라엘 역사 종교와는 다른 신앙관을 가졌다.

이스라엘 역사는 직선적 시간 속에 역사를 이끌어가는 구속의 하나님을 믿는 창조적 신앙과 여호와가 구원하시는 구속 신앙을 동시에 가진다. 그래서 이스라엘은 행동하는 하나님을 믿고 그 하나님을 믿는 신앙 가운데 역사적, 직선적 시간관을 가진다. 따라서 이 시간관은 고대 근동의 역사적 순환과는 다른 것으로서 오직 여호와 하나님을 믿는 유일신관을 가졌다. 이스라엘인은 고대 근동의 우상 숭배를 금지하며 역사 속에 임재하시는 유일신 하나님을 신앙한다. 따라서 가나안 종교의 다신론적 예배는 거부의 대상이 되었다.

역사관의 차이도 그 좋은 본보기라 할 수 있다. 이스라엘은 여호와 유일 신앙을 강조하며 오직 여호와를 믿는 유일신 신앙(Monotheism)을 가진다. 이는 모세의 종교가 야웨이즘(Yahwism)이라는 사실을 보여준다.[31] 출애굽으로 인도하신 하나님이 가나안 땅으로 인도하신 하나님이라는 고백을 하며 가나안 바알 종교와는 구별했다. 이스라엘 종교는 이처럼 고대 근동의 역사, 세계와 구별되어 이스라엘의 독특한 종교문화를 형성하였다. 비록 강대국의 거대한 우상의 제국 종교라고 할지라도 이스라엘은 아랑곳하지 않고 오히려 배타적으로 유일신 여호와 하나님의 주권과 절대적 능력을 믿으며, 주와 같은 하나님이 어디 있느냐는 신앙을 견지하면서 구약성서는 유일신으로 초지일관하고 있다(시편 29, 74, 82, 89, 148편).[32] 가나안 종교의 세속

---

31 W. F. Albright, *From the Stone Age to Christianity* (New York: Doubleday Anchor Books, 1957), 249-272.

32 G. E. Wright, *The Old Testament Against Its Environment* (London: SCM Press, 1953), 30-41.

문화에서 야웨신앙으로의 개혁은 아주 힘들고 어려운 과제이지만 소수의 남은 자와 예언자의 종교개혁 정신은 성서에 흐르는 자유와 해방을 이끄는 원동력이 되었다.[33]

안병무는 이스라엘 역사와 구약성서, 신약성서로 이어지는 역사의 밑바탕에 여호와 하나님이 있다는 것과 그 역사의 중심은 민중이라는 사실을 말한다. 히브리인(민중)의 지도자 모세가 이스라엘의 출애굽을 이끌고 시작된 구약의 역사는 갈릴리 민중의 지도자 예수로 이어지고, 그 신약의 역사는 요한계시록에서 로마제국과의 대결로 끝맺는 민중 역사를 성서의 역사 정신으로서 찾아내고 해석한다.[34] 이에 대해 민중신학을 삶의 현장에서 실천한 김찬국은 출애굽의 사건이 이스라엘 문화 속에 어떻게 신앙화하고 의식화하였는지 논의하며, 역사의 암흑기에 해방 사건으로 이끈 역사를 추출한다. 그것이 이스라엘 제의 역사부터 시작하는 하나님을 아는 문화, 신율문화였다는 역사의식에서 출발한다.

한편, 김찬국은 왜 이스라엘 역사의 과정 중에 유독 포로기 기간에 집중하며, 구약성서 중에 제2이사야(사 40-55장) 부분을 좋아하고, 그 예언자를 집중 연구하며 평생의 연구과제로 삼았는가? 이는 한국의 상황이 포로기와 같은 혼돈과 공허, 깊음(테홈)과 암흑 시기인 까닭이었다. 바빌론의 포로 상황에서 이스라엘이 겪는 종교문화와의 갈등은 심각하였고, 하나님이 이스라엘을 버렸다는 생각은 그들을 더욱 내면적으로 어렵게 했다.[35] 김찬국도 한국의 계속되는 혼란과

---

33 박신배, 『구약의 종교개혁을 넘어서』 (서울: 더북, 2014), 93-97.

34 안병무, 『역사와 해석』 (서울: 대한기독교서회, 1985), 65-67; 181; 296.

35 R. Rendtorff, *Men of the Old Testament* (Philadelphia: Fortress Press, 1968), 102-103.

어둠의 상황이 이와 같다고 생각하였고, 특히 정의가 사라진 사회 현실을 안타깝게 생각했다. 그래서 그는 "이사야 40-55장에 나타난 체데크(의)의 유래"를 석사 논문으로, 이를 이어 연구했던 "제2이사야의 창조전승"을 박사 논문으로 썼다.[36] 이러한 연구는 한민족에게 제2의 출애굽이 일어나야 한다는 역사의식에서 비롯된 것이다. 창조신앙과 해방 정신, 민중의 해방과 한국 민주화, 한국 문화의 변화, 즉 하나님을 아는 문화로의 해방이 바로 그가 원하는 새로운 창조였다. 그는 백성을 압제하고 억누르는 현실을 타파하고 자유를 주신 하나님의 손길을 기원하며, 한국의 계속되는 불행의 역사를 되짚었다. 또 그는 빛의 새로운 역사, 해방을 말했다.

일제 식민통치 시대, 분단 시대, 미 군정청 시대, 군사정권 시대를 거치는 암울한 우리 역사 속에 새로운 창조가 일어날 수 있을까? 그는 계속되는 질문을 통해 깊은 어두움의 역사와 세력이 지속되고 있음을 지적하고, 좀처럼 빛을 반기지 않는 듯한 한국의 역사를 직시하였다. 그리고 이 창조의 역사를 강조하며 해방운동을 전개하는 빛의 예언자로서 살았다. 그는 한국의 자유와 해방운동을 위해 출애굽 사건과 제2의 출애굽 사건으로서 제2이사야에 천착하여 연구하고, 그 연구 결과를 갖고 행동하는 양심인으로 서서 하나님의 의(체다카)를 선포하며, 예언자로서 신학적 삶을 살았다. 그리고 그는 한국인으로서 한국 문화를 강조하며 한국인을 위한 민주화운동을 전개했다. 또 그는 한국인의 글과 문화, 정신과 역사를 체화하는 한 멋진 삶을 살며 늘 웃음과 유머를 사람들에게 전하며, 미소를 잃지 않던 풍류객이

36 박신배, "구약 민중신학의 재발견: 김찬국 신학을 중심으로," 『구약신학의 새로운 모색: 한국적 구약신학하기』, 48-49.

었다.[37]

또 구약성경의 내용과 구조가 출애굽 해방 전통에 근거하고 있다는 사실을 통해, 김찬국은 해방신학과 제3세계 신학의 눈으로 성경을 바라보고 해석하는 폭넓은 입장을 견지하였다. 이는 바로 한국 문화의 중심에 민중, 민족, 통일과 해방이라는 축이 밑바탕에 있다는 것을 보여준다. 그래서 한국 문화신학자로서 그의 근저에는 예수 해방 전통을 잇는 갈릴리 전통이 있었다. 그는 오늘날 자유의 언어에서 정의와 평화란 말이 필수적으로 들어가야 한다고 말한다. 또 정의와 평화 그리고 기독교회의 세계적 유대 강화를 강조한다. "특히 제3세계의 민주주의 회복이 정의의 회복으로 실현되어 국민 간, 국제 간의 평화를 가져오도록 해야 한다는 목표 실현을 위해 노력하고 있다."[38] 한국 문화신학자인 김찬국은 한민족주의 입장에 서서 먼저 정의를 회복하는 작업을 하고, 더 나아가 이를 초월하여 세계 기독교회의 연합과 유대를 강조하며, 제국주의의 이데올로기가 아닌 가난하고 약한 자의 입장에서, 제3세계의 눈으로 성서를 해석하고 자유와 해방 정신을 찾아서 현실에 적용하고 있다.

> 해방신학은 우리의 역사의식과 자유의식을 깨우치는 데 큰 도움을 주고 있다. 70년대, 80년대의 격랑을 거쳐 온 한국에서도 이런 해방신학에 기초한 정치신학인 민중신학이 개발되어 오늘에 이르고 있다.[39]

---

37 박신배, "풍류신학과 성서," 『태극신학과 한국문화』 (서울: 동연, 2009), 152-179.
38 김찬국, 『인생수상: 사랑의 길, 사람의 길』, 251.
39 Ibid., 173.

이처럼 해방신학적 전개는 메츠의 정치신학에 근거를 두었지만 그 이전에 구약의 예언 전통에 근거하고 있다. 먼저 예언자의 세계는 늘 국제 긴장 속에 있기에 김찬국은 '고대 중동세계의 국제정치'의 관점에서 예언자를 다룬다. 특히 갓월드(N. K. Gottwald)의 『이 땅의 모든 나라들』(1964)에서 국제 관계와 긴밀히 관계된 종교적 세계들 사이에 이스라엘의 사명, 종말론, 세계 평화 등의 문제들을 다루었다고 지적한다. 특히 그는 예언자 이사야를 중점적으로 다루고 있다.[40] 더 나아가 예언자들의 세계가 바로 국제적 시각에서 자유와 해방, 민중 해방의 전통을 가지고 있다는 점을 포착하고 있다. "이스라엘 예언자들의 예언은 늘 정치적 음모와 반역의 긴장된 분위기 속에서 예언된 것인데 아시리아 제국과 신흥 바빌론 왕국과 이집트 왕국이 서로 고대 근동 지역의 맹주가 되려는 정치적 야망으로 인한 침략과 토벌 작전의 틈바구니에 끼어 기구한 운명을 누릴 수밖에 없었고, 예언자들도 국제정치 동향에 민감할 수밖에 없었다."[41] 그래서 그는 국제적 시각과 예언자 정신을 가지고 야웨의 해방운동으로 나아가 제국주의의 압제와 문화정책들을 고발하며 벗어나야 한다고 역설했다.[42] 유은종은 오늘날 세계화 상황에서 예언자적 사역은 어떻게 전개되어야 하는지 유일신 신앙과 정의, 다원화, 세방화, 창조성의 관점에서 새롭게 살피고 있다.[43]

김찬국의 신학은 제3세계의 눈으로 그리고 민중의 눈으로 성서

40 김찬국, "국제 긴장 속의 이스라엘," 『예언과 정치』 (서울: 정우사, 1978), 25.

41 Ibid.

42 Ibid., 29.

43 유은종, "구약성서에 나타난 세계화: '세계화' 상황에 대한 예언자적 사역," 「구약논단」 50집(2013), 31-75.

해석을 하고자 하는 의도를 가졌다.

> 제3세계에서 가난한 자들과 억압받는 자들은 경험적 성찰을 글로 표현하기 시작했다. 이렇게 해서 비록 비조직적이고 비전문적이지만 테오프락시스(Theo-Praxis), 즉 하나님을 믿는 정통 신앙의 실천을 해나가는 데 기여해야 한다며 나서게 된 것이다. (중략) 아시아적 전망에서 경험한 신학적 반성이 새롭게 일어났다. 과거 100년 동안 아시아 지역에서도 토착화신학 문제를 가지고 신학적 논쟁을 해왔다. 그러나 이 지역의 나라들이 억압으로 인한 강제와 독재 체제로 들어감으로 말미암아 가난한 자들과 억압받는 자들이 많이 일어나게 된 것이다.[44]

이런 시각에서 김찬국은 한국 문화신학의 관점을 갖고, 제3세계의 성서 해석 방법에서 발견하고 연구한다. 그동안 제3세계의 통치자의 왜곡된 성서관에서 해방의 문제점을 찾았다. 지배 이데올로기에 맞춘 국가 신학과 교회 신학, 왜곡된 성서관에 대하여 비판하고, 진리를 추구하는 예언자적 행동 신학을 지향하는 해방신학과 민중신학의 관계에서 성서 해석을 제시한다. "성서 본문은 그 배경으로써 역사적, 지리적, 사회적, 종교적, 문화적인 여러 가지 상황과 맥락(콘텍스트)에서 해석되어야 한다. 더욱이 이 본문이 나오게 된 그 맥락은 본문의 앞, 뒤를 다 보면서 그 뜻을 찾아내어야 하고, 또 성서 전체를 통해서 그 뜻을 캐어내고 전체의 맥락에서 성서를 해석해야 하는 것이 원칙이다."[45] 성서 해석의 근본정신과 그 기원이 인간 해방의 과

---

44 김찬국, "제3세계와 성서해석," 한국 기독교학회편, 『신앙과 신학』 제1집(제3세계와 신학), 13.

정(liberation process)을 가지고 있다. 다른 말로 하면 구약성서나 신약성서 전체를 통해서 하나님은 해방과 구원의 하나님으로 이스라엘 백성이 고백하고 있다. 또 하나님은 자유를 주시는 하나님으로 나타나며 고백되고 있다. 그래서 그는 우리나라의 해방도 3·1운동 기념 예배를 통해서 '상황의 재현화'(recontextualization)를 새롭게 하며, 우리 문화에 맞추어 일어나야 한다고 거듭 강조했다.

그는 제3세계 신학과 사회학적 성서 해석의 프리즘으로 구약성서를 해석하고(멘덴홀, 갓월드), 그 해석 방법을 이용하여 인간의 자유와 정의, 인권이 살아날 수 있게 해석하며, 사회정의로서의 자유의 회복을 위한 운동이 일어나서 압제와 억압이 없는 사회 해방운동으로 전개되어 민중이 해방되는 문화를 만들어야 한다고 주장했다.[46] 민중의 뿌리에서 제3세계의 민중으로 확대되어 가는 원동력에는 김찬국의 인간미와 평화 미소, 가난한 마음이 있다.[47] 그는 갈릴리 예수의 동심이 있고, 메시아 사랑의 천성이 있으며, 자유와 해방으로 나가는 정의 정신의 실체를 가지고 있었다. 그러기에 늘 웃고 해방으로 나가는 세계의 길목에서 사람들에게 평화를 주었다. 이는 역사의식에서 비롯된 평화사상의 지평을 가지고 제3세계의 평화까지 아우르고 있다. 그는 평화 인간, 평화 세계의 성자라고 칭해야 할 것이다. 그는 또한 구약 민중신학자로서 십자가에 달린 민중으로서 예수를 바라보고, 최후의 식탁에서도 민중으로서 제자를 보며, 눌린 자, 낮은 자, 가난한 자들과 함께 하는 공동체를 이상적으로 그리며 바라보

---

45 Ibid., 17.

46 Ibid., 24-27.

47 리영희, "마음이 가난한 자여, 그대 이름은 김찬국," 『나의 삶, 나의 이야기1』 (서울: 연이, 1993), 309-317.

왔다.[48] 이는 그가 바로 민중에게서 평화의 신학이 기원함을 봤다.

이러한 해방 전통이 김찬국의 신학에서는 평화신학과 선교로 발현되어 나타난다. “이 분(몰트만)이 쓴『희망의 실험』이란 책에 이런 지적이 있다. 세계의 평화를 유린하고 인간을 죽음으로 인도하는 네 가지 악이 있는데, 첫째는 가난과 착취, 둘째는 폭력과 억압, 셋째는 인종과 문화의 차별, 넷째는 공업 발전으로 인한 자연 파괴와 오염이라는 것이다. 그는 이 네 가지 악을 예방하고 그 악에 맞서 싸우기 위해 기독교회가 하느님의 선교 활동을 해야 한다고 했다. 이런 네 가지 악의 세력은 선진, 후진 가릴 것 없이 어느 나라에나 다 있다. 우리 한국 역시 독재 권력이 휘두른 폭력과 억압으로 인권이 유린당한 쓰라린 수난의 역사를 체험했다. 제3세계에서는 가난과 착취, 폭력과 억압, 인종차별 등이 아직도 계속되고 있다.”[49] 아시아의 민중들과 연대하여 토착화신학과 동양의 영성으로 복음을 적용하고 내면화하여 자유와 해방으로 나타나게 할 수 있는가. 아시아적 종교문화의 우상과 비그리스도 문화를 타파하고 가난한 사람에게 복음을 주어 자유와 해방으로 이끄는 예수 공동체를 형성하는 작업을 하며 문화 선교, 해방 선교로 나타나야 한다고 봤다.[50]

이러한 차원에서 김찬국은 제3세계 신학을 인지하고 더 나아가 한국 땅에도 이 제3세계 신학 원리를 적용하려고 하였다. 김찬국은 한국의 민주화 시대에 수난의 민중 역사의 한복판에서 메시아 수난의 종이 되어 고난을 당하며, 평화의 십자가를 졌다. 또 한반도의 평

---

48 C. S. Song/조재국 역,『예수, 십자가에 달린 민중』(서울: 민중사, 1994), 312-343.

49 김찬국,『인생수상: 사랑의 길, 사람의 길』, 226.

50 알로이스 피어리스/성염 역,『아시아의 해방신학』(경북: 분도출판사, 1990), 69-98.

화의 종이 되어 친히 고난을 받으셨다. 그로 인해 오늘 한국 민주화 발전의 희생양이 되며 또한 평화의 사도로 부름 받게 되기도 하였다. 이 고난의 사제는 평화의 영성을 유지할 수 있어서 폭압적인 독재 정권에 투옥되어도 웃음을 잃지 않았고, 극한 상황에서도 온유함을 잃지 않고 누구도 원망하지 않는 성자였다.[51] 이는 평화의 사도로서 이 시대의 참스승, 영원한 스승이 되었고, 그가 아니었다면 평화의 상징을 이해하는 것이 힘든 일이 되었을 것이다. 평화신학자의 끊임 없이 웃는, 내면의 그리스도의 사랑과 평화가 있기에 한국 평화의 아이콘 이해가 가능한 것이다. 김찬국은 이스라엘의 출애굽 사건의 주체가 히브리인, 민중이었다는 사실을 통해, 나그네와 종과 같은 이스라엘이 출애굽 운동으로 하나님이 히브리 민족을 해방했던 맥락에서 아시아 민중들에게도 구원과 해방이 일어나기를 바라고 있다. 또 구약의 신명기 법이 고아와 과부를 존중하는 인권법이었음을 강조한다. 그는 이 인권법을 평화운동의 근간으로 보고 실현하려고 노력하였다. 지금까지 이스라엘 제의와 역사의식에서 제3세계의 해방에까지 확대하는 신학적 전망을 가진 것을 살펴보았다.

IV. 김찬국의 한국 문화신학 작업과 평화

김찬국은 예언자 신앙과 예언서의 사회 문화적 메시지를 좋아한다. 그래서 그의 민주화운동과 구약 민중신학 운동은 예언자 의식에

51 김성수, "참스승, 영원한 스승, 김찬국," 『나의 삶, 나의 이야기』(서울: 연이, 1993), 110.

서부터 시작한다.[52] 그에게 예언서 이사야의 임마누엘 말씀과 하박국의 "달려가면서도 읽을 수 있게 하라"는 말씀은 중요 메시지였다. 오늘날 다문화 사회 속에서 한국 문화를 강조하면서 신앙의 일체감을 갖는다는 것이 무엇인가? 한국인의 정신, 한국인의 문화, 한글의 얼을 강조하는 한국 문화의식이 중요한 요소이다.[53] 따라서 김찬국의 한국 문화에 대한 그 정신적 중심에는 한글 교육과 철학이 있다. "그때 나는 우리 민족의 은인이자 국학의 선구자이며 겨레의 스승들인 정인보, 최현배, 이윤재, 김윤경, 장지영, 백낙준 님들에 관해서 알게 되었다."[54] 한글 정신을 배우고 우리 한글의 철자법을 강조하게 된 배경을 한결 김윤경 선생의 가르침을 배운 데서 비롯됨을 밝히고 있다. '한글을 제대로 쓸 줄 모르거나 우리 표준말을 할 줄 모르는 사람은 민족 반역자이다.' 또한 '주시경 님의 조선어 문법과 최현배 님의 한글갈을 비교, 차이를 논하라'는 숙제는 인상 깊었다고 말했다.

"영어 철자는 한 자만 틀려도 수치를 느끼면서, 한글 철자를 틀리게 쓰는 것에는 무감각한 잘못을 고쳐주자는 나의 교육적 관심은 지극히 온당한 것이다."[55] 한글 강조의 배경에는 민족정신과 민족얼이 담겨 있고, 한국 문화를 사랑하는 기본이 배어 있는 것이다. 이런 한글 교육에 대한 그의 강조는 대단하였다. 그는 논자에게 1985-86년 석사과정 때 논문을 기말 과제로 주고 방학 동안 전화로 직접 호출하여 틀린 문법과 철자를 새빨갛게 고쳐주셨다. 두 번을 그렇게 교정하

52 김찬국, 『고통의 멍에 벗고』 (서울: 정음문화사, 1986), 270-272.

53 손원영, "비판적 다문화 담론과 한국적 다문화주의에 관한 연구: 풍류도 모델을 중심으로," 「신학사상」 184집(2019, 봄), 373-379.

54 김찬국, 『인생수상: 사랑의 길, 사람의 길』, 124.

55 Ibid.

여 한글 글쓰기 교육을 확실히 했던 것은 오래 기억에 남는 특별한 한글 사랑, 우리글에 대한 강조이자 한국 문화에 대한 사랑이었다.

김찬국은 용재 백낙준과 이수정을 좋아하고 따랐다. 용재 백낙준이 연세대학의 교육 정신과 한국 교육부 심의회에서 교육 이념을 홍익인간으로 정한 것은 그가 한국 문화와 교육에 깊이 천착해 있으며, 자유민주주의 정신과 연합정신을 추구한다는 것을 보여줬다. "이런 의미에서 용재는 '한국이 낳은 세계적인 인물이요, 교육계와 기독교계의 지도자인 동시에 민족주의자'이다."[56] 연세대 신과대학의 뿌리는 용재 백낙준 박사의 신학교육 의지와 교회연합정신(에큐메니컬)이었음을 그는 강조했다.[57] 이는 김찬국이 무엇을 추구하며, 그가 어떤 정신으로 살아간 분인지를 잘 보여준다. 그는 한국 문화와 겨레를 사랑하는 마음이 가득했다. "신앙과 인격의 깊이로 치자면 외솔 최현배 선생과 한결 김윤경 선생도 마찬가지였다. 나라 사랑이든 문화 운동이든 어떤 일을 하든지 그분들에겐 신앙의 힘이 밑거름이 되어 있음을 알 수 있다."[58] 이처럼 그분들의 기본 정신은 기독교 신앙이 밑바탕에 깔려 있음을 말하고 있다.

그는 최현배 선생을 예언자적 상상가라고 칭하는데, 이는 그의 한글 사랑이 얼마나 중요한지 강조하는 장면이다. '조선 민족 갱생의 도'에서 최현배는 생기 진작, 갱생 확신, 이상 수립, 부단 노력 등이 예언자적인 목표라고 보았고, 민족의 자유, 독립, 온 겨레의 평화를 위해 기도하는 삶을 살았다. 그는 우리말을 연구하고, 『우리 말본』과

56 김찬국, 『인생수상: 사랑의 길, 사람의 길』, 139.

57 김찬국, "신과대학과 백낙준 박사," 『성서와 현실』 (서울: 대한기독교서회, 1992), 11-16.

58 김찬국, 『인생수상: 사랑의 길, 사람의 길』, 107.

『한글갈』을 저작하여 출판하였다.[59] 이 과정에서 최현배는 일경의 악독한 고문을 당하였다. 그렇지만 그는 굴하지 않고 고난의 역사 속에서도 예언자적인 상상력을 가지고 한글을 위해 최선을 다했다. 이처럼 선각자 최현배 선생은 예언자적 상상력을 가지고 고난과 핍박 속에서도 굴하지 않는 한글 사랑으로 일제 시대의 혹독한 박해에서도 평화운동으로서의 한글 사랑과 연구를 감당하였다. 그리고 김찬국도 외솔 최현배 선생처럼 예언자의 길을 갔다. 그는 또한 한국 문화와 기독교의 만남의 접점이 바로 한글 계몽이라고 보고 한글문화 발전을 통해 문맹 퇴치와 신교육의 개발과 개척의 선구적 사명을 다했다.[60]

한편, 김찬국은 어려운 상황 속에서도 자유 정신과 해방 정신이 계속 되어야 한다고 보았다. 본회퍼의 기독교 윤리 중에 '이 사람을 보라'(에케 호모)는 말에는 세 가지 뜻이 있다고 한다. 첫째, 예수는 스스로 우상화하려 하지 않았다는 것이다. 둘째, 예수는 성공을 우상화하지 않았다고 한다. 셋째, 예수는 죽음이라는 우상을 무용하게 만들어버렸다고 한다. "본회퍼의 이런 해석에서 느끼는 바가 많다. 인간으로 오신 예수, 십자가를 지신 예수, 부활하신 예수를 보라는 '에케 호모'의 말뜻을 이해한다면 우리는 스스로 어떤 반성과 갱신을 해야 한다는 명령 앞에 서게 된다."[61] 더욱이 '보라, 이 사람'의 기준으로 한국교회의 성장을 보면 목회의 성공 기준을 교인 수나 선교 활동, 해외선교 확장 혹은 개척교회 지원 등으로 잴 수도 있지만 목회

---

59 Ibid., 114-115.

60 김찬국, "한국 사회와 기독교의 문화적 관심," 『인간을 찾아서』 (서울: 한길사, 1982), 222.

61 김찬국, 『인생수상: 사랑의 길, 사람의 길』, 89.

의 성공 기준은 역시 본회퍼의 기독교윤리에서 제시된 기준에 따라 평가를 받아야 한다고 주장했다.[62] 남강 이승훈, 한글학자 최현배, 본회퍼 박사를 존경한 김찬국은 문화신학의 핵심과 중심이 약자 보호, 히브리 민족의 해방과 같은 한민족의 해방 사건에 있다고 역설하였다.[63]

김찬국은 정치신학을 수용하여 한국 문화에 도움이 된다면 실천적으로 수용하고자 하는 입장을 지녔다. "여기서 정치적이라는 것은 정당과 같은 좁은 의미에서가 아니라 전체 사회와 그 정치체제, 경제와 문화를 아우르는 넓은 본래의 의미로 쓰인 것이다. 말하자면 정치신학이란 복음서의 사회비판적인 관점에서 사회구조, 문화운동 그리고 경제철학 등을 성찰하는 분야이다. 이러한 특성이 좁은 의미에서의 정치적 성향이라는 뜻을 지닌 것으로 보일 수도 있지만 정치신학의 전반적인 전망은 더욱 폭넓고 심오한 것이다."[64] 메츠의 정치신학은 해방신학에 영향을 미쳤고, 이러한 자유와 해방 정신은 김찬국에게도 영향을 미쳤다고 본다.

그래서 한국 문제의 오랜 숙제를 풀려는 정치신학적 방법은 한국문화적 신학에서 해석적 방법론으로 시도되었고, 통일 운동으로 펼쳐지는 끈을 잡으려 했다. 정치신학으로서 민중신학은 새로운 해방신학의 초점이 되어 한국 신학자들이 한국의 민중 현실의 소리를 듣고 새롭게 전개하였다.[65] 이 해방신학과 정치신학적 운동으로서 민

62 Ibid.

63 박신배, "김찬국의 민중신학과 구약," 「문화와 신학」, 8집 (한국문화신학회, 2011), 17-18.

64 닐 오메로드, 정재현 역, "요한 뱁티스트메츠: 정치신학," 『오늘의 신학과 신학자들』 (서울: 한들출판사, 2007), 145-146.

중신학은 한국 민주화운동에 참여함으로 나타난다. 한국의 군사정권 시대에 민주화운동의 참여로 예언자 사명을 감당하며 민중신학의 선구적 지도자로 서서 시대의 예언자가 되었던 서남동, 안병무, 문익환 등의 반열에서 김찬국은 그들과 더불어 3대 민중신학자로서 구약 민중신학자가 되었다.[66] 그는 사회 저변에서 친히 고난받는 민중이 되어서 자유와 해방의 깃발을 높이 들었다.

> 1971년 위수령이 발동되어 학교에 군인이 주둔하자 나는 상아탑의 짓밟힘에 대해 항의하였고 휴업령이 해제되고 첫 강당 채플 설교시간에 '임마누엘 세대'라는 제목으로 대학의 군 주둔에 대한 잘못을 비판하였다. 1972년 10월 유신 헌법이 발동되어 어수선한 분위기 속에 나는 1973년 신과대학장이 되었으며, 1973년 4·19 13주년 및 부활절 설교를 채플 시간에 하게 되어 유신 헌법의 잘못된 점을 지적하였던 것이다.[67]

김찬국은 정의의 삶으로서, 국가와 민족의 자유를 향한 행진은 본회퍼와 마틴 루터 킹과 같은 여정을 가며 신학자와 목사로서 민족의 제사장으로 시작하면서 민주유공자장학재단을 설립하고 민중들의 마음을 헤아리는 작업을 일흔 세에도 계속하고 있었다. 교도소 성서보급회, NCC 인권운동, 동일방직 사건, 평화시장 대책위원회, 해

65 서광선, "정치 신학으로서의 한국 민중신학," 『한국기독교 정치신학의 전개』 (서울: 이화여자대학교 출판부, 1996), 77-103.

66 박신배, "구약 민중신학의 재발견: 김찬국 신학을 중심으로," 『구약신학의 새로운 모색: 한국적 구약신학하기』, (서울: 동연, 2016), 43-56.

67 김찬국, "사랑의 빛과 새로운 역사를 위하여," 『나의 삶, 나의 이야기』, (서울: 연이, 1993), 214

직교수협의회, 양심수 월동대책 위원회, 도시산업선교회, 한국기독자교수협의회 등의 일을 하며 양심수와 전교조 해직교사 서울후원회, MBC 노조대책, KBS 이사, 노동자 인권회관, 미군범죄대책위원회 등 사회정의와 민중인권 운동을 하면서 예수의 희년 운동을 실천하는 모습을 보였다.[68] 이는 그의 평화 마음과 인격, 즉 예수 인격에서 비롯된 평화의 사도이며, 평화신학 정신에서 비롯되었다.

한국 문화 속에서 통일 문화 운동을 전개하는 것은 앞으로 남과 북이 정치적으로 통일되어도 계속 지속해야 할 과제이다. "우리 한국에는 언제 이런 변화가 올 것인가? 남북분단의 아픔과 갈등은 통일을 위한 대화로써 치유되고 해소될 수 있다. 대화를 계속하는 것이 급선무이다. 동서독간의 장벽이 뚫린 배경에는 수십 년에 이른 양국간의 민간 외교와 이산가족의 만남, 동독에 대한 서독의 경제 원조가 있었다."[69] 김찬국은 계속 민간 교류 및 민간 차원의 교류를 더 적극적으로 이뤄지게 하기를 소원하고 있다. 이 사업의 근저에는 평화사상, 희년 사상이 있다. "해방 50년, 분단 50년이 되는 해를 희년(Jubilee)으로 선포하고 그 꿈의 실현을 위해 국내외 간의 대화와 협조를 얻어 화해의 정신으로 만나보자는 미래 설계인 것이다."[70] 더욱이 김찬국은 한국 사회의 예언적 화두를 던지며 미래의 한국 문화의 지평을 이야기하고 있다. "90년에 들어서서는 이런 부끄러움을 청산하고 밝은 미래를 기대하는 열린 사회가 되도록 힘써야겠다. 정의가 깃든 평화와 통일을 민족의 목적으로 삼되, 파괴되어 가는 환경과 자연을 살

---

68 Ibid., 214-215.

69 김찬국, 『인생수상: 사랑의 길, 사람의 길』, 182.

70 Ibid., 251.

리는 역사의 발전이 이어지기를 바라는 바이다."[71]

오늘의 김찬국이 다시 살아있다면 그는 한반도의 평화 통일을 주장하고 희년 선포를 통하여 70년의 포로지에서 회복을 언급하며 통일운동에 앞장섰을 것이다. 한국전쟁(1950. 6. 25.)이 끝난 지 69년이 되고 있다. 이 한반도의 안식년, 새 희년이 펼쳐지는 때에 하나님의 신원의 날과 하나님의 은혜의 해가 도래해야 하리라.[72] 이처럼 그는 열린 민주 사회와 평화통일, 생태 환경까지 언급하고 있다. 그러므로 문화신학자 김찬국의 평화정신은 두 가지로 발현되고 있다. 먼저 제2이사야 연구를 통해서 한국의 혼돈과 공허기에 민주화의 창조로서 제2의 출애굽을 통한 평화를 말했고, 일제 시대에 최현배, 김윤경 선생을 통한 한글 연구, 우리말 사전을 만듦으로 한국 문화를 지키려는 작업을 이어 받았다. 그것이 바로 평화운동의 시작과 전개였음을 알게 된다.

한국 문화 속에서 출애굽 사건과 같은 축제를 어떻게 재현하고 실현할 수 있을까? 김찬국은 3 · 1운동을 기념하며 이 운동을 한국판 출애굽 운동으로 해석하여 축제로 기념해야 한다고 주장한다. "한국에 기독교가 들어온 지 100주년을 맞이한 오늘, 한국 민족 전체의 일체감을 갖는 3 · 1절을 단순히 공휴일로 넘길 것이 아니라 교회가 교회 명절로 만들어 기념할 때, 그만큼 기독교는 한국 역사에 자유와 인권과 민주라는 관점에서 일체감을 심어주고 역사의 방향을 이끌어 나가는데 선도적 구실을 하게 되는 것이다."[73] 이 3 · 1운동의 강

---

71 김찬국, 『인생수상: 사랑의 길, 사람의 길』, 188

72 박신배, "구약에 나타난 안식일과 정의와 평화 연구," 『케이씨 대학교 교수논문집』, 18집 (2018년), 케이씨대학교 출판부, 70.

73 김찬국, "3 · 1절과 출애굽 운동," 『성서와 현실』 (서울: 대한기독교서회, 1992), 90.

조는 김찬국 교수가 매년 신년 신정 모임에 제자들을 초대하여 예수 제자화를 위한 대화를 나눈 것 같이, 매년 교회에서 실행되어야 하며, 오늘도 출애굽의 유월절 행사를 통해 하나님 나라, 민중신학의 삶과 현실화로 이동케 하는 역사를 가지게 한다.[74] 또한 오늘 3·1운동의 독립선언서는 시민의 주권을 공포하고 민주 공화제 및 여성해방과 한민족의 주권회복 운동 등 광범위한 의미로 연구되며, 그 연구의 의미가 계속 확대되고 있어서 고무적이다.[75] 이러한 상황에서 이제 새로운 한국 문화의 현실에서 어떻게 한국 문화신학을 전개해야 하는가 하는 새로운 과제가 다시 요구되고 있다.[76]

V. 나가는 말

우리는 지금까지 한국 문화신학자로서 김찬국의 면모와 그의 평화사상과 평화운동을 살펴보았다. 김찬국은 구약 출애굽의 역사적 사건을 신학화하여 이스라엘의 해방과 평화를 가져왔다고 보고, 우리 민족도 그와 같이 3·1운동을 해방의 축제로 만들어야 한다고 보았다. 그는 이스라엘 역사와 한국 역사를 같은 지평에서 놓고 제2이

---

74 김용복, "스승님을 삼가 마음속에 모시며," 『나의 삶, 나의 이야기』 (서울: 연이, 1993), 157-163.

75 하희정, "국내외 독립선언문 다시 읽기: 3·1 운동과 시민 주권," 「신학사상」 184집 (2019년 봄), 245-283.

76 강성열, "구약성서와 21세기 한국 문화," 「구약논단」 제36집 (2010년 6월), 154-178. 강성열은 신자유주의 경제에 맞서는 나눔과 섬김의 문화, 고령화 시대에 대응하는 노년층 배려의 문화, 생태계 위기와 생명과 생태 문화, 다문화 현실을 수용하는 사회 통합의 문화 등을 주장한다.

사야의 창조전승을 바탕으로 연구하고 확대한다. 그는 정의의 역사의식에서부터 사회정의와 민중 해방, 복음의 실현을 가져오는 평화정신으로 승화하여 사회 저변에까지 확대하고 전개했다. 한국 문화신학자로서 그는 민주화운동의 맨 앞자리에서 독재 정권에 맞서 아모스의 정의 예언자 역할을 하고 민중신학을 실천하며, 제3세계 신학 이론을 받아들이고 새롭게 확장하여 우리 문화와 사회의 민중판을 형성하는 근간을 마련하였다.

더 나아가 이스라엘의 제의 속에 나타난 문화에서 이스라엘 역사의 중요한 역사가 무엇인지 살폈다. 또 항상 행동하는 신앙인으로서 역사의 중심에서 하나님의 손길이 가는 곳에서 정의의 예언자로 서 있었다. 그는 국제 정세에 달통한 예언자처럼 국제적 감각을 가지고 글로벌 마인드로 보며, 제3세계 눈으로 아시아 민중에게도 희망을 주었다. 또 한국 문화신학자로서 평화운동을 전개하며 한국 문화적 관점에서 한글 운동과 사랑으로 몸소 제자 교육을 하였다. 김찬국은 용재 백낙준의 홍익인간 이념에서 비롯하여 에큐메니칼신학 운동과 본회퍼의 저항운동, 민중신학 운동, 통일 운동, 새로운 3·1운동의 전개 등 다양한 운동을 전개하며 한국 문화 속에서 적용하였다. 시대에 고뇌하는 신앙인으로서 그는 현장에 서서 정의를 외치는 예언자 사명을 감당하였다. 이것은 그가 예수의 진리를 담고 하나님 편에 서 있었으며, 웃음과 여유와 유머를 담지한 평화의 사도로서 예언자의 자리에 있었기에 가능한 일이었다.

그는 노벨평화상을 수상한 고(故) 김대중 전 대통령과 같은 때에 사망하였다. 그 후 10주년을 맞이하는 즈음, 평화운동가의 두 사람의 생애 평가는 어떠한가. 주의 종으로서 예언자의 길을 갔던 시대의 스승은 오늘날 제자들이 그의 연구와 업적, 그 운동의 자취를 기리고 있으며 또한 그러한 작업을 통해 영원한 스승, 큰 스승으로 기리고 있는 것을 볼 때 진정한 평화의 종이 누구인지 잘 보여주고 있다 하겠다.

참고문헌

권진관. “중진국 상황에서 민중신학하기: 민중론을 중심으로.” 『다시, 민중신학이다』. 서울: 동연, 2010.

김경호 외 3인. 『함께 읽는 구약성서』. 서울: 한국신학연구소, 1991.

김성수. “참스승, 영원한 스승, 김찬국.” 『나의 삶, 나의 이야기』. 서울: 연이, 1993.

김성재. “민중신학의 발전 과정과 방법론.” 「신학사상」 95집(1996, 겨울): 212-246.

김용복. “스승님을 삼가 마음속에 모시며,” 『나의 삶, 나의 이야기』, 서울: 연이, 1993.

김찬국. 『예언과 정치』. 서울: 정우사, 1978.

______. “국제 긴장 속의 이스라엘.” 『예언과 정치』. 서울: 정우사, 1978.

______. “한국 사회와 기독교의 문화적 관심.” 『인간을 찾아서』, 서울: 한길사, 1982.

______. “제3세계와 성서해석.” 「신앙과 신학」 제1집(제3세계와 신학, 한국기독교학 회편, 13): 13-27.

______. 『성서와 역사의식』. 서울: 평민서당, 1986.

______. “평화의 신학.” 『성서와 역사의식』. 서울: 평민서당, 1986.

______. “현대 이스라엘과 구약.” 『성서와 역사의식』. 서울: 평민서당, 1986.

______. 『고통의 멍에 벗고』. 서울: 정음문화사, 1986.

______. “예언자적 상상가 최현배, 한결 김윤경.” 『인생수상: 사랑의 길, 사람의 길』. 서울: 제3기획, 1992.

______. “신과대학과 백낙준 박사.” 『성서와 현실』. 서울: 대한기독교서회, 1992.

______. “3·1절과 출애굽 운동.” 『성서와 현실』. 서울: 대한기독교서회, 1992.

______. “사랑의 빛과 새로운 역사를 위하여.” 『나의 삶, 나의 이야기』. 서울: 연이, 1993.

닐 오메로드/정재현 역. “요한 벱티스트 메츠: 정치신학.” 『오늘의 신학과 신학자들』. 서울: 한들출판사, 2007.

리영희. “마음이 가난한 자여, 그대 이름은 김찬국.” 『나의 삶, 나의 이야기 1』. 서울: 연이, 1993.

박신배. 『구약의 개혁신학』. 서울: 크리스천 헤럴드, 2006.

______. “김찬국의 민중신학과 구약.” 「문화와 신학」 8집 (한국문화신학회, 2011): 17-18.

______. 『태극신학과 한국문화』. 서울: 동연, 2009.

______. 『평화학』. 서울: 프라미스키퍼스, 2011.
______. 『구약의 종교개혁을 넘어서』. 서울: 더북, 2014.
______. "구약신학의 동향과 오늘의 구약신학 방법론." 『구약신학의 새로운 모색: 한국적 구약신학하기』. 서울: 동연, 2016.
_____. "구약 민중신학의 재발견: 김찬국 신학을 중심으로." 『구약신학의 새로운 모색: 한국적 구약신학하기』. 서울: 동연, 2016.
_____. "구약에 나타난 안식일과 정의와 평화 연구." 『케이씨 대학교 교수논문집』 18집. 케이씨대학교 출판부, 2018.
박호용. 『폰 라드: 실존적 신앙고백과 구원사의 신학』. 서울: 살림, 2004.
방석종. "구약신학적인 관점에서 본 신화와 역사의 비교 고찰." 『신화와 역사』. 서울: 감리교신학대학교 출판부, 2006.
서광선. "한국 기독교의 평화 통일 운동." 『한국 기독교 정치신학의 전개』. 서울: 이화여자대학교 출판부, 1996.
손원영. "비판적 다문화 담론과 한국적 다문화주의에 관한 연구: 풍류도 모델을 중심으로." 「신학사상」 184집(2019, 봄): 373-379.
알로이스 피어리스/성염 역. 『아시아의 해방신학』. 경북: 분도출판사, 1990.
유은종. "구약성서에 나타난 세계화: '세계화' 상황에 대한 예언자적 사역," 「구약논단」 50집(2013): 31-75.
이한영. "토착화 신학의 흐름과 재고: 윤성범, 변선환, 이정배를 중심으로." 「신학사상」 147집(2009, 겨울): 105-137.
천병석, "동서의 현실과 신학적 현실 개념: 동양신학을 위한 예비 검토." 「신학사상」 168집(2015, 봄), 142-176.
하희정. "국내외 독립선언문 다시 읽기: 3·1운동과 시민 주권." 「신학사상」 184집 (2019 봄): 245-283.
Anderson, B. W.. *Understanding the Old Testament.* New Jersey: Prentice-Hall, 1986.
Albright, W. F.. *From the Stone Age to Christianity.* New York: Doubleday Anchor Books, 1957.
Gray, J.. *The legacy of Canaan.* Leiden: E. J. Brill, 1965.
Rendtorff, R.. *Men of the Old Testament.* Philadelphia: Fortress Press, 1968.
Wright, G. E.. *The Old Testament Against Its Environment.* London: SCM Press, 1953.

김찬국의 평화사상

이명권*

I. 서론

김찬국 교수는 구약성서 신학자이지만 격변의 한국 현대사에서 그 누구보다 신앙의 양심으로 민주와 평화를 외친 보기 드문 예언자적 사상가였다. 그는 특히 구약성서의 예언자 사상을 통해 분단된 한반도의 민족적 고난과 독재 정권에 의해 수탈되는 민중의 아픔이라는 이중적 고난을 직시하고, 성서가 말하는 선교의 관점을 통해 '인간성 회복과 해방'[1]이라는 큰 틀에서 그의 평화사상을 전개하고 있다. 예컨대, 성서적 구원은 개인 구원뿐만 아니라, 사회적 구원[2]을

* 서울신학대학교, 비교종교학/동양철학

1 김찬국, "사탄으로부터의 인간성 회복," 『희생자와 상속자』 (서울: 전망사, 1987), 68-73; 「신앙계」 (1981/6), 8.

2 김찬국이 강조하는 사회적 구원은 그가 중시하는 사회학적 성서 해석과 깊은 관련이 있다. 사회학적 성서 해석은 1920년대와 그 이후에 등장한 칼 바르트로 대변되는

포함하는 것으로 '사탄'으로 비유되는 일체의 사회적 구조악과 싸움으로서 얻어지는 인간성 회복을 통한 사슬에서의 해방이며, 평화는 그 결과로 주어진다는 것이다. 따라서 김찬국의 평화사상[3]은 성서를 토대로 한 인간성 회복을 통한 사회적 정의의 실현과 결부된다. 이러

신정통주의 신학에서 한 걸음 더 나아가서, 1960년대에 독재 정권에 항거하는 정치신학의 등장을 필두로 사회적 정의와 자유의 회복을 강조하는 신학적 태도다. 이러한 정치신학의 방향이 "희망의 신학, 혁명의 신학, 발전신학, 해방신학, 흑인신학, 여성신학 또는 민중신학 등으로 나타나게 되었다"고 김찬국은 말한다. 이렇게 제3세계에서 시작된 정치신학과 해방신학은 남아프리카공화국에서 볼 수 있는 백인 중심의 어용적 '국가신학'이나 '교회신학'과 달리, 억압받는 사람의 입장에서 새로운 신학적 전망을 갖게 된다고 하면서, 그러한 성서 해석 방법론이 한국의 억압된 정치 구조 속에서 큰 역할을 할 수 있다고 본 것이다. 김찬국, "제3세계와 성서 해석," 「기독교신학논총」 1 (1987), 10-29.

3 '평화'에 대한 개념적 정의는 다양하다. 요한 갈퉁(Johan Galtung)이 전쟁이 없는 상태의 '소극적 평화'와 더 적극적으로 평화를 만들어 가는 '적극적인 평화'가 있다고 한 이후, 다시 '구조적 평화' 개념을 언급했다. 이는 사회적 정의의 개념을 내포한 것이다. 김승국, 『평화연구의 지평』(파주: 한국학술정보, 2009), 13.
이 밖에도 평화 연구와 평화학에 대한 심층적 연구로는 피터 롤러(Peter Lawler)의 저술(*A Question of Values: Galtung's Peace Research*, London: Lynne Rienner Publishers, 1995, 15-67)에서 갈등의 평화 연구에 대한 사회학적 기원과 학문으로서의 평화 연구, 구조적 폭력 등의 문제를 다루고 있다. 한편 이찬수는 그의 책 『평화와 평화들: 평화다원주의와 평화인문학』(서울: 모시는사람들, 2016)에서 평화의 개념에도 다양한 층이 있으므로 다원적 관점에서 해석해야 한다고 말한다. 여기서 필자는 김찬국의 평화사상을 성서의 사회학적 해석에 입각한 '해방/자유로서의 평화'로 규정하고자 한다. 이러한 사고는 전철(한신대 교수)이 "종교는 이타성과 평화의 최종 심급을 다루는 심층적 담론의 공간"이라고 하면서, "이타성에 기반을 두지 않는 평화가 존속한다면, 진정한 평화일까?" (전철, "이타주의에 대한 신학적 연구," 「신학사상」 184 (2019), 119-142)라고 묻는 의미 있는 물음에 오늘날 근본주의적 개신교들이 보여주는 '이기적'인 모습은 억압된 역사에 항거한 김찬국의 '이타적' 사회-평화사상과 대조를 이룬다. '기독교 근본주의'는 "성경이 정치, 정부, 경제, 가족 등 모든 인간사에 통용될 수 있는 지침서"라고 보고, "성경의 무오류성"을 주장하며, 미국에서는 1970년대에 공화당 보수파의 기독교 신우익에 가담하게 된다. 앤서니 기든스/김미숙 외 옮김, 『현대사회학』(서울: 을유문화사, 2011), 610. 한국에서도 근본주의의 영향력이 크다.

한 그의 사상은 '약자를 해방시키시는 하느님'[4]이라는 그의 설교에서 분명해진다.

이처럼 김찬국의 평화사상은 성서에 나타난 평화사상, 곧 '억압받는 자를 해방'시킴으로써 얻게 되는 인간성 회복의 구원론적 평화사상(출애굽기 3:7-9)이 중심을 이룬다. 김찬국은 "성서의 기원은 인간해방의 과정(liberation process)을 가지고 있다"고 말함으로써, '출애굽 운동'은 지금도 우리에게 일어나는 모든 억압의 굴레에서 벗어나는 사회 역사적 실천과 맞물린 하나님의 해방 사건이며, 그 해방을 통한 자유의 경험을 '인간 해방적 선교'의 차원에서 복음을 전하고 평화를 실현해야 함을 강조하고 있다. 다음에서 그의 저술과 강연 및 에세이에 나타난 김찬국의 평화사상을 크게 네 가지 관점으로 분류하여 고찰하고자 한다. 첫 번째는 구약신학 학자로서의 성서적 평화사상이며, 그것이 사회적 평화사상으로 어떻게 전개되고 있는지를 살펴볼 것이다. 둘째, 민주·평등 운동과 평화사상으로서 대학 민주주의와 평화 그리고 사회적 부조리와 맞서는 평등 평화운동을 고찰하고, 셋째, 사회적 선교와 평화사상을 각각 인권 선교, 산업 선교, 교도소 선교와 병원 선교 등에 힘을 쏟았던 분야별로 고찰할 것이다. 넷째, 평화와 통일의 관점에서 김찬국의 사상을 정리하게 될 것이다.

4 김찬국, "약자를 해방시키는 하느님,"『다시 하는 강의』(서울: 도서출판 새밭, 1980), 25-35.

II. 김찬국의 평화사상

김찬국의 평화사상은 성서에 기초한 것으로서 사회적, 민족적 구원이라는 맥락과 직결되어 있다.[5] 따라서 그의 평화사상은 일체의 억압과 구속에서의 자유와 해방을 강조하는 성서에 기초한 개인의 구원과 사회적 구원을 모두 포괄하고 있다. 사회적 구원이라 하면, 일제 치하에서의 민족의 주권 회복과 같이, 온 백성이 일제의 억압에서 해방되고 자유를 쟁취하는 일도 포함된다. 주권을 빼앗긴 상황이 곧 지옥이며, 주권의 회복은 동시에 천국의 회복이라는 차원으로 풀이된다. 이것은 월남 이상재나 남강 이승훈 같은 민족의 선구자들의 외침과도 맥락을 같이 하는 것이다.[6] 김찬국이 말하는 사회 구원 개념은 민족적 주권의 회복뿐만 아니라, 한국 사회와 세계 시민 모두의 고통으로부터의 해방이라는 인류의 보편적 구원이라는 차원까지 확장된 개념이다. 따라서 김찬국의 평화사상을 논하기 위해서는 성서에 기초한 구원은 물론 사회와 민족과 세계 시민의 영역을 모두 고려

---

5 김찬국, "창조설화에 나타난 히브리사상구조," 「신학논단」 19 (1991), 9-24. 김찬국은 이 논문에서 창세기 1:1-2:4의 제사문서는 바빌론포로기(기원전 587-538) 시절 이스라엘 민족이 국권을 빼앗기고 바빌론에 포로로 잡혀갔던 민족 수난기에 하나님의 정체성과 주체성을 되살리기 위해 야웨가 창조주임을 정립해 주고자 했던 것이고, 포로 말기에는 제2이사야(사 40-55)가 더욱 분명히 메시아 사상을 전하고 있다고 보았다. 이와 같은 사상적 배경에서 김찬국은 창조설화가 히브리인의 사상 구조에 어떻게 작용했는가를 밝히면서, 창조의 질서(cosmos)는 혼돈(chaos)이라는 어둠의 세력을 물리치고 불의한 사회적 통치도 제거하는 '빛'의 역할, 곧 '해방'과 '구원'의 역할을 강조하고 있다. 이에 한 걸음 더 나아가서 김찬국은 이 논문에서 1990년에 서울에서 세계교회협의회(WCC)가 '정의, 평화, 창조의 보존'이라는 주제를 가지고 세계대회를 가진 것을 의미 있게 평가하고 있다. 창조질서의 세계가 정의 평화와 깊은 연관이 있다는 그의 사회 구원과 평화신학적 관점을 보여준 것이다.

6 김찬국, "천국 회복을 위하여," 「여원」 (1977/3), 105.

해야 한다. 성서에 기초한 자유/해방신학적 구원관에 따라, 김찬국의 평화사상은 자연스럽게 민주·평등의 평화사상과 소외당하는 자에 대한 사회적 선교의 평화 그리고 한 걸음 더 나아가서 민족적 구원이라는 측면에서의 평화 통일 사상에로 연결된다. 이를 차례대로 고찰해 보자.

1. 성서적 평화

1) 하느님의 뜻의 실천과 사회적 평화

평화에는 크게 사회적 평화와 인간 개인적인 내면의 평화가 있다. 구약신학자로서의 김찬국은 예언자 예레미야의 말을 들어서, 인간 개인의 내면적 평화는 물론 사회적 평화의 실현을 위한 사랑과 법과 정의의 중요성을 외친다.[7] "현자는 지혜를 자랑하지 말며, 용사는 힘을 자랑하지 말고, 부자는 돈을 자랑하지 말되, 자랑할 것이 있으면 야웨의 뜻을 알고, 사랑과 법과 정의를 세상에 펴는 일이다"(예레미야 9장 23-24). 여기서 예언자 예레미야는 인간적 자랑을 제거하고 그 대신 야웨의 뜻을 따르라고 경고한다. 그 뜻은 곧 사랑과 법과 정의의 실천이다. 여기서 '사랑과 법과 정의'는 이웃과 사회를 향한 실천적 행동지침이다. 이 세 가지 요소가 정당하게 행사될 때, 비로소 그 사회는 평화를 얻게 된다.

사회적 평화를 얻기에 앞서 인간은 먼저 스스로 자신의 내면적 평화를 얻어야 한다. 그러기 위해서는 인간 자신이 하느님 앞에서 완

---

7 김찬국, "기도는 왜 하십니까?,"「여성동아」(1982/1), 157.

전하지 못한 불완전한 존재임을 인식하고, 자신의 죄를 고백하고 용서를 비는 자세를 가질 때 비로소 긴장에서 해방되고 마음의 평화를 얻게 된다. 이것은 인간과 하느님의 관계에서 얻어지는 내면적인 평화이면서 동시에 인간과 인간 사이에서도 마찬가지로 상호 고백과 용서를 통해 평화로운 관계를 맺을 수 있다는 것이다. 구약의 시편에는 이 같은 참회의 기도가 일곱 개가 넘는다고 지적한다(시편 6, 32, 38, 51, 102, 130편). 시편에 나타나는 탄식의 기도는 대부분 이스라엘 민족의 역사 현장에서 벌어진 한(恨)의 신음소리가 많지만, 결론부에서는 대개 탄식은 가라앉고, 하느님을 의지하고 신뢰하면서 마음의 평화를 얻는 기도로 끝을 맺는다. 이점에 대해 김찬국은 하느님이 탄식과 애원을 들어 주신다는 확신과 정의와 심판의 하느님이 반드시 그들의 억울함을 풀어주고 평화로운 세계로 인도할 것임을 믿는다는 확신을 보여주고 있다. 이러한 확신에 대해 김찬국은 그의 인생 수상록인 『사랑의 길, 사람의 길』[8]에서 잘 보여주고 있다.

2) 감사의 자세와 평화

김찬국은 인간이 평화를 얻을 수 있는 내면적 조건으로 감사의 생활화를 든다. "계곡에 눈이 녹고 버들강아지에 움이 돋아나는 것을 보고 하느님에게 감사할 줄 아는 사람은 마음에 평화를 지닌 사람이

8 김찬국, 『사랑의 길, 사람의 길』(서울: 제삼기획, 1992). 김찬국은 이 책 전편에 걸쳐서 자신의 대학교육과 신학교육의 40년 경험에서 보여준 인권운동, 시민운동 등을 주도하면서 해방의 신학과 민중의 신학적 입장에서 한국교회의 일치운동과 4·19와 5·18 등의 역사적 질곡을 넘어서는 진정한 민족의 화해와 평화 통일의 방향을 제시하고 있다.

다"라고 한다. 또 "마음의 평화가 하느님의 창조의 은총을 통해 다져진 신앙인이라면 슬플 때도, 고난을 당할 때도, 병석에서도 하느님께 기도하며 찬송할 수 있다"고 말한다.[9] 따라서 김찬국에 의하면 인간의 내면의 평화는 하느님의 창조의 은총에 대한 깊은 자각에서 시작되는 것임을 알 수 있다. 그러한 자각을 기초로 모든 고난을 극복할 수 있는 내면의 힘을 얻을 수 있기 때문이다. 김찬국은 진정한 감사는 태평세월에서 평안하게 살 때보다도 역경과 고난과 비극 속에서 그것을 극복해 나가면서 보람 있는 수확을 이룰 수 있을 때 더욱 의의가 있다는 것을 역설하고 있는 것이다. 평화는 감사하는 마음에서 오지만, 감사는 고난을 극복하는 신앙과 마음에서 더욱 넘치는 법이기 때문이다. 김찬국은 감사의 자세[10]를 통한 내면의 평화 못지않게 사회적 헌신과 올바른 기도 생활을 통한 평화의 성취에도 주목한다. 올바른 기도는 자신을 위한 이기적인 기도보다는 국가의 장래를 염려하고 하느님의 의를 실현하며, 고난 받는 사람들의 아픔에 동참하는 뜻으로 하는 기도는 하늘을 움직이고 땅을 움직이는 힘을 발산할 것이라는 신념을 가지고 있다. 바로 이러한 올바른 기도의 태도는 개인과 사회적 평화를 이루는 중요한 신학적 기초가 되는 것이다.

9 김찬국, "기도는 왜 하십니까?," 159.

10 김찬국, "성숙한 감사," 『사랑의 길, 사람의 길』, 79-81. 김찬국은 감사를 통한 고난의 극복은 물론 추수감사절 헌금 전액을 특수선교, 소외된 자들에 대한 인권선교 헌금 등으로 바침으로써 바람직한 감사의 생활이 되기를 권한다.

2. 민주 · 평등 운동과 평화

1) 대학 민주주의와 평화

'진리의 전당이요 배움의 현장'인 대학의 자율성이 극도로 제한되던 박정희 군사정권 시절, 대통령 긴급조치 9호의 발동으로 김찬국 교수는 연세대 채플에서 '4 · 19정신의 부활'[11]이라는 설교가 문제되어 1974년 5월 7일 서대문 구치소로 체포되어 간다.[12] 자신을 감옥에 가둔 법령인 '긴급조치'에 대해 김찬국은 법정에서 비유로 말하기를, 예수의 무덤을 지키던 로마 군인들이 돌무덤을 '인봉'한 것이 마치 오늘날의 '긴급조치'에 해당한다고 하였다. 돌무덤이 예수를 무덤에 가두지 못했고, 예수가 부활한 것은 진리 자체의 부활이다. 마찬가지로 긴급조치가 진리를 가두지 못한다고 역설했다.[13] 6월 13일에 징역 10년 언도 받고, 6년 만에 복직하지만, 김찬국 교수는 법정

---

11 4 · 19정신의 부활에 대하여 김찬국 교수는 다음과 같이 3가지로 요약한다. 첫째, 독재자에서 탈출하려는 자유운동이다. 둘째, 대학지성인들의 예민한 사회정의감이다. 셋째, 젊은이들의 현실참여의 정열, 예언자적 정열, 항거정신, 역사의식, 방향감각이다. 이상과 같은 자유, 사회정의, 역사의식의 세 가지 정신이 김찬국의 평화사상을 이해하는 핵심이 된다. 김찬국, "4 · 19정신의 부활," 『희생자와 상속자』 (서울: 전망사, 1987), 51-56.

12 김찬국은 민청학련 사건이 나던 해인 1974년 4월 19일에 4 · 19혁명 13주년을 맞아 연세대 신학대학장으로서 채플시간에 '4 · 19정신의 부활'이라는 제목으로 예수님의 수난과 부활을 관련시켜 '독재와 부정에 항거한' 설교를 한다. 이것이 문제가 되어 같은 해 5월에 긴급조치 위반으로 구속 된 것이다. 김찬국, "시간과 나," 『신동아』 (1956/8). 김찬국 목사의 이 같은 민주 투쟁의 행보는 비폭력 저항의 인권 투쟁가인 미국의 마틴 루터 킹 주니어 목사의 경우와도 비교된다. 마크 엥글러/김병순 옮김, 『21세기 혁명: 비폭력이 세상을 바꾼다』 (서울: 갈마바람, 2016), 11-24.

13 김찬국, "다시 만나는 제자에게," 『뿌리 깊은 나무』 (1980/3), 43.

진술에서 자신의 입장을 다음과 같이 술회하고 있다.

김동길 교수는 법정 최후 진술에서 "나는 감옥 밖에 있으나 안에 있으나 한국의 민주주의를 위해 싸우는 데에는 아무런 차이가 없습니다"라고 당당히 자신의 입장을 밝힌 반면에, 김찬국 교수 자신은 최후 진술에서, "사랑하는 학생들을 하루빨리 가정과 부모님의 품으로 돌려 보내 주십시오"라고 호소하다가 끝내 울음을 터트렸다.[14] 일제 강점기 시대 대학의 탄압과 한국학(국학) 학자들에 대한 감금의 역사도 뼈아픈 일이지만, 1972년 10월 유신 이후에도 대학의 자율성이 짓밟혀 교수들이 구속되거나 해직되었다. 이러한 상황에서 김찬국 교수는 학원 민주화와 사회의 정치발전 문제에 대해 깊이 고민하며 학생들과 민중들을 대변한 평화적 인권운동가였던 것이다. 그것은 분명 전환기 시대 혁명을 위한 '적극파'와 '온건파'로 대별되는 시대 속에서 균형 잡힌 역사의식에 기초한 것이어야 한다고 밝히고 있다. 제적되거나 구속된 학생들 가운데 상당수가 양심의 명령에 따라 부조리에 저항했던 결과라는 것이다. 김찬국 교수는 70년대 대학의 수난기를 거치면서, 일제 강점시대인 1923년에 이승훈과 이상재 선생이 주도하던 조선민립 대학의 이상적 정신을 이어받아 민주 교육을 통한 대학의 민주화와 자유 민주주의 사회 건설에 혼신을 쏟았다.[15]

---

14 Ibid., 42.

15 김찬국의 신학 사상적 맹아는 이미 그가 미국 유니온신학대학에서 받은 진보적 교육과 무관한 것은 아니지만, 성서비평학과 특히 구약의 예언자 사상에 깊은 연관을 지지고 있고, 이것이 역사참여의 신학과 해방신학 그리고 사회적 평화를 일구어가는 평화신학으로 발전을 거듭하였다고 할 수 있다. 이러한 일련의 신학적 발전은 「신학사상」 창간호에서 김정준 교수가 밝힌 여섯 가지 원칙과 맥락을 같이 한다. 첫째, 복음에서 이탈하지 않고, 둘째, 성서비평학의 입장을 취하며, 셋째, '한국적 신학'이 되도록 노력하며, 넷째, 다양성 속에서의 일치인 에큐메니칼 정신, 다섯째, 기독교와 인간 삶의 전 방위적 이해, 여섯째, 세계적 신학 운동의 노작을 번역

신성한 대학 캠퍼스에 위수령을 발동하여 군인들이 훈련을 하는 등 학원의 자유를 침해하는 독재자의 권력 남용이 심각해지자, 김 교수는 '임마누엘 세대'라는 그의 설교에서 유다 왕 아하스(기원전735-715)의 악행에 대해 예언자 이사야가 왕의 불법을 질책하면서 국가 지도자의 신의와 신용을 경고했던 내용(사 7:3-15)을 소개한다. 그러면서 한국의 독재 현실을 비판하고 젊은이들에게 새로운 희망을 거는 '임마누엘 세대'와 '의미 있는 소수자'(meaningful minority)라는 호칭을 부여하고 있다.[16] 이는 아하스의 왕권 횡포에 대한 이사야의 비판이 곧 한국 독재자의 횡포에 대한 김 교수의 예언자적 비판 정신으로 나타난 것이다. 구약학자로서의 이러한 예언자적 역사의식이 김찬국의 평화사상 속에 깊이 각인되어 있었고 이러한 정신이 그의 생활과 설교 속에 잘 반영되고 있는 것이다.

김찬국은 대학 민주주의와 대학의 평화는 세계의 민주와 평화에 기여한다는 사실을 영국 세인트앤드루스대학의 연구교수 재학시절에 경험한 바 있다. 그는 1970년에 1년간의 연구교수 생활을 통해 학생회가 주도하는 여러 가지 사실을 탐문하면서, 학생회가 '제3세계의 인권문제'와 평화에 관해서도 진전 있는 활동을 하고 있었음을 경험했다. 예컨대, 에든버러대학이 대학 운영기금의 일부를 남아프리카공화국의 광산 개발에 투자하여 이윤을 남긴다는 것을 학생회가 고발하며 시정을 요구했던 것이다. 이에 시정 요구가 관철되었다. 영국 일부 대학이 남아프리카에서 흑인 광부에게 값싼 노동 임금을

소개한다. 이 가운데서도 김찬국은 자신의 한국 신학적 과제로서, 민족사 형성에 깊은 관심을 가지고 민족의 운명을 성서적 입장에서 개척해 가고자 한다. 김정준, "신학의 아레오바고," 「신학사상」 1 (서울: 한국신학연구소, 1973), 3-6, 72.

16 김찬국, 『희생자와 상속자』 (1987), 140-147.

지불하고 수익을 남기는 방식의 비윤리성에 제동을 건 것이다. 김찬국이 흥미롭게 관찰했던 것은 이 대학의 신학부에서 2박 3일의 수양회 기간 동안 '제3세계에 대한 교회의 관심'이라는 주제로 열린 수양회 강사가 철학과 3학년 학생이었고, 다룬 내용도 제3세계의 기아 문제, 인권 유린 문제, 정치적 부자유 문제, 경제 원조 등이었고, 교회가 이들에게 어떻게 응답해야 할 것인가 하는 것을 진지하게 논의했다는 점이다. 이들 젊은 학생들은 과거 제국주의적 탐욕에 가득 찼던 기성세대와 달리 "제3세계의 평화, 자유, 기근에서의 해방 등에 적극적인 관심을 가지고 있었다"[17]는 것이다. 이러한 일련의 경험적 진술은 영국 대학에서의 학생회가 보여주는 민주주의와 평화에 대한 작은 사례를 보여주는 것이다.

2) 사회적 부조리와 맞선 평등·평화의 구축

사회적 부조리에 대해 종교인들의 각성은 더욱 시급하다. 오히려 종교인들이 물질에 눈이 어두워져서 '님' 대접을 받지 못하고, 스스로 '놈'으로 타락하는 안타까운 현실을 김찬국은 지적하고 있다. 예컨대, 스님이 '놈'으로 잡혀가고, 하느님 앞에서 '놈'으로 전락하는 성직자의 문제를 신랄하게 지적한 것이다.[18] 그러면 어떻게 '님'이 '놈'으로 전락하지 않고 하느님 앞에서 자신의 위치를 지킬 수 있을 것인가 하는 문제에 대해, 김찬국의 다른 기고문에서 답을 찾을 수 있다. 그것은 '하느님의 간섭'을 통한 양심을 훈련시키는 일이다. 하느님이

---

17 김찬국, "제3세계는 버려져야 하는가?,"「크리스찬라이프」(1971), 9

18 김찬국, "하느님 앞에서,"「엘레강스」(1981/6), 14.

주시는 양심의 뜻과 명령을 따르는 일이다. 인간적 양심은 상대적이기에 가변적이므로 하느님의 기준에 따라 역사의 교훈을 얻고 역사의 양심을 배워야 한다는 것이다. 그것은 곧 진리에의 복종이요, 하느님의 말씀에 순종하는 것이다. 이로써 김찬국은 역사의 문제와 교훈을 하느님이 주신 양심의 거울에 따라 판단하고 실천해야 하는 준칙과 동일시하고 있다. 그러므로 곧 '역사는 하느님의 거울'이 된다.

동시에 구약성서의 십계명의 정신을 종합하여 예수 정신으로 표현하면, "이웃을 사랑하는 일이 곧 하느님을 사랑하는 일로써, 법률의 완성이다"는 점을 들어, 이웃 사랑이 하느님이 요구하는 타율에 따른 양심의 표준이 된다고 주장한다. 따라서 평화를 해치고 사회를 어지럽히는 권력의 남용은 이스라엘의 정치사에서 보듯이 하느님 앞에서 멸망하게 된다는 교훈을 얻어야 한다고 한다. 그것은 특히 젊은 세대가 진리와 정의를 배우고 실천하는 일에 매진해야 더욱 희망적이라고 강조한다.

김찬국에게서 사회적 부조리를 극복하고 평화의 세계로 나아가는 길은 이처럼 먼저 인간이 하느님께서 부여받은 각자의 양심을 따라, 이웃을 사랑하는 일에 적극 앞장서야 하고, 그러면서 동시에 빈곤으로부터의 인간 해방과 사회적 부정으로부터의 탈출을 위해 부의 독점, 휴식과 여가의 독점 같은 불평등을 해소해 나가야 한다고 역설한다. 이것은 곧 '사회의 인간화'(the humanization of society)이다. 사회의 인간화는 사회적 불평등 요소를 없애고, 사람답게 살 수 있는 사회적 평등을 실현하는 데서 가능하기 때문이다.

김찬국이 강조하는 사회적 불평등의 문제는 호화 분묘(墳墓)에 대한 비판적 증언에서도 엿볼 수 있다. 이스라엘의 경우에는 일반인이나 군인의 경우 모두 같은 크기의 분묘를 사용한다는 점을 지적하면서, 한국의 묘지 개혁에도 평등의 바람에 불어야 함을 주장했다. 이른바 "묘지 개혁에 변혁이 생기지 않는 한 살아있는 사람들의 인간 차별도 없어지기 어렵다"고 하면서, "살아있을 때의 동등 사상이 죽은 다음에도 묘지의 동등으로 연결되어야 인간 욕망의 극대화를 막을 수 있을 것이다"라고 하였다.[19] 이처럼 사회적 불평등을 해소해 나가는 가운데 사회적 평화도 동시에 실현된다는 점을 강조하고 있다.

사회적 불평등의 해소는 소외자들에 대한 관심과 국민 총화(總和)에서 가능하다. 김찬국은 "이 시대의 엑스트라를 위하여"라는 짧은 글을 통해, 성서신학자의 한 사람으로서 이사야 선지자가 유다 나라 백성을 염려하듯이, 국민 공감에서 이루어지는 진정한 의미의 국민 총화를 역설했다. 온갖 슬로건만 있는 '거짓 총화'에서 진정한 의미의 국민 공감을 이루려면, 백성들의 고통을 함께 보고 듣는 가운데 일체감을 이룰 수 있고 참된 평화를 이룰 수 있다는 논리다.[20] 아파하는 민중의 소리와 모습을 텔레비전과 같은 언론매체에서 볼 수 없는 것도 비판받아야 한다고 예언자처럼 외치고 있다. 더구나 억울한 사람들의 소리를 들어 주어야 진정한 의미에서 공감을 얻는 평화로운 사회가 실현될 수 있다고 한 점이다. 특히 비통한 눈물을 흘리는 자와 더불어 국민 모두가 비통을 나누는 사회가 실현되어야 한다고 강조하고 있다. 국민 어느 한 사람에게도 무력감을 주어서는 안 되기 때문에, 기독교나 종교가 앞장서서 깊은 사회적 관심을 가지고 무감각과 무력감을 일깨워야 한다는 것이다. 김찬국의 표현에 따르면, 근

19 김찬국, "천국 회복을 위하여," 「여원」 (1977/3), 103.
20 김찬국, "이 시대의 엑스트라를 위하여," 「주부생활」 (1982/2), 14.

대화의 과정에서 '불도저'는 산업화를 위한 필수 도구였다. 하지만 그 공사 과정에서 수많은 인명 피해가 있었다. 그에 비해 '앰불런스'는 늘 제구실을 못하고 산업 재해자들도 보상을 제대로 받지 못하는 가운데, '불도저'로 상징되는 자본가들은 정치 자금을 통해 노무 기술자들을 소외시켰다.[21] 이와 같은 현실을 두고 김찬국은 인간 복지와 사회 보장이 실현되는 평화로운 사회를 꿈꾸었던 것이다.

3. 사회적 선교와 평화

1) 인권과 산업 선교

김찬국 교수는 목사로서 인권 선교, 산업 선교, 교도소 선교, 청년 선교, 병원 선교에 힘을 기울이는 평화를 향한 발걸음을 지속한다. 인권 선교에 관해서는 "너무나 억울하게 구속되었던 사람들이 많았기에 구속자들의 식구들과 함께 고난을 당한 사람들을 위한 기도회에 참석하며"[22] 그들을 위로하는 일이었다. 한편으로는 평화시장 근로자 대책위원회 위원장과 산업 선교의 활동을 했던 것도 기독교가 '약자'에 대한 선교적 관심을 가져야 한다는 사명감 때문이었다고 말하고 있다. 기독교적 사명감뿐만 아니라, 기득권자들이 당시 칠백만 근로자들의 실질적인 제도적, 법적 생활 보장과 인권 보장을 위해 노력했다. 김찬국 교수는 대학에 복직하기 직전까지 여러 해 동안 열악한 환경 속에서 근무하는 노동자들의 삶의 질을 향상시키기 위해 균

21 김찬국, "그가 우리의 질고를 지고 간다," 『사람의 길 사랑의 길』, 26.
22 김찬국, "다시 만나는 제자에게," 46.

등한 민주 사회 건설에 혼신의 노력을 다했다.

김찬국의 인권 선언은 자연스럽게 산업 선교와 맞닿아 있다. 그것은 산업 현장에서 노동하는 자들이 정당하게 대우를 받지 못하는 점을 안타깝게 생각하고 사회정의의 실현이라는 측면에서 이들 약자와 함께 했다. 그가 「주간조선」에 기고한 칼럼에 의하면, 1974년 당시 청주시의 청소부들 170명이 근로기준법도 모르는 채 12시간을 노동하며 19년, 16년, 8년간 일해 오다가 청주도시산업선교 목사로부터 근로기준법을 배우고 나서 정당한 권리를 호소했지만 도리어 부당하게 해고를 당한 자들의 호소문을 받아들고, 이를 인권과 사회정의의 차원에서 바로잡고자 「주간조선」에 공개했다.[23] 이것은 노동자들의 열악한 처우를 개선하고 그들의 억울한 심정을 해원해 주는 사회적 정의의 회복을 통해 진정한 평화를 얻게 된다는 것을 보여주는 사례다.

1960년도 한국에는 영등포나 인천 등지를 중심으로 산업 선교가 시작되었다. 김찬국은 학생들을 데리고 산업 선교의 현장을 견학시키기도 했다. 노동자들의 시급한 문제는 임금과 재해 보상과 같은 생활 '향상'(向上)에 보탬이 되지 않는 한 기독교의 사랑이라는 말은 사치에 불과한 것이었다. 그리하여 산업 선교 실무자들은 노동자에게 그들의 인권 향상을 위해 근로기준법을 가르쳐 주고, 성경을 동시에 가르쳐 주기도 했다. 김찬국 목사는 교회 내에서도 산업전도위원회를 구성하여 근로자들을 돌보고 환영하는 프로그램을 만들고 실시했다. 그러나 이것은 어디까지나 교회 내에서의 활동이지 노동현장에까지 직접 찾아가는 활동은 되지 못했다.

---

23 김찬국, "한 청소부의 호소," 「주간조선」 276(1974).

노동 생산을 통한 생산고와 수출고에는 향상이 있어도 근로자들의 임금 향상과 생활 정도의 향상, 복지 시설의 향상이나 퇴직금 등의 현실을 감안할 때 최저임금에도 못 미치는 상황에서 김찬국은 1976년부터 산업 선교 신학의 정립과 교회와 산업 선교의 유기적 관계 개선과 후원에 대해 직접 관여하기 시작했다. 하지만 교회와 산업 선교를 이간하고 분리시키려는 외부적 간섭과 압력에 저항해야 했다. 그는 당시 동일방직 여성 노동자 124명의 부당 해고 사태를 직시하고 그들 노동자 가운데 몇몇과 점심을 나누며 고통에 동참하면서 권익 옹호와 복직을 위해 도울 길을 모색했지만 역부족이었던 상황을 참담해하기도 했다. 특히 1977년도 정부에서는 백억 불 수출을 자축하고 있었지만, 같은 해에 산업재해 사고자 건수가 수만 건이나 되고, 그에 따른 손실이 천억이 넘었던 사실도 아파했던 것이다.

이러한 열악한 노동 환경 속에서 김찬국은 "산업 선교의 성서적 근거"를 다음과 같이 제시하고 있다. 예컨대 기업주와 근로자 사이의 '산업 평화'와 공정한 분배를 통한 근로자들의 생활 향상을 위해서 선교 활동이 필요하다는 것이다. 그가 말하는 도시 산업 선교의 성서적 근거는 첫째, 산업 사회의 혼돈에 '빛' 곧, 창조의 빛(창 1:1-), 세상의 빛(마 5:14-16)을 비추어야 한다. 둘째, 노동자들의 울부짖음에 귀를 기울여야 한다(출 1:11-14; 2:23-25; 3:7-8). 셋째, 근로자들을 가난에서 해방시키기 위해서(출 20:22-23:19)이다. 넷째, 성령운동으로서의 산업 목회에 참여해야 한다(이사야 61:7-9; 누가 4:18; 이사야 40-55). 여기서 김찬국은 노동자들의 권익을 위한 '빛과 소금'의 역할로서의 선교사명 외에도 '성령과 기름부음'을 동일한 사건으로 여기며 성령운동을 인권 회복을 위한 사회 참여와 해방정신으로 해석한다.[24]

2) 교도소와 병원 선교

김찬국은 '교도소성서보급회'[25]를 조직하여 1975년부터 교도소에 성경을 보급하는 사역을 해 오다가, 1980년에 안양교도소에 세례식을 위해 갔을 때의 '양말 할머니'에 대한 감동적인 일화를 전하고 있다. 72세의 이 할머니 권사는 16세에 결혼한 이후 두 딸을 낳고 결혼 10년 만에 남편을 잃은 후 개가를 하지 않고 혼자 살면서, 8년 동안 2만 4천 켤레의 양말을 어려운 사람에게 나누어 주었는데, 이날 교도소에도 250켤레의 양말을 가지고 왔던 '숨어 사는 사람'이었다. 양말 공장에서 헌 것이나 버린 것을 싼 값에 사서 직접 수선을 하여 가난한 자들에게 나누어 주는 이 정신을 보고 김찬국은 '한국의 여인상(女人像)'이라고 서슴지 않고 말하고 있다.[26] 그는 또한 "교도소 선교의 전망"이라는 기고문을 통해, 교회가 교단 차원에서 나서서 재소자들의 인격 변화를 유도할 수 있는 선교 지원이 필요하다고 역설하면서, "위법자로 들어온 재소자들의 근본적인 변화는 역시 신앙적인 자기 회개를 통한 인격 변화를 거쳐야 한다"는 교도소 당국 교무과장의 증언을 술회하고 있다.[27] 하지만 교도소 선교의 경험으로

---

24 김찬국, "산업 선교의 성서적 근거," 「기독교사상」 (1979/11), 71-78.

25 김찬국, "참회적 인간성," 『이 시대에 부는 바람』(서울: 태창문화사, 1979), 144. 실제로 김찬국이 교도소에 성경을 보급하기로 결심한 동기 가운데 하나는, 그가 교도소 수감 중에 이웃 재소자가 면도칼을 열 개나 삼키고 자살을 시도하여 고통 속에 울부짖다가 성경을 우연히 읽은바 "진리를 알지니 진리가 너희를 자유하게 하리라"(요 8:32)는 구절이었고, 그 재소자는 그 구절을 통해 거듭났으며, 그 이후로 재소자가 김 교수에게 교도소에 성경을 보급해야 함을 주장했다는 재소자의 편지(1978년 3월 4일)에서 비롯된다.

26 김찬국, "실망한 이들과 함께 부르는 노래," 「주부생활」 (1981/4), 163.

27 김찬국, "교도소 선교의 전망," 「기독교세계」 (1978/8), 10.

미루어볼 때 가톨릭 측의 선교는 체계적이지만 개신교 측에서는 무질서하다는 느낌을 지울 수 없다고 하면서, 그 출발점으로 교도소에 성경을 보급하는 일과 그들에게 세례를 주면서 함께 눈물을 흘리던 평화로운 감격에서 큰 보람을 느꼈다고 했다.[28] 이러한 회개 운동을 통한 개인적, 사회적 변화와 역사의 변천이 곧 평화를 만들어 가는 것임을 김찬국은 의심치 않았던 것이다.

그뿐 아니라 김찬국은 스스로 병원 선교에도 적극적이었다. 세브란스병원과 재활원을 방문하여 '빛과 소금'(SL) 클럽의 회원과 함께 환자들을 향해 찬송을 불러줌으로써 환자들의 마음에 평화를 심어주는 노래 선교도 함께 했다. 이것은 바로 작은 자에게 냉수 한 그릇이라도 대접하라는 예수의 평화 정신을 계승하는 것이었다. 이 밖에도 김찬국은 특히 1970년대 당시 불행을 당한 이웃을 찾아가는 일을 게을리하지 않았다. 목양감리교회의 선교목사로 재직할 당시 주일 예배 후에 불행한 일을 당한 가정을 심방하곤 했다. 태풍에 쓰러진 나무에 치어 척추를 다쳐서 수년간 누워 사는 할머니를 심방하여 위로하고 복음을 전함으로써, 영혼의 치유를 통한 마음의 평화를 회복하는 일에 앞장섰던 것이다.

3) 사회악과 싸우는 목회

교육자로서 김찬국의 평화를 향한 목회와 선교 열망은 제자들이 신학을 마치고 목사의 길로 나아가는 과정에서 그들에 대한 격려와 지지에도 강하게 드러난다. 특히 목사안수를 받는 사람에게 축사를

---

28 김찬국, "참회적 인간성," 148-149.

하면서, "목사가 되는 일은 쓴잔을 마실 각오를 하고 안수를 받는 것이다. 교회만을 위한 목사직이 아니라, 사회의 여러 악의 씨앗과도 싸워야 하는 경우 쓴잔을 마실 때도 있을 것이다"[29]라고 격려했다. 여기서 김찬국의 사회적 구원과 평화사상을 엿볼 수 있다. 목회는 단순히 교회만을 위한 목회가 되어서는 안 되고, '사회적 악'과 싸우는 정신과 노력이 필요하다는 것이다. 실제로 1970년대 후반에 나타난 박정희 정권의 인권 탄압 문제로 인해 목사와 신부들의 상당수가 억울하게 강제로 구속되는 '쓴잔'을 마셨던 것이다.

김찬국은 미국 유니온신학대학 시절에서부터 목회자는 마지막까지 타자를 위한 배려와 고난을 받을 각오로 살아야 한다는 정신을 배웠고, 이후 독일 신학자 몰트만의 저서 『희망의 신학』[30]과 『실험적 희망』(1975)이라는 책을 통해 목회자의 평화사상에 대한 감명을 받게 된다. "평화를 향하여 여행하는 나그네로서 우리는 자유의 왕국에 아직 이르지 않고 있다. 그러나 우리는 경제적, 정치적 억압에서 해방하려는 구체적인 행동을 경험할 수 있다. 평화의 도시로 가는 순례자로서 참된 행복을 아직도 찾지 못하였지만 우리는 많은 비참함의 원인을 뿌리 뽑는데 도울 수 있다." 바로 이 문장에서 김찬국은 "비참함의 원인을 뿌리 뽑는 일이 평화에 이르려는 순례자가 해야 할 일"이라고

---

29 김찬국, "순례자," 「주부생활」 (1981/4), 157.

30 몰트만은 2018년 내한하여 92세의 나이에도 한신대학교에서 강연하면서, 그의 저서 『희망의 신학』에 대해 독일 「슈피겔」 지(誌) (1968)에서 서평하기를 "몰트만은 사회 변혁적인 기독교를 설파하고 있으며, 동시에 교회와 그리스도인들에게 정치적 환경에 대한 적극적이고 공격적이기까지 한 대결에 힘을 부여하고 불을 지피는 신학을 제공하고 있다"고 했던 서평을 공개하면서, '희망의 신학'이 '저항정신'을 언급하고 있다고 말했다. 위르겐 몰트만, "희망: 시작의 힘-인내의 힘," 「신학사상」 182(2018/가을), 102-103.

생각하면서 기독교적 평화주의 사상의 실마리를 얻게 되었다.[31]

그는 계속해서 몰트만이 지적한 평화에 이르는 길로서 제시한 네 가지 사회악을 깨뜨릴 필요성에 주목한다. 그 네 가지는 '가난과 착취, 폭력과 억압, 인종적 문화적 차별, 공업 발달로 인한 자연 파괴와 공해'다.[32] 따라서 평화를 이루는 일은 이 네 가지 악을 제거하는 일에 집중되어야 하고 정치, 경제, 문화, 종교의 차원에서 이 문제를 해결할 수 있어야 한다는 몰트만의 사상을 기본 골격으로 하여 자신의 신학 작업이나 교육 사역도 실천적 평화사상에 입각하여 전개 시키고 있다. 그래서 김찬국은 그의 평화적 실행 방법을 다음과 같이 언급하고 있다. "몰트만이 지적한 네 가지 죄악은 선진국이나 후진국 어디에도 있다. 인간의 평화를 파괴하고 죽음으로 인도하는 이러한 악마 같은 세력에서 인간을 해방하고 구원하는 일에 기독교의 선교 과제가 있다"[33]고 했다.

4) 선교의 결과로서의 평화

평화의 선교 과제는 전쟁을 방지하고 국방 예산을 감축하는 일 외에 복음의 선교를 통해서 인간의 마음을 변화시킴으로써 얻게 되는 선교의 결과로서의 평화도 언급하고 있다. 예컨대 미국의 폴라드 목사가 설교에서 제시하듯이, "제2차 세계대전 시에 미군이 적군 한 사람을 죽이기 위해서 든 비용이 20만 불이었고, 월남전에서 한 명

---

31 김찬국, "순례자," 「주부생활」 (1981/4), 161-162.

32 몰트만이 지적한 네 가지 사회악에 대해서는 그의 또 다른 기고문에서도 강조된다. "사탄으로부터의 인간성 회복," 「신앙계」 (1981/6), 30.

33 김찬국, "순례자," 「주부생활」 (1981/4), 162.

을 죽이는데 50만 불이 들었다면, 한 사람을 선교하는 데는 654불밖에 들지 않는다"[34]고 했던 말을 인용하고 있다. 여기서 물론 한 사람을 선교하는데 드는 비용을 돈으로 환산할 수는 없는 것이다. 하지만 전쟁으로 사람을 죽이는 비용은 선교 비용에 비해 엄청난 비용과 부정적 파괴력을 지니는 것은 사실이다. 한 사람의 기독교 여학생으로 시작한 이화여자대학교가 오늘날 세계적인 여자 대학으로 발전할 수 있었던 것은 선교의 영향이었다는 점도 고려해 볼 때, 선교적 결실은 전쟁을 예방하고 평화를 구축하는 일에 직·간접적 효과가 있다는 것이다. 1979년 노벨평화상을 수상한 테레사 수녀도 인도 캘커타의 빈민촌에서 예수의 사랑을 실천한 결과였다. 그녀가 36세에 기차를 타고 가다가 하느님으로부터 영감을 받기를 '가난한 사람 가운데서도 가장 가난한 사람을 위해서 살라'는 소명을 갖게 된다. 이 또한 기독교의 선교 소명이 낳은 평화의 열매라고 김찬국은 주장한다. 80년대의 한국적 상황에서도 선교의 과제는 여전히 인권과 사회적 불평등의 회복을 통한 평화의 실현에 그 사명이 있다고 강조하고 있다.

4. 평화와 통일

김찬국은 "한국 교회와 남북통일"이라는 월간 「기독교사상」 특집호(1981)에서 "이스라엘 역사와 통일의 의지"라는 제목의 기고문을 게재한다.[35] 이 글에서 그는 구약성서 신학자로서 이스라엘 민족의 형성과 사무엘의 건국 작업, 사울 왕의 통일 기초 작업, 다윗 왕의

34 김찬국, 「엘레강스」 (1980/4), 32.

35 김찬국, "이스라엘 역사와 통일의 의지," 「기독교사상」 (1981/6), 10-19.

남북통일 성취, 솔로몬 사후의 남북 분열, 요시아 왕의 남북통일 의지를 순차적으로 설명하면서, 이스라엘의 자유, 독립, 통일, 평화를 한국적 상황에 비유하여 교훈을 얻고자 하고 있다. 일본 강점기 36년 만에 다시 해방된 지 36년이라는 슬픈 역사의 질곡 속에서 김찬국은 한반도의 통일 의지를 이스라엘 역사의 뼈아픈 분열과 통일 과정에서 다시 그 교훈을 찾고 있는 것이다.

"한국 민족 통일의 꿈이 언제 실현될 것인가?" 하는 물음을 던지면서 시작한 그의 이 기고문은 분단의 비극을 속히 끝내고 통일된 하나의 평화로운 나라를 기대하는 그의 열망이 잘 담겨 있다. 특히 그가 바라는 민족 통일 방식은 '공산주의 방식의 독재'가 아니라 민주주의적 방식의 통일 염원이었다. 이점은 문익환 목사가 통일 논의를 주장하는 가운데 '민주와 통일'을 병행하여 추진해야 한다고 했던 맥락과 일치한다. 1970-80년대 한국 정치의 독재 상황에서 가장 시급했던 문제 가운데 하나가 '민주'(民主)와 민주주의였음을 상기하면, 문익환의 민주-통일론이 김찬국의 평화 통일 사상과 맥락을 같이하는 면이 있다. 특히 이들 두 사상가는 구약성서 학자로서 예언자적 정의와 평화주의 사상에 깊은 희망을 걸고 활동했던 실천적 사상가였던 것이다.[36]

김찬국이 쓴 인생 수상록인 『사람의 길, 사랑의 길』에서 "우리는 만나야 한다"라는 제목 아래, "90년대에는 우리 동족끼리만이라도

---

36 이남주, "문익환의 통일사상의 주요쟁점과 현대적 의의," 「신학사상」 181 (2018/여름), 82-89. 문익환의 통일사상의 특징은 첫째, 사회개혁의 연장선에서 형성된 것이며, 둘째, 정부 주도가 아닌 민의 역할을 중시하면서, 민간 차원의 독립된 통일사상을 형성했다는 점, 셋째, 1989년 '4 · 2공동성명'과 같은 구체적인 성과를 냈다는 점이다.

상호불가침의 약속을 하고 평화적 통일이라는 목표를 달성할 수 있기를 소원하고 기대해야겠다"고 하면서, "북한에서도 자유민주주의가 수용될 수 있는 기반을 조성하고, 이념적인 차이와 적대 감정은 대화로 풀면서, 이산가족 방문과 문화 교류를 추진해야 한다"고 했다. 또한 "동 · 서독의 통일이 단시일에 이루어진 것이 아님을 알고 정부 차원은 물론 민간 차원의 학문 예술 교류가 진행되어야 하며, 말과 글과 피도 하나인데 탈색된 이념을 넘어 한민족의 일체감과 동질성을 회복해야 한다"고 했다.[37]

민주와 자유 그리고 평화에 대한 열망이 깊었던 그는 비핵화와 관련된 평화운동에 대해서도 깊은 관심을 가지고 미국의 평화운동을 소개하면서, 한국교회도 이 평화운동에 동참해야 할 것을 말하고 있다. "교회는 핵무기의 위협을 방지하고자 여론을 일으키고 평화운동의 차원에서 핵무기가 잘못 사용되지 않도록 기도해야 할 의무가 있다."[38] 이처럼 김찬국은 미국이나 유럽에서 일어나고 있는 핵무기 사용 금지와 관련된 평화운동을 우선적으로 소개하면서, 교회와 세계가 가장 관심 가져야 할 두 번째 중요한 것은 제3세계의 폭력 문제라고 말하고 있다. 제3세계에서 빈번히 발생하는 폭력으로 인한 희생자들에 대해 "교회는 관심을 가지고 미리 예방하고, 정부에 건의함으로써 희생자가 생기지 않도록 해야 하며 사회정의의 문제에 힘써 관심을 가져야 한다"고 말하고 있다. 특히 한국에서의 70년대 민주학생의 희생자와 5 · 18광주항쟁의 희생자에 대해서도 교회가 감당해야 할 사명 중의 하나임을 역설한다.[39]

---

37 김찬국, 『사람의 길, 사랑의 길』 (서울: 제삼기획, 1992), 177-180.

38 김찬국, 『희생자와 상속자』 (서울: 전망사, 1987), 124.

평화와 통일의 열망은 전쟁으로 인해 분단을 경험했던 독일의 상황과 관련하여 한국의 경우가 여러모로 비교되고 있다. 독일에서도 평화와 통일을 기원하는 '평화의 기도'를 라이프치히 성 니콜라이 교회에서 지속적으로 실시했던 만큼, 한국기독교장로교회에서도 이어가고 있는 것은 의미 있는 일이다. 니콜라이교회 담임목사 퓌러(Christian Führer, 1943-2014)는 1980년에서 1989년까지 평화 기도회와 시위를 이끌었다. 그는 평화사상의 근거를 구약성서에서는 이사야와 미가를 기반으로 한 예언자 전통에 두었고, 신약성서에서는 예수의 산상수훈에서 근거했는데,[40] 이러한 사상은 김찬국의 예언자적 평화사상과 상당히 유사하며 또 일치하는 바가 있다.

김대중, 노무현 정부에서 실시했던 '햇볕정책'은 이명박, 박근혜 정부로 이어지면서 차단되었다. 문재인 정부에 들어와서 대북정책은 북한 핵무기와 관련하여 더욱 복잡해졌다. 그럼에도 불구하고 정세현 전 통일부장관은 "압박만으로는 북한의 비핵화라는 목표를 달성하는 것이 현실적으로 어렵다"[41]고 밝힌 바 있다. 이점은 중앙일보 통일문화연구소 연구위원 고수석 기자가 박근혜 정부의 개성공단 폐쇄와 관련하여 언급하면서 "적군을 포위할 때는 반드시 퇴로를 열어줘야 한다"(圍師必闕, 窮寇勿迫)는 손자병법의 지혜가 필요하다는

---

39 Ibid., 124-128.

40 김판임, "통일과정에서 평화 기도회에 관한 연구," 「신학사상」 182 (2018/가을), 173.

41 정세현, 「중앙일보」 (2016.2.7). 이러한 정세현 전 장관의 주장은 대북제재가 계속되고 있는 2019년에 와서도 여전히 동일하게 대북정책의 평화적이고 인도적인 외교가 필요하다고 주장한다. 무엇보다 적대의식의 해소와 신뢰 회복이 중요하다는 것이다. 이명권, "한반도 평화통일을 위한 전략," 「교회와 사회」 4 (2016), 55-74; 『통일로 가는 평화의 길』 (서울: 열린서원, 2017).

생각[42]과도 통하지만, 이제는 북한을 적으로 생각하기보다는 동일한 민족으로서 분열된 이스라엘이 다시 통일되기를 염원했던 것처럼, 김찬국의 평화 통일 의지도 사랑과 관용의 정신에 입각한 것이었다.

김찬국은 3 · 1운동 또한 민족 구원 운동이었다고 하면서, 구약성서에 나타난 민족 구원 운동(신 26:5-9)과 대비한다.[43] 이것은 '정의의 실현'(미가 6:8), '인권 옹호'(신명기 24:17-18)와 직결된다. 출애굽이라는 이스라엘의 민족 구원이 한반도의 민족 해방과 관련하여 볼 때, 여전히 정의와 인권 회복의 문제는 연속성을 지닌다는 것이다. 3 · 1운동이 민족해방 운동이었듯이 이제는 평화 통일 운동이 민족을 구원하는 운동이며, 따라서 교회와 온 백성이 함께 나서야 한다는 것이다.

III. 결론

김찬국의 평화사상은 성서를 기초로 한다. 그리고 그 사상적 바탕은 역사적이고 해방적이다. 구약학자로서의 김찬국의 성서 이해는 다분히 현실 참여적이며 실존적이다. 개인의 신앙을 바탕으로 한 성서 이해는 물론 사회와 역사 현장에서 일어나는 구체적인 사건들을 실존적으로 이해하고 있다는 뜻이다. 이른바 생활 속에서 성서의 내용이 실존적으로 반영되거나 체현되어야 함을 말하고 있는 것이다. 그러기에 김찬국의 평화사상은 성서의 신앙을 바탕으로 한 실존

---

42 고수석, "개성공단의 퇴로는 열어 놨으면," 「통일경제아카데미」 1차 포럼(2019. 5. 28), 18.

43 김찬국, "구약성서에 나타난 민족 구원," 『희생자와 상속자』, 36-41.

적, 역사적 평화사상이라 할 수 있다. 김찬국이 강조하듯이 구약성서의 예언적 기능과 그 선포는 오늘날 우리 시대에도 신앙인의 가슴에서 되살아나서 '사회적 정의와 사랑의 실천'을 통한 평화를 이루는데 유효한 기초가 된다. 이처럼 성서의 예언자적 사상은 김찬국에게서 사회의 정의와 평화를 이루는 실천적 지침이 되고 있고, 자신의 40여 년 간의 대학생활과 신학적 숙고가 민주와 정의 그리고 사회적 평등에 기초한 해방운동으로 전개되었던 것이다.

이러한 그의 평화사상을 필자는 네 가지 측면에서 고찰했던 것이다. 첫째, 성서적 평화사상, 둘째, 민주-평등의 평화사상, 선교적 평화사상 그리고 분단극복을 위한 평화적 통일의 국민총화 사상이라고 할 수 있다. 한 마디로 김찬국의 평화사상은 성서, 민주, 선교, 통일의 평화사상이다.

참고문헌

고수석. “개성공단의 퇴로는 열어 놨으면.” 「통일경제아카데미 1차 포럼 자료집」, 2019.

김승국. 『평화연구의 지평』. 파주: 한국학술정보, 2009.

김정준. “신학의 아레오바고.” 「신학사상」 1 (1973): 3-6.

김찬국. “교도소 선교의 전망.” 「기독교세계」 (1978/8), 10.

______. “다시 만나는 제자에게.” 「뿌리 깊은 나무」 (1980/3), 43.

______. 『다시 하는 강의』. 서울: 도서출판 새밭, 1980.

______. “기도는 왜 하십니까?” 「여성동아」 (1982/1), 157.

______. 『사랑의 길, 사람의 길』. 서울: 제삼기획, 1992.

______. “산업 선교의 성서적 근거.” 「기독교사상」 (1979/11): 71-78.

______. “순례자.” 「주부생활」 (1981/4), 157.

______. “시간과 나.” 「신동아」 (1956/8).

______. “실망한 이들과 함께 부르는 노래.” 「주부생활」 (1981/4), 163.

______. 『엘레강스』 (1980/4), 32.

______. “이스라엘 역사와 통일의 의지.” 「기독교사상」 (1981/6): 10-19.

______. 『이 시대에 부는 바람』. 서울: 태창문화사, 1979.

______. “이 시대의 엑스트라를 위하여.” 「주부생활」 (1982/2), 14.

______. “제3세계는 버려져야 하는가?” 「크리스찬라이프」 (1971), 9

______. “제3세계와 성서 해석.” 「기독교신학논총」 1 (1987): 10-29.

______. “창조설화에 나타난 히브리사상구조.” 「신학논단」 19 (1991): 9-24.

______. “천국 회복을 위하여.” 「여원」 (1977/3), 105.

______. “하느님 앞에서.” 「엘레강스」 (1981/6), 14.

______. “한 청소부의 호소.” 「주간조선」 276 (1974).

______. 『희생자와 상속자』. 서울: 전망사, 1987.

김판임. “통일과정에서 평화 기도회에 관한 연구.” 「신학사상」 182(2018/가을), 173.

엥글러, 마크/김병순 옮김. 『21세기 혁명: 비폭력이 세상을 바꾼다』. 서울: 갈마바람, 2016.

몰트만 위르겐, "희망: 시작의 힘-인내의 힘." 「신학사상」 182 (2018/가을): 102-103.
기든스, 앤서니/김미숙 외 옮김. 『현대사회학』. 서울: 을유문화사, 2011.
이남주. "문익환의 통일사상의 주요쟁점과 현대적 의의." 「신학사상」 181 (2018/여름): 82-89.
이명권. "한반도 평화통일을 위한 전략." 「교회와 사회」 4 (2016), 서울신학대학교.
______. 『통일로 가는 평화의 길』. 서울: 열린서원, 2017.
이찬수. 『평화와 평화들: 평화다원주의와 평화인문학』. 서울: 모시는사람들, 2016.
전철. "이타주의에 대한 신학적 연구." 「신학사상」 184(2019): 119-142.
정세현. 「중앙일보」 (2016. 2. 7).
Lawler, Peter. *A Question of Values: Galtung's Peace Research.* London: Lynne Rienner Publishers, 1995.

이 책에 수록된 글의 출처

논문 제목	지은이	출처
김찬국의 삶과 신학 — 그의 예언자 이해를 중심으로	박해령	「신학사상」 제186집 (2019년 가을호): 41-70.
김찬국의 구약신학 방법과 그 변화	천사무엘	「신학논단」 제96집(2019년 여름호): 43-70.
김찬국의 '삶의 현장신학'의 구성과 성서적 배경 — 3·1운동과 출애굽전승, 예언전승을 중심으로	서명수	「신학논단」 제97집(2019년 가을호): 101-122.
김찬국의 신학에 나타난 하나님의 의	유윤종	「신학사상」 제186집 (2019년 가을호): 71-101.
김찬국의 제2이사야 연구	오택현	「신학논단」 제96집(2019년 여름호): 13-41.
김찬국의 출애굽 신학 이해	장석정	「신학사상」 제186집 (2019년 가을호): 103-129.
김찬국의 창조신학 — 샬롬의 신학을 향하여	박호용	「신학사상」 제186집 (2019년 가을호): 15-40.
김찬국의 구약 역사신학 — 구약 역사서를 중심으로	박신배	「신학논단」 제97집(2019년 가을호): 71-100.
김찬국의 민중신학에 대한 서설적 접근	최형묵	「신학연구」 제74집(2019. 6.): 151-178
김찬국의 인권 사상	한동구	「신학사상」 제186집 (2019년 가을호): 131-155.
문화신학자 김찬국의 평화사상	박신배	「신학사상」 제187집 (2019년 겨울호): 81-109
김찬국의 평화사상	이명권	「신학사상」 제185집 (2019년 여름호): 347-372.